Begründungen.

MOTIFS.

Begründung

der Gesetzentwürfe,

betreffend die

Einführung des Grundbuchsystems

in Elsaß-Lothringen.

MOTIFS

DES PROJETS DE LOIS

CONCERNANT L'INTRODUCTION

DU SYSTÈME DES LIVRES FONCIERS

EN ALSACE-LORRAINE.

Straßburg,
Verlag von Karl J. Trübner
1885.

Straßburg, Druck von J. H. Ed. Heitz (Heitz und Mündel Nachfolger).

Inhaltsverzeichniß.

TABLE DES MATIÈRES.

Begründung des Gesetzes

betreffend

Rechtsgeschäfte über Grundeigenthum und Nießbrauch sowie das Hypothekenwesen.

In der Einleitung der Begründung des Gesetzentwurfs, betreffend den Erwerb und die Belastung der Grundstücke und Bergwerke sowie die Einführung von Grundbüchern, ist die Nothwendigkeit eines Zwischenrechts dargelegt, welches zur Vorbereitung des Grundbuchsystems einerseits und zur sofortigen Ermöglichung der Thätigkeit einer Landeskreditanstalt andererseits die Beseitigung der hauptsächlichsten Mängel des bestehenden Immobiliarrechts, soweit dieselbe ohne Einführung des Grundbuchs möglich ist, sich zum Ziele setzt. Solche Mängel sind vorhanden bezüglich der zahlreichen Fälle der Rückgängigmachung des Eigenthums, bezüglich der Vorzugsrechte und besonders bezüglich der allgemeinen und stillschweigenden Hypotheken.

Danach gliedert sich der vorliegende Entwurf, von Uebergangsbestimmungen abgesehen, in 3 Abschnitte.

I. Rückgängigmachung von Rechtsgeschäften über Grundeigenthum und Nießbrauch.

Die §§ 1 bis 3 entsprechen im wesentlichen den Bestimmungen des vorerwähnten Entwurfs eines Grundbuchrechts für Elsaß-Lothringen (§§ 38 bis 40) und betreffen die Fälle,

MOTIFS

du projet d'une loi concernant les actes relatifs à la propriété foncière et à l'usufruit des immeubles, ainsi que le régime hypothécaire.

Dans l'introduction des motifs du projet de loi concernant l'acquisition et l'affectation des biens-fonds et des mines ainsi que l'introduction de livres fonciers, il a été démontré la nécessité d'un droit intermédiaire qui, en écartant les principaux défauts du droit immobilier actuel, en tant que cela est possible avant l'introduction de livres fonciers, sert à créer les conditions nécessaires pour cette introduction en même temps qu'à rendre possible l'action d'une institution de crédit du pays. Ce sont surtout les nombreux cas de rescision de la transmission de la propriété, les priviléges et notamment les hypothèques générales et non inscrites qui font ressentir les défauts du droit actuel.

En conséquence le présent projet de loi, abstraction faite des dispositions transitoires, se divise en trois sections.

I. De la rescision des actes concernant la propriété foncière et l'usufruit.

Les §§ 1 à 3 sont conformes aux dispositions du projet de loi précité relatif au système des livres fonciers pour l'Alsace-Lorraine (§ 38 à 40) et concernent les cas, in denen der Uebergang des Eigenthums an einer Liegenschaft rückgängig gemacht wird

1) auf Grund des den Eigenthumserwerb begründenden Rechtsgeschäfts selbst, nämlich auf Grund der an die Nichterfüllung geknüpften auflösenden Bedingung (Art. 1183, 1656 des Code civil),
2) wegen eines dem Rechtsgeschäfte anklebenden rechtlichen Mangels, insbesondere wegen Handlungsunfähigkeit einer Partei, wegen Zwangs, Betrugs, Irrthums, Verletzung über ein Viertel, die Hälfte,
3) auf Grund eines auf gesetzlicher Bestimmung beruhenden Rechts.

Im Interesse des Realkredits sind in all diesen Fällen eines widerruflichen Eigenthums die Dritten zu schützen, welche von dem Erwerber in der Zwischenzeit an der Liegenschaft dingliche Rechte — sei es nun das Eigenthum oder eine Servitut oder eine Hypothek — erworben und durch Beobachtung der gesetzlichen Vorschriften über Eintragung und Ueberschreibung gewahrt haben. Sie haben und durften sich auf die Unwiderruflichkeit des Eigenthumserwerbs ihres Autors verlassen und dieses Vertrauen kann nur in Schädigung des Realkredits getäuscht werden. Gewöhnlichen Gläubigern des Erwerbers gegenüber die Widerruflichkeit des Eigenthums auszuschließen, liegt eine Veranlassung nicht vor, weil sie dem Erwerber ohne Rücksicht auf den Grunderwerb Kredit gewährt haben.

Gegen das Recht auf Rückgängigmachung des Eigenthumsübergangs sind die dinglich berechtigten Dritten jedoch nur insofern gesichert, als sie die im Code civil und in dem Ueberschreibungsgesetze vom 23. März 1855 vorgeschriebenen Förmlichkeiten der Transscription und Inscription beobachtet haben. Diese Beschränkung verfolgt einen doppelten Zweck. Einerseits wird nämlich dadurch verhütet, daß Dritte auf Anstiftung des Erwerbers gegen den zur Rückgängigmachung des Eigenthumsübergangs Berechtigten dingliche Rechte in Anspruch nehmen und bei der Unbeschränktheit des Zeugenbeweises nachweisen, die den Dritten von dem Erwerber in Wirklichkeit nie eingeräumt worden sind, und andererseits setzt die Transscription beziehentlich Inscription den genannten Berechtigten in zuverlässiger Weise von den Rechten Dritter in Kenntniß und hält von vergeblichen Klagen ab.

dans lesquels la transmission de la propriété d'un immeuble est révoquée

1° en vertu de l'acte même établissant l'acquisition de la propriété, savoir en vertu de la condition résolutoire pour inexécution (art. 1183, 1656 du Code civil),

2° pour motif d'un défaut de l'acte, surtout à cause de l'incapacité de contracter d'une partie, pour violence, vol, erreur, lésion excédant le quart ou la moitié,

3° en vertu d'un droit résultant d'une disposition de la loi.

L'amélioration du crédit réel exige dans tous les cas mentionnés d'une propriété révocable des garanties en faveur des tiers qui, ayant acquis dans l'intervalle du chef de l'acquéreur des droits réels sur l'immeuble — soit la propriété soit une servitude ou bien une hypothèque, — les ont conservés conformément aux dispositions légales sur l'inscription et la transcription. Ils pouvaient avoir confiance en l'irrévocabilité de l'acquisition de la propriété de leur auteur et cette confiance ne doit être trompée au préjudice du crédit réel. Il ne semble pas indiqué de déclarer irrévocable la propriété même au profit des créanciers chirographaires de l'acquéreur, puisque ceux-ci lui ont fait crédit sans considérer sa propriété foncière.

Cependant les tiers jouissant d'un droit réel ne sont garantis contre la rescision de la transmission de la propriété qu'en tant qu'ils se seront conformés aux formalités de la transcription et de l'inscription prescrites par le Code civil et la loi sur la transcription hypothécaire du 23 mars 1855. Cette restriction poursuit un double but. D'une part elle empêche qu'au préjudice de celui qui a droit à la rescision des tiers ne revendiquent à l'instigation de l'acquéreur des droits réels fictifs qu'ils pourraient établir à l'aide de la preuve testimoniale aujourd'hui illimitée; d'autre part, au moyen de la transcription ou de l'inscription, la partie intéressée est prévenue des droits des tiers d'une façon sûre qui l'empêchera d'intenter des actions inutiles.

Nur hinsichtlich des Zeitpunktes, bis zu welchem die oben genannten Dritten gesichert Rechte erwerben können, tritt nach dem Entwurfe eine Verschiedenheit ein.

Was die einzelnen Bestimmungen der angeführten Paragraphen des Entwurfs anlangt, so scheidet der

§ 1 die Klagen auf Auflösung oder Widerruf wegen Nichterfüllung der dem Erwerber durch Vertrag oder letztwillige Verfügung auferlegten Verbindlichkeiten zur besonderen Behandlung aus.

Zufolge der Art. 1184, 1654, 1705, 954 des Code civil haben der Verkäufer (Tauscher wie überhaupt jede Partei eines zweiseitigen Vertrages) und der Schenkgeber das Recht, gegen den Erwerber wegen Nichterfüllung der Verbindlichkeiten auf Auflösung des Kaufvertrages und Widerruf der Schenkung zu klagen. Die siegreiche Durchführung der Klage hat zur Folge, daß in rechtlicher Beziehung der Zustand vor Abschluß des Vertrages wiederhergestellt, der Vertrag ganz so betrachtet wird, als ob er überall nicht eingegangen worden wäre (resolutio fit ex tunc). Das übertragene Grundstück fällt demgemäß frei von allen Lasten und Hypotheken, mit welchen der Erwerber dasselbe beschwert hatte, an den Veräußerer zurück und ist diesem auch von jedem Drittbesitzer auszuantworten, welcher es von dem ersten Erwerber in der Zwischenzeit etwa erworben hat. Ueberdies hat die vertragsuntreue Partei Schadensersatz zu leisten.

Neben diesem Rechte hat der Verkäufer noch das auf dem verkauften Gute ruhende Vorzugsrecht für den rückständigen Kaufpreis, das durch Ueberschreibung des Kaufaktes gewahrt wird. Art. 2108 des Code civil.

Nur letzteres Recht kennt das preußische Landrecht in der Form der Hypothek, ersteres nicht. Selbst der Vorbehalt des Eigenthums zur Sicherung der Erfüllung gewährt nur das Recht auf Eintragung einer Hypothek, indem der § 26 des Gesetzes vom 5. Mai 1872 bestimmt: „Der bei der Veräußerung eines Grundstücks zur Sicherstellung einer Forderung bedungene Vorbehalt des Eigenthums gewährt dem Veräußerer nur das Recht, für die bestimmte Summe eine Hypothek auf das Grundstück eintragen zu lassen."

Auch der französische Gesetzgeber hat den nachtheiligen Folgen der genannten Auflösungsklage entgegenzuwirken ver-

En ce qui concerne le terme imposé aux tiers susmentionnés pour conserver leurs droits, la loi distingue entre les cas des §§ 1 à 3.

Le § 1 traite spécialement des actions en résolution ou révocation pour cause d'inexécution des obligations imposées à l'acquéreur par convention ou disposition testamentaire.

En vertu des art. 1184, 1654, 1705, 954 du Code civil, le vendeur (le copermutant ainsi que chaque partie dans un contract synallagmatique) et le donateur peuvent actionner l'acquéreur en résolution de la vente ou en révocation de la donation pour cause d'inexécution de ses obligations. L'action si elle réussit a l'effet de remettre les parties dans l'état où ils se trouvaient avant le contrat et de rendre ce dernier nul et non avenu (resolutio fit ex tunc). L'immeuble transféré retourne au vendeur libre de toutes les charges et hypothèques dont l'avait grevé l'acquéreur et il doit lui être rendu par tout tiers-détenteur qui pourrait l'avoir acquis dans l'intervalle du chef du premier acquéreur. En outre, la partie qui a manqué au contrat est tenue de tous dommages et intérêts.

En dehors du droit de résolution, le vendeur jouit du privilége sur l'immeuble vendu jusqu'à concurrence du prix dû et conserve ce privilége par la transcription de l'acte de vente. Art. 2108 du Code civil.

Ce n'est que ce dernier droit que connaît le Code civil prussien sous forme d'hypothèque. Même la réserve de la propriété stipulée pour sûreté du prix ne donne que le droit à l'inscription d'une hypothèque, le § 26 de la loi du 5 mai 1872 disposant ainsi: «La réserve de la propriété stipulée lors de l'aliénation d'un immeuble pour sûreté du prix ne donne à l'acquéreur que le droit de faire inscrire une hypothèque sur l'immeuble jusqu'à concurrence de la somme due.»

La législation française a également essayé de combattre les suites fâcheuses de l'action en résolution, mais

sucht, ist aber bei bloßen Beschränkungen stehen geblieben. Es wurde nämlich durch Art. 717 des Code de procédure civile in der Fassung des Gesetzes vom 2. Juni 1841 gegen denjenigen, der beim Zwangsverkaufe Ansteigerer geworden war, die Auflösungsklage wegen Nichtzahlung früherer Kaufpreise nur insofern für wirksam erklärt, als dieselbe vor der Zwangsversteigerung dem Gerichtsschreiber des Gerichts, bei welchem letztere statt hatte, bekannt gemacht worden war — dies gilt auch heute noch, vergl. § 23 des Gesetzes über die Zwangsvollstreckung in das unbewegliche Vermögen vom 30. April 1880 — und ferner wurde durch Art. 7 des Gesetzes über die Ueberschreibung vom 23. März 1855 bestimmt, daß die durch Art. 1654 des Code civil begründete Auflösungsklage nach Erlöschen des Vorzugsrechts des Verkäufers zum Nachtheile Dritter nicht mehr angestellt werden kann, welche an der Liegenschaft aus der Person des Käufers Rechte erworben und durch Beobachtung der gesetzlichen Vorschriften gewahrt haben.

Nach dem letzteren Gesetze (vom 23. März 1855) verliert demnach der Verkäufer mit dem Vorzugsrechte zugleich das Recht auf Auflösung wegen Nichtzahlung des Kaufpreises gegen Jeden, welcher von dem Ankäufer an der Liegenschaft das Eigenthum, den Nießbrauch, eine Grunddienstbarkeit oder eine Hypothek erworben und dieses Recht durch Beobachtung der gesetzlichen Vorschriften gewahrt hat. Der Verkäufer wahrt dagegen auch diesem Dritten gegenüber mit dem Vorzugsrecht zugleich das Recht auf Auflösung. Er macht von diesem Wahlrechte je nach seinem Vortheil Gebrauch, namentlich geschieht dies, wie anderweit ausgeführt ist, seitens Derjenigen, welche der unsoliden Kreditgewährung huldigen. Indem sie sich gleich bei Abschluß des Kaufes eine Anzahlung von $^1/_6$ bis $^1/_4$ des Preises leisten lassen, gewähren sie für den Rest ausgedehnte Zahlungstermine und drängen auch nicht auf regelmäßige Zahlung der Termine und Zinsen. Durch die Unregelmäßigkeit in den Zahlungen und den Mangel einer geordneten Buchführung auf Seiten der der Landbevölkerung angehörenden Ankäufer verwirrt sich die Rechnung und häufen sich die Zinsen. Ist bei dem Ankäufer nichts mehr zu gewinnen, so wird zur Zwangsversteigerung geschritten, wenn das Grundstück zu der Zeit gerade im Werthe gesunken und Hoffnung vorhanden ist, dasselbe zu einem niedrigeren Preise wieder zu

elle s'est bornée à de simples restrictions. Selon l'art. 717 du Code de procédure civile modifié par la loi du 2 juin 1841, l'adjudicataire ne peut être troublé par aucune demande en résolution fondée sur le défaut de paiement du prix des anciennes aliénations, à moins qu'avant l'adjudication la demande n'ait été notifiée au greffe du tribunal où se poursuit la vente. — Cette disposition est encore en vigueur aujourd'hui, voyez le § 23 de la loi sur l'expropriation immobilière du 30 avril 1880. — Et l'article 7 de la loi sur la transcription du 23 mars 1855 dispose que l'action résolutoire établie par l'article 1654 du Code civil ne peut être exercée après l'extinction du privilège du vendeur au préjudice des tiers qui ont acquis des droits sur l'immeuble du chef de l'acquéreur et qui se sont conformés aux lois pour les conserver.

Ainsi, d'après la loi du 23 mars 1855 le vendeur perd avec le privilége le droit à la résolution pour cause de défaut de paiement contre quiconque aura acquis du chef de l'acquéreur la propriété de l'immeuble, l'usufruit, une servitude ou une hypothèque et se sera conformé aux lois pour les conserver. Par contre, le vendeur conserve aussi vis-à-vis de ce tiers le droit à la résolution avec le privilége. Il exercera l'un et l'autre de ses droits selon son intérêt. De cette situation profitent, comme il a été établi ailleurs, surtout ceux qui ont l'habitude d'accorder un crédit nuisible au débiteur. En se faisant verser un sixième ou un quart du prix au moment de la vente ils accordent pour le reste de longs délais de paiement sans insister à demander le paiement régulier des termes et intérêts échus. L'irrégularité des paiements et le défaut d'une comptabilité réglée de la part des acquéreurs appartenant à la population agricole complique les comptes et accumule les intérêts. L'acquéreur n'offrant plus de chances de profit, on procède à l'expropriation si au moment même le prix de l'immeuble a baissé et qu'il y a de l'espoir de le réacquérir à un prix inférieur. Quand le prix de l'adjudication n'atteint pas le reste du prix de vente grevant l'immeuble, le vendeur reste créancier personnel de l'acquéreur dépossédé pour la différence. Mais si dans l'intervalle la valeur de l'immeuble

erwerben. Erreicht der Steigpreis nicht den auf dem Grundstück haftenden Restkaufpreis, so bleibt der Verkäufer für den Unterschied noch persönlicher Gläubiger des seines Besitzes entsetzten Ankäufers. Hat sich dagegen mittlerweile der Werth des Grundstücks gehoben, so greift der Verkäufer wegen Nichtzahlung des Kaufpreises zur Auflösung und setzt sie im gerichtlichen Wege und, falls das Grundstück von dem Ankäufer inzwischen weiter veräußert ist, auch gegen den Drittbesitzer mit den vorhin angegebenen Wirkungen durch.

Es leuchtet ein, daß ein solcher Zustand keinen Anspruch auf Fortdauer hat, zumal da der Verkäufer in dem ihm für den Kaufpreis, die Zinsen und Kosten zustehenden Vorzugsrechte eine hinreichende Sicherheit besitzt.

Das Gleiche gilt von dem Widerrufsrecht des Schenkers. Derselbe kann und soll sich wegen der dem Beschenkten gemachten Auflagen durch Vorbehalt einer Hypothek an der geschenkten Liegenschaft sichern.

Die gänzliche Aufhebung des Rechts auf Auflösung und Widerruf wegen Nichterfüllung würde jedoch zu tief in das bestehende Recht einschneiden, als daß sie in Vorschlag gebracht werde könnte.

Die Beschränkung des Auflösungs- und Widerrufsrechts, wie solche im § 1 vorgesehen ist, wird indessen nicht allein den Hauptübelständen abhelfen, sondern auch einestheils den Landhandel auf eine solidere Grundlage zurückführen und anderntheils leichtfertige und übereilte Schenkungen verhüten. Ist nämlich dem Verkäufer die Aussicht genommen, im Falle der Nichtzahlung des Kaufpreises im Wege der Auflösungsklage stets wieder in den Besitz des verkauften Grundstücks zu gelangen, so wird er mehr auf einen zahlungsfähigen, fleißigen und arbeitsamen Käufer sehen, als dies bisher der Fall war, wo er, durch die erste Anzahlung und die eventuelle Rückkehr des Grundstücks in seinen Besitz gedeckt, bestrebt war, unter Gewährung langer Termine einen überwerthigen Preis zu erzielen. Zudem drängt diese Neuerung die Verkäufer dahin, sich starke Anzahlungen auszubedingen; starke Anzahlungen wirken aber der Neigung der Landbevölkerung entgegen, ihren Grundbesitz gegen eine sie erdrückende Schuldenlast auszudehnen.

a haussé, le vendeur exerce son droit à la résolution pour cause de non paiement du prix de vente. Et pour le cas que l'immeuble ait été revendu par l'acquéreur, le vendeur primitif attaque même le tiers-détenteur avec l'effet ci-dessus exposé.

Il est évident qu'un tel état de choses ne doit pas être maintenu au profit du vendeur qui, pour le prix de vente, les intérêts et les frais, est suffisamment garanti par son privilége.

Il en est de même du droit à la révocation du donateur. Celui-ci pour garantir l'exécution des obligations imposées au donataire doit se réserver une hypothèque sur l'immeuble donné.

Cependant l'abolition totale du droit à la résolution et à la révocation pour cause d'inexécution renfermerait une réforme trop radicale de la législation actuelle pour être proposée.

La restriction du droit à la résolution et à la révocation telle qu'elle est prévue au § 1 rémédiera aux défauts principaux du système actuel, remettra le commerce des biens sur une base plus solide et empêchera des donations légères ou irréfléchies; car le vendeur privé de l'avantage de toujours rentrer dans la possession de l'immeuble vendu en cas de non-paiement au moyen de l'action résolutoire, tiendra davantage à un acheteur solvable, actif et industrieux, tandis qu'à présent le vendeur garanti par le premier versement et le retour éventuel de l'immeuble vise souvent à un prix excessif en accordant de longs délais de paiement. En outre, la conséquence que cette innovation aura de pousser le vendeur à stipuler de premiers versements d'importance, doit combattre la tendance de la population agricole à agrandir sa propriété foncière en acceptant des charges qui l'écrasent.

Der Wegfall des Rechts des Schenkers auf Widerruf der Schenkung den genannten Dritten gegenüber wird die Eltern, die unter den Schenkern weitaus die Mehrzahl bilden, behutsamer und vorsichtiger machen, dadurch aber manchem bittern Familienzwist vorbeugen, der sich aus den elterlichen Schenkungen bald zwischen dem Beschenkten und dem Schenker, bald zwischen dem ersteren und den übrigen Kindern des Schenkers erhebt und in langwierigen, kostspieligen und dauernde Feindschaft erzeugenden Prozessen zum Austrag gebracht wird.

Die Auflösung des Kaufvertrages, der Widerruf der Schenkung wegen Nichterfüllung der Verbindlichkeiten tritt nicht von Rechtswegen ein, vielmehr hat der Richter darüber zu befinden, ob die Vertragsverletzung so wesentlicher Art ist, daß sie die Auflösung (den Widerruf) rechtfertigt. Ueberdies kann der Richter dem Beklagten eine Frist zur Erfüllung gewähren und der Letztere die Auflösung, den Widerruf abwenden, wenn er noch im Lauf der Berufungsinstanz vor Erlaß des Urtheils erfüllt. Auflösung und Widerruf hängen demnach von der Thatsache der Nichterfüllung allein nicht ab. Diese Gesichtspunkte sowie die oben erwähnten, den Verkehr schädigenden Wirkungen des Resolutionsrechts sind neben dem Umstande, daß der Veräußerer durch Vorzugsrecht, bezw. Hypothek gesichert ist, für die Anordnung maßgebend gewesen, welche dem Veräußerer die Wahrung des Rechts auf Auflösung und Widerruf erst nach Erhebung der Klage gestattet und so die Dritten schützt, welche vor Verlautbarung derselben Rechte an dem veräußerten Grundstück erworben haben.

Der § 1 des Entwurfs trifft nicht allein das gesetzliche, aus den Artikeln 954, 1184, 1654, 1705 des Code civil entfließende, sondern auch das ausbedungene Recht auf Auflösung oder Widerruf wegen Nichterfüllung, das pactum commissorium expressum. Die Gleichstellung dieses pactum mit dem pactum commissorium tacitum ist aus der Erwägung hervorgegangen, daß sonst der Zweck des Gesetzes durch den Gebrauch vereitelt werden würde, den Veräußerungsverträgen das pactum commissorium expressum einzureihen. Der Stellung der in Rede stehenden Resolutivbedingung kann ein Kauflustiger auch nicht wohl widersprechen, weil sein Widerspruch dokumentiren würde, daß er nicht erfüllen will oder nicht erfüllen kann, oder wenigstens nicht sicher ist, ob er wird erfüllen können. Anders

L'abolition du droit du donateur à la révocation de la donation à l'égard des tiers rendra les parents, qui forment la majeure partie des donateurs, plus prudents et empêchera mainte discorde de famille, provoquée par des donations d'ascendants tantôt entre le donataire et le donateur, tantôt entre le donataire et les autres enfants du donateur et ne prenant fin qu'à la suite de longs et coûteux procès dont résultent des inimitiés durantes.

La résolution de la vente et la révocation de la donation pour cause d'inexécution des obligations ne s'opèrent pas de plein droit: il appartient au juge de décider si l'inexécution d'une stipulation est essentielle au point de justifier la résolution (la révocation) du contrat. En outre le juge peut accorder un délai au défendeur et celui-ci peut encore empêcher la résolution ou la révocation en accomplissant son obligation durant l'instance en appel jusqu'au prononcé du jugement. La résolution et la révocation ne dépendent donc pas du seul fait de l'inexécution. D'un autre côté le vendeur est garanti suffisamment par son privilége ou son hypothèque. Ces considérations permettent d'écarter les effets nuisibles du droit à la résolution par la disposition proposée suivant laquelle le vendeur ne pourra conserver ce droit qu'après l'introduction de la demande et le tiers ne sera troublé dans l'exercice de ses droits à l'immeuble vendu s'il les a acquis avant que le droit du vendeur n'ait été rendu public.

Le § 1 du projet de loi ne concerne pas seulement le droit résultant des art. 954, 484, 1654, 1705 du Code civil, mais encore le droit conventionnel à la résolution ou révocation pour cause d'inexécution (pactum commissorium expressum). Ce pactum a été assimilé au pactum commissorium tacitum à la suite de la considération qu'autrement le but de la loi serait rendu illusoire par l'usage qui pourrait s'établir de comprendre dans les contrats d'aliénations le pactum commissorium expressum. Un amateur ne pourra facilement s'opposer à la stipulation de cette condition résolutoire puisque son opposition prouverait qu'il ne veut ou ne peut accomplir ou pour le moins qu'il n'est pas certain s'il puisse accomplir. La question prend une autre tournure quand il a été stipulé une condition suspensive.

liegt die Sache bei Stellung der entsprechenden Suspensivbedingung. Diese wird der Kauflustige sich nicht leicht gefallen lassen, weil er vor Eintritt derselben in der Disposition über das angekaufte Grundstück behindert, namentlich nicht in der Lage wäre, auf dasselbe Geld aufzunehmen.

Bei letztwilligen Zuwendungen (vergl. Art. 1046 des Code civil) ist das Recht auf Widerruf wegen Nichterfüllung der auferlegten Bedingungen in gleicher Weise beschränkt worden, da der Testator die Erfüllung der Auflage durch die Bedingung sichern kann, daß der Bedachte das vermachte oder ein anderes Grundstück zur Hypothek zu stellen hat.

Die sonstigen Fälle, in denen das Eigenthum an einem Grundstück auf Grund des dasselbe begründenden Rechtsgeschäfts selbst widerrufen werden kann, z. B. auf Grund des Vorbehalts des Rückfalls- oder Wiederkaufsrechts (Art. 951 und 1659 fgd. des Code civil) sind so selten, daß von einer allgemeinen das vertragsmäßige Widerrufsrecht beschränkenden Bestimmung füglich abzusehen ist.

§ 2. Der § 38 des Entwurfs eines Grundbuchrechts schützt die Dritten auch in den Fällen, in denen ihr als Eigenthümer eingetragener Rechtsvorgänger das Eigenthum nicht erworben hatte, z. B. wenn derselbe auf Grund einer gefälschten Erbbescheinigung oder einer als rechtlich nicht bestehend zu erachtenden Auflassung eingetragen war; allein dies geschieht wegen des öffentlichen Glaubens des Grundbuches, der auf der vorgängigen Prüfung des Grundbuchrichters beruht und es nicht zuläßt, daß derjenige, welcher im Vertrauen auf den Inhalt des Buches Rechte von dem Eingetragenen erwirbt, in diesem sein Vertrauen getäuscht wird. Eine solche Einrichtung fehlt dem zur Zeit geltenden Rechte und damit auch der Grund, in dasselbe die Bestimmung jenes § 38 des Entwurfs eines Grundbuchrechts in ihrem vollen Umfange aufzunehmen.

Der § 2 des Entwurfs beschränkt sich deshalb auf die Fälle, in denen mittels der Nullitäts- oder Rescisionsklage (vergl. Art. 1304 des Code civil) der Uebergang des Eigenthums an einem Grundstücke rückgängig gemacht wird. Außerdem soll wegen Nichtigkeit oder Anfechtbarkeit des Rechtsgeschäfts der dadurch bewirkte Eigenthumsübergang zum Nachtheil der mehrgenannten Dritten nur dann nicht rückgängig gemacht werden können, wenn das Rechtsgeschäft durch Notar verbrieft

L'amateur ne l'acceptera pas facilement, attendu qu'avant son accomplissement il serait gêné dans sa disposition sur l'immeuble acheté et surtout ne pourrait le grever d'hypothèque pour garantir un emprunt.

En ce qui concerne les dispositions testamentaires (voy. l'art. 1406 du Code civil), le droit à la révocation pour cause d'inexécution des conditions imposées a été également restreint; le testateur pourra garantir l'exécution des conditions en disposant que le légataire donnera en hypothèque soit l'immeuble légué soit un autre.

Les autres cas de révocation de la propriété d'un immeuble en vertu de l'acte même, par exemple en vertu d'une faculté de retour ou de reméré (art. 951 et 1659 et suivants du Code civil), sont si rares qu'on a pu faire abstraction d'une disposition générale restreignant le droit conventionnel à la révocation.

§ 2. Le § 38 du projet de loi sur l'introduction de livres fonciers garantit les tiers aussi dans les cas où leur auteur inscrit à titre de propriétaire n'avait point acquis la propriété, par exemple quand celui-ci avait été inscrit en vertu d'un faux certificat de qualité d'héritier ou d'une dessaisine réputée non avenue; mais cela a lieu à cause de la foi publique du livre foncier, basée sur l'examen préalable de la part du juge foncier et n'admettant pas que celui qui aura acquis des droits du chef de l'inscrit sur la foi du livre terrier soit trompé dans sa confiance. Une pareille institution n'existant pas dans la législation actuelle, on ne pourra dans toute son étendue y recevoir la disposition du § 38 du projet de loi sur l'introduction de livres fonciers.

Le § 2 du projet de loi se restreint donc aux cas dans lesquels la transmission de la propriété d'un immeuble est révoquée au moyen d'une action en nullité ou en rescision (voy. l'article 1304 du Code civil). En outre la transmission de la propriété pour cause de nullité ou de rescisibilité de l'acte ne pourra être révoquée au préjudice des tiers que lorsque l'acte aura été dressé par devant notaire, le concours de celui-ci étant une garantie de ce

wurde, weil die Mitwirkung des Notars dafür bürgt, daß anfechtbare Rechtsgeschäfte nicht leicht zustande kommen, daß namentlich Mündel seitens der Vormünder nicht durch Rechtsgeschäfte, die ohne Beobachtung der gesetzlichen Förmlichkeiteu abgeschlossen werden, in Nachtheil gerathen.

Der Grundsatz, daß Niemand mehr Rechte auf einen Andern übertragen kann, als er selbst hat (Art. 2182 des Code civil), kann nur zu Gunsten gutgläubiger Dritterwerber durchbrochen werden. Von dieser Anschauung ausgehend, gestattet der Entwurf nur dem Dritten, welcher sich bei seinem Erwerb in gutem Glauben befand, sich auf die Bestimmung des § 2 zu berufen. Kannte er die Mängel des Rechtsgeschäfts, durch welches sein Autor das Eigenthum erworben hat, so kann dasselbe auch ihm gegenüber rückgängig gemacht werden.

Der Berechtigte kann sich gegen die ihm im § 2 angedrohten Nachtheile durch Eintragung des Anspruches auf Rückgängigmachung sichern. Der Erhebung und Eintragung der Klage bedarf es um deswillen nicht, um einestheils den Berechtigten nicht gleich zur Klage und zu oft erheblichen Auslagen zu drängen und um anderntheils eine gütliche Einigung nicht zu erschweren. Die richterliche Ermächtigung zur Vormerkung des Anfechtungsanspruchs wurde indes für erforderlich erachtet, um zu verhüten, daß die Erwerber durch frivole Ansprüche in der Verfügung über ihr wohl erworbenes Eigenthum gehindert werden. Die Ermächtigung ergeht im Wege der einstweiligen Verfügung (§ 16 Nr. 4 des Einführungsgesetzes zur Civilprozeßordnung) und durch das Amtsgericht der belegenen Sache. Die Uebertragung der Entscheidung an dieses Gericht erleichtert dem Anfechtungsberechtigten die Wahrung seines Rechts und stellt die Zuständigkeit außer Zweifel.

§ 3. Selbstverständlich kann von dem Recht der Erben auf das Rückbringen oder auf Einziehung oder Minderung freigebiger Zuwendungen erst nach Eröffnung der Erbschaft die Rede sein, wie das Recht auf Widerruf aus Art. 960 des Code civil und das Näherrecht des Art. 1408 Abs. 2 a. a. O. erst mit der Geburt des Kindes beziehungsweise der Auflösung der Gütergemeinschaft existent wird.

Der Widerruf der Schenkung wegen Undanks hat zufolge Bestimmung des Art. 958 des Code civil den schon mehr genannten Dritten gegenüber keine Wirkung, läßt vielmehr

que des actes annulables ne seront pas facilement passés et que les intérêts des mineurs surtout ne seront pas lésés de la part des tuteurs par des actes passés sans les formalités légales.

Il ne pourra être fait infraction au principe établissant que nul ne pourra transférer que les droits qu'il avait lui-même (art. 2182 du Code civil) qu'en faveur de tiers acquéreurs de bonne foi. Partant de cette considération le projet n'accorde qu'au tiers de bonne foi au moment de l'acquisition la faculté de s'en rapporter à la disposition du § 2. S'il avait connaissance des défauts de l'acte par lequel la propriété a été acquise à son auteur, celle-ci pourra aussi être révoquée à son égard.

La partie intéressée peut se garantir contre les préjudices énoncés au § 2 par l'inscription de son droit à la rescision. L'introduction et l'inscription de la demande n'est pas exigée d'une part pour ne pas pousser de suite à une procédure et aux dépens souvent considérables qui en résultent, d'autre part pour ne pas créer un obstacle à un arrangement à l'amiable. Néanmoins l'autorisation judiciaire de l'inscription du droit à la résolution a été jugée indispensable afin d'éviter que les acquéreurs ne soient empêchés dans la disposition sur leur propriété dûment acquise par des attaques vexatoires. L'autorisation se fera par le moyen d'une ordonnance provisoire (§ 16, n° 4 de la loi concernant l'introduction du Code de procédure civile) qui sera rendue par le tribunal cantonal de la situation de l'objet. La compétence est fixée dans ce sens pour faciliter au demandeur en résolution le moyen de conserver son droit.

§ 3. Il est bien entendu que le droit des héritiers au rapport, à la revendication ou à la réduction de libéralités n'existe qu'à partir de l'ouverture de la succession. De même le droit à la révocation de l'art. 960 du Code civil et le droit de retrait de l'art. 1408, al. 2, l. c. n'est avenu qu'avec la naissance de l'enfant ou bien avec la dissolution de la communauté.

D'après l'art. 958 du Code civil la révocation de la donation pour cause d'ingratitude n'a point d'effet vis-à-vis

deren Rechte unversehrt fortbestehen. Eine Veranlassung zu einer Gesetzänderung liegt demnach insofern nicht vor.

Wegen der Bestimmungen der Art. 1070 und 1071 des Code civil bedarf das Recht auf Herausgabe der durch freigebige Verfügung zugewendeten Grundstücke im Falle der Substitution hier keiner Erwähnung.

II. Vorzugsrechte.

Zur Zeit und nachdem der § 23 des Ausführungsgesetzes zur Civilprozeßordnung vom 8. Juli 1879 die allgemeinen Vorzugsrechte des Art. 2101 des Code civil unter Aufhebung dieses Artikels wie der Art. 2104, 2105 und 2107 des Code civil beseitigt hat, bestehen nur noch folgende Vorzugsrechte an Liegenschaften.

Es haben ein Vorzugsrecht:

1) Der Verkäufer einer Liegenschaft an der letzteren wegen des rückständigen Kaufgeldes, wegen der Zinsen und Kosten und wegen der Kaufbedingungen, welche der Sache nach ein Theil des Kaufgeldes sind.

2) Die, welche zur Erwerbung einer Liegenschaft Geld dargeliehen haben, an der für dieses Geld erworbenen Liegenschaft, vorausgesetzt, daß authentisch festgestellt worden ist durch Darlehnsurkunde, daß die Summe zu dieser Verwendung bestimmt war, und durch die Quittung des Verkäufers, daß die Zahlung mit dem geliehenen Gelde erfolgt ist. Art. 2103 Nr. 2 des Code civil.

   Das Vorzugsrecht des Verkäufers (Darleihers) wird gewahrt durch die auf Betreiben des Verkäufers oder Käufers veranlaßte Ueberschreibung der Verkaufsurkunde, aus welcher sich ergiebt, daß der Kaufpreis noch ganz oder zum Theil geschuldet, beziehentlich der Darleiher in die Rechte des Verkäufers eingesetzt ist. Der Hypothekenbewahrer ist bei Strafe des vollen Schadenersatzes gegen Dritte verpflichtet, die Eintragung der Forderungen, welche sich aus der Eigenthums-Uebertragungsurkunde zum Vortheil des Verkäufers (Darleihers) ergeben, in sein Register von Amtswegen vorzunehmen. Art. 2108 des Code civil.

des tiers n'altère point l'intégrité de leurs droits. Il n'y a donc pas lieu de changer la législation dans cette matière.

Il n'y a pas lieu d'étendre l'art. 3 aux droits de ceux au profit desquels est faite une disposition à charge de rendre, les prescriptions des art. 1070 et 1071 du Code civil suffisant à cet égard.

II. Des priviléges.

A présent et après l'abolition des priviléges généraux par le § 23 de la loi concernant l'exécution du Code de procédure civile du 8 juillet 1879 qui a supprimé l'art. 2101, ainsi que les art. 2104, 2105 et 2107 du Code civil, ne sont maintenus que les priviléges sur les immeubles mentionnés ci-après.

Sont privilégiés :

1° Le vendeur sur l'immeuble vendu pour le prix de vente dû, ainsi que pour les intérêts et les frais et pour les conditions de la vente faisant partie intégrante du prix de vente.

2° Ceux qui ont fourni les deniers pour l'acquisition de l'immeuble, pourvu qu'il soit authentiquement constaté par l'acte d'emprunt, que la somme était destinée à cet emploi, et par la quittance du vendeur, que ce paiement a été fait des deniers empruntés. Art. 2103 n° 2 du Code civil.

Le privilége du vendeur — prêteur — est conservé par la transcription faite à la diligence du vendeur ou de l'acheteur du titre qui a transféré la propriété à l'acquéreur et qui constate que la totalité ou partie du prix est due — et que le prêteur est subrogé aux droits du vendeur. Le conservateur des hypothèques est tenu sous peine de tous dommages et intérêts envers les tiers de faire d'office l'inscription sur son registre des créances résultant de l'acte translatif de propriété en faveur du vendeur ou du prêteur. Art. 2108 du Code civil.

3) Miterben nach geschehener Theilung an den Liegenschaften, welche zum Nachlaß gehörten, und zwar theils wegen der Gewährleistung, welche ein Miterbe für das auf ihn gefallene Loos von den übrigen Miterben zu fordern berechtigt ist, theils wegen der Gelder, welche ein Miterbe dem andern zufolge der Theilung (la soulte) oder bei einer abgehaltenen Versteigerung als Meistbietender herauszuzahlen hat. Art. 2103 Nr. 3 des Code civil.

Dasselbe Vorzugsrecht steht auch anderen Miteigenthümern zu, die eine ihnen gemeinschaftliche Liegenschaft getheilt haben. Art. 1476 und 1872 des Code civil. Der Miterbe oder Theilungsgenosse wahrt das Vorzugsrecht durch die Eintragung, welche auf sein Betreiben innerhalb 60 Tagen von dem Theilungsakte oder dem Zuschlage bei der Theilungsversteigerung an erfolgt. Art. 2109 des Code civil.

4) Baumeister und Bauunternehmer und, wenn der Bauherr ohne die Dazwischenkunft eines Baumeisters oder Bauunternehmers gebaut hat, Maurer und andere Arbeiter, welche verwendet worden sind, um Gebäude oder Kanäle oder andere Werke aufzuführen oder wieder herzustellen oder auszubessern, an der Liegenschaft für die Baukosten bis zum Belaufe des sich durch die Bauten ergebenden Mehrwerthes der Liegenschaft zur Zeit der Veräußerung. Art. 2103 Nr. 4 des Code civil.

5) Die, welche zur Bezahlung der unter Nr. 4 aufgeführten Gläubiger Geld dargeliehen haben, vorausgesetzt, daß diese Verwendung durch die Darlehnsurkunde und durch die Quittung der Arbeiter in der unter Nummer 2 angegebenen Weise authentisch festgestellt ist.

Das unter Nummer 4 und 5 erwähnte Vorzugsrecht wird gewahrt durch die Eintragung: 1) des Protokolls, welches den Zustand der Oertlichkeiten vor Beginn der Arbeiten feststellt und 2) des spätestens innerhalb 6 Monaten nach Vollendung der Arbeiten aufzunehmenden Protokolls über die Arbeiten, von dem Tage an, an welchem das erste Protokoll eingetragen worden ist. Art. 2110 des Code civil.

3° Les cohéritiers après le partage sur les immeubles de la succession pour la garantie des partages faits entre eux, pour les soulte et retour de lots ou pour le prix de la licitation. Art. 2103 n° 3 du Code civil.

Ce privilége appartient également à d'autres copropriétaires ayant partagé l'immeuble indivis entre eux. Art. 1476 et 1872 du Code civil. Le cohéritier ou le copartageant conserve son privilége par l'inscription faite à sa diligence dans soixante jours à dater de l'acte de partage ou de l'adjudication par licitation. Art. 2109 du Code civil.

4° Les architectes et entrepreneurs et, lorsque le propriétaire a fait bâtir sans architectes ni entrepreneurs, les maçons et autres ouvriers employés pour édifier, reconstruire ou réparer des bâtiments, canaux ou autres ouvrages quelconques pour les frais de construction jusqu'à concurrence de la plus-value résultant des travaux à l'époque de l'aliénation de l'immeuble. Art. 2103 n° 4 du Code civil.

5° Ceux qui ont prêté les deniers pour payer les créanciers mentionnés sub 4°, pourvu que cet emploi soit authentiquement constaté par l'acte d'emprunt et la quittance des ouvriers ainsi qu'il a été dit sub 2°.

Le privilége mentionné sub 4° et 5° est conservé par l'inscription faite :

1) du procès-verbal qui constate l'état des lieux avant le commencement des travaux ;

2) du procès-verbal de réception qui sera dressé au plus tard 6 mois après la perfection des travaux à dater du jour auquel le premier procès-verbal a été inscrit. Art. 2110 du Code civil.

6) Das Recht der Erbschaftsgläubiger und der Vermächtnißnehmer, die zu dem Nachlasse gehörenden Liegenschaften von dem Vermögen des Erben zu sondern, ist ein Vorzugsrecht eigener Art. Es begründet nämlich kein Vorzugsrecht des einen Erbschaftsgläubigers (Vermächtnißnehmers) gegen den andern, sondern nur gegen die Gläubiger des Erben oder Rechtsnachfolgers des Erblassers. Art. 2111 in Verbindung mit Art. 878 und 1017 des Code civil.

Die Erbschaftsgläubiger und Vermächtnißnehmer wahren den zuletzt genannten Gläubigern gegenüber ihr Vorzugsrecht an den Liegenschaften der Erbschaft durch die in den ersten 6 Monaten nach Eröffnung der Erbschaft auf jedes dieser Güter bewirkte Eintragung. Art. 2111 des Code civil.

7) A. Der Staat für seine Darlehen zur Entwässerung von Grundstücken an den entwässerten Grundstücken. Art. 3 und 4 Absatz 2 des Gesetzes vom 17. Juli 1856.

B. a. Die Syndikate für die Einziehung der Unterhaltungsbeiträge und der von ihnen gemachten Darlehen und Vorschüsse; b. die Darleiher für die Einziehung ihrer den Syndikaten gemachten Darlehen; c. die Unternehmer für die Bezahlung der von ihnen gemachten Entwässerungsarbeiten, und d. diejenigen, welche unter Beobachtung der im Art. 2103 Nr. 5 des Code civil vorgeschriebenen Formen Geld zur Bezahlung oder Befriedigung dargeliehen haben,

an den entwässerten Grundstücken. Art. 4 Nr. 1 bis 4 und Absatz 2 des Gesetzes vom 17. Juli 1856.

Jeder, welcher eine bevorrechtete oder hypothekarische Forderung von früherem Datum als das auf Grund des genannten Gesetzes erworbene Vorzugsrecht hat, ist berechtigt, bei Veräußerung des Grundstücks dieses Vorzugsrecht auf den zu dieser Zeit vorhandenen und aus den Entwässerungsarbeiten entstandenen Mehrwerth beschränken zu lassen.

6° Le droit des créanciers de la succession et des légataires de demander la séparation du patrimoine du défunt d'avec le patrimoine de l'héritier est un privilége d'une nature spéciale. Il n'en résulte pas de meilleur rang au profit d'un créancier (légataire) vis-à-vis de l'autre, mais la préférence existe à l'égard des créanciers, des héritiers ou représentants du défunt. Art. 2111, 878 et 1017 du Code civil.

Les créanciers de la succession et les légataires conservent leur privilége sur les immeubles de la succession envers les personnes mentionnées ci-dessus par les inscriptions faites sur chacun de ces biens dans les 6 mois à compter de l'ouverture de la succession. Art. 2111 du Code civil.

7° A. Le trésor public pour ses prêts destinés à faciliter les opérations du drainage. Art. 3 et 4, al. 2 de la loi du 27 juillet 1856.

B. a) Les syndicats pour le recouvrement de la taxe d'entretien et des prêts ou avances faits par eux;

b) les prêteurs pour le remboursement des prêts faits à des syndicats;

c) les entrepreneurs pour le paiement du montant des travaux de drainage par eux exécutés;

d) ceux qui ont prêté des deniers pour payer ou rembourser les entrepreneurs en se conformant aux dispositions du n° 5 de l'art. 2103 du Code civil,

sur les terrains drainés. Art. 4 n° 1 à 4 et al. 2 de la loi du 17 juillet 1856.

Toute personne ayant une créance privilégiée ou hypothécaire antérieure au privilége acquis en vertu de cette loi a le droit, à l'époque de l'aliénation de l'immeuble, de faire réduire le privilége à la plus-value existant à cette époque et résultant de travaux de drainage.

Das Vorzugsrecht an den entwässerten Grundstücken wird gewahrt durch dessen Eintragung: für den Staat und die Darleiher in 2 Monaten von dem Darlehnsgeschäfte an; für die Syndikate in 2 Monaten von dem dieselben konstituirenden Beschlusse an; für die Unternehmer in 2 Monaten von dem durch Art. 6 des Gesetzes vorgeschriebenen Protokolle an. Art. 5, 6 und 7 des Gesetzes vom 17. Juli 1856.

8) Der Staat oder die Unternehmer wegen der Vergütung für die Trockenlegung von Sümpfen an dem Mehrwerth der entsumpften Ländereien. Das Vorzugsrecht wird dadurch gewahrt, daß die Verordnung, durch welche die Austrocknung auf Rechnung des Staates verfügt ist, oder die Konzessionsurkunde in dem Hypothekenamte überschrieben wird. Art. 23 des Gesetzes vom 16. September 1807.

9) Der Staat für die Strafgerichtskosten an den Liegenschaften der Verurtheilten. Dieses Vorzugsrecht wird durch Eintragung innerhalb 2 Monaten, vom Tage des Urtheils ab gewahrt. Obgleich rechtzeitig eingetragen, steht es nach

a. den Vorzugsrechten des Art. 2103 des Code civil, vorausgesetzt, daß die zu ihrer Erhaltung vorgeschriebenen Bedingungen erfüllt sind;
b. den gesetzlichen, ohne Eintragung bestehenden Hypotheken, vorausgesetzt, daß dieselben älter sind als der Haftbefehl oder, wenn ein solcher gegen den Verurtheilten nicht erlassen ist, als das Urtheil;
c. den übrigen Hypotheken, vorausgesetzt, daß die Forderungen vor dem Vorzugsrechte des Staats auf dem Hypothekenamte eingetragen und dem Haftbefehl oder Urtheil vorgängig entstanden sind;
d. den für die persönliche Vertheidigung des Verurtheilten geschuldeten Summen, welche erforderlichenfalls nach Maßgabe des §§ 63 fg. der Gebühren-Ordnung für Rechtsanwälte festzusetzen sind. Gesetz vom 5. September 1807.

Le privilége sur les terrains drainés se conserve par une inscription prise: pour le trésor public et pour les prêteurs dans les 2 mois de l'acte de prêt; pour les syndicats dans les 2 mois de l'arrêté qui les constitue; pour les entrepreneurs dans les 2 mois du procès-verbal prescrit par l'art. 6 de la loi. Art. 5, 6 et 7 de la loi du 17 juillet 1856.

8° Le trésor public ou les entrepreneurs en raison des indemnités dues pour désséchement de marais sur la plus-value des terrains désséchés. Le privilége se conserve par la transcription du décret qui ordonne le désséchement au compte de l'état ou de l'acte de concession dans le bureau des hypothèques de la situation des marais désséchés. Art. 23 de la loi du 16 septembre 1807.

9° Le trésor public pour les frais de justice sur les immeubles des condamnés en matière criminelle, correctionelle et de police. Ce privilége se conserve par une inscription prise dans les 2 mois à dater du jugement de condamnation. Ce privilége inscrit en temps utile ne s'exercera qu'après les privilèges et droits suivants:

a) les priviléges désignés en l'art. 2103 du Code civil, pourvu que les conditions prescrites pour leur conservation aient été accomplies;
b) les hypothèques légales existantes indépendamment de l'inscription pourvu toutefois qu'elles soient antérieures au mandat d'arrêt ou au jugement de condamnation à défaut d'un mandat d'arrêt;
c) les autres hypothèques, pourvu que les créances aient été inscrites au bureau des hypothèques avant le privilége du trésor public et qu'elles résultent d'actes qui aient une date certaine antérieure auxdits mandats d'arrêt ou jugements de condamnation;
d) les sommes dues pour la défense personnelle du condamné sauf les §§ 63 et suiv. du tarif des avocats-avoués. Loi du 5 sept. 1807.

Den Bestimmungen des eben erwähnten Gesetzes vom 5. September 1807 unterliegt nach Art. 119 des Dekrets vom 18. Juni 1811 auch das Vorzugsrecht der Staatskasse wegen der Entmündigungskosten, die dem Entmündigten zur Last fallen und aus seinem Vermögen mit Vorzugsrecht beigetrieben werden.

10) Der Staat wegen seiner Guthaben an rechnungspflichtige Beamte an den nach der Ernennung mittels entgeltlichen Titels erworbenen Liegenschaften derselben, sowie an den unter gleichem Titel von deren Ehefrauen erworbenen Liegenschaften, sofern die Frau nicht nachweist, daß die für die Erwerbung verwendeten Gelder ihr Eigenthum waren. Auch dieses Vorzugsrecht ist durch die Eintragung bedingt, welche innerhalb 2 Monaten von der Einregistrirung der den Eigenthumsübertrag bewirkenden Urkunde genommen werden muß. Es gereicht nicht zum Nachtheil:
   a. den im Art. 2103 des Code civil bezeichneten vorzugsberechtigten Gläubigern, sofern sie die zur Erlangung ihres Vorzugsrechts vorgeschriebenen Bedingungen erfüllt haben;
   b. den Gläubigern des früheren Eigenthümers, welche an der erworbenen Liegenschaft eine von der Eintragung unabhängige gesetzliche oder eine andere rechtswirksam eingetragene Hypothek haben. Gesetz vom 5. September 1807.

Alle vorbenannten vorzugsberechtigten, der Förmlichkeit der Eintragung unterworfenen Forderungen, hinsichtlich deren die zur Wahrung des Vorzugsrechts vorgeschrieben Bedingungen nicht erfüllt sind, bleiben dessen ungeachtet hypothekarische Forderungen; die Hypothek datirt jedoch Dritten gegenüber erst von der Zeit der Eintragung an. Art. 2113 des Code civil.

Ist die Liegenschaft veräußert worden, so können Gläubiger, welchen ein Vorzugsrecht zusteht, von der Ueberschreibung der Veräußerungsurkunde an nicht mehr wirksam gegen den früheren Eigenthümer eine Eintragung nehmen. Jedoch können der Verkäufer oder der Theilungsberechtigte die ihnen durch die Art. 2103, 2108 und 2109 des Code civil gewährten Vorzugsrechte innerhalb 45 Tageu nach dem Kauf oder der Theilung wirksam eintragen lassen, ungeachtet jeder Ueberschreibung von

D'après l'art. 119 du décret du 18 juin 1811 le privilége du trésor public pour les frais d'interdiction qui sont à la charge de l'interdit et dont le recouvrement est poursuivi sur les biens avec privilége et préférence est également soumis aux dispositions de la loi du 5 sept. 1807.

10) Le trésor public pour les droits qui lui compètent contre les receveurs et administrateurs comptables sur les immeubles acquis par eux à titre onéreux après leur nomination ainsi que sur les immeubles acquis au même titre par leurs femmes, si celles-ci ne justifient pas que les deniers employés à l'acquisition leur appartenaient. Ce privilége aussi n'a lieu qu'à la charge d'une inscription qui doit être faite dans les 2 mois de l'enregistrement de l'acte translatif de propriété. Il ne peut préjudicier :

a) aux créanciers privilégiés désignés dans l'art. 2103 du Code civil lorsqu'ils ont rempli les conditions prescrites pour obtenir privilége ;

b) aux créanciers du précédant propriétaire, qui auraient, sur le bien acquis, des hypothèques légales existantes indépendamment de l'inscription ou toute autre hypothèque valablement inscrite. Loi du 5 sept. 1807.

Toute ces créances privilégiées soumises à la formalité de l'inscription, à l'égard desquelles les conditions ci-dessus prescrites pour conserver le privilége n'ont pas été accomplies, n'en cessent pas moins d'être hypothécaires, mais l'hypothèque ne date à l'égard des tiers que de l'époque de l'inscription. Art. 1115 du Code civil.

Si l'immeuble a été aliéné les créanciers privilégiés ou ayant hypothèque ne peuvent prendre utilement inscription sur le précédant propriétaire à partir de la transcription de l'acte translatif. Néanmoins le vendeur ou le copartageant peuvent faire utilement inscrire les priviléges à eux conférés par les art. 2103, 2108, 2109 du Code civil dans les 45 jours de l'acte de vente ou de partage nonobs-

Urkunden, die während dieser Frist gethätigt sind. Art. 6 des Gesetzes vom 23. März 1855.

Die Vorzugsrechte, obgleich erst nach der rechtswirksamen Entstehung von Unterpfandsrechten verlautbart, gehen diesen dennoch vor. Hierdurch beeinträchtigen sie aber das Vertrauen auf das erworbene Unterpfandsrecht und überhaupt auf den Ausweis des Hypothekenbuches. Indes kann die allgemeine Beseitigung der Vorzugsrechte vorerst nicht in Aussicht genommen werden, weil die durch sie geschützten Interessen, außerhalb des Grundbuchs, sonst nicht gesichert werden können.

Im Einzelnen geben die oben aufgeführten Vorzugsrechte zu folgenden Bemerkungen Anlaß:

1. Vorzugsrecht des Verkäufers und des Theilungsgenossen, sowie Vorzugsrecht der Erbschaftsgläubiger und Vermächtnißnehmer.

§ 5. Das Vorzugsrecht des Verkäufers wird dem Gesagten zufolge gemäß Art. 2108 des Code civil gewahrt durch die Ueberschreibung der Verkaufsurkunde, mag nun jene von ihm oder von dem Ankäufer veranlaßt werden, oder durch Eintragung. Die Wahrung auf die angegebene Weise kann bis zu dem Tage geschehen, an welchem ein Untererwerber seinen Erwerbsakt hat überschreiben lassen. Der Verkäufer erhält daher sein Vorzugsrecht durch Eintragung, wenngleich seit der Ueberschreibung mehr wie 10 Jahre verflossen sind, sofern ein Untererwerber seinen Erwerbsakt bis dahin noch nicht hat überschreiben lassen. Wie der Verkäufer also seinen Vorrang nicht durch verspätete Erneuerung verliert, so verliert er ihn auch nicht durch Löschung der Eintragung, sofern die Löschung nicht etwa auf einem Verzichte auf das Vorzugsrecht beruht. Denn er kann immer noch, wie erwähnt, eine wirksame neue Eintragung nehmen, vorausgesetzt, daß ein Untererwerber seinen Erwerbsakt bis dahin nicht hat überschreiben lassen.

Durch Nichteintragung oder Nichterneuerung oder Löschung der Eintragung werden aber Dritte zu dem Glauben verleitet, das Vorzugsrecht des Verkäufers sei erloschen. Eine Aenderung dieses Zustandes durch Beschränkung der Möglichkeit der Wahrung des Vorzugsrechts auf eine bestimmte kurze Frist erscheint mithin geboten.

tant toute transcription d'actes faits dans ce délai. Art. 6 de la loi du 23 mars 1855.

Le droit de préférence du créancier privilégié existe même à l'égard de créances hypothécaires qui ont pris naissance avant la conservation du privilége. De cette situation doit souffrir la confiance dans la sûreté de l'hypothèque acquise et dans la garantie donnée par le registre des hypothèques. Cependant l'abolition générale des priviléges n'a pu être prise en considération, puisque les intérêts protégés par eux dans le système actuel manqueraient de toute autre garantie.

Les priviléges mentionnés donnent lieu aux observations suivantes :

1. Le privilége du vendeur et du copartageant ainsi que le privilége des héritiers d'une succession et des légataires.

§ 5. Comme il a été observé, le privilége du vendeur se conserve d'après l'art. 2103 du Code civil par la transcription de l'acte de vente, faite à la diligence soit du vendeur soit de l'acheteur, ou par l'inscription. Il pourra être conservé de cette manière jusqu'au jour de la transcription d'un acte d'acquisition faite à la diligence d'un acquéreur subséquent. Donc le vendeur peut conserver son privilége par l'inscription même après un laps de temps de plus de 10 ans à partir de la transcription de l'acte de vente, tant qu'nn acquéreur subséquent n'aura pas fait transcrire son acte d'acquisition. De même que le vendeur ne perd pas son droit de préférence par le retard du renouvellement de son inscription, il le conserve malgré la radiation de l'inscription, à moins que la radiation ne résulte d'une renonciation au privilége. Car il pourra toujours, comme il a été dit, requérir utilement une nouvelle inscription, pourvu qu'un acquéreur subséquent n'ait fait transcrire auparavant son acte d'acquisition.

Cependant le défaut de l'inscription ou du renouvellement ou la radiation de l'inscription peuvent induire les tiers à supposer que le privilége du vendeur n'existe plus. Il semble donc necéssaire de changer cet état de choses en restreignant la faculté de conserver le privilége à un bref délai exactement déterminé.

Zur Wahrung des Vorzugsrechts ist die Vorlage des Titels erforderlich, Art. 2108, 2148 des Code civil. Eine Frist von einem Monat genügt aber zur Beschaffung einer Ausfertigung des etwa vor Notar abgeschlossenen Kaufvertrages. Mit Rücksicht hierauf hat der Entwurf dem Verkäufer zur Wahrung des Vorzugsrechts eine Frist von einem Monat gesetzt.

Aus dem eben angeführten Grunde reicht eine Frist von einem Monate auch für den Theilungsgenossen zur Wahrung seines Vorzugsrechts aus. Eine Abkürzung der 60tägigen Frist des Art. 2109 des Code civil erscheint zudem um so mehr angezeigt, als der Miteigenthümer, welcher das gemeinschaftliche Gut zugetheilt erhält, erfahrungsmäßig häufig in die Lage kommt, behufs Beginns der Bewirthschaftung sofort zur Aufnahme eines Darlehns schreiten zu müssen, die Aufnahme eines Darlehns erheischt aber eine Klärung der hypothekarischen Lage.

Für die Erbschaftsgläubiger und Vermächtnißnehmer genügt zur Wahrung ihres Vorzugsrechts eine Frist von 2 Monaten vollkommen.

2. Vorzugsrecht der Baumeister u. s. w.

§ **19** Nr. 1. Von dem in dem Artikel 2103 Nr. 4 und 5 des Code civil erwähnten Vorzugsrechte wird nie Gebrauch gemacht. Diese Erscheinnng hat, abgesehen von der Art der Wahrung dieses Vorzugsrechts, ihren Grund einestheils darin, daß die Baumeister und Bauunternehmer regelmäßig Zahlung nach Maßgabe des Fortschreitens des Bauwerkes verlangen, weil sie selten in der Lage sind, auf längere Zeit Ausstand zu gewähren, und anderntheils darin, daß die Bauherren sich schon vor Beginn der Bauten mit den nöthigen Mitteln zu versehen pflegen, jedenfalls durch Bewilligung einer vertraglichen Hypothek hinreichende Sicherheit bieten. Es liegt daher ein Bedürfniß zur Aufrechterhaltung dieses Vorzugsrechts uicht vor.

3. Vorzugsrechte des Staats, der Syndikate, Konzessionsinhaber (Unternehmer) nnd Darleiher in Gemäßheit des Gesetzes über die Austrocknung der Sümpfe vom 16. September 1807 Art. 23 und des Gesetzes über die Entwässerung vom 17. Juli 1856.

Pour conserver le privilége il est nécessaire de produire le titre. Art. 2108, 2148 du Code civil. Mais un délai d'un mois suffira pour obtenir l'expédition de l'acte de vente notarié. C'est pour cela que le projet a accordé au vendeur le délai d'un mois pour conserver le privilège.

Pour la même raison le délai d'un mois suffit également au copartageant pour conserver son privilége. La réduction du délai de 60 jours de l'art. 2109 du Code civil semble d'autant plus indiquée que l'expérience a prouvé que le copropriétaire auquel le bien commun est échu, est souvent obligé de recourir de suite à un emprunt afin de pouvoir commencer l'exploitation; cet emprunt exige que la situation hypothécaire soit éclaircie.

Un délai de 2 mois suffit amplement aux créanciers de la succession et aux légataires pour conserver leur privilége.

2. Le privilége des architectes etc.

§ 19. N° 1. L'art. 2103, n° 4 et 5 du Code civil concernant le privilège des architectes etc., ne trouve guère d'application. Cela s'explique, abstraction faite du mode de conserver ce privilége, parce que d'un côté les architectes et entrepreneurs, étant rarement à même d'accorder de longs délais de paiement, demandent généralement paiement en proportion du progrès des ouvrages, et parce que, de l'autre côté, les propriétaires ont l'habitude de se procurer les deniers nécessaires déjà avant le commencement des ouvrages, en offrant le cas échéant des garanties suffisantes par une hypothèque conventionelle. Il est donc inutile de maintenir ce privilége.

3. Les priviléges du trésor public, des syndicats, des concessionnaires (entrepreneurs) et prêteurs conformément à la loi sur le dessèchement des marais du 16 septembre 1807 art. 23 et de la loi sur le drainage du 17 juillet 1856.

§ 19 Nr. 1. Auch von diesen Vorzugsrechten und gesetzlichen Hypothekarrechten wird nie Gebrauch gemacht; sie können daher gleichfalls aufgehoben werden.

4. Das Vorzugsrecht des Staats wegen der Strafgerichtskosten (§ 6) steht schon nach dem Gesetze vom 5. September 1807 allen vorher eingetragenen Hypothekarforderungen nach, sofern diese älter als der Haftbefehl oder das die Verurtheilung aussprechende Erkenntniß sind. Nach Beseitigung der gerichtlichen und der stillschweigenden gesetzlichen Hypotheken liegt ein Grund für die Aufrechterhaltung besagten Vorzugsrechtes nicht mehr vor, vielmehr reicht ein gesetzliches Unterpfandsrecht für den durch dieses Vorzugsrecht verfolgten Zweck vollkommen aus.

5. Wegen des Vorzugsrechts des Staats (Seite 26 Nr. 10) vgl. Seite 50 Absatz 2.

III. Hypotheken.

1. Die vertragsmäßige Hypothek giebt zu einer Ausstellung keinen Anlaß. Sie kann nur für eine bestimmte Summe und nur auf bestimmte Liegenschaften eingetragen werden (Art. 2129 und 2132 des Code civil) und entspricht insofern vollständig den Bestimmungen des preußischeu Gesetzes vom 5. Mai 1872 wie des Entwurfs eines Grundbuchrechts für Elsaß-Lothringen.

2. Die gerichtliche Hypothek (§ 7) ist in der Begründung des eingangs erwähnten Gesetzentwurfs bereits als der inneren Begründung entbehrend und den Realkredit schädigend nachgewiesen.

Für ihre Aufrechterhaltung läßt sich allerdings anführen, daß die Ausstattung des Urtheils mit der gerichtlichen Hypothek ein geeignetes Mittel sei, von dem Schuldner die Exekution abzuwenden. Das Gewicht dieses Einwandes läßt sich nicht verkennen, verliert indes schon viel an Bedeutung durch die Betrachtung, daß, was die gegenwärtigen Immobilien des Schuldners anlangt, derselbe durch Bestellung einer vertragsmäßigen Hypothek ebenso wie durch die gerichtliche Hypothek die Exekution abwenden kann, indem die vertragsmäßige Hypothek dem Gläubiger die nämliche Sicherheit wie die gerichtliche Hypothek verleiht. — In zahlreichen Fällen, namentlich in der Handelswelt, wird Kredit gewährt, obwohl der Schuldner Immobilien weder besitzt noch Aussicht hat, solche je zu erwerben.

§ 19. N° 1. Ces priviléges et hypothèques légales aussi ne sont jamais exercés et peuvent donc être également supprimés.

4. Le privilége du trésor public pour les frais de justice (§ 6) ne s'exerce selon la loi du 5 septembre 1807 qu'après toute créance hypothécaire antérieurement inscrite, en tant que celle-ci précède le mandat d'arrêt ou le jugement de condamnation. Les hypothèques judiciaires et légales non inscrites étant supprimés il n'y a pas lieu de maintenir ce privilège dont le but est parfaitement atteint par une hypothèque légale.

5. Quant au privilège du trésor public (page 27 n° 10) voy. page 51 al. 2.

III. Des hypothèques.

1. L'hypothèque conventionelle ne donne pas lieu à des observations. Elle ne pourra être inscrite que pour une somme déterminée et sur des immeubles également déterminés (art. 2129 et 2132 du Code civil) et répond en cela entièrement aux dispositions de la loi prussienne du 5 mai 1872, ainsi que du projet de loi concernant l'introduction de livres fonciers pour l'Alsace-Lorraine.

2. Dans les motifs du projet de loi sus-mentionné il a déjà été démontré que l'hypothèque judiciaire (§ 7) manque d'une véritable raison d'être et nuit au crédit foncier.

On pourrait motiver son maintien en alléguant que l'hypothèqué judiciaire est un moyen d'épargner l'exécution du jugement au débiteur. Le mérite de cette observation ne doit être méconnu, mais elle perd en importance par la considération, qu'en ce qui concerne les immeubles actuels du débiteur celui-ci peut éviter l'exécution en consentant une hypothèque conventionelle non moins que par l'hypothèque judiciaire, attendu que l'hypothèque conventionelle offre au créancier la même garantie que l'hypothèque judiciaire. Dans de nombreux cas et surtout dans le commerce on fait crédit à un débiteur qui ne possède

Es werden Urtheile erwirkt, und doch kommt es in diesen Fällen verhältnißmäßig nicht häufiger zur Exekution, als in den Fällen, in welchen der Gläubiger eine gerichtliche Hypothek erlangt hat. Denn der fleißige und zuverlässige Schuldner, und nur ein solcher verdient Schonung, findet eben in Verwandten, Nachbarn und Freunden, welche für ihn durch Bürgschaftsübernahme oder Pfandbestellung Sicherheit leisten, die Mittel, die Exekution abzuwenden. Den in der Begründung des Entwurfs eines Grundbuchrechts geschilderten, mit der gerichtlichen Hypothek verbundenen Uebelständen gegenüber können die Kosten nicht in Betracht kommen, welche der Schuldner für die Bestellung einer vertragsmäßigen Hypothek zwecks Abwendung der Exekution auslegen muß, zumal da hierdurch der Belastung des Grundes und Bodens in erheblichem Maße gesteuert wird, indem der Schuldner, mit der Zwangsvollstreckung bedroht, bestrebt sein wird, dem Gläubiger durch Vermittlung Dritter Befriedigung oder andere Sicherheit, z. B. durch Bürgschaftsstellung zu verschaffen.

Einen Unterschied zwischen den verschiedenen Arten von Verbindlichkeiten zu machen, auf denen die die gerichtliche Hypothek begründende Entscheidung beruht, erscheint nicht thunlich, abgesehen davon, daß alsdann die Unsicherheit, welche die allgemeine Hypothek im Gefolge hat, wenn auch für weniger zahlreiche Fälle, fortdauern würde.

Die gerichtliche Hypothek ist demnach gänzlich zu beseitigen und darin dem Beispiele Belgiens zu folgen, in welchem Lande die gerichtliche Hypothek durch Gesetz vom 16. Dezember 1851, also schon über 30 Jahre abgeschafft ist, ohne daß die Abschaffung zu Mißständen geführt hätte. Auch der von der französischen Regierung im Jahre 1850 vorgelegte Gesetzentwurf über das Hypothekenrecht brachte die Abschaffung der gerichtlichen Hypothek in Vorschlag.

3. A. Den unerträglichen Mißständen, welche die gesetzliche Hypothek der Mündel, wie anderweit gezeigt, mit sich führt, ist in Preußen in durchgreifender Weise Abhülfe gebracht worden.

Die Vormundschaftsordnung vom 5. Juli 1875 im § 32 hebt nämlich auch für die Theile der Monarchie, in welchen der Code civil gilt, das gesetzliche Unterpfandsrecht der Mündel

point d'immeubles et est dépourvu des chances d'en acquérir jamais. On prend alors des jugements et cependant dans ces cas l'exécution est relativement tout aussi rare que quand le créancier a obtenu une hypothèque judiciaire; car le débiteur actif et sûr, et celui-ci est seul digne d'égards, trouve par des parents, voisins ou amis qui se portent caution ou donnent un objet en gage, les moyens d'éviter l'exécution. Comparativement aux effets nuisibles de l'hypothèque judiciaire, qui ont été exposés dans les motifs du projet de loi concernant l'introduction de livres fonciers, les frais que le débiteur débourse pour le consentement d'une hypothèque conventionelle dans le but d'éviter l'exécution ne peuvent pas être pris en considération.

L'abolition de l'hypothèque judiciaire aura surtout la conséquence indirecte de diminuer considérablement l'affectation hypothécaire de la propriété; car le débiteur menacé d'exécution tâchera en premier lieu d'amener des tiers à intervenir pour offrir au créancier ou le paiement ou au lieu d'une hypothèque d'autres garanties, p. ex. un cautionnement.

Il semble inopportun d'établir une distinction entre les différentes espèces d'obligations sur lesquelles se base l'hypothèque judiciaire. L'incertitude qui est la suite de l'hypothèque générale, continuerait toujours, seulement pour des cas moins nombreux.

L'hypothèque judiciaire est donc à supprimer entièrement à l'instar de la loi belge qui, il y a plus de 30 ans, abolissait l'hypothèque judiciaire par une loi du 16 décembre 1851, sans que cette abolition ait eu des suites fâcheuses. Le projet de loi sur les hypothèques déposée par le gouvernement français en 1850 proposait également l'abolition des hypothèques judiciaires.

3. A. La Prusse a remédié radicalement aux torts insupportables causés, comme il a été exposé ailleurs, par l'hypothèque légale des mineurs.

Le § 32 de la loi sur la tutelle du 5 juillet 1875 supprimant aussi pour les parties de la monarchie, régies

auf, ermächtigt jedoch das Vormundschaftsgericht (Amtsgericht) beziehentlich den Familienrath (vergl. die §§ 58, 75 und 78), Vormünder, welche für den Mündel ein erhebliches Vermögen zu verwalten haben, zur Stellung einer Sicherheit anzuhalten. Art und Umfang der Sicherheit wird nach richterlichem Ermessen bestimmt, sie kann jederzeit erhöht, gemindert oder erlassen werden.

Die Bestimmungen der gedachten Ordnung sorgen demnach, wie auch die Erfahrung gelehrt hat, in völlig ausreichender Weise für die Sicherheit der Mündel, ohne andererseits den Verkehr in Liegenschaften zu stören und zu hemmen und die Vormünder zu belästigen und kreditlos zu machen. Jene Bestimmungen dürften folglich zur Beseitigung des hier bestehenden Zustandes der Unsicherheit der Kapitalanlage in und auf Grund und Boden unter Anpassung an das Landesrecht im wesentlichen herüber zu nehmen sein.

§ 8. Die Fürsorge für die Mündel liegt dem Staate als dem gegebenen Beschützer hülfsbedürftiger Personen ob. Ein Ausfluß dieser Pflicht sind die Bestimmungen darüber, unter welchen Voraussetzuugen, in welcher Art und in welchem sachlichen und zeitlichen Umfang der Vormund für eine treue und gewissenhafte Führung der Vormundschaft Sicherheit zu leisten hat. Während nun das geltende Recht dem Mündel zur Sicherstellung gleich von Beginn der Vormundschaft an ein allgemeines und stillschweigendes Unterpfandsrecht an den Liegenschaften des Vormunds verleiht, legt der Entwurf in Anlehnung an den Art. 2141 des Code civil die Sicherung des Mündels durch Bestellung einer Hypothek in die Hand des Familienraths, indem dieser nach freiem Ermessen zu bestimmen hat, ob und in welchem Umfang gegen den Vormund eine Hypothek zu bestellen ist. Das aus der Hypothek entfließende Recht des Mündels hängt aber, wie in seiner Entstehung und in seinem Umfang, so auch in seiner Dauer von dem Ermessen des Familienraths ab. Denn findet der Letztere, daß die Hypothek nicht mehr nothwendig sei, weil der Vormund z. B. durch seine bisherige Vormundschaftsführung volle Zuverlässigkeit bekundet oder in seinem Vermögen auch ohne Hypothek hinreichende Sicherheit bietet, so kann er — auf Antrag des Vormunds — die Hypothek aufheben und deren Löschung verordnen, selbst wenn bereits für den Mündel ein Anspruch gegen den Vor-

par le Code civil, l'hypothèque légale des mineurs, autorise le tribunal de la tutelle (tribunal cantonal) ou bien le conseil de famille (voy. les §§ 58, 75 et 78) à contraindre les tuteurs chargés de l'administration d'une fortune considérable à fournir les garanties nécessaires. L'espèce et l'extension de la garantie est fixée par l'arbitre du juge et peut toujours être augmentée, diminuée ou remise.

L'expérience a démontré que les dispositions de la loi prussienne pourvoient d'une façon absolument suffisante à la sûreté des mineurs, sans troubler ou empêcher d'autre part le commerce de biens et sans gêner ou priver de crédit les tuteurs. En conséquence le projet de loi qui s'est proposé de remédier à l'incertitude des placements de capitaux en et sur immeubles accepte les parties essentielles de ces dispositions en les adaptant au droit territorial actuellement en vigueur.

§ **8**. Le soin des mineurs incombe à l'Etat en sa qualité de protecteur naturel des personnes incapables de pourvoir à leurs intérêts. De ce devoir émanent les dispositions légales sur les conditions, le mode, l'extension matérielle et temporelle des garanties dues par le tuteur pour la gestion fidèle et consciencieuse de la tutelle. Tandis que la législation actuelle accorde au mineur pour sa garantie une hypothèque générale et exempte d'inscription sur les immeubles du tuteur dès le commencement de la tutelle, le projet de loi se rapportant à l'art. 2141 du Code civil remet la garantie du mineur au Conseil de famille, qui devra décider de son libre arbitre, si et en quelle mesure il y a lieu d'établir une hypothèque contre le tuteur. Le droit du mineur résultant de l'hypothèque établie dépend encore quant à son extention et sa durée de l'arbitre du Conseil de famille; car si celui-ci juge l'hypothèque devenue superflue, le tuteur offrant une garantie suffisante soit par sa gestion digne de toute confiance, soit par sa fortune, il pourra — sur la requête du tuteur — révoquer l'hypothèque et en ordonner la radiation, même pour le cas que le mineur ait déjà des droits à faire valoir envers le tuteur. Les décisions relatives à la garantie des mineurs au moyen d'hy-

mund erwachsen sein sollte. Die auf die Sicherung der Mündel durch Hypothekbestellung bezüglichen Entscheidungen fallen somit in das Gebiet der nicht streitigen Gerichtsbarkeit, auf dem die Landesgesetzgebung in der Aufstellung von Regeln durch die Reichsjustizgesetze nicht gebunden ist.

Der Familienrath wird thätig entweder auf Betreiben des Amtsrichters oder auf Antrag des Gegenvormunds, der Verwandten, Verschwägerten, Freunde und Gläubiger des Mündels sowie der Staatsanwaltschaft bei dem Landgericht (vgl. Art. 406 des Code civil). Danach richtet sich auch das Recht zur Beschwerde gegen die Beschlüsse des Familienraths (§ 9).

Die Billigkeit erfordert es, dem Vormunde vor der Beschlußfassung des Familienraths Gelegenheit zur Erklärung und damit die Möglichkeit zu geben, die Belastung seiner Liegenschaften mit der Mündel-Hypothek abzuwenden. Dies gilt selbstverständlich auch für die im Entwurf vorgesehene Erhöhung der Hypothek. Wird die Hypothek der Forderung nach erhöht, so folgt aus der Bestimmung des § 17, daß dieselbe bezüglich der Erhöhung erst vom Tage der nachträglichen Eintragung an datirt.

Es bedarf keiner Ausführung, daß die Kosten, welche aus der Bestellung der Hypothek erwachsen (vergl. § 58 der preußischen Vormundschaftsordnung), aus dem Vermögen des Mündels zu erstatten sind. Um die Frage der Kostenfreiheit nicht von der Anwendung des § 7 des Gesetzes vom 22. Oktober 1873 abhängig zu machen, ist das ganze Verfahren des § 8 von allen Staatsgebühren befreit.

Die preußische Vormundschaftsordnung (§§ 57 und 59) befreit den Vater, die Mutter, den Ehemann und die Großeltern als Vormünder in gleicher Weise von der Pflicht zur Rechnungslegung wie von der Pflicht zur Sicherheitsstellung. Nach dem Code civil dagegen werden die Liegenschaften dieser Personen von der gesetzlichen Hypothek der Mündel geradeso getroffen wie die eines andern Vormundes, der zu dem Mündel nicht in derselben nahen Beziehung steht. Für die bezeichneten Personen liegt daher eine Beschwerde in der Bestimmung nicht, daß auch ihre Liegenschaften zu Gunsten der Mündel einer Hypothek unterworfen werden können, zumal da diese nur bestimmte — eine oder mehrere — im Besitz des Vormunds befindliche Liegenschaften umfassen und durch anderweitige von

pothèque font ainsi partie de la juridiction non contentieuse, pour laquelle la législation territoriale est indépendante des lois de l'empire.

Le Conseil de famille fonctionne soit à la poursuite du juge cantonal, soit à la requête du subrogé tuteur, des parents, alliés, amis et créanciers du mineur, ainsi que du ministère public près le tribunal régional (voy. art. 406 du Code civil). Le droit au recours contre les délibérations du Conseil de famille est réglé d'une manière conforme (§ 9).

L'équité veut que le tuteur soit entendu avant la délibération du Conseil de famille et qu'il puisse ainsi, le cas échéant, éviter l'hypothèque du mineur. Il doit en être de même de l'augmentation de l'hypothèque prévue dans le projet de loi. Si l'hypothèque est augmentée par rapport à la créance pour laquelle elle est constituée, il s'ensuit de la disposition du § 17 que pour le complément l'hypothèque ne date que du jour de l'inscription ultérieure.

Il est entendu que les frais résultant de l'établissement d'une hypothèque seront remboursés de la fortune du mineur (voy. § 58 de la loi prussienne sur la tutelle). Pour ne pas faire dépendre la gratuité de la procédure de l'application du § 7 de la loi du 22 octobre 1873, le § 8 du projet dispose que la procédure entière est absolument affranchie de frais.

La loi prussienne sur la tutelle (§ 57 et 59) affranchit le père, la mère, le mari, ainsi que les ascendants en tant que tuteurs de l'obligation de rendre compte ainsi que de fournir une garantie. Par contre le Code civil frappe les immeubles de ces personnes de l'hypothèque légale des mineurs de la même manière que ceux de quelqu'autre tuteur étranger au mineur. Donc ces personnes n'ont pas à se plaindre de la disposition du projet de loi portant que leurs immeubles peuvent être assujettis à l'hypothèque en faveur du mineur; leur situation, au contraire, est améliorée, parce que cette hypothèque ne pourra comprendre que des immeubles déterminés — un ou plusieurs — et pourra être remplacée par d'autres garanties jugées suffisantes par le Conseil de famille. Vu l'état des choses

dem Familienrath für genügend erachtete Sicherheitsleistung abgewendet werden kann. Jene Personen ganz frei zu geben, muß für die hiesigen Verhältnisse bedenklich erscheinen.

§ **9.** Im Anschluß an die Bestimmungen der §§ 10, 75 und 78 der preußischen Vormundschaftsordnung und in Ersetzung der Vorschriften des Art. 833 des Code de procédure civile gewährt der Entwurf gegen den Beschluß des Familienraths das Rechtsmittel der Beschwerde, über welches das Landgericht entgültig entscheidet. Das Beschwerdeverfahren regelt sich nach den §§ 532 bis 538 der Civilprozeßordnung.

§ **10.** Der Entwurf legt dem Amtsgerichte die Sorge für die Eintragung der Hypothek wie für die Erneuerung der Eintragung auf, um Verzögerungen, Mängel und Fehler der Einschreibung zu verhüten. Die Anfertigung der Eintragungsgesuche erfolgt nach Formular und kann dem Gerichte Schwierigkeiten nicht bereiten.

§ **11.** Die Herbeiführung der Löschung der Hypothek kann füglich dem Vormund überlassen werden, indes ist der Ablauf einer nicht zu langen Frist (2 Wochen) abzuwarten, um dem Gegenvormunde Gelegenheit zur Beschwerde gegen die die Löschung bewilligende Entscheidung des Familienraths (§ 8 Abs. 4) zu geben.

§ **12.** Nach Art. 34 des Gesetzes über die Geisteskranken vom 30. Juni 1838 kann das Landgericht, welches den in Art. 32 daselbst erwähnten einstweiligen Verwalter ernennt, zugleich dessen Liegenschaften mit einer allgemeinen oder besonderen Hypothek bis zur Höhe einer in dem Beschlusse zu bestimmenden Summe belasten. Die allgemeine Hypothek widerspricht dem durch diesen Entwurf verfolgten Zweck. Ueberdies erscheint es angemessen, die Bestimmungen des letzteren auf die in jenem Gesetze getroffene Sicherheitsmaßregel der Gleichgestaltung wegen für anwendbar zu erklären mit der Maßgabe, daß an die Stelle des Familienraths das Amtsgericht und an Stelle des Gegenvormundes der Staatsanwalt tritt, da weder ein Familienrath noch ein Gegenvormund eines nicht entmündigten Geisteskranken existirt.

§§ **13** bis **16.** 3. B. Auch die gesetzliche Hypothek der Ehefrau hat wegen ihrer schädlichen Wirkungen für den Kredit keinen Anspruch auf Fortbestand, wenn für die Wahrung der

tel qu'il existe chez nous, l'affranchissement absolu des personnes désignées ne pourrait pas être pris en considération.

§ **9**. Conformément aux dispositions des §§ 10, 75 et 78 de la loi prussienne sur la tutelle et pour remplacer les dispositions de l'art. 883 du Code de procédure civile (français), le projet de loi accorde le recours contre la délibération du Conseil de famille. Le recours sera soumis en dernier ressort à la décision du tribunal régional. La procédure de recours est réglée d'après les §§ 532 et 538 du Code de procédure civile (allemand).

§ **10**. Le projet de loi charge le tribunal cantonal des soins concernant l'inscription de l'hypothèque ainsi que son renouvellement, afin d'éviter des retards, lacunes et défauts dans l'inscription. La rédaction des bordereaux d'inscription sera faite d'après des formulaires et ne pourra occasionner des difficultés.

§ **11**. La radiation de l'hypothèque pourra être laissée aux soins du tuteur. Cependant il y a lieu d'introduire un délai qui ne soit pas trop long (2 semaines) pour permettre au subrogé tuteur de se pourvoir contre la délibération du Conseil de famille admettant la radiation (§ 8 al. 4).

§ **12**. D'après l'art. 34 de la loi sur les aliénés du 30 juin 1838, le tribunal régional, qui nomme l'administrateur provisoire mentionné dans l'article 32, pourra en même temps constituer sur des immeubles une hypothèque générale ou spéciale jusqu'à concurrence d'une somme déterminée par ladite décision. L'admission d'une hypothèque générale est contraire au but que le présent projet de loi s'est proposé. En outre il semble conséquent d'appliquer les dispositions du projet à la mesure de garantie prévue par la loi précitée. Le Conseil de famille et le subrogé tuteur, qui n'existent pas pour un aliéné non interdit, seront remplacés, le premier par le tribunal cantonal, et le second par le procureur impérial.

§§ **13** à **16**. 3. B. L'hypothèque légale de la femme ne peut être maintenue non plus à cause du préjudice qu'elle porte au crédit, si toutefois il est pourvu d'une

Rechte der Ehefrau in anderer Weise genügende Fürsorge getroffen wird. Dies dürfte durch die Bestimmungen der §§ 13 bis 16 geschehen, die sich im großen und ganzen an das bewährte belgische Gesetz vom 16. Dezember 1851 anlehnen.

Der § 13 läßt die Bestellung einer Sicherheitshypothek für die Ehefrau zu, d. h. einer Hypothek nicht allein für die bereits entstandenen, sondern auch für die der Ehefrau erst in Zukunft voraussichtlich entstehenden Ansprüche, und zwar erfolgt die Bestellung entweder im Ehevertrage, bei dessen Abschluß die Eltern oder nahe Verwandte der Ehefrau gegenwärtig zu sein und das Interesse derselben wahrzunehmen pflegen, oder während der Ehe durch Vertrag oder durch Entscheidung des Amtsgerichts des Wohnsitzes der Ehefrau auf Antrag der Ehefrau oder in deren Namen auf Antrag naher Verwandten der Eheleute oder des Staatsanwalts bei dem dem Amtsgerichte vorgesetzen Landgerichte. Durch gerichtliche Entscheidung wird jedoch eine Hypothek für die Ehefrau nur bestellt, wenn ihr vertraglich eine Hypothek nicht bestellt ist, nach Lage der Sache aber die Bestellung einer Sicherheit angezeigt erscheint. Die Erhöhung der Hypothek ist an die Voraussetzung geknüpft, daß die vertraglich oder gerichtlich bestellte Hypothek hinreichende Sicherheit nicht bietet.

Das belgische Gesetz behält zwar die gesetzliche Hypothek der Ehefrau bei, macht aber ihre Wirksamkeit und ihren Rang von einer sowohl der Summe wie den Liegenschaften nach speziellen Eintragung abhängig und gestattet letztere nur auf Grund einer Vereinbarung im Ehevertrag oder einer Ermächtigung durch den Präsidenten des Gerichts erster Instanz. Jenes Gesetz weicht daher dem Wesen der Sache nach nicht von den Bestimmungen des Entwurfs ab.

Wie die Schutzbedürftigkeit der Ehefrau es erheischt, ihr das Recht zu geben, im Bedürfnißfalle die Bestellung eines Unterpfandes oder die Erhöhung des bestellten zu begehren, so erfordert es aber auch andererseits die Billigkeit, dem Ehemann die Befugniß einzuräumen, geeignetenfalls die Herabsetzung und sogar die gänzliche Aufhebung der durch gerichtliche Entscheidung bestellten Hypothek zu verlangen. Im Falle der Abtretung der

autre façon suffisante à la conservation des droits de la femme. C'est ce que font les dispositions des §§ 13 à 16, lesquels sont pris sur le modèle de la loi belge du 16 décembre 1851, qui a donné d'excellents résultats.

Le § 13 admet l'établissement d'une hypothèque en garantie pour la femme, c'est-à-dire d'une hypothèque non seulement pour sûreté des droits déjà existants, mais encore pour sûreté de ceux que la femme pourrait faire valoir plus tard. L'hypothèque sera établie soit par le contrat de mariage dont la rédaction donne l'occasion aux père et mère ou aux proches parents de la femme de pourvoir aux intérêts de celle-ci, soit durant le mariage par convention ou bien par une décision judiciaire, laquelle sera donnée par le tribunal cantonal du domicile de la femme sur la requête de cette dernière ou sur la requête faite en son nom par de proches parents des époux ou par le procureur impérial près le tribunal régional préposé au tribunal cantonal. Il ne sera établi une hypothèque en faveur de la femme par décision judiciaire que lorsqu'il n'y a point d'hypothèque conventionelle, et si d'après la situation des parties une garantie semble nécessaire. L'augmentation de l'hypothèque dépend de la condition que l'hypothèque conventionelle ou judiciaire n'offre pas une garantie suffisante.

La loi belge, tout en conservant l'hypothèque légale de la femme, en fait dépendre l'effet et le rang d'une inscription spéciale, tant par rapport à la somme pour laquelle, que par rapport aux immeubles sur lesquels l'hypothèque doit exister, et elle n'admet l'inscription qu'en vertu d'une convention contenue dans le contrat de mariage ou d'une autorisation du président du tribunal de première instance. Donc cette loi est conforme en principe aux dispositions du présent projet de loi.

Si d'une part la nécessité de protéger la femme exige qu'elle ait le droit de demander en cas de besoin l'établissement ou l'augmentation d'une hypothèque, l'équité veut d'autre part que le mari puisse requérir le cas échéant la réduction ou même la révocation de l'hypothèque établie par décision judiciaire. Cependant comme les dispositions du projet de loi concernant la réduction et la révocation

hypothekarischen Forderung der Ehefrau an einen Dritten und des Vermerks der Abtretung am Rande der Eintragung ist jedoch im Interesse des Letzteren das Verfahren des Entwurfs, bei dem lediglich das richterliche Ermessen maßgebend sein soll, ausgeschlossen; alsdann tritt das gewöhnliche Verfahren ein. Vergl. Art. 2157 ff. und namentlich Art. 2160 des Code civil.

§ 14. Aus der Natur der der Ehefrau als einer schutzbedürftigen Person durch gerichtliche Entscheidung bestellten Hypothek folgt, daß es ihr nicht gestattet sein kann, auf dieselbe direkt zu Gunsten ihres Ehemannes zu verzichten.

§ 15. Das Beschwerdeverfahren ist analog dem bei der vormundschaftlichen Hypothek geordnet.

§ 16. Der Entwurf legt dem Amtsgericht die Sorge für die Eintragung der durch dasselbe bewilligten Hypothek wie für die Erneuerung dieser Eintragung auf; vgl. dazu die Bemerkung zu § 10.

Zum Schluß wird eine Erörterung der Frage, wie sich nach den hier zu Lande unter Eheleuten üblichen Güterrechten die hypothekarisch gesicherten Ansprüche der Ehefrauen gestalten und welchen Verlauf sie zu nehmen pflegen, zeigen, daß die besprochenen Bestimmungen der §§ 13 bis 16 des Entwurfs ebenso geeignet sind, die Rechte der Ehefrauen zu sichern, wie die zur Zeit in Geltung befindlichen Bestimmungen, die andererseits den Realkredit in hohem Maße gefährden.

In den meisten Fällen sehen die Eheleute von einer jeden Eheberedung ab, insbesondere geschieht dies in der Landbevölkerung; es tritt demnach in diesen Fällen die gesetzliche Gütergemeinschaft ein. Wird aber ein Ehevertrag abgeschlossen, so wiegt die Errungenschaftsgemeinschaft vor. Weit weniger zahlreich sind die Fälle, in denen Gütersonderung verabredet wird, da dieses Güterrecht sich fast ausschließlich auf die Handelswelt beschränkt. Die übrigen Fälle, in denen die Eheleute ein anderes Güterrecht belieben, z. B. die Ausschließung der Gütergemeinschaft, das Dotalrecht oder die allgemeine Gütergemeinschaft, sind so selten, daß sie gar nicht in Betracht kommen; dies gilt insbesondere von dem Dotalrecht, das hier fast gänzlich unbekannt ist.

de l'hypothèque en remettent la décision à la juridiction volontaire, elles ne peuvent être appliquées au cas où la créance de la femme pour laquelle l'hypothèque est constituée a été cédée à un tiers et que mention en a été faite en marge de l'inscription. L'intérêt du cessionaire demande que dans ces cas la voie ordinaire de la juridiction contentieuse ne soit abrogée (voy. l'art. 2157 et suiv. et surtout l'art. 2160 du Code civil).

§ **14**. Il résulte de la nature de l'hypothèque établie par décision judiciaire pour protéger la femme, qu'elle ne pourra directement y renoncer en faveur de son mari.

§ **15**. La procédure de recours est réglée en conformité avec celle qui est appliquée à l'hypothèque du mineur.

§ **16**. Le projet de loi charge le tribunal cantonal de pourvoir à l'inscription de l'hypothèque établie par celui-ci et au renouvellement de l'inscription; voy. les observations faites sur le § 10.

En examinant enfin la question quels sont les droits des femmes garantis hypothécairement, et quel est jusqu'ici le sort de ces droits sous les différents régimes concernant les droits respectifs des époux on pourra démontrer facilement que les dispositions des §§ 13 à 16 du projet de loi ne sont pas moins aptes à garantir les femmes que les prescriptions actuellement en vigueur, lesquelles d'autre part sont fort préjudiciables au crédit foncier.

Dans la plupart des cas les époux se passent de contrat de mariage, surtout à la campagne. Il en résulte que les époux sont régis par la communauté légale. Dans les contrats de mariage prévaut la communauté, réduite aux acquêts. La séparation de biens se rencontre bien moins souvent, ce régime se restreignant presqu'exclusivement aux commerçants. Les autres régimes, p. ex. l'exclusion de la communauté, le régime dotal ou la communauté à titre universel sont tellement rares qu'il est inutile de les prendre en considération; le régime dotal surtout est presqu'entièrement inconnu.

Bei der gesetzlichen Gütergemeinschaft fallen alle — die gegenwärtigen wie die unter irgend welchem Titel erworbenen zukünftigen — Mobilien der Ehefrau in die Gemeinschaft, deren Herr der Ehemann ist. Wegen dieser Gegenstände kann demnach der Ehefrau ein Anspruch gegen den Ehemann nicht erwachsen. Ohne Anspruch gibt es aber keine Hypothek, da diese eine Forderung, deren Zubehör sie bildet, voraussetzt. Die Immobilien dagegen bleiben Sondergut der Frau; sie kommen zwar in die Verwaltung des Mannes, sind jedoch der Verfügung desselben entzogen. Veräußert er sie dennoch, so hat die Ehefran gegen ihren Ehemann einen Anspruch auf Ersatz, der ihr auch wegen Verschlechterung des Sondergutes zusteht. Im Falle der Veräußerung hat die Ehefrau überdies gegen den Erwerber ihres Sondergutes die während der Ehe unverjährbare Eigenthumsklage auf Rückgabe. Findet die Veräußerung des Sondergutes mit Einwilligung der Ehefrau statt, so hat letztere gegen ihren Ehemann wegen der Wiederanlage des Preises eine Forderung. Eine solche steht ihr auch zu, wenn sie mit ihrem Ehemanne und in dessen Interesse eine Verbindlichkeit eingegangen ist.

Bei der Errungenschaftsgemeinschaft gestaltet sich die Sache nur insofern anders, als das Einbringen der Ehefrau an beweglichem Gut wie das ihr während der Ehe durch Erbschaft, Schenkung oder Testament anfallende Gut derselben Art ihr Sondergut bleibt, jedoch in die Verwaltung des Mannes kommt, mithin von ihm verbracht und verbraucht werden kann. Wegen dieser Güter können daher der Ehefrau gleichfalls Ersatzansprüche gegen ihren Ehemann erwachsen.

Bei der Gütersonderung endlich, bei welcher das gesammte Vermögen der Ehefrau ihr Sondergut bleibt, hat der Ehemann die Verwaltung desselben nur insofern und nur insoweit, als die Ehefrau ihm dieselbe überläßt. Aus der Verwaltung können der Ehefrau nach der herrschenden Ansicht gegen den Mann hypothekarisch gesicherte Ansprüche entstehen.

Was nun das Schicksal der zur Zeit hypothekarisch allgemein gesicherten Ansprüche der Ehefrauen anlangt, so braucht man bei denjenigen Frauen, welche den Einflüssen ihrer Männer eventuell Widerstand entgegenzusetzen geneigt und befähigt sind, für die Wahrung ihrer Rechte, die durch die Bestimmungen der §§ 13 bis 16 in ausreichendem Maße ihnen

Sous le régime de la communauté légale tous les meubles de la femme tant présents qu'à venir à quelque titre que ce soit tombent dans la communauté, dont le mari est le chef et le maître. Le mari ne pourra donc pas être tenu de ces objets envers sa femme, et il n'y a pas d'hypothèque à sa charge, puisque une hypothèque suppose une créance dont elle est l'accessoire. Les immeubles par contre restent le propre de la femme; il est vrai que le mari les administre, mais il ne peut en disposer. Si pourtant le mari a aliéné ces immeubles, il est responsable envers sa femme comme il est responsable de toute dégradation des biens propres de la femme. Il appartient en outre à la femme, en cas d'aliénation, d'exercer contre l'acquéreur de ses biens propres une action en revendication imprescriptible durant le mariage. Le mari est garant envers sa femme du défaut de remploi quand celle-ci a consenti à l'aliénation de ses biens propres. Le mari est également responsable, quand elle s'est obligée avec son mari et dans son intérêt.

Ce qui vient d'être dit s'applique aussi à la communauté réduite aux acquêts avec la seule différence: que l'apport en meubles de la femme ainsi que les meubles échus à elle pendant le mariage par succession, donation ou testament sont réputés ses biens propres. Le mari qui en a l'administration, sera toujours en état de les détourner ou consommer. Par conséquent il pourra être responsable envers sa femme. En cas de séparation de biens enfin, qui réserve à la femme sa fortune entière, l'administration n'en appartient au mari qu'en vertu d'une permission de la femme. D'après la jurisprudence préférée, le mari est tenu hypothécairement des fautes de son administration.

Quand on se pose de l'autre côté la question quel sera, sous le régime du projet de loi, le sort des droits des femmes actuellement garantis de droit par hypothèque, on n'a pas besoin de s'inquiéter de la situation de celles entre les femmes qui sont assez indépendantes pour se soustraire, au besoin, aux influences de leurs maris. Les dispositions des §§ 13 à 16 leur offrent les moyens nécessaires pour

ermöglicht wird, nicht besorgt zu sein. Sie werden die Bestellung einer Hypothek entweder selbst nachsuchen oder durch Andere, z. B. durch ihre Eltern, Geschwister oder den Staatsanwalt nachsuchen lassen. Was aber die allerdings zahlreicheren Ehefrauen betrifft, welche ihre Vermögensinteressen dem Manne vorbehaltslos überlassen und dieselben auch bei Rückgang der Verhältnisse des Letzteren nicht zu seinem Nachtheil verfolgen wollen, so kann es nicht die Aufgabe der Gesetzgebung sein, solche Frauen wider ihren Willen zu sichern, was nur dadurch geschehen könnte, daß ihnen untersagt würde, auf ihre Hypothekarrechte auch den Gläubigern gegenüber zu verzichten, ihre Güter zu verkaufen und sich mit ihren Männern und in deren Interesse zu verpflichten. Denn sie sind es, welche zunächst bei der Veräußerung der Liegenschaften ihrer Ehemänner auf ihre Hypothekarrechte verzichten und sich so der Sicherheit für ihre etwaigen Ansprüche begeben und später, wenn der Mann mit seinen Gütern aufgeräumt hat, in die Veräußerung ihrer eigenen Liegenschaften einwilligen und sich mit ihren Ehemännern und in deren Interesse solidarisch verbindlich machen.

Unter dem gegenwärtigen Rechtszustande ist es zur Regel geworden, daß Liegenschaften des Mannes nur gekauft, ihm Darlehen nur gewährt werden, wenn die Ehefrau bei dem Akte mitwirkt und auf ihre Hypothek verzichtet oder den Gläubiger in ihre Rechte einsetzt. Die Verzichtleistungen und Subrogationen der Ehefrauen, die sich bei den verschiedenen Rechtsgeschäften der Ehemänner wiederholen, führen aber leicht zu Verwickelungen und Prozessen. Mit der Durchführung der Prinzipien der Publizität und Spezialität werden sie seltener werden und damit nicht allein jene Verwickelungen und Prozesse, sondern auch die Auslagen einer großen Menge ganz nutzloser Kosten, indem jetzt die Verzichtleistung und Subrogation auch in solchen Fällen verlangt wird, in denen auf Seiten der Ehefrau nicht einmal Aussicht auf eine Forderung gegen ihren Ehemann vorhanden ist.

Aus der vorstehenden Darlegung dürfte zur Genüge hervorgehen, daß es nicht im entferntesten angezeigt erscheint, den Ehefrauen gegenüber die Durchführung des Prinzipes der Publizität und Spezialität und damit alle mit demselben verknüpften Vortheile aufzugeben, zumal wenn man noch in Be-

conserver leurs droits. Les femmes n'auront qu'à requérir l'établissement de l'hypothèque ou elles-mêmes ou par l'intermédiaire d'autrui, p. ex. par leur père et mère, frères et sœurs ou le procureur impérial. Reste la question si le législateur doit garantir des conséquences de leurs actions les femmes, il est vrai, nombreuses qui abandonnent sans réserve leurs intérêts au mari et négligent même, en cas de déconfiture du dernier, de poursuivre leurs droits à son préjudice. Le seul moyen serait une interdiction formelle à ces femmes de renoncer à leurs droits hypothécaires même vis-à-vis des créanciers, de vendre leurs biens et de s'obliger avec leurs maris dans l'intérêt de ces derniers. Autrement elles continueraient de renoncer à leurs droits hypothécaires au moment de l'aliénation des immeubles de leurs maris et d'abandonner ainsi leur garantie, pour plus tard, quand le mari a fait table rase des biens à lui, consentir à l'aliénation de leurs propres immeubles et pour s'obliger solidairement avec leurs maris dans l'intérêt de ces derniers.

Sous la législation actuelle il est devenu de règle de n'acheter les immeubles du mari et de ne lui fournir des deniers que si la femme coopère à l'acte en renoncant à son hypothèque ou bien en cédant ses droits au créancier. Mais les renonciations et les subrogations des femmes en se répétant aux différents actes des maris amènent aisément des complications et des procès; elles deviendront plus rares par suite de l'application des principes de la publicité et de la spécialité. Il en ressortira non seulement une diminution de ces complications et procès, mais aussi une réduction considérable de frais entièrement inutiles, attendu qu'à présent la renonciation et la subrogation est aussi exigée dans des cas qui n'offrent pas la moindre chance d'un droit à faire valoir par la femme envers son mari.

Il résulte suffisamment de cet exposé, qu'il ne semble absolument pas indiqué de renoncer à l'égard des femmes à l'application des principes de publicité et de spécialité et à tous les avantages qui s'y rattachent. Les maris doi-

tracht zieht, daß doch in der Regel die Ehemänner für die Angelegenheiten ihrer Frauen ebenso besorgt sein sollen und es auch sind wie für ihre eigenen, und daß Benachtheiligungen und Verletzungen der Rechte derselben durch die Männer die Ausnahme bilden.

§ **19** Nr. 1. 3. C. Was die gesetzliche Hypothek des Staates, der Gemeinden und öffentlichen Anstalten (Art. 2121 des Code civil) angeht, so decken sich dieselben durch die Kautionen, welche sie sich seitens der rechnungspflichtigen Beamten stellen lassen. Es dürfte daher von der genannten gesetzlichen Hypothek wie von dem Vorzugsrechte des Staates (siehe oben II S. 26 Nr. 10) abzusehen sein, zumal da die Berechtigten von den bezeichneten Rechten keinen Gebrauch zu machen pflegen.

3. D. Rechtsprechung und Rechtslehre rechnen endlich noch auf Grund des Art. 1017 des Code civil zu den gesetzlichen Hypotheken die der Vermächtnißnehmer an den sämmtlichen Liegenschaften des Nachlasses. Dieses Recht, wenn es überhaupt besteht, ist der Eintragung unterworfen und muß diese eine spezielle sein.

Allgemeine Bestimmungen.

Der § **17** bezweckt die strenge Durchführung der Prinzipien der Publizität und Spezialität in Verfolgung der eingangs bezeichneten Ziele. Die Bestimmung über die Spezialität wird praktisch z. B. bei dem Vorzugsrechte des Miterben wegen Gewährleistung und bei der Hypothek des Staates wegen der Strafgerichtskosten, bei letzterer insofern, als wegen der nach der ersten Eintragung erworbenen Liegenschaften immer wieder eine neue Eintragung genommen werden muß, wenn die neu erworbenen Liegenschaften von der Hypothek erfaßt werden sollen.

§ **18.** Nach Beseitigung der stillschweigenden Hypotheken ist die Bestimmung des Art. 6 des Ueberschreibungsgesetzes vom 23. März 1855 über den Zeitpunkt, bis zu welchem rechtswirksam Eintragung genommen werden kann, auf alle Unterpfandsrechte auszudehnen.

§ **19.** Das Hypothekarrecht giebt dem Gläubiger den Anspruch auf Versteigerung der verhypothezirten Liegenschaft zwecks Erzielung der Befriedigung aus dem Erlöse. In dieses

vent en général être aussi soucieux des affaires des épouses que de leurs propres intérêts. Ils le sont en effet pour la plupart des cas; car le cas d'une lésion des droits des femmes occasionnée par le mari font exception.

§ **19**. N° 1. 3. C. En ce qui concerne l'hypothèque légale du trésor public, des communes et établissements publics (Art. 2121 du Code civil), il est à remarquer que les obligations des receveurs ou administrateurs comptables sont suffisamment garanties par les cautionnements fournis par eux. Il pourra donc être fait abstraction de cette hypothèque ainsi que du privilège de l'Etat (voy. II, page 27, n° 10), attendu surtout que ces droits ne sont guère exercés.

3. D. La jurisprudence et la doctrine se fondant sur l'art. 1017 du Code civil comptent enfin parmi les hypothèques légales celle des légataires sur tous les immeubles de la succession. Ce droit, si toutefois il existe, est assujetti à l'inscription qui sera spéciale.

Dispositions générales.

Le § **17** tend à l'application rigoureuse des principes de la publicité et de la spécialité en poursuivant les fins exposées ci-dessus. La disposition concernant la spécialité est appliquée p. ex. au privilége du cohéritier pour la garantie de son lot et à l'hypothèque du trésor public pour les frais de justice. Quant à ces derniers, il faudra toujours des nouvelles inscriptions sur les immeubles acquis après la première inscription, si ceux-là doivent être frappés par l'hypothèque.

§ **18**. A la suite de l'abolition des hypothèques non inscrites, la disposition de l'art. 6 de la loi sur la transcription du 23 mars 1855, fixant l'époque jusqu'à laquelle inscription peut être utilement prise, doit être déclarée applicable à toutes les hypothèques.

§ **19**. L'hypothèque donne au créancier le droit de faire vendre aux enchères l'immeuble hypothéqué, afin

Recht greift die dem Drittbesitzer im Art. 2183 fg. des Code civil verliehene Befugniß auf Einleitung und Durchführung des Hypotheken-Reinigungsverfahrens insofern ein, als infolge dessen der Hypothekargläubiger genöthigt wird, zu einer von dem Drittbesitzer beliebten Zeit entweder ein Uebergebot zu machen oder den von dem Drittbesitzer angesetzten Preis des Grundstücks anzuerkennen und Zahlung entgegen zu nehmen. Ihre Rechtfertigung findet besagte Befugniß in dem Bestehen der stillschweigenden und allgemeinen Hypotheken, die es dem Drittbesitzer nicht ermöglichen, sich vor der Zahlung über die Hypothekarverhältnisse des Grundstücks zu unterrichten. Mit dem Fortfall der stillschweigenden und allgemeinen Hypotheken entbehrt demnach auch jene Ausnahmebefugniß ihres Grundes uud kann um so weniger aufrecht erhalten werden, als sie vielfach seitens der Drittbesitzer im Einverständnisse mit dem Hypothekarschuldner zur Benachtheiligung der Gläubiger mißbraucht wurde.

Jeder, welcher ein gesetzliches Recht hat, muß sich sagen, daß dasselbe nur so lange dauert, als das Gesetz selbst. Ein Eingriff in wohlerworbene Rechte würde daher nicht vorliegen, wenn das besagte Recht der Drittbesitzer sofort aufgehoben würde. Indes verlangt es die Billigkeit, daß den Drittbesitzern, deren Erwerb vor dem Inkrafttreten dieses Gesetzes datirt, noch eine Frist zur Einleitung des Hypotheken-Reinigungsverfahrens, auf das hin sie vielleicht ihren Erwerb gemacht haben, belassen wird.

Nach Aufhebung des Art. 2180 Nr. 4 und Abs. 2 und 3 des Code civil wird die dem Gläubiger gegenüber ungerechtfertigte Verschiedenheit in der Verjährung des dinglichen Anspruchs, je nachdem das verhypothezirte Grundstück sich im Besitz des Schuldners oder eines Drittbesitzers befindet, schwinden, indem alsdann die Verjährung der Hypothek überall in derselben Zeit wie die Verjährung der Hauptschuld stattfindet. (Vgl. die Art. 1234, 2180 Nr. 1, 1206, 2249, 2250 des Code civil.)

§ **20.** Die Aufhebung oder auch nur die Beschränkung der Rechte auf Rückgängigmachung des Eigenthumsübergangs (§§ 1 bis 3), welche bei Beginn der Geltung dieses Gesetzes bereits bestehen, würde gegen den Grundsatz verstoßen, daß wohlerworbene Rechte von dem Gesetzgeber zu schonen sind.

d'obtenir par là son paiement. La faculté accordée par l'art. 2183 et suiv. du Code civil au tiers détenteur de purger l'immeuble des priviléges et hypothèques contient une atteinte à ce droit du créancier hypothécaire, qu'elle oblige à une époque dont le choix est à la discrétion du tiers détenteur, ou de surenchérir, ou de se contenter du prix offert en acceptant le paiement. Cette faculté exceptionnelle se justifie surtout par l'existence des hypothèques générales et non inscrites qui ne permettent pas au tiers détenteur de s'orienter sur la situation hypothécaire de l'immeuble avant le paiement.

Donc elle sera dénuée de fondement à la suite de l'abolition des hypothèques générales et non inscrites. Du reste les cas ne sont pas rares où les tiers détenteurs de concert avec le débiteur en ont abusé au préjudice des créanciers.

Tout chacun auquel appartient un droit légal, doit se dire que ce droit cessera avec la loi sur laquelle il est fondé. L'abolition immédiate de la faculté des tiers détenteurs de purger, ne constituerait donc pas une atteinte à des droits dûment acquis. Cependant l'équité exige de laisser aux tiers détenteurs ayant acquis un immeuble avant la mise en vigueur de cette loi un délai aux fins de purger l'immeuble parce que ils ont pu faire l'acquisition en vue de cette faculté.

A la suite de l'abolition de l'art. 2180, n° 4 et al. 2 et 3 du Code civil, disparaîtra aussi la différence non justifiée concernant la prescription du droit réel entre le cas où l'immeuble hypothéqué se trouve dans la possession du débiteur et celui où il est possédé par un tiers-détenteur: l'hypothèque se prescrira toujours dans le même laps de temps que la créance principale. (Voy. les art. 1234, 2180 n° 1, 1206, 2249, 2250 du Code civil.)

§. **20.** L'abolition ou bien la restriction des droits à la rescision de la transmission de la propriété (§§ 1 à 3) existant déjà au moment de la mise en vigueur de cette loi ferait infraction au principe que le législateur doit respecter les droits dûment acquis. Mais il peut certainement

Es kann indes von den in jenen Paragraphen genannten Berechtigten im Interesse des Realkredits billigerweise verlangt werden, daß sie ihre Rechte, wenn sie von denselben in der Zukunft Gebrauch zu machen gedenken, innerhalb einer nicht zu langen Frist (ein Jahr) von jenem Zeitpunkte ab durch Eintragung in das Ueberschreibungsregister zur öffentlichen Kenntniß bringen.

§§ **21** bis **25**. Soll die Unsicherheit im Grundverkehr sich nicht noch auf unabsehbare Zeit hinziehen, so sind Bestimmungen nothwendig, welche auch die am Tage des Inkrafttretens dieses Gesetzes bereits bestehenden Vorzugsrechte und Unterpfandsrechte den Prinzipien der Publizität und Spezialität unterwerfen. Die dahin zielenden Vorschriften finden sich in den oben erwähnten Paragraphen.

§ **26**. Es fehlen Bestimmungen über die Gebühren für Eintragungen zur Sicherung der in den §§ 1 bis 3 erwähnten Ansprüche und für Auszüge aus dem Ueberschreibungsregister und Löschungen solcher Eintragungen. Da ein Grund nicht vorliegt, derartige das Immobiliarrecht betreffende Förmlichkeiten gebührenfrei zu lassen, so sind darauf bezügliche Bestimmungen erforderlich. Die im § 26 angegebenen Gebührensätze entsprechen den Sätzen bei den hypothekarischen Förmlichkeiten.

être exigé dans l'intérêt de l'amélioration du crédit réel, que les personnes intéressées mentionnées dans ces paragraphes, quand ils veulent faire valoir leurs droits à l'avenir, les rendent publics dans un délai pas trop long (une année) à compter de l'introduction de la nouvelle loi par l'inscription sur le registre de transcription.

§§ **21** à **25**. Si l'incertitude en matière d'acquisition d'immeubles et d'affectation hypothécaire ne doit encore durer indéfiniment, il faut des dispositions qui assujetissent les privilèges et hypothèques déjà existants au jour de la mise en vigueur de cette loi aux principes de publicité et de spécialité. Des dispositions dans ce sens se trouvent dans les paragraphes susmentionnés.

§ **26**. Il n'existe pas des dispositions qui pourraient être appliquées aux frais des inscriptions faites pour garantir les droits mentionnés aux §§ 1 à 3 et des extraits du registre de transcription ainsi que des radiations de ces inscriptions. A défaut de raison pour laquelle ces formalités seraient dispensés de frais, on a réglé cette matière par le § 24. Le taux des frais est conforme à celui des formalités hypothécaires.

Begründung des Gesetzes

betreffend

den Erwerb und die Belastung der Grundstücke und Bergwerke, sowie die Einführung von Grundbüchern.

I. Einleitung.

Die Bestimmungen des französischen Rechts über Erwerb und Belastung des unbeweglichen Vermögens haben sich gegenüber den Bedürfnissen des Lebens weniger bewährt als andere Theile der Gesetzgebung. Im Gegensatz zu der allgemeinen Tendenz, an dem kodifizirten Rechte nichts zu ändern, traten daher auf jenem Gebiete schon frühe Reformbestrebungen hervor, welche in den Jahren 1848—1851 zur Aufstellung und parlamentarischen Berathung umfassender Gesetzentwürfe geführt haben. Die Bewegung hat demnächst in der nur ein beschränktes Gebiet umfassenden Novelle des Transcriptionsgesetzes vom 23. März 1855 einen Abschluß gefunden, der auch in Frankreich als eine befriedigende Lösung der hervorgetretenen Mängel der Gesetzgebung nicht betrachtet wird.

Zustand des Realkredits.

Der praktische Beweis für das Vorhandensein dieser Mängel liegt darin, daß ein eigentlicher Realkredit unter dem geltenden Recht sich nicht hat entwickeln können, vielmehr im Wesentlichen nur ein, durch die Rücksicht auf die gebotene hypothekarische Sicherheit modifizierter Personalkredit besteht, und daß dieser Kredit nur zu einem Preise gewährt wird, welcher, auch abgesehen von den mit der Erlangung des Darlehens, der Begründung und Löschung der Hypothek verbundenen erheblichen Kosten, den landesüblichen Zins, wie er in dem Kurse der Staatspapiere sich ausdrückt, nicht unerheblich übersteigt. Die Thätigkeit des zur Hebung des Realkredits,

MOTIFS

du projet de loi concernant l'acquisition et l'affectation des biens-fonds et des mines, ainsi que l'introduction de livres fonciers.

I. Introduction.

Les dispositions du droit français relatives à l'acquisition et à l'affectation de la propriété foncière dans leur application, n'ont pas répondu aux besoins réels de la vie d'une manière aussi satisfaisante que d'autres parties de la législation. Contrairement à la tendance générale de ne pas toucher au droit codifié, des réformes ont été tentées de bonne heure en cette matière et il en résulta dans les années 1848 à 1851 la rédaction et la discussion parlementaire de projets de loi embrassant une modification profonde du système. Ce mouvement a fini par la loi sur la transcription hypothécaire du 23 mars 1855 qui n'a toutefois qu'une étendue restreinte et qui n'est pas, même en France, considérée comme une solution satisfaisante des défauts reconnus dans la législation.

Situation du crédit réel.

Il faut attribuer à ces défauts les conséquences effectives, qu'un véritable crédit réel n'a pu se développer sous la législation actuelle, mais seulement un crédit qui n'est en somme qu'un crédit personnel modifié par la garantie hypothécaire accordée, et que ce crédit n'est offert qu'à un prix qui dépasse considérablement le taux usuel des intérêts tel qu'il ressort du cours des papiers publics, sans compter les frais importants de l'emprunt, de l'établissement et de la radiation de l'hypothèque. La création d'un établissement de Crédit foncier dans le but d'améliorer le

namentlich durch Gewährung von Darlehen auf lange Termine in's Leben gerufenen Instituts des crédit foncier hat hieran nur wenig zu ändern vermocht; auch ist dieselbe zugestandenermaßen zu sehr großem Theile dem städtischen und ganz überwiegend dem großen Grundbesitz zugewendet gewesen. Die Erwartung einer wohlthätigen Centralisirung des Realkredits durch jene Anstalt hat sich so wenig erfüllt, daß dieselbe ungeachtet der ihr zustehenden Privilegien, bei über 30 jährigem Bestande nur etwa den 14. Theil der hypothekarischen Belastung des Landes in ihrer Hand hat.

Auch in Elsaß-Lothringen ist der Grundbesitz im Wesentlichen auf jederzeit kündbare Darlehen gegen hohen Preis angewiesen. Während der Zinsfuß allmählich, aber stetig gesunken und gegenwärtig schon seit längerer Zeit bei etwa 4 % angelangt ist, kommt der grundbesitzenden, insbesondere der bäuerlichen Bevölkerung der Niedergang des Zinses nicht zu gut; sie muß nach wie vor auch für beste Hypotheken regelmäßig 5 % zahlen und oft genug noch mehr, um nur überhaupt zur Befriedigung ihres Kreditbedürfnisses zu gelangen. Ein so hoher Zinsfuß steht aber erfahrungsgemäß mit dem durch ungenügende Verwerthung der Produkte einerseits, durch erhöhte Produktionskosten anderseits gedrückten durchschnittlichen Ertrage des Grund und Bodens nicht im richtigen Verhältniß und deshalb dem zu erstrebenden ökonomischen Vorwärtskommen der ländlichen Bevölkerung entgegen. Dabei hat auch hierzulande das zur Hebung des landwirthschaftlichen Kredits bestimmte Institut — die zu Straßburg bestehende Aktiengesellschaft für Boden- und Kommunalkredit — eine relativ bedeutende Thätigkeit zum Vortheil des ländlichen Grundbesitzes nicht entfalten und namentlich zur Herabsetzung des Zinsfußes nichts Wesentliches beitragen können. Die Annuitäten einschließlich der Amortisation betragen nach den bestehenden Anleihebedingungen bei 50 jähriger Dauer des in baarem Geld gewährten Darlehens noch 6,07 %, und der Durchschnittsbetrag der im vorigen Jahre gewährten hypothekarischen Darlehen erhebt sich für das einzelne Darlehen über 15 000 ℳ, so daß offenbar der mittlere uud kleine Grundbesitz von dem Institut keinen nennenswerthen Nutzen zieht.

Der in Vorstehendem angedeute durchaus ungenügende Zustand des landwirthschaftlichen Kredits ist bei den Ver-

crédit immobilier, par des prèts à longs délais surtout, n'a pu grandement remédier à cet état de choses. Du reste il est reconnu que c'est en très grande partie la propriété urbaine et avant tout la grande propriété foncière qui en a profité. L'espoir d'une centralisation utile du crédit réel au moyen de cette institution s'est si peu réalisée, que celle-ci, malgré ses privilèges et une durée de plus de 30 ans, n'a pu réunir en sa main plus de la 14e partie environ des charges hypothécaires du pays.

En Alsace-Lorraine aussi la propriété foncière est essentiellement réduite à des prêts coûteux et dénonçables à tout moment. L'abaissement lent mais constant du taux des intérêts, qui depuis un certain temps déjà est descendu à 4%, ne profite pas aux propriétaires fonciers, surtout dans la population agricole; celle-ci paie toujours un taux de 5%, malgré les meilleures hypothèques, et souvent même davantage afin d'arriver seulement à obtenir le crédit nécessaire. Mais l'expérience a prouvé qu'un taux aussi élevé est disproportionné au rapport moyen du sol qui se trouve amoindri par l'insuffisance de la valeur des produits d'une part et d'autre part par l'augmentation des frais de production, et que la population agricole est par là empêchée d'atteindre le progrès économique auquel elle doit aspirer. L'institution créée également en Alsace-Lorraine au profit du crédit agricole — la Société anonyme de crédit foncier et communal à Strasbourg — n'a pu développer une activité relativement considérable à l'avantage de la propriété foncière de la campagne et n'a surtout pu vraiment contribuer à l'abaissement du taux des intérêts. En cas d'un prêt fait en argent comptant pour une durée de 50 ans l'annuité y compris l'amortisation se monte d'après les conditions d'emprunt à 6,07%, et la somme moyenne des prêts hypothécaires faits l'année dernière s'élève à plus de 15000 marcs par prêt, d'où il résulte que la propriété moyenne et petite ne profite pas sérieusement de cette institution.

La situation absolument défavorable du crédit agricole qui vient d'être signalée a été vivement dépeinte et déhandlungen der letzten Session des Landesausschusses (vgl. namentlich das Protokoll über die Sitzung vom 12. März 1884) lebhaft geschildert und allseits beklagt, zugleich aber in zutreffender Weise darauf hingewiesen worden, daß mit dem Mangel an gesundem Realkredit auf dem Lande ein nur zu häufig gewährter unsolider Kredit sich verbinde. Für die eine wie die andere Erscheinung liegt die Hauptursache in der Mangelhaftigkeit des geltenden Immobiliarrechts; jedoch läßt sich nicht in Abrede stellen, daß auch gewisse Gewohnheiten der Bevölkerung in schädlicher Richtung dabei mitwirken. Bei dem mittleren und kleineren Grundbesitz, welcher in Elsaß-Lothringen so erheblich überwiegt, herrscht vielfach das Streben vor, ohne genügende Baarmittel den Grundbesitz zu vergrößern und auszudehnen, statt das Ersparte anderweit sicher und nutzbringend anzulegen oder zu einem intensiveren und darum gewinnbringenderen Wirthschaftsbetrieb zu verwenden. Deshalb sind Landankäufe mit schwachen Anzahlungen auf lange Termine oder mit Entleihung des Kaufpreises häufig. Die hieraus folgende Anspannung des Kredits, zu dessen Befriedigung geeignete und ausreichende Kreditinstitute nicht vorhanden sind, und der auch zufolge der Mängel des Hypothekenrechts bei Privaten seine Deckung nicht findet, bewirkt, daß die ländliche Bevölkerung in die Hände von wenig soliden Geschäftsleuten gedrängt wird, die sich ihre Vermittelung und das hierbei sich ergebende Risiko durch ungebührliche Prämien vielfach geradezu in wucherlicher Art bezahlen lassen. Einer solchen Entwickelung der Dinge gegenüber wird die Gesetzgebung um so weniger sich indifferent verhalten dürfen, als seit einigen Jahren in Elsaß-Lothringen wie in den Nachbarländern ein Niedergang in der wirthschaftlichen Lage der Landbevölkerung fast allgemein konstatirt wird. Mögen die Gründe hiefür auch in dem Zusammentreffen sehr verschiedener Umstände, die sich zum Theil einer Einwirkung der Staatsgewalt völlig entziehen, zum Theil wenigstens nicht zur Zuständigkeit der Landesgesetzgebung gehören, zu finden sein, — soviel steht anderseits außer Zweifel, daß ein erheblicher Mitfaktor bei der geschilderten ungünstigen Lage der landbauenden Klassen in dem Mangel eines billigeren und soliden Realkredits in Form unkündbarer Darlehen liegt.

plorée lors des débats de la dernière session de la Délégation (voy. surtout le procès-verbal de la séance du 12 mars 1884). En même temps on a fait la remarque très juste que la population agricole trouve trop souvent un crédit ruineux, tandis qu'elle manque d'un crédit réel fondé sur des bases solides. Les défauts du droit immobilier actuel sont la cause principale de ces deux phénomènes; néanmoins il est incontestable que certaines habitudes de la population y contribuent d'une façon nuisible. Les moyens et petits propriétaires fonciers qui forment la grande majorité en Alsace-Lorraine ont généralement la tendance d'agrandir leur propriété foncière sans disposer des deniers nécessaires, au lieu de placer autrement leurs économies d'une façon sûre et utile ou de les employer à une exploitation plus intensive et plus profitable. C'est pour cela que l'on voit si souvent des achats de terre à petits premiers versements et à longs délais ou au moyen de l'emprunt du prix de vente. Il en résulte une augmentation du besoin de crédit qui ne peut se satisfaire ni par des institutions de crédit convenables et suffisantes, ni par le capital des particuliers qui par suite des défauts du droit hypothécaire se tient en réserve; il s'ensuit en outre que la population agricole est poussée vers des hommes d'affaires peu scrupuleux qui se font payer leur intervention et leurs risques par des primes exorbitantes et frisont l'usure. En face d'un tel état de choses la législation ne peut d'autant moins rester indifférente que depuis quelques années la détérioration de la situation économique de la population agricole est presqu'universellement constatée en Alsace-Lorraine tout autant que dans les pays voisins. Il est vrai que cette situation est le résultat de circonstances très différentes qui en partie se soustraient entièrement à l'influence de l'Etat, en partie ne sont pas de la compétence de la législation territoriale. Mais il est hors de doute qu'une des causes principales de la situation défavorable des classes agricoles consiste dans le manque d'un crédit réel solide et moins coûteux sous forme de prêts dénonçables.

Diesen zu schaffen und zu dem Zwecke die seiner Begründung entgegenstehenden Schranken des bürgerlichen Rechts aus dem Wege zu räumen, erschien deshalb der Regierung als eine unabweisbare und unaufschiebbare Verpflichtung. In dieser Tendenz legt sie der Landesvertretung eine Reihe von ineinandergreifenden Gesetzentwürfen vor, in der Ueberzeugung, daß nur eine durchgreifende Reform des Hypothenrechts die nothwendige Grundlage für die Besserung der ländlichen Kreditverhältnisse schaffen kann, insoweit dabei die Realsicherheit in Frage steht, und in dem Bewußtsein, daß die Annahme der Entwürfe zu dem Resultate führen wird, in einem Hauptpunkte die wohlberechtigten Wünsche der Landbevölkerung zu erfüllen und derselben allgemein zu gewähren, was sie bisher überwiegend entbehrt: einen soliden Realkredit in Form unkündbarer Darlehen mit allmählicher Amortisation des Kapitals und gegen einen im Vergleich zu der Vergangenheit erheblich niedrigeren Zinsfuß.

Mängel des bestehenden Civilrechts.

Der Antheil nun, welcher wie angedeutet, speziell der Gesetzgebung des bürgerlichen Rechts an dem ungenügenden Zustande des ländlichen Kredits zugeschrieben werden muß, läßt sich in Folgendem zusammenfassen:

Transcription.

1) Dem bestehenden Immobiliarrecht fehlt vor Allem die unerläßliche Grundlage einer bestimmten, leicht erkennbaren und nach allen Seiten hin wirksamen Form für die vertragsmäßige Erwerbung des Grundeigenthums sowie die Publizität der übrigen Erwerbsakte.

Nach dem Rechte des Code civil vollzieht sich der Uebergang des Eigenthums an Liegenschaften wie an Mobilien mittels Rechtsgeschäfts unter Lebenden durch die einfache Uebereinkunft der Betheiligten; durch das Gesetz vom 23. März 1855 ist dagegen die Uebertragung in dem Sinne an die Transcription geknüpft, daß die betreffenden Akte vor der Beobachtung dieser Förmlichkeit gegen Dritte, welche Rechte an der Liegenschaft erworben und dieselben vorschriftsmäßig gewahrt haben,

Il paraît au gouvernement d'une nécessité absolue et immédiate de travailler à la création de ce crédit et d'écarter les obstacles que le droit civil y oppose. C'est dans ce but que le gouvernement présente à la délégation une suite de projets de loi, persuadé qu'une réforme radicale du droit hypothécaire pourra seule fournir la base nécessaire à l'amélioration du crédit agricole, en tant qu'il s'agit de la garantie foncière, et convaincu que l'acceptation de ces projets de loi aura pour résultat de satisfaire un des désirs si justifiés de la population rurale, en lui procurant ce qui jusqu'à présent lui manquait en majeure partie, *c'est-à-dire un crédit réel solide sous forme de prêts non dénonçables à l'aide d'une amortisation successive du capital et à raison d'un taux d'intérêts beaucoup moins élevé que par le passé.*

Défauts du droit civil actuel.

La part que la législation civile prend à la situation défavorable du crédit agricole peut se résumer comme suit :

Transcription.

1° Il manque avant tout au droit immobilier en vigueur la base indispensable d'une forme certaine, facilement reconnaissable et efficace sous tous les rapports pour l'acquisition conventionnelle de la propriété foncière ainsi que pour la publicité des autres actes d'acquisition.

D'après le Code civil, la transmission de la propriété immobilière et mobilière par acte entre vifs s'opère par le simple consentement des parties ; par contre la loi du 23 mars 1855 rattache la transmission à la transcription en ce sens que les actes y relatifs n'ont point d'effet avant l'accomplissement de cette formalité envers les tiers qui ont acquis des droits sur l'immeuble et se sont conformés à la loi pour les conserver. Les dispositions de cette loi

keine Wirkung äußern. Dieser Rechtszustand ist schon deshalb nicht befriedigend, weil auch das Interesse der bei der Uebertragung unmittelbar Betheiligten zur Vermeidung von Streitigkeiten jene bestimmte Form erheischt. Im Uebrigen ist der Umfang der Transkription ein beschränkter, indem unter Anderem die Theilungen, sowie die Erwerbungen durch Erbschaft, Vermächtniß, Ersitzung derselben nicht unterliegen; bei anderen Rechtsakten ist die Anwendbarkeit der Förmlichkeit zweifelhaft und streitig. Die nur relative Bedeutung der Transcription führt zu schwankenden Rechtsverhältnissen und zu einer Art von doppeltem Eigenthum, da bis zur Ueberschreibung des Veräußerungsaktes sowohl der Veräußerer als der Erwerber zur Verfügung über das Grundstück in der Lage sind, und hinsichtlich der Lösung der hieraus sich ergebenden Schwierigkeiten nicht überall Einverständniß besteht. In Wirklichkeit unterbleibt zudem die Transcription bei der Mehrzahl der Privatakte und, was die elterlichen Gutsüberlassungen betrifft, selbst häufig bei Notariatsakten, und berührt sonach die schon an und für sich in ihrer Wirkung unvollkommene Förmlichkeit thatsächlich nur eine gewisse Zahl der Uebertragungen, während es, soweit dieselbe von zwei konkurrirenden Erwerbern beiderseits nicht beobachtet worden ist, zwischen ihnen bei dem durchaus ungenügenden Rechte des Code civil verbleibt.

Resolutorische Rechte.

2) Der Eigenthumsübergang kann nach dem bestehenden Recht in zahlreichen Fällen auf Grund gesetzlicher oder vertragsmäßiger Rechte mit rückwirkender Kraft gegen dritte Erwerber und Hypothekargläubiger aufgehoben werden, ohne daß für die Offenkundigkeit dieser Gefahr in ausreichender Weise gesorgt wäre. Dahin gehören vor Allem die Fälle, in welchen der Erwerb als nichtig (z. B. wegen Irrthums, Betrugs) oder wegen Verletzung (bei Minderjährigkeit u. s. w.) angefochten wird. Dahin sind ferner zu rechnen die Fälle der Geltendmachung der Rückfalls- oder Retraktsrechte, der

ne suffisent pas. D'abord une forme déterminée de la transmission de propriété est aussi bien à désirer dans l'intérêt des parties elles-mêmes qui sans elle sont exposées à des procès sur l'existence de leurs droits. Ensuite la loi, en restreignant la transcription à des actes déterminés, en exclut d'autres modes d'acquisition importants comme les partages, les acquisitions par succession, testament ou prescription. Pour quelques actes son application est douteuse et contestée. Enfin les effets de la transcription n'existent qu'en égard de certaines personnes; de cette restriction résulte une situation de droit précaire et une espèce de double propriété, puisque l'acquéreur tout autant que le vendeur peut disposer de l'immeuble jusqu'à la transcription de l'acte d'aliénation. La doctrine s'est occupée beaucoup de la solution des difficultés que cet état de choses fait naître, sans arriver à une entente générale. En réalité la transcription est omise pour la plupart des actes sous seing privé et même souvent pour les actes notariés qui concernent des cessions de biens de la part des père et mère. De la sorte cette formalité d'un effet peu complet ne frappe de fait qu'un certain nombre de transmissions, et les dispositions absolument insuffisantes du Code civil sont seules appliquées, en tant qu'elle n'a point été observée à la fois par deux acquéreurs concurrents.

Droits résolutoires.

2° La transmission de la propriété peut d'après le droit actuel dans de nombreux cas être résolue en vertu de droits légaux ou conventionnels avec effet rétroactif contre des tiers acquéreurs et des créanciers hypothécaires, sans que ce péril ait été suffisamment porté à la connaissance du public. Il faut mentionner tout d'abord les cas où l'acquisition est attaquée pour cause de nullité p. ex. en cas d'erreur ou de dol ou pour cause de lésion (en cas de minorité etc.). Il faut y ajouter les actions en vertu d'un droit de retour ou de retrait, de conditions

dem Erwerb beigefügten Resolutivbedingungen, der Substitutionsrechte, des Rechtes des Widerrufs gegenüber freigebigen Verfügungen, des Rechtes eines Erben auf Rückbringen oder Minderung solcher Zuwendungen. Von besonderer praktischer Bedeutung ist aber das als pactum commissorium bezeichnete Rechtsverhältniß, wonach wegen Nichterfüllung der Verbindlichkeiten des Erwerbers die Auflösung des Eigenthumsübergangs verlangt werden kann (Code civil Art. 1184).

Abgesehen von Art. 958 des Code civil wirken alle diese resolutorischen Rechte, ohne daß es einer Eintragung derselben in die Register des Hypothekenamtes bedürfte, auch gegen Dritte. Den Realkredit schädigen sie in dem Grade, daß beispielsweise die aus einer Schenkung oder antizipirten Theilung herrührenden Grundstücke wegen der zahlreichen Resolutionsrechte, nach den für die Kreditanstalten bestehenden Vorschriften fast nur dann beliehen werden können, wenn der Schenkgeber oder dessen Erben sich mitverpflichten.

Privatakte.

3) Daß die Eigenthumsübertragung, ohne jede Mitwirkung einer öffentlichen Behörde, durch Privatakte vollzogen werden kann, ist, auch abgesehen von dem Mangel rechtlicher Belehrung der Betheiligten, die Ursache großer Unsicherheit und vieler Streitigkeiten, da diese Urkunden der Garantie ihrer Existenz und des Nachweises der Echtheit entbehren und an ungenauer Bezeichnung der Betheiligten sowie der Grundstücke zu leiden pflegen. Die Registerführung der Hypothekenbewahrer wird dadurch in hohem Maße erschwert.

4) Das Hypothekenrecht leidet hauptsächlich daran, daß die Grundsätze der Spezialität und Publizität nicht konsequent durchgeführt sind.

résolutoires comprises dans l'acte, de substitutions, de révocation de libéralités, du droit d'un héritier au rapport ou à la réduction des libéralités faites par le défunt. C'est surtout la condition résolutoire dite *pactum commissorium*, en vertu de laquelle la résolution de la transmission de la propriété peut être demandée pour cause d'inexécution des obligations de l'aquéreur, qui est d'une très grande importance pratique (art. 1184 du Code civil).

Abstraction faite du cas de l'art. 958 du Code civil, tous ces droits résolutoires exercent leur effet aussi envers les tiers sans que leur inscription sur les registres du bureau des hypothèques soit nécessaire; ils nuisent au crédit foncier à un degré tel que p. ex. les immeubles qui proviennent d'une donation ou d'un partage anticipé ne peuvent guère être hypothéqués selon les règlements des établissements de crédit que lorsque le donateur ou ses héritiers se coobligent.

Actes sous seing privé.

3° De grandes incertitudes et de nombreux litiges proviennent de ce que la transmission de la propriété peut s'effectuer par acte sous seing privé sans intervention aucune d'une autorité publique qui pourrait instruire les parties ignorantes du droit sur les suites de l'acte. Les documents de cette nature sont exposés à s'égarer; ils donnent lieu à des contestations sur leur authenticité et le plus souvent ils laissent désirer une désignation précise des parties et des immeubles. Les conservateurs des hypothèques se plaignent avec raison des difficultés qu'ils trouvent dans la tenue des registres par suite de la présentation des actes privés.

4° Ce qu'il faut surtout reprocher au droit hypothécaire, c'est de ne pas se conformer strictement au principe de la spécialité et de la publicité.

Gerichtliche Hypothek.

Die gerichtliche Hypothek ergreift die sämmtlichen gegenwärtigen und künftigen Grundstücke des Schuldners. Damit erlangt der Gläubiger, welcher ohne Unterpfand Kredit gegeben hat, eine umfassendere Sicherheit, als derjenige, welcher von vornherein auf hypothekarischer Sicherheit besteht, indem die vertragsmäßige Hypothek grundsätzlich nur auf die gegenwärtigen und nur auf bestimmte Liegenschaften bewilligt werden kann. Hierin liegt aber offenbar ein Widerspruch und zugleich ein Moment großer Unsicherheit für den Rechtsverkehr, da bei der Art der Eintragung, welche auf alle gegenwärtigen und künftigen Grundstücke lautet, nicht ohne genaue Nachforschungen festzustellen ist, ob ein Grundstück einmal einem verurtheilten Schuldner gehört hat. Eine innere Begründung nach allgemeinen Rechtsgrundsätzen fehlt der gerichtlichen Hypothek; die Autorität des Urtheils muß dessen Vollzug sichern, kann aber nicht einen Vorrang des einen Gläubigers vor dem andern rechtfertigen.

Gesetzliche Hypotheken.

a) Hypothek der Minderjährigen.

Die gesetzliche Hypothek der Minderjährigen und Entmündigten ist zur Sicherstellung aller aus der Vormundschaftsführung gegen den Vormund entspringenden Rechte, also für Ansprüche gegeben, welche ihrem Betrage nach unbestimmt und für Dritte vielfach nicht einmal annähernd abschätzbar sind. Die Hypothek trifft außer den Grundstücken, welche der Vormund bei Antritt seines Amts besitzt, auch die, welche er in Zukunft, selbst nach Beendigung der Vormundschaft unter irgend welchem Titel erwirbt. Im Falle eines Tausches tritt das neue Grundstück in die Belastung ein, ohne daß das vertauschte aus demselben ausscheidet. Die Hypothek ist von langer, oft unübersehbarer Dauer, da sie, soweit nicht die Klage gegen den Vormund verjährt ist (Code civil Art. 475, 509), regelmäßig so lange dauert,

L'hypothèque judiciaire.

L'hypothèque *judiciaire* frappe tous les immeubles du débiteur, présents et à venir. Il s'ensuit que le créancier ayant fait crédit sans hypothèque, obtient une garantie plus complète que celui qui demande dès l'abord une garantie hypothécaire, l'hypothèque conventionnelle ne pouvant en principe être consentie que sur des immeubles présents et déterminés. Cela renferme non seulement une contradiction évidente, mais implique aussi une grande incertitude pour les affaires, puisque le mode de l'inscription prise sur tous les immeubles présents et à venir ne permet pas de constater, à moins de recherches scrupuleuses, si un jour l'immeuble a fait partie du patrimoine d'un débiteur condamné. L'hypothèque judiciaire manque d'une véritable raison d'être d'après les principes généraux du droit; l'autorité du jugement doit garantir son exécution, mais ne peut justifier la préférence d'un créancier vis-à-vis de l'autre.

Hypothèques légales.

a) Hypothèque des mineurs.

L'hypothèque *légale* des mineurs et des interdits est donnée pour sûreté de tous droits résultant contre le tuteur de sa gestion, de droits ainsi dont la valeur n'est pas déterminée et ne peut généralement être évaluée même approximativement par des tiers. L'hypothèque frappe non seulement les immeubles appartenant au tuteur au commencement de sa gestion, mais aussi ceux qui lui seront acquis à l'avenir à quelque titre que ce soit et même après cessation de la tutelle. En cas d'échange, l'immeuble acquis est compris dans l'hypothèque sans que toutefois l'immeuble échangé soit affranchi. L'hypothèque est d'une durée longue et souvent inapréciable puisqu'elle dure généralement, en tant que l'action contre le tuteur n'est pas prescrite (art. 475, 509 du Code civil),

bis der Vormund Rechnung gelegt und den etwaigen Rückstand ausbezahlt hat. Dabei ist die Wirksamkeit der Hypothek grundsätzlich durch die Eintragung nicht bedingt, und wird in der Regel, ungeachtet der bezüglichen Verpflichtung des Vormunds und des Gegenvormunds sowie der entsprechenden Berechtigung der Staatsanwaltschaft, des Mündels und der Freunde desselben, schon mit Rücksicht auf die Kosten, von der Eintragung abgesehen; den thatsächlichen Verhältnissen entspricht dies insofern, als die Hypothek meistens beim Mangel einer Forderung oder eines Grundbesitzes des Vormunds gegenstandslos ist. Nach Art. 8 des Gesetzes vom 23. März 1855 ist zwar jetzt die Hypothek innerhalb Jahresfrist nach Aufhebung der Vormundschaft einzutragen; die Eintragung braucht jedoch auch in diesem Falle nur auf alle gegenwärtigen und künftigen Grundstücke des Vormunds zu lauten. Bei dem Erwerb wie bei der hypothekarischen Belastung eines Grundstücks läßt sich daher fast gar nicht oder nur schwer und mit großem Aufwand an Zeit, Mühe und Kosten ersehen, ob der Besitzer des Grundstücks oder ein Rechtsvorgänger desselben eine Vormundschaft geführt hat und ob und wieviel er daraus schuldig geblieben ist. Das dem Erwerber offenstehende Legalpurgationsverfahren ist wegen des damit verbundenen nicht unerheblichen Verlustes von Zeit und Kosten fast gar nicht im Gebrauch und hat überdies für denjenigen keinen Werth, der vor dem Erwerb über die Belastung sich Gewißheit verschaffen will.

b) Hypothek der Ehefrau.

Von der gesetzlichen Hypothek der Ehefrau gilt im Wesentlichen dasselbe, was über die Hypothek des Mündels gesagt ist. Die Eintragung, deren Herbeiführung dem Ehemann und der Staatsanwaltschaft bei dem Landgericht obliegt und der Frau sowie den Verwandten der Eheleute freisteht, unterbleibt, außer den Fällen der Ehescheidung und Gütertrennung, auch hier der Regel nach. Die generelle und stillschweigende Hypothek der Ehefrau trägt aber in noch

jusqu'à ce que le tuteur ait rendu compte et soldé un reliquat éventuel. Il faut ajouter que l'effet de l'hypothèque est en principe indépendant de l'inscription et que généralement on néglige cette formalité pour éviter les frais, malgré l'obligation du tuteur, du subrogé tuteur, malgré le droit du ministère public, du mineur et de ses amis. Cela répond à la réalité des choses en ce sens que l'hypothèque est ordinairement inefficace, soit qu'il n'existe point de créance ou que le tuteur est dépourvu d'immeubles. Il est vrai que l'art. 8 de la loi du 23 mars 1855 exige aujourd'hui l'inscription de l'hypothèque dans l'année après la cessation de la tutelle, mais il suffit même dans ce cas, que l'inscription comprenne tous les immeubles du tuteur présents et à venir. Il en résulte qu'au moment de l'acquisition ou de l'affectation hypothécaire d'un immeuble, on ne peut constater du tout ou seulement avec beaucoup de peine et de frais, si le possesseur ou un de ses auteurs a géré une tutelle et de combien a été son reliquat. La faculté accordée par la loi à l'acquéreur de purger l'immeuble des privilèges et hypothèques n'est guère employée à la suite de la perte considérable de temps et de frais qui s'y rattache et n'est d'aucune valeur pour celui qui veut s'assurer de l'affectation de l'immeuble avant l'acquisition.

b) Hypothèque de la femme.

On peut faire les mêmes observations sur l'hypothèque de la femme. L'inscription qui doit être requise par le mari ou le ministère public près le tribunal régional et qui peut l'être par la femme ou les parents des époux est d'ordinaire également négligée hormis les cas de divorce ou de séparation de biens. L'hypothèque générale et non inscrite de la femme contribue cependant et même encore davantage à l'incertitude des affaires foncières, les mariages étant bien plus nombreux que les tutelles.

stärkerem Grade zur Unsicherheit im Grundverkehr bei, weil die Ehen weit zahlreicher sind als die Vormundschaften. Dazu kommt, daß im Falle der gerichtlichen Gütertrennung bei der Auseinandersetzung häufig zum Nachtheil der Gläubiger Beträge als Heirathsgut der Frau, mit hypothekarischer Sicherheit vom Tage des Eheabschlusses an, in Anspruch genommen werden, welche in Wirklichkeit von der Frau nie in die Ehe eingebracht worden sind. Die Quittirung derselben im Ehevertrag Seitens des Mannes beruht theils auf der getäuschten Erwartung späterer Auszahlung durch die Eltern der Braut, theils auf der Absicht, durch Verbriefung eines hohen Einbringens der Frau kreditfähiger zu erscheinen und der Letzteren für den Fall des Vermögensrückgangs des Mannes einen ungerechtfertigten Vortheil zuzuwenden.

c) Hypothek des Staats u. s. w.

Die *gesetzliche* Hypothek des Staats, der Gemeinden und öffentlichen Anstalten wegen ihrer Guthaben an die rechnungspflichtigen Einnehmer und Verwalter öffentlicher Einkünfte umfaßt gleichfalls die gegenwärtigen und zukünftigen Grundstücke des Beamten. Dieselbe hängt zwar in ihrer Wirksamkeit und ihrem Range von der Eintragung ab, indeß genügt eine allgemeine Eintragung nach Betrag und Gegenstand, indem sie schlechthin zur Wahrung aller dem Staat ꝛc. gegen den Beamten aus dem Dienstverhältniß entstehenden Ansprüche auf alle gegenwärtigen und künftigen Grundstücke des Beamten genommen werden kann und vorschriftsmäßig genommen werden soll.

Kein öffentlicher Glaube der Register des Hypothekenamts.

5) Weder die Transcription der Uebertragungsakte noch die Einschreibung der hypothekarischen Belastungen verleiht den eingetragenen Rechten einen positiven Schutz, so daß der Erwerber derselben in Folge der Beurkundung durch die Register des Hypothekenamts gegen

Il faut ajouter à cela que dans les cas de la séparation de biens par voie judiciaire il est fréquemment réclamé à titre de dot des sommes avec garantie hypothécaire à dater du jour du mariage au préjudice des créanciers, quoique ces sommes n'aient jamais été apportées par la femme. La quittance de ces sommes dans le contrat de mariage de la part du mari s'explique d'une part par l'espoir erroné d'un paiement à venir de la part des parents de la future, d'autre part par l'intention d'augmenter son crédit par la reconnaissance authentique d'un apport considérable du côté de la femme et de procurer à celle-ci un avantage non justifié en cas de déconfiture du mari.

c) Hypothèque du trésor public etc.

L'hypothèque *légale* du trésor public, des communes et établissements publics pour leurs créances envers les receveurs et administrateurs comptables comprend également les immeubles présents et à venir de ceux-ci. Il est vrai que son effet et son rang dépend de l'inscription, mais néanmoins une inscription générale tant à la somme qu'à l'objet suffit, car l'inscription peut et doit être prise sur tous les immeubles présents et à venir et pour sûreté de tous les droits du trésor public résultant de l'administration du fonctionnaire.

Le registre du bureau des hypothèques est dépourvu de foi publique.

5° Ni la transcription des actes translatifs ni l'inscription des charges hypothécaires ne donne une sûreté positive aux droits inscrits, de façon à offrir à l'acquéreur une garantie contre ceux qui voudraient attaquer son acquisition comme inefficace.

Anfechtung seines Erwerbs materiell irgendwie gesichert wäre. Der Käufer eines Grundstücks wie derjenige, welcher auf Hypothek leihen will, ist daher genöthigt, die Eigenthumsverhältnisse des Besitzers auf die ganze Verjährungszeit zurückzuverfolgen, und ebenso muß der Erwerber einer Hypothek sich der rechtswirksamen Entstehung und des Fortbestandes der Hypothekarforderung bis zu dem ersten Inhaber zurück versichern, da er allen Einreden aus der Person seiner Rechtsvorgänger ausgesetzt bleibt.

Keine amtliche Prüfung der Einschreibungen.

Zu dem Grundsatze des öffentlichen Glaubens der Register hat die französische Gesetzgebung nicht fortschreiten können, da sie stets daran festgehalten hat und vermöge der Organisation der lediglich als Organe der Finanzverwaltung gestalteten Hypothekenämter daran festhalten mußte, daß jede sachliche Prüfung der Einschreibungen durch diese Behörden ausgeschlossen sei.

Große Unübersichtlichkeit der Register des Hypothekenamts.

6) Die Register des Hypothekenamts entbehren der erforderlichen Uebersichtlichkeit und leichten Verständlichkeit im höchsten Grade. Dies hängt gleichfalls mit dem Mangel einer behördlichen Prüfung der Eintragungen zusammen. Damit den Parteien die ihnen allein überlassene Prüfung ermöglicht werde, mußten nämlich die Eintragungen in vollständigen, mechanischen Abschriften der Erwerbsakte und Einschreibungsverzeichnisse bestehen und konnten nicht auf einfache Vermerke des wesentlichen Inhalts der fraglichen Rechtshandlungen beschränkt werden. Damit war aber auch, von anderen Gründen abgesehen, eine Anordnung der Einschreibungen um deren Gegenstand — die Grundstücke — um so mehr ausgeschlossen, als ohne amtliche Prüfung nicht einmal die Existenz der Grundstücke feststand. So stellen denn die Register lediglich eine Aufeinanderfolge umfangreicher, für die bezüglichen Rechtsverhältnisse nur theilweise

L'acheteur d'un immeuble ainsi que le prêteur contre hypothèque est donc forcé d'examiner l'origine de la propriété du possesseur pour toute la durée de la prescription et de même le cessionnaire d'une créance hypothécaire auquel peuvent être opposées toutes les exceptions du chef de ses auteurs, devra s'assurer en remontant jusqu'au premier créancier, si la créance hypothécaire a été établie valablement et si elle existe encore.

Les demandes d'inscription ne sont pas examinées d'office.

La législation française n'a pu introduire le principe de la foi publique des registres, puisque — par suite de l'organisation des bureaux des hypothèques comme organes de l'administration des finances — elle a toujours maintenu et devait maintenir la règle qu'aucun examen matériel des demandes d'inscription n'est permis aux conservateurs.

Les registres des hypothèques sont loin de donner un aperçu suffisant.

6° Les registres des bureaux des hypothèques manquent au plus haut degré de la clarté nécessaire pour permettre une information facile sur la situation d'un propriétaire. Cela résulte également du défaut d'un examen des demandes d'inscription de la part de l'autorité. Car afin de permettre et abandonner aux parties intéressées seules l'examen de la validité des inscriptions, ces dernières doivent être des copies complètes et machinales des actes translatifs et des bordereaux et ne peuvent être restreintes à de simples mentions contenant l'essence des actes respectifs. De la sorte le groupement des inscriptions autour de leur objet — les immeubles — était, abstraction faite d'autres raisons, d'autant moins possible que même l'existence des immeubles n'était pas établie par un examen d'office. — Les registres ne donnent donc qu'une suite d'actes volumineux qui ne sont qu'en partie importants pour les droits

erheblicher Parteiakte dar, nach der Ordnung, wie sie eingehen, und zwar ohne Trennung nach Gemeinden, für den ganzen Bezirk des Hypothekenamts. Daß derartige, unter ganz einfachen Verhältnissen vielleicht genügende Bücher den komplizirten Verhältnissen des modernen Rechtsverkehrs nicht genügen, bedarf keiner Ausführung. Für den Laien ganz unverständlich bieten sie durch ihre ausschließlich auf vielfach übereinstimmende Namen gestellte Einrichtung sogar dem Hypothekenbewahrer große Schwierigkeiten dar, welche in einer erheblichen Verzögerung der Geschäftserledigung ihren Ausdruck finden müssen. Die Aufgabe, für einzelne Grundstücke den Rechtsbestand festzustellen, ist gegenüber der Verantwortlichkeit der Hypothekenbewahrer eine außerordentlich schwierige, vielfach fast nicht zu lösende.

Verjährung der Einschreibungen und Hypothekenpurgationsverfahren.

7) Eine Folge der Unübersichtlichkeit der Bücher ist die hauptsächlich zur Entlastung der Verantwortlichkeit der Hypothekenbewahrer dienende 10 jährige Verjährung der Hypothekareinschreibungen. Wenn dadurch die mit der Löschung verbundenen Umstände und Kosten erspart werden, so liegt in der Einrichtung anderseits eine ernste Gefahr für die Sicherheit der Hypothekargläubiger.

Gleiche und noch schwerere Bedenken bestehen gegen die 10 jährige Ersitzung der Freiheit von Hypotheken durch den Drittbesitzer eines Grundstücks (Code civil Art. 2180 Nr. 4 Abs. 2) sowie gegen das Purgationsverfahren, welches gleichfalls durch die Mängel des Hypothekenwesens, insbesondere die gesetzlichen Hypotheken hervorgerufen, die Liquidirung der Hypothek zu ungelegener Zeit veranlaßt und dem Gläubiger entweder eine nicht gewollte Zahlung oder einen nicht erwünschten Grunderwerb aufdrängt.

à constater et qui se rangent d'après l'ordre de leur présentation, uniformément pour tout le ressort du bureau sans distinction des différentes communes. Il est inutile d'exposer que ces registres, qui pourraient peut-être suffire dans des conditions simples, ne peuvent satisfaire aux exigences multiples et compliquées de la vie d'affaires moderne. Ils ne sont pas seulement incompréhensibles aux laïques, mais ils font aussi par leur système exclusivement basé sur des noms qui se répètent souvent, de grandes difficultés même au conservateur et des obstacles sérieux à la prompte expédition des affaires. En vue de la responsabilité des conservateurs il est excessivement difficile sinon impossible d'établir la situation de droit pour un immeuble déterminé.

De la prescription des inscriptions et de la purge.

7° La prescription par dix ans des inscriptions hypothécaires sert surtout à la décharge des conservateurs et est une conséquence de l'organisation compliquée des livres. Si d'une part cette prescription empêche les ennuis et les frais de la radiation, elle trouble d'autre part sérieusement la sûreté des créanciers hypothécaires.

Des inconvénients pareils et plus graves encore résultent de la prescription par dix ans des hypothèques en faveur du tiers-détenteur de l'immeuble (Code civil, art. 2180 n° 4 al. 2) ainsi que de la purge. Cette procédure a pris également naissance dans les défauts dont le droit hypothécaire souffre, surtout en matière des hypothèques légales; elle provoque la liquidation de l'hypothèque à un moment inopportun et octroie au créancier ou bien un paiement qu'il ne demandait pas ou une acquisition foncière qu'il ne souhaitait non plus.

Resolutionsrecht, gerichtliche und gesetzliche Hypotheken als Hülfsmittel für den unsoliden Kredit.

8) Hülfsmittel für die bereits gekennzeichnete unsolide Kreditgewährung und wucherische Ausbeutung überhaupt bietet vor Allem das unter Nr. 2 oben erwähnte, dem Verkäufer wie dem Tauscher bei Nichterfüllung der Verbindlichkeiten des Erwerbers zustehende Resolutionsrecht (pactum commissorium). Der Veräußerer, welchem zugleich das Privilegium des Verkäufers gewährt ist, hat hierdurch die für den Erwerber verderbliche Wahl, bei Nichterfüllung zur Zwangsversteigerung oder zur Auflösung zu schreiten. Den erstern Weg wird er einschlagen, wenn das Grundstück im Werthe gesunken und Hoffnung vorhanden ist, dasselbe zu niedrigerem Preise wieder zu gewinnen, den letzteren Weg aber dann, wenn sich der Werth des Grundstücks gehoben hat; die Anzahlungen werden im letzteren Falle gewöhnlich gegen die vom Käufer bezogenen Früchte aufgerechnet. So ist es gerade das Resolutionsrecht, welches dem unreellen Verkäufer ermöglicht, ohne eigene ernstliche Gefährdung dem Käufer einen unsoliden Kredit zu dessen Verderben zu gewähren.

Noch schädlicher aber erweist sich für den Grundbesitz, namentlich den mittleren und kleineren, die gerichtliche Hypothek, welche ihrer ursprünglichen Bestimmung und Entstehung entgegen heute vielfach nur eine Form der Kreditgewährung darstellt. An und für sich erfaßt dieselbe, in Folge ihrer, dem Gegenstande nach unbegrenzten Wirkung, mit einem Schlage alle die Mittel, welche zur Erlangung des Kredits am wesentlichsten sind, und erschöpft denselben sogar, wenigstens was die Quellen des soliden Kapitals angeht, in den weitaus meisten Fällen. Denn ein oder zwei gerichtliche Hypotheken, namentlich wegen kleiner Haushaltungs- und Wirthschaftsschulden, genügen, um einen Gläubiger, der weniger auf hohe Zinsen als auf sicheren Eingang der Zinsen und des Kapitals hält, vom Kreditiren abzuhalten. Dagegen borgen unsolide Geschäftsleute, so

Les droits résolutoires et les hypothèques judiciaires et légales facilitent au créancier d'accorder un crédit ruineux pour le débiteur.

8° C'est surtout le droit résolutoire mentionné sub 2 (*pactum commissorium*), appartenant au vendeur ainsi qu'au copermutant en cas d'inexécution des obligations de l'acquéreur, qui sert à accorder un crédit dont les suites fâcheuses ont été signalées et à faciliter l'exploitation usuraire du débiteur. Le vendeur qui jouit en même temps de son privilége a de la sorte le choix pernicieux pour l'acquéreur de procéder ou à l'expropriation ou bien à la résolution en cas d'inexécution. Il préférera l'expropriation si la valeur de l'immeuble a baissé et s'il y a chance de le réacquérir à un prix inférieur; il choisira la résolution quand la valeur de l'immeuble aura augmenté; dans ce cas les premiers versements sont ordinairement compensés avec les frais acquis à l'acheteur. C'est donc précisément le droit à la résolution qui permet à un vendeur de mauvaise foi de donner, sans se compromettre lui-même, un crédit ruineux pour l'acheteur.

Cependant l'hypothèque judiciaire, qui contrairement à son origine et à sa destination n'est aujourd'hui le plus souvent qu'une autre forme de donner crédit, est encore bien plus préjudiciable à la propriété foncière, surtout à la moyenne et à la petite. Etant d'un effet illimité quant à l'objet elle comprend à la fois tous les moyens sur lesquels le débiteur doit compter pour obtenir du crédit et épuise même dans la grande majorité des cas les sources du crédit, du moins celles du crédit donné par des capitalistes solides. Car une ou deux hypothèques judiciaires, surtout pour de menues dettes de ménage, suffisent à faire refuser un crédit demandé à un capitaliste qui tient moins aux intérêts élevés qu'au paiement sûr des intérêts et du capital. Au contraire, des hommes d'affaires méritant peu

lange noch die Möglichkeit eines Gewinns besteht, dem Grundbesitzer ohne Schwierigkeit, kommen ihm sogar entgegen, indem sie ihm ihre Waaren für Haushaltung und Wirthschaft, sowie Darlehen für den Ankauf, namentlich von Ländereien und Vieh, aufdrängen, und erwirken bei Fälligkeit der Schuld, statt auf Zahlung zu bestehen, oft in widerwilligem Einverständniß des Schuldners, Urtheile oder die den letzteren in der Wirkung gleichstehenden Zahl- und Vollstreckungsbefehle, worauf sofort die Eintragung folgt. Wiederholen sich solche Operationen, so geräth der nach anderer Seite kreditlos gewordene Schuldner allmählich mehr und mehr in die Gewalt des Gläubigers, und endet das Verhältniß regelmäßig mit der Außerbesitzsetzung des Schuldners und dem Verluste seines Eigenthums.

Auch diejenigen, welche in leichtsinniger Weise auf den künftigen Anfall des elterlichen Grundbesitzes Kredit suchen, erlangen solchen nicht selten gegen Urtheil und gerichtliche Hypothek ohne Schwierigkeiten. Hierdurch aber bekommen die Darleiher Gelegenheit, als Gläubiger oder als Cessionare der Erbtheile (um geringen Preis) bei den Familientheilungen mitzuwirken und dadurch manche friedliche Auseinandersetzung zu verhindern, weil ihr Interesse es erheischt, sich der Naturaltheilung im Hinblick auf den bei weiteren Verkäufen zu erwartenden Gewinn zu widersetzen.

Nothwendigkeit einer Landes-Kreditanstalt sowie einer gesetzgeberischen Reform.

Aus den vorstehenden Darlegungen dürfte sich die Richtigkeit der oben ausgesprochenen Ansicht ergeben, daß zu den schlechten Kreditverhältnissen des Grundbesitzes im Lande wesentlich zwei Gründe zusammenwirken:

1) der Mangel an Einrichtungen und Maßnahmen, welche dem Grundbesitz, insbesondere dem mittleren und kleinen ländlichen Grundbesitz die Benutzung des vorhandenen Kapitals mit Gewährleistung gegen unzeitige Kündigung und ohne Aufschlag auf den landesüblichen Zinsfuß sichern;

de confiance prêtent aisément au propriétaire tant qu'il reste quelques chances de profit, et ils lui font même des avances en lui octroyant leurs marchandises pour son ménage ainsi que des prêts, surtout pour l'achat de terres et de bétail. A l'échéance de la créance ceux-ci prennent, au lieu d'insister sur le paiement et souvent avec le consentement à moitié forcé du débiteur, des jugements ou bien des commandements et ordonnances d'exécution dont l'effet est le même pour en requérir immédiatement l'inscription. De pareilles opérations se répétant, le débiteur qui n'est plus en état de se procurer crédit ailleurs devient de plus en plus la proie du créancier et finit généralement par être exproprié et par perdre sa propriété.

Aussi les personnes qui sont assez legères pour se procurer du crédit en vue de l'héritage immobilier de leurs parents, l'obtiennent aisément en acceptant un jugement suivi d'hypothèque judiciaire. De la sorte les prêteurs arrivent à bon marché à coopérer à titre de créanciers ou de cessionnaires de lots dans les partages de famille où ils empêchent maint arrangement à l'amiable en s'opposant aux partages en nature en regard des avantages qu'ils attendent de ventes ultérieures.

Nécessité d'une institution de crédit du pays et d'une réforme législative.

Cet exposé prouve la justesse de l'avis que ce sont principalement deux raisons à la coopération desquelles il faut attribuer la situation défavorable du crédit foncier en Alsace-Lorraine:

1° Le manque d'institutions et mesures qui assurent à la propriété foncière et avant tout à la propriété foncière moyenne et petite des campagnes l'utilisation des capitaux disponibles en garantissant le propriétaire contre des dénonciations inopportunes, et en lui ménageant une augmentation du taux usuel des intérêts.

2) der ungenügende Zustand der das Immobiliarrecht regelnden Gesetzgebung.

Hiernach hat sich die Ueberzeugung begründet, daß zur Besserung der wirthschaftlichen Zustände in der Bevölkerung gleichzeitig nach diesen beiden Richtungen eine Reform anzustreben sei. In der ersteren Beziehung besteht die Absicht, eine Landes-Kreditanstalt unter staatlicher Leitung und Gewährleistung ins Leben zu rufen, welche durch ihre anderweit zu erörternde Organisation in den Stand gesetzt werden soll, die zuerst erwähnte Aufgabe dadurch zu lösen, daß sie das solide, eine sichere Anlage suchende Kapital sammelt und dem Realkredit zuführt. Den Mängeln der Gesetzgebung aber kann in befriedigender Weise nur abgeholfen werden durch gründliche Reform des Immobiliarrechts, welche schon um deshalb unentbehrlich und dringend ist, weil sie die nothwendige Voraussetzung für die gedeihliche Wirksamkeit eines jeden Kreditinstituts für den Grundbesitz bildet.

Der Entschluß zu diesem doppelten Vorgehen hat nur bestärkt werden können durch die Ergebnisse der auf Veranlassung des Ministeriums im Laufe dieses Jahres veranstalteten landwirthschaftlichen Enquete. Wird durch die hierbei erhobenen Aeußerungen der Sachverständigen aus allen Bezirken des Landes der mangelhafte Zustand des ländlichen Kredits bestätigt und im Wesentlichen auf die im Vorstehenden angedeuteten Gründe zurückgeführt, so treten unter den zur Abhülfe vorgeschlagenen Mitteln besonders hervor: einerseits die Gründung einer staatlichen landwirthschaftlichen Kreditkasse zur Gewährung von Darlehen auf Annuitäten und gegen mäßigen, durch Verwaltungskosten nicht geschmälerten Zinssatz (vergl. das Septemberheft der unterelsässischen Société des sciences, agriculture et arts Seite 492) und anderseits eine gründliche Reform der Gesetzgebung über das Immobiliarrecht, insbesondere das Hypothekenwesen.

Ziele der Gesetzgebungsreform.

Die letztere Reform wird sich im Wesentlichen in folgender Richtung zu bewegen haben:

1) Den Erwerb des Grundeigenthums, der Hypotheken und sonstigen dinglichen Rechte, bezw. deren Wirksamkeit in allen Fällen an die Beobachtung einer bestimmten

2° L'insuffisance de la législation concernant le droit immobilier.

Selon la conviction du gouvernement une réforme dans ce double sens doit être effectuée à fin d'améliorer la situation économique de la population. On a l'intention de créer un *crédit foncier alsacien-lorrain* sous l'administration et la garantie de l'Etat, qui par son organisation (à exposer ailleurs) pourra accomplir la première des tâches indiquées en réunissant les capitaux solides en quête de placement, et en les amenant au crédit immobilier. De l'autre côté une *réforme* radicale *du droit immobilier* peut remédier aux défauts de la législation actuelle. Celle-là est indispensable et urgente; elle est aussi la base nécessaire d'un fonctionnement avantageux de toute institution de crédit foncier.

La nécessité d'une telle initiative a été confirmée par les résultats de l'enquête agricole qui a été ouverte par le ministère dans le courant de l'année. Les experts convoqués de toutes les parties du pays ont reconnu l'insuffisance du crédit agricole existant et l'ont attribué essentiellement aux raisons déjà indiquées. Parmi les remèdes proposés paraît avant tout la création d'une caisse de crédit agricole à établir par l'Etat dans le but de fournir des prêts à annuités et à raison d'un taux modéré et non absorbé par des frais d'administration (voy. la revue du mois de septembre de la Société des sciences, agriculture et arts de la Basse-Alsace, p. 492), ainsi qu'une réforme radicale du droit immobilier et surtout du droit hypothécaire.

Des fins de la réforme législative.

Cette dernière réforme aura principalement les buts suivants:

1° de faire dépendre dans tous les cas ou l'acquisition ou l'effet de la propriété foncière, des hypothèques et d'autres droits réels d'une inscription formelle

Beurkundung in einem öffentlichen Buche zu knüpfen und somit das Grundeigenthum und dessen Belastung jedem Dritten erkennbar zu machen.

2) Diese Beurkundung der sachlichen Prüfung eines juristisch gebildeten Beamten in angemessenem Umfang zu unterwerfen und dadurch zu ermöglichen, daß

3) Dem Inhalte des Buches öffentlicher Glaube beigelegt wird; ferner

4) Die Geltendmachung der resolutorischen Rechte gegen den Erwerber formell und materiell zu beschränken, und

5) Die richterliche und die gesetzliche Hypothek zu beseitigen, bezw. in einer den Kredit nicht gefährdenden Weise zu ersetzen.

Bei den Reformbestrebungen in Frankreich sind in gewissem Umfange die meisten dieser Forderungen bereits erhoben worden. So war in den Eingangs erwähnten 1850/51 zur Berathung stehenden Gesetzentwürfen die Publizität der gesetzlichen Hypotheken, die Abschaffung der gerichtlichen Hypothek, die Beschränkung der resolutorischen Klage und Anderes vorgesehen. Andererseits verlangte Präsident Bonjean (vergl. B., révision et conservation du cadastre I. S. 238 ff., 326 ff.) eine Umgestaltung des Katasters in dem Sinne, daß dasselbe an Stelle der nur zwischen den Parteien beweiskräftigen Titel ein mit absoluter Beweiskraft ausgestattetes öffentliches Buch (monument écrit, érigé entre la société et le propriétaire) werden sollte, welches ein vollständiges „Kontokurrent" des materiellen und rechtlichen Zustandes aller einzelnen Liegenschaften enthielte; die Eintragung aller bezüglichen Rechtshandlungen sollte davon abhängig gemacht werden, daß der Rechtsvorgänger bereits eingetragen sei. Es ist von Interesse, zu sehen, wie hier die Vorschläge bis hart an das Institut des Grundbuches streifen, das Ziel aber nicht erreicht wird, weil — abgesehen von der Unmöglichkeit, das Kataster selbst zum Grundbuch zu erheben — mit der behördlichen Prüfung der Rechtshandlungen voller Ernst nicht gemacht und zugleich die unerläßliche Umgestaltung des Code civil abgelehnt wird (vergl. a. a. O. I. S. 407 Anm.[1] und II. S. 647 ff.). Auch in Belgien hat das neue Gesetz vom 16. Dezember 1851 einen Theil jener Neuerungen verwirklicht, eine durchgreifende Reform aber gleichfalls nicht bewirkt.

dans un livre public et de rendre ainsi la propriété foncière et ses charges reconnaissables à tout tiers;

2° d'assujettir dans une mesure convenable cette inscription à l'examen d'un fonctionnaire connaissant le droit, ce qui permettra

3° d'attribuer la foi publique au contenu du livre;

4° de restreindre formellement et matériellement les actions résolutoires envers l'acquéreur;

5° de supprimer l'hypothèque judiciaire et légale ou bien de remplacer cette dernière, de sorte qu'elle ne préjudicie plus au crédit.

A l'époque où un mouvement analogue se produisait en France, les mêmes demandes ont déjà été formulées dans une certaine mesure. Ainsi les projets de loi déposés dans les années 1850/51 prévoyaient la publicité des hypothèques légales, l'abolition de l'hypothèque judiciaire, la restriction de l'action résolutoire et autres modifications du système hypothécaire. Et le président Bonjean (voy. Bonjean, Révision et conservation du cadastre, I, p. 238 s., 326 s.) réclamait une révision du cadastre en ce sens que celui-ci devait devenir «un monument écrit, érigé entre la société et le propriétaire» à la place du titre qui ne fournit de preuve qu'entre les parties, et contenant un compte-courant de l'état réel de chaque immeuble et de sa situation au point de vue du droit; l'inscription de tous les actes y relatifs devait dépendre de l'inscription antérieure de l'auteur. Il est curieux de voir ces projets toucher si près à l'institution des livres fonciers qu'ils ne peuvent accepter parce que — abstraction faite de l'impossibilité de transformer le cadastre en livre foncier — on ne songe pas sérieusement à soumettre les actes à un examen d'office ni à introduire les réformes indispensables dans le système du Code civil (voy. l. c., I, p. 407, n° 1 et II, p. 647 s.). En Belgique la nouvelle loi du 16 décembre 1851 a réalisé une partie de ces innovations, mais également sans arriver à une réforme radicale.

Uebergang zum Grundbuchsystem.

Eine solche Reform ist überhaupt auf dem Boden des französischen Immobiliarrechts und unter Anlehnung an dessen oben dargelegte Prinzipien nicht möglich, wohl aber bei Adoptirung des in einem großen Gebiete des Reichs bereits geltenden, allgemein in Aussicht genommenen Grundbuchsystems durchführbar — eine Ueberzeugung, welche auch in der letzten Session des Landesausschusses, bei Berathung des Katastergesetzes, von verschiedeuen Seiten ausgesprochen worden ist. (Vergl. den Bericht des Mitgliedes Grad, Anlage zum Sitzungsprotokoll vom 10. März 1884, S. 607 ff., sowie die Protokolle über die Sitzungen vom 18. Dezember 1883, S. 62 ff. und vom 12. März 1884, S. 696 ff.) Auch eine Reihe von Aeußerungen bei der erwähnten landwirthschaftlichen Enquete befürworten entschieden die sofortige Einführung des Grundbuchrechtes.

Verhältniß zum künftigen Reichsrecht und zum preußischen Grundbuchrecht.

Der vorliegende Entwurf bezweckt daher die Einführung dieses Systems. Dieselbe vou dem künftigen Civilgesetzbuche zu erwarten ist nicht angängig, da die Eingangs geschilderten Verhältnisse schleuniges Eingreifen verlangen, und die völlige Vollendung jener umfassenden Kodifikation noch nicht in näherer Aussicht steht. Ueberdies wird gerade das Immobiliarrecht dieser künftigen Gesetzgebung in denjenigen Gebieten, wo Grundbücher nicht bestehen, nicht gleichzeitig mit den übrigen Theilen des Gesetzes, sondern erst nach Ablauf einer längeren, zur Herstellung jener Voraussetzung ausreichenden Zeit durchgeführt werden können. Für Elsaß-Lothringen würde dieser Zeitraum, bei der Zersplitterung des Grundbesitzes und der großen Verschiedenheit zwischen dem geltenden Recht und dem Grundbuchrecht, besonders weit gegriffen werden müssen, damit aber die wirkliche Einführung des Reichsgrundbuchrechts auf eine noch nicht absehbare Zukunft verschoben sein. Wird dagegen jetzt schon mit der Einführung von Grundbüchern vorgegangen, so wird der Vortheil des einheitlichen Rechts für das Reichsland mindestens nicht später als in andern Gebieten erreicht werden. Für die Art und Weise aber, in welcher die Einrich-

Transition au système des livres fonciers.

Cette réforme est impossible sur la base du droit immobilier français et de ses principes tels qu'ils ont été exposés plus haut, mais elle peut être réalisée en adoptant le système de livres fonciers qui existe déjà dans une grande partie de l'Empire et plus tard sera introduit dans toute son étendue. La même conviction a été exprimée de différents côtés pendant la dernière session de la Délégation lors de la discussion de la loi sur le cadastre. (Voy. le rapp. de M. le dép. Grad, Annexe au procès-verbal de la séance du 10 mars 1882, p. 607 s., ainsi que les procès-verbaux des séances du 14 décembre 1883, p. 62 s. et du 12 mars 1884, p. 696 s.) Une série de manifestations faites lors de l'enquête agricole, plaident pareillement pour l'introduction immédiate du système des livres fonciers.

Du rapport au futur droit de l'Empire et au système de livres fonciers prussiens.

Le présent projet de loi s'est donc proposé l'introduction de ce système; on ne pourrait s'en remettre au futur Code civil allemand, attendu que la situation exige une intervention immédiate, tandis que l'achèvement de cette vaste codification ne semble pas trop rapproché. En outre la partie de cette future législation qui réglera le droit immobilier ne pourra être appliqué dans les districts où il n'existe point de livres fonciers, qu'après l'expiration d'un délai assez long, demandé pour des travaux préparatoires. En ce qui concerne l'Alsace-Lorraine où la propriété foncière est éparpillée et où la législation actuelle diffère grandement du système des livres fonciers, ce délai devrait être particulièrement étendu et remettrait ainsi l'application du droit immobilier de l'Empire à une époque indéterminable aujourd'hui. Par contre si l'on introduit dès maintenant des livres fonciers, l'avantage résultant de l'uniformité du droit sera atteint en Alsace-Lorraine pour le moins aussitôt que dans les autres parties de l'Empire. Quant au mode de l'établissement des livres fonciers et de la transformation du droit immobilier qui en est une consé-

tung des Grundbuchs und die damit nothwendig verbundene Umgestaltung des Immobiliarsachenrechts zu erfolgen hat, empfiehlt sich ein enger Anschluß au die Gesetzgebung des größten deutschen Grundbuchs-Rechtsgebiets — Preußens —, welche überall auf ein Jahrhundert, in gewissen Landestheilen auf mehrere Jahrhunderte zurückreicht und in den Gesetzen vom 5. Mai 1872 ihren Abschluß gefunden hat. Diese Gesetzgebung ist demnächst auch in den neuerworbenen Provinzen der Monarchie sowie in anderen Bundesstaaten ohne Schwierigkeiten und ohne Erschütterung der Rechtsverhältnisse eingeführt worden und hat sich für die verschiedenen Rechtsgebiete bewährt. Es ist aber ferner auch in der Natur der Sache und in der bisherigen Entwickelung begründet, daß das den größten Theil des Reichs beherrschende materielle und formelle Recht für die Reichsgesetzgebung vorzugsweise Bedeutung beansprucht, wie es anderseits möglich sein wird, Abweichungen in einzelnen Punkten in jenes Recht ohne innere Störung desselben einzufügen. Organisatorische Schwierigkeiten oder eine Umwälzung der formellen Bucheinrichtungen sind schon deshalb nicht zu besorgen, weil zu erwarten steht, daß der Landesgesetzgebung nach beiden Richtungen ein größerer Spielraum gewährt und überall auf bestehende Einrichtungen gebührende Rücksicht genommen werden wird.

Verhältniß zur Katasterbereinigung.

Daß endlich der gegenwärtige Augenblick zur Inangriffnahme der Reform ergriffen werden soll, hängt damit zusammen, daß durch das Gesetz vom 31. März 1884 nunmehr die allgemeine Berichtigung des Katasters vorgeschrieben und diese in der Durchführung begriffen ist. Hiermit erst ist die Grundlage vorhanden, ohne welche das Grundbuch nicht geschaffen werden kann, mit welcher es dagegen, wie die Erfahrung ergiebt, auch in Ländern mit sehr zerstückeltem Grundbesitz (z. B. Westphalen, Provinz Sachsen, Hohenzollern, Bezirk von Ehrenbreitstein), sich sehr wohl einführen läßt. Dabei muß es als ein besonderer Vortheil erscheinen, daß an die Bereinigung des Katasters in den einzelnen Gemeinden und Bezirken die Anlegung des Grundbuchs sich thunlichst unmittelbar anschließt, weil so die Ergebnisse der ersteren Operation noch möglichst unverändert benutzt werden können, und die unvermeidliche

quence nécessaire, il semble opportun de se conformer entièrement à la législation du plus grand des états allemands possédant le système des livres fonciers, c'est-à-dire de la Prusse. Cette législation qui est arrivée à son achèvement définitif par la loi du 5 mai 1872, date pourtant au moins d'un, et dans certaines parties du pays de plusieurs siècles; elle a été introduite dans les nouvelles provinces de la monarchie et dans d'autres états de la confédération sans aucunes difficultés et sans troubler les droits acquis et elle a été suivie de succès sous toutes les législations.

Du reste en regardant la marche conforme à la nature de la chose que la législation de l'Empire a suivie jusqu'à présent on doit s'attendre à ce que le droit matériel et formel qui est en vigueur dans la plus grande partie de l'Empire aura une importance prépondérante sur la rédaction définitive du Code allemand. Bien entendu, ceci n'empêchera pas l'introduction de quelques modifications qui pourront être ajoutés au droit existant sans en altérer l'essence. Mais un changement complet de l'organisation ou bien une révolution de l'institution formelle des livres n'est point à craindre. Au contraire il faut présumer que sur ces points on laissera une assez grande latitude à la législation territoriale et que l'on tiendra autant que possible compte des institutions existantes.

Du rapport à la révision du cadastre.

On ne peut choisir un moment plus favorable pour l'exécution des projets de réforme que celui où la révision générale du cadastre vient d'être ordonnée par la loi du 31 mars 1884 et est en train de se faire. Le cadastre servira de base à la création des livres fonciers. L'expérience a démontré que sur cette base le nouveau système peut être parfaitement établi, même dans des pays comme la Westphalie, la province de Saxe, Hohenzollern, l'arrondissement d'Ehrenbreitstein, où la propriété foncière est très éparpillée. Un avantage tout particulier résulte de la circonstance que l'introduction des livres fonciers suivra le plus près possible la révision du cadastre dans les différentes communes et districts; car de la sorte on parviendra à utiliser les résultats de cette révision tels quels et à

Belästigung der Bevölkerung dadurch vermindert wird. Anderseits bietet das künftige Grundbuch das zuverlässigste Mittel, die Fortführung des Katasters bei der Gegenwart zu sichern.

Nothwendigkeit eines Uebergangsrechtes.

In der Natur der Sache liegt es aber, daß, auch wenn die Grundlage des bereinigten Katasters allgemein schon bestände, die wirkliche Anlegung der Grundbücher im ganzen Lande Jahre in Anspruch nehmen wird. Da das Grundbuchrecht erst nach erfolgter Anlegung der Bücher eingeführt werden kann, dann aber auch da, wo die Anlegung erfolgt ist, sofort eingeführt werden muß, so stellt sich für Elsaß-Lothringen wie für alle Gebiete, in welchen das Grundbuch bisher zur Einführung gelangt ist, für eine längere Zeit das Nebeneinanderbestehen des Grundbuchrechts mit dem bestehenden Rechte als unvermeidlich dar. Die mit diesem Zustande unläugbar verbundenen Mißstände lassen sich jedoch wesentlich abschwächen, wenn die Gesetzgebung dazu übergeht, sofort mit dem Beginn der Durchführung des Grundbuchsystems den Rechtszustand im ganzen Lande dem künftigen Grundbuchrecht insoweit anzupassen, als dies möglich ist, ohne Rechtssätze vorauszunehmen, welche das Bestehen von Grundbüchern voraussetzen, und ohne die Einheit des jetzigen Rechtes durch sowohl von ihm als dem Grundbuchrecht materiell sich unterscheidende Rechtssätze zu durchbrechen. Die hierzu nöthigen Bestimmungen werden im Wesentlichen nur die Beschränkung einzelner resolutorischer Rechte durch Unterwerfung derselben unter eine gewisse Publizität, die Beseitigung der gerichtlichen Hypothek sowie gewisser Vorzugsrechte und gesetzlicher Hypotheken sowie die anderweitige Bestimmung des den Mündeln und Ehefrauen zukommenden hypothekarischen Schutzes zum Gegenstande haben können. Für die Durchführung dieser vorläufigen Reform genügt ein kürzerer Zeitraum, mit dessen Ablauf die Rechtslage aller Grundstücke im Lande in einer der Einführung des Grundbuchs außerordentlich förderlichen Weise vereinfacht sein wird. Anderseits würde die Anlegung des Grundbuchs hierzulande eine außerordentlich schwierige und kaum zu bewältigende sein, wenn man den gegenwärtigen Rechtszustand bis zum Beginn jener Operation völlig unverändert bestehen ließe, und würde insbesondere die Schaffung nützlicher Krediteinrichtungen zur Zeit gänzlich ausgeschlossen sein.

diminuer en même temps les ennuis inévitables qui s'ensuivent de l'opération pour la population. D'un autre côté les livres fonciers présenteront le moyen le plus sûr d'assurer l'inscription régulière des mutations dans le cadastre.

Nécessité d'un droit transitoire.

Il est certain que l'introduction des livres fonciers dans tout le pays exigera des années entières; elle les exigerait même si la base d'un cadastre épuré était déjà donnée. Le droit immobilier des livres fonciers ne peut être mis en vigueur qu'après la formation de ces derniers, mais cette formation faite, il doit être immédiatement introduit. Il s'ensuit que pour l'Alsace-Lorraine tout autant que pour les autres territoires où les livres fonciers ont été établis, le fonctionnement simultané du droit des livres fonciers avec le droit déjà existant est inévitable. Cet incontestable embarras peut cependant être considérablement diminué si la législation dès l'introduction des livres fonciers se met à adapter le régime législatif du pays entier à la future législation sur les livres fonciers, en tant que cela est possible sans anticiper des dispositions légales supposant l'existence de livres fonciers et sans faire infraction à l'uniformité du droit actuel par des prescriptions différant matériellement tant de celui-ci que du droit des livres fonciers. Les dispositions y relatives ne pourront en substance avoir pour objet que la restriction de certains droits résolutoires qui seront assujettis à une certaine publicité, l'abolition des hypothèques judiciaires et de certains priviléges et hypothèques légales ainsi que la transformation des garanties hypothécaires des mineurs et des femmes. Un délai relativement court suffira à cette réforme; à son expiration la situation hypothécaire de tous les immeubles du pays sera simplifié de la façon la plus favorable à l'introduction des livres fonciers. D'autre part l'établissement des livres fonciers rencontrerait dans le pays des difficultés extraordinaires et à peine surmontables, si l'état actuel était maintenu jusqu'au commencement de cette opération sans changement aucun ; et de même la création d'institutions utiles de crédit serait pour le moment entièrement exclue.

Aus diesen Erwägungen heraus ist ein besonderer, zur gleichzeitigen Einführung mit dem gegenwärtigen Entwurf bestimmter Gesetzentwurf, betr. Rechtsgeschäfte über Grundeigenthum und Nießbrauch sowie das Hypothekenwesen, vorgelegt, bezüglich dessen im Einzelnen auf die Begründung verwiesen wird.

Der gegenwärtige Entwurf ist, wie bereits angedeutet, formell und materiell dem preußischen Gesetze vom 5. Mai 1872 über den Eigenthumserwerb und die dingliche Belastung der Grundstücke u. s. w., sowie den nicht vorwiegend instruktionellen Vorschriften der preußischen Grundbuchordnung vom gleichen Tage möglichst nachgebildet, wodurch, abgesehen von dem oben berührten Verhältniß zum künftigen Reichsrecht, für die richtige Auslegung und rasche Aneignnng des Gesetzes eine werthvolle Grundlage gewonnen wird. Dabei mußte das Bestreben dahin gerichtet sein, die Vorschriften der als Vorbild dienenden Gesetzgebung dem unberührt bleibenden allgemeinen Civilrecht und den besonderen Verhältnissen des Landes anzupassen, wie dies auch in Preußen für die einzelnen, nicht vom Allgemeinen Landrecht beherrschten Gebiete durch die verschiedenen Einführungsgesetze zu jenen Gesetzen von 1872 und, bezüglich des früheren preußischen Grundbuchrechts, für Neuvorpommern und Rügen durch das Gesetz vom 21. März 1868 mit Erfolg geschehen ist. Zur besseren Uebersicht des umfassenden Stoffes sind Marginalien beigefügt, welchen selbstverständlich eine über diesen Zweck hinausgehende sachliche Bedeutung als Auslegungsmittel für die einzelnen Bestimmungen des Gesetzes nicht zukommt.

Die Anordnungen mehr instruktioneller Natur sind den Ausführungsbestimmungen bezw. dem Verordnungswege vorbehalten.

II. Allgemeine Begründung des Entwurfs.

A. Das Grundbuch und die damit in Zusammenhang stehenden Einrichtungen.

Allgemeine Charakteristik des Grundbuchs.

Gleich andern ähnlichen Einrichtungen dient das Grundbuchsystem dem Zwecke, dem Mangel der äußeren Erkennbarkeit

A la suite de ces considérations il a été déposé un projet de loi spécial, concernant les actes relatifs à la propriété foncière et à l'usufruit des immeubles ainsi que le régime hypothécaire qui serait introduit en même temps que le présent projet. Nous renvoyons quant au détail aux motifs de ce projet.

Le présent projet de loi, on l'a dit, a été fait quant à la forme et à la matière sur le modèle de la loi prussienne du 5 mai 1872, concernant l'acquisition de la propriété, l'affectation des immeubles etc., ainsi que du règlement prussien sur les livres fonciers de la même date, abstraction faite des simples instructions y contenues; on a de la sorte acquis une base précieuse pour l'interprétation juste et l'appropriation rapide de la loi future et on s'est en même temps rapproché tant qu'il est possible au futur droit de l'empire. Il fallait à la fois chercher à adapter les prescriptions de la législation servant de modèle à notre droit civil en tant que celui-ci est laissé intact et à la situation particulière du pays.

La Prusse a dû faire le même travail et elle l'a fait avec succès dans les différentes lois d'introduction aux lois de 1872 pour les territoires non régis par le Code civil prussien et quant à l'ancien droit prussien sur le livre foncier dans la loi du 21 mars 1868 pour la Poméranie ultérieure et l'île de Rugen. Afin de faciliter l'aperçu de cette vaste matière, des notes explicatives ont été apposées en marge. Il est entendu qu'il ne revient pas à ces notes une valeur dépassant leur but comme moyens d'interprétation aux différentes dispositions de la loi.

Les dispositions d'une nature plutôt instructionnelle sont réservées à la voie réglementaire.

II. Motifs généraux du projet de loi.

A. Les livres fonciers et les institutions qui s'y rattachent.

Caractéristique générale des livres fonciers.

Le *système des livres fonciers*, comme d'autres institutions semblables, a le but de remédier à un inconvénient

des Eigenthums und der sonstigen dinglichen Rechte an Grundstücken, einer der Hauptquellen der Rechtsunsicherheit auf dem Gebiet des Immobilienverkehrs, abzuhelfen. Dasselbe stellt aber gegenüber den anderen Systemen, namentlich den unübersichtlichen Transkriptions- und Inskriptionsregistern und dem früher in Preußen herrschend gewesenen Pfandbuchsystem, einen bedeutsamen Fortschritt dar, indem es das Bestreben, die dinglichen Rechte erkennbar zu machen, nicht vorzugsweise den Hypotheken, sondern in erster Linie auch die Sicherstellung des Eigenthums und der neben den Hypotheken vorkommenden dinglichen Rechte dienstbar macht. Solche öffentliche Bücher, welche in übersichtlicher Weise die gesammten Rechtsverhältnisse an den Grundstücken klar zur Anschauung bringen, hat der vorliegende Gesetzentwurf im Auge, wenn er in § 1 verordnet, daß für jeden Gemeindebezirk Grundbücher angelegt und in dieselben die innerhalb des Bezirks belegenen Grundstücke aufgenommen werden sollen. Diese Bücher werden von staatlichen Behörden — Grundbuchämtern —, deren Bezirke geographisch abgegrenzt sind, von Amtswegen angelegt und fortgeführt (§§ 6, 106). Die Grundbuchämter verzeichnen in denselben die zur Zeit der Anlegung der Bücher bestehenden, angemeldeten Rechtsverhältnisse und tragen in der Folge mittels Einschreibungen — Eintragungen, Vermerke nnd Löschungen — auf den Antrag der Betheiligten alle Aenderungen des bestehenden Rechtszustandes ein, vorausgesetzt, daß der Einschreibungsantrag gemäß den Bestimmungen des Grundbuchgesetzes gehörig begründet erscheint. Die Einschreibungen bestehen nicht in der ausführlichen Wiedergabe des Inhalts der denselben zu Grunde liegenden Urkunden, sondern in Auszügen, welche möglichst kurz und verständlich den wesentlichen Inhalt des Gegenstandes der Einschreibung zusammenfassen. Um jedes einzelne Grundstück gruppirt sich im Grundbuch die Gesammtheit der dasselbe betreffenden Einschreibungen, und Register ermöglichen das leichte Auffinden der Stelle des Grundbuchs, an welcher es verzeichnet ist. Die Einschreibungen sollen insbesondere bezüglich eines jeden Grundstücks ersichtlich machen: das Eigenthum, die Hypotheken und die sonstigen Belastungen, die Beschränkungen des Eigenthums und der andern dinglichen Rechte und die Beschränkungen der Berechtigten in der Verfügung über ihre Rechte (§ 2).

qui est la source principale de l'incertitude des affaires foncières, savoir au manque d'une marque extérieure à laquelle on peut reconnaître l'existence de la propriété et des autres droits réels. Il constitue un grand progrès sur les autres systèmes, surtout sur celui des registres de transcription et d'inscription qui manquent absolument de clarté et sur les registres hypothécaires tels qu'ils étaient autrefois usités en Prusse; car les livres fonciers servent non seulement à faire reconnaître la situation hypothécaire, mais encore, et avant tout, à mettre en évidence et en même temps à garantir la propriété et les droits réels autres que les hypothèques, de sorte qu'ils font ressortir nettement la situation entière des immeubles. Ce sont de pareils registres publics que le présent projet de loi a en vue lorsqu'il ordonne au § 1 l'établissement de livres fonciers pour chaque banlieue qui comprendront les immeubles situés dans celle-ci. Ces livres seront établis et tenus d'office par des autorités de l'Etat — bureaux fonciers — dont les ressorts seront délimités géographiquement (§§ 6, 106). Les bureaux fonciers y inscrivent les droits existants à l'époque de l'établissement des livres qui doivent être déclarés et ils y enregistreront à la suite, sur la demande des parties intéressées et au moyen d'intabulations — inscriptions, mentions ou radiations — tous les changements des droits inscrits qui surviendront, sous condition toujours que la demande d'intabulation soit conforme à la loi. Les inscriptions ne reproduisent pas textuellement les actes; elles contiennent simplement des extraits qui rendent aussi brièvement et nettement que possible le contenu essentiel de l'acte à inscrire. Le livre foncier groupe autour de chaque immeuble toutes les inscriptions qui s'y rapportent sur une ou plusieurs feuilles, que l'on trouvera aisément au moyen de tables alphabétiques. Les inscriptions mettront en évidence pour chaque immeuble la propriété, les hypothèques et autres charges, les restrictions de la propriété et des autres droits inscrits, ainsi que les restrictions qui empêchent les personnes inscrites de disposer de ces droits (§ 2).

Grundbuch und Kataster.

Damit das Grundbuch seine Aufgabe, den Verkehr auf dem Gebiete des Immobilienrechts zu sichern, erfüllen kann, muß es vor Allem jedes einzelne Grundstück derart nachweisen, daß dasselbe in der Wirklichleit aufzufinden ist. Wie bereits oben hervorgehoben ist, bietet hierfür das bereinigte Kataster die geeignete Grundlage. Dasselbe stellt in zuverlässiger Weise die Abschnitte (Parzellen) dar, in welche nach Eigenthumsverhältnissen und nach der natürlichen Beschaffenheit und Benutzungsart die Bodenfläche sich sondert, wie es auch über die Veränderungen Auskunft giebt, welche im Lauf der Zeit mit den Parzellen vorgehen. Durch fortgesetzte, wechselseitige Mittheilungen der Grundbuch- und Katasterbehörden wird die Uebereinstimmung der beiderseitigeu Bücher, soweit dieselbe erreichbar ist, erzielt werden können. Deshalb soll bei der ersten Anlegung der Grundbücher das Kataster die Grundlage für die Ermittelung der einzutragenden Grundstücke abgeben (§§ 107 ff.) und die Bezeichnung derselben im Grundbuch stets derjenigen im Kataster entsprechen (§ 2, Abs. 2, § 128).

Bucheinrichtung im Einzelnen.

Die Anordnung über die Anlage und die Führung der Grundbücher ist als ein Akt der Justizverwaltung dem Ministerium überlassen (§ 2, 128). Die Einrichtung der Grundbücher wird unter möglichster Anlehnung an die bewährten preußischen Vorbilder erfolgen; eine kurze Darstellung des Beabsichtigten mag hier zur Aufklärung dienen. Am besten würde jedes durch das Kataster individualisirte Grundstück (Parzelle) für sich einen Abschnitt im Grundbuch erhalten, welcher in Preußen als Grundbuchblatt bezeichnet wird, obschon sein Umfang nicht auf ein Blatt des Buches beschränkt ist. Für jede einzelne Parzelle einen solchen gesonderten Abschnitt ein Realblatt, anzulegen, wäre jedoch bei der großen Zahl der vorhandenen Parzellen thatsächlich unausführbar. Die Arbeit würde nicht zu bewältigen und das Aufsuchen der Parzellen in den Büchern höchst schwierig und zeitraubend sein. Deshalb wird nach zwei Richtungen hin von der strengen Durchführung einer solchen Einrichtung abgewichen. Es wird gestattet, daß Komplexe, welche vielfach unter Bezeichnungen

Les livres fonciers et le cadastre.

Afin que les livres fonciers puissent atteindre leur but, qui est de garantir la sûreté des affaires foncières, ils devront avant tout désigner chaque immeuble de telle façon qu'il soit possible de le retrouver en réalité. On a déjà fait remarquer l'avantage que les livres tireront du cadastre épuré, lequel représente d'une manière sûre les parcelles de terre selon la propriété, la nature et la culture, et indique les changements qui y surviennent avec le temps. La conformité du cadastre et des livres fonciers sera atteinte, en tant que possible, par des communications suivies et réciproques des autorités respectives. Voilà les raisons pourquoi l'inscription des biens-fonds lors de l'établissement des livres fonciers se fera sur la base du cadastre (§§ 107 suiv.) et la désignation des immeubles inscrits répondra toujours à ce dernier (§ 2 al. 2 et § 128).

L'organisation des livres en particulier.

Les instructions concernant l'établissement et la tenue des livres fonciers sont réservées au ministère chargé de l'administration judiciaire (§§ 2, 128). L'organisation des livres fonciers sera, le plus possible, conforme à celle du modèle prussien qui a donné de bons résultats. Une briève exposition des intentions que l'on a à cet égard servira d'éclaircissement. De première vue il paraît le mieux d'établir autant de subdivisions du livre foncier — nommées en Prusse «feuilles foncières», quoique leur étendue ne soit pas restreinte à une seule feuille du livre — que des parcelles du cadastre y seront inscrites. Chaque parcelle aurait ainsi sa feuille particulière et toutes les feuilles seraient ce qu'on appelle des «feuilles réelles». Mais si on pense au grand nombre des parcelles existantes, on comprend que l'établissement d'une section particulière pour chaque parcelle serait une besogne insurmontable et qu'ensuite la recherche des parcelles dans les livres serait des plus difficiles et des plus longues. C'est pour cette raison qu'on n'a suivi le système en question qu'avec deux modi-

wie Gut, Hof, Ferme und ähnlichen, eine Vereinbarung von mehreren Grundstücken zu einem wirthschaftlichen Zweck darstellen und regelmäßig als ein Ganzes den Gegenstand der Eigenthumsübertragung und der Belastung zu bilden pflegen, auf Ein Realblatt eingetragen werden. Die zu einem Gute u. s. w. vereinigten Grundstücke werden dann, so lange die Vereinigung bestehen bleibt, in rechtlicher Beziehung als Ganzes behandelt, so daß namentlich eine gesonderte Belastung der einzelnen Stücke so lange ausgeschlossen ist, als nicht ihre, jeder Zeit zulässige Trennung erfolgt ist. Ferner sind neben den Realblättern sogenannte Personalblätter (in Preußen „Artikel" genannt) in Aussicht genommen, welche die sämmtlichen im Gemeinde- oder Grundbuchamtsbezirk belegenen Parzellen desselben Eigenthümers umfassen sollen, so jedoch, daß jede dieser Parzellen ihre Selbstständigkeit bewahrt und bezüglich einer jeden derselben die sie betreffenden Einschreibungen besonders kenntlich gemacht werden müssen. Die Wahl des einen oder des andern Systems wird sich den bestehenden thatsächlichen Verhältnissen anpassen, und im einzelnen Fall das Grundbuchamt auf den Antrag des Eigenthümers darüber entscheiden. Voraussichtlich werden die Realblätter vorzugsweise in den Städten und in einigen Bezirken von Lothringen, in denen die Güter vorwiegen, und die Personalblätter vorzugsweise in den ländlichen Bezirken des Elsaß, in denen der Grundbesitz sehr zersplittert ist, zur Anwendung gelangen.

Jeder besondere Abschnitt des Grundbuchs — Grundbuchblatt — zerfällt in einen Titel und drei Abtheilungen, und Titel und Abtheilungen werden durch senkrechte Linien in mehrere Spalten geschieden, um durch die Gruppirung des Buchinhalts innerhalb dieser verschiedenen Räume die Uebersichtlichkeit des Inhalts nach seiner verschiedenen Bedeutung für den Verkehr zu erleichtern. Der Gegenstand der Eintragungen, das Grundstück, findet insbesondere seinen Platz auf dem Titel des Blattes, wo es unter Hinweis auf das Kataster nach Größe, Eigenschaft (Kulturart) und Grundsteuerreinertrag bezeichnet wird und die eintretenden Aenderungen desselben, die Vergrößerungen und Verkleinerungen durch Zu- und Abschreibungen, vermerkt werden. Das Personalblatt kann aber auch so eingerichtet werden, daß es auf dem Titel nur den Namen des Eigenthümers angiebt und die Bezeichnung der

fications. D'une part il sera admis d'inscrire sur une même feuille réelle des parcelles réunies qui, sous le nom de campagne, ferme etc. forment un tout tant pour l'exploitation que — régulièrement — pour la transmission de la propriété et l'affectation hypothécaire. Les immeubles faisant partie d'une campagne, ferme etc., formeront durant leur réunion une unité de droit qui exclura l'affectation partielle de l'un des immeubles jusqu'au moment d'une séparation toujours possible. D'autre part on établira à côté des feuilles réelles des «feuilles personnelles», nommées en Prusse «articles», qui comprendront toutes les parcelles du même propriétaire situées dans la même banlieue ou le ressort du même bureau foncier. Néanmoins chacune de ces parcelles sera indépendante de l'autre, et toute inscription devra exprimer clairement à quelle parcelle elle se réfère. L'un ou l'autre de ces systèmes sera appliqué selon les circonstances et sur la décision du bureau foncier qui statuera à la demande du propriétaire. Il est à prévoir que les feuilles réelles seront établies surtout dans les villes et dans quelques districts de la Lorraine, où des propriétés d'une certaine dimension dominent, les feuilles personnelles par contre dans les districts ruraux de l'Alsace où la propriété foncière est très éparpillée.

Chaque feuille foncière particulière se divisera en un *titre* et 3 *sections* qui seront partagées en plusieurs *colonnes* par des lignes perpendiculaires afin de donner par la distribution du livre un aperçu convenable de son contenu. L'objet des inscriptions, c'est à dire l'immeuble, sera inscrit sur le titre de la feuille, on en désignera d'après le cadastre l'étendue, la culture et le revenu net de l'impôt foncier; les changements survenants, tels que les agrandissements et les diminutions seront également mentionnés. La feuille personnelle peut aussi être organisée de façon à indiquer sur le titre le nom du propriétaire seulement et à désigner les immeubles dans la première section. Cette dernière servira, sans distinction entre la feuille réelle et la feuille personnelle, à établir la propriété. La deuxième section contient les restrictions de la propriété, les restrictions qui empêchent le propriétaire de disposer, et les charges de l'immeuble à l'exception des hypothèques. La

Grundstücke in der ersten Abtheilung bringt. Diese erste Abtheilung dient gleichmäßig im Real- und Personalblatt zur Feststellung der Eigenthumsverhältnisse. Die zweite Abtheilung führt die Beschränkungen des Eigenthumsrechts und des Verfügungsrechts des Eigenthümers sowie die dinglichen Belastungen des Grundstücks mit Ausnahme der Hypotheken auf. Für die letzteren ist die dritte Abtheilung bestimmt. Die Beschränkungen der dinglich Berechtigten, abgesehen vom Eigenthümer, in der Ausübung ihrer Rechte und die Veränderungen an diesen Rechten, sowie die Löschungen derselben werden je nach der Art des Rechts, auf welches sie sich beziehen, in die zweite oder die dritte Abtheilung aufgenommen. Die Uebersichtlichkeit wird dadurch erhalten, daß die gelöschten Eintragungen durch Unterstreichen (mit rother Tinte) augenfällig gemacht werden. Die einzelnen Grundbuchblätter werden in den Grundbüchern fortlaufend numerirt, damit sie nach den Registern leicht aufgefunden werden können.

Zur bessern Veranschaulichung sind Formulare beigefügt, welche ähnlich den preußischen, die Einrichtung der Grundbuchblätter darstellen.

Grundstücke und Bergwerke ausschließlich Gegenstände des Grundbuchs.

Es fragt sich, ob die Grundbucheinrichtung nur die Grundstücke oder auch gewisse Rechte, welche das Gesetz denselben gleichstellt, als selbstständige Gegenstände des Grundbuchs behandeln soll. Der Code civil betrachtet insbesondere den Nießbrauch an Grundstücken als Gegenstand des unbeweglichen Vermögens (Code civil Art. 526) und gestattet die Bestellung von Hypotheken daran (Art. 2118). Den heutigen Gewohnheiten und Rechtsanschauungen entspricht die Ausdehnung des Immobilienrechts auf andere Rechte, als das Eigenthum, jedoch nicht, und thatsächlich wird erfahrungsgemäß in Elsaß-Lothringen von der Zulässigkeit der Unterpfandsbestellung an einem Nießbrauch kein Gebrauch gemacht. Die Emphyteuse und das vom Grund und Boden getrennte Recht an Baulichkeiten — die sogenannte Superficies — werden, und zwar letztere allgemein, erstere von gewisser Seite als Eigenthumsrecht an besondern Theilen des Grundstücks angesehen (vergl. Aubry und Rau, Band IV, §§ 223, 224, S. 436 ff., 447 ff.). Praktisch steht

troisième section est destinée à ces dernières. Les restrictions imposées à l'exercice des droits réels — à l'exception de la propriété — et les changements ainsi que la radiation de ces droits seront inscrits dans la 2e ou la 3e section, selon la nature du droit auquel ils se rapportent. Dans l'intérêt de la netteté de l'aperçu on soulignera à l'encre rouge les inscriptions rayées. Les feuilles des livres fonciers seront numérotées, afin de pouvoir être trouvées facilement d'après les tables.

A cet exposé sont annexés des formulaires explicatifs qui représentent l'organisation des feuilles foncières à l'instar de celles usitées en Prusse.

Les immeubles et mines sont seuls inscrits au livre foncier.

Il reste à examiner, si le système des livres fonciers doit accepter l'assimilation établie par les lois entre les biens-fonds et certains droits réputés immeubles. L'usufruit des choses immobilières surtout est immobilier d'après le Code civil (art. 526) et susceptible d'hypothèques (art. 2118). Cependant l'extension du droit des immeubles à d'autres droits que la propriété ne répond pas aux habitudes et à la manière de voir de notre temps, et l'expérience prouve qu'en Alsace-Lorraine l'hypothèque de l'usufruit n'est guère usitée. L'emphytéose et la superficie sont considérées — la première par quelques auteurs, la seconde généralement — comme propriété de parties de l'immeuble. (Voy. Aubry et Rau, vol. IV, §§ 223, 224, p. 436 s., 447 s.) Cela n'empêche pas de traiter ces droits dans le livre foncier

jedoch nichts im Wege, dieselben im Grundbuch als Rechte an fremden Grundstücken zu behandeln (vergl. § 47 dieses Gesetzentwurfs), um so mehr da sie selten oder gar nicht in Elsaß-Lothringen begründet werden. Demnach liegt kein Bedürfniß vor, allen diesen Rechten, wie den Grundstücken, einen Platz im Grundbuch anzuweisen, um Gegenstand von Eintragungen zu sein. Sie sind vielmehr, sofern sie vorkommen, bei den Grundstücken, auf welche sie sich beziehen, in der zweiten Abtheilung als dingliche Belastungen derselben zu verzeichnen. An einzelnen Stockwerken von Gebäuden kann jedoch nach dem geltenden Civilrecht Eigenthum gültig bestehen (vergl. Code civil Art. 664). Dieselben werden daher, wenn sie thatsächlich in gesondertem Eigenthum stehen, gleich andern Grundstücken ein Grundbuchblatt erhalten müssen. Auch die Bergbauberechtigung ist als sogenanntes Bergwerkseigenthum gesetzlich anerkannt (vergl. das Gesetz vom 16. Dezember 1873) und hat deshalb Anspruch auf ein Blatt im Grundbuch. Dementsprechend sind nur Grundstücke und Bergwerke als Gegenstände der Aufnahme in die Grundbücher bezeichnet worden (§ 1 und Abschnitt 5).

Grundstücke des Staats u. s. w.

Die erste Eintragung der Grundstücke und Bergwerke in die Grundbücher erfolgt von Amtswegen (§§ 106 ff.). Ausgenommen sind von der Nothwendigkeit der Eintragung die im Eigenthum des Reiches, des Landes, der Bezirke und der Gemeinden befindlichen Grundstücke, solange dieselben nicht veräußert oder belastet werden. Die Stellung der Eigenthümer und die Zwecke, denen diese Grundstücke dienen, bringen es mit sich, daß sie thatsächlich selten veräußert oder belastet werden; in der Regel hat deshalb Niemand ein Interesse an ihrer Eintragung. Wird diese aber von dem Eigenthümer oder einem Berechtigten verlangt, so findet sie statt (§ 3).

Grundakten.

Neben den Grundbüchern werden als nothwendige Ergänzung derselben Grundakten angelegt. Die Einschreibungsanträge der Betheiligten und die denselben zur Rechtfertigung dienenden Urkunden müssen ordnungsmäßig gesammelt und aufbewahrt werden, ebenso die Entwürfe der Verfügungen und

comme des droits sur des immeubles d'autrui (voy. § 47 du projet de loi), d'autant plus qu'ils ne se rencontrent guère en Alsace-Lorraine. Il n'est donc point nécessaire de donner à tous ces droits — comme aux immeubles — une place spéciale dans le livre foncier, afin qu'ils puissent être objets d'inscriptions. Il suffira de les mentionner, le cas écheant, dans la deuxième section à titre de charges réelles à côté des immeubles auxquels ils se rapportent. Il est cependant possible, d'après l'art. 664 du Code civil, que les différents étages d'une maison appartiennent à divers propriétaires. Lorsque ce cas se présente, les divers étages appartenant à des personnes différentes auront, ainsi que d'autres immeubles, des feuilles spéciales au livre foncier. Le droit à l'exploitation des mines est reconnu par la loi comme une propriété spéciale, dite des mines (voy. la loi du 16 déc. 1873), et demande donc une feuille dans le livre foncier. En conséquence les immeubles et mines seules sont admis aux livres fonciers (§ 1 et section 5).

Immeubles de l'Etat etc.

Lors de l'établissement des livres fonciers, les immeubles et mines seront inscrits d'office (§ 106 s.). Sont dispensés de l'inscription les immeubles appartenant à l'empire, au pays, aux départements et aux communes, tant qu'ils ne seront ni aliénés ni affectés. C'est une conséquence de la destination de ces biens, qu'en général personne n'a intérêt à leur inscription. Toutefois celle-ci est faite si elle est demandée par le propriétaire ou une autre personne intéressée (§ 3).

Dossiers fonciers.

Comme supplément nécessaire des livres fonciers il sera établi des dossiers fonciers. On y recueillera et conservera les demandes d'intabulation présentées par les parties et les pièces servant à l'appui des demandes, ainsi que les

Einschreibungsvermerke des Grundbuchamts, damit die Tragweite und Rechtsgültigkeit der Einschreibungen zu jeder Zei erkannt werden kann (§ 4).

Oeffentlichkeit des Grundbuchs und der Grundakten.

Da das Grundbuch die maßgebende Quelle für die Erkenntniß der Rechte an Grund und Boden sein soll, so muß die Kenntniß von dem Rechtszustand des Grundstücks Jedermann zugänglich gemacht werden, der ein rechtliches Interesse daran hat. Dies kann durch Ertheilung von Abschriften aus den Grundbüchern oder Grundakten geschehen (vergl. § 128). Die Zulassung einer solchen schriftlichen Auskunft genügt jedoch nicht, da diese nicht die Gewähr dafür bietet, daß sich nicht sofort nach Ertheilung derselben der Rechtszustand geändert hat. Das geeignete Mittel bietet sich in der Gewährung der persönlichen Einsicht in die Bücher und Grundakten an jeden Betheiligten, worin ein Hauptvorzug des neuen Systems vor dem alten enthalten ist (§ 5). Der Inhalt der Grundakten wird besonders dadurch wichtig, daß häufig Aenderungen in dem Rechtszustand eines Grundstücks in der Vollziehung begriffen, aber aus dem Grundbuche noch nicht ersichtlich sind. Denn die Einschreibung ist kein einheitlicher Akt, sondern vollzieht sich in einer Reihe von Handlungen, von denen die eine die andere zur Voraussetzung hat. Der Antrag muß nebst den zur Stütze dienenden Urkunden geprüft, der Einschreibungsvermerk formulirt, und sodann eingetragen werden. Der sachlich begründete Antrag kann wegen irgend welcher Anstände unwesentlicher Art zu Zwischenverfügungen Anlaß geben (vergl. zu § 19 Abs. 1). Insbesondere kann die durch freiwillige Veräußerung (Auflassung) vor dem Grundbuchamt erfolgte Eigenthumsübertragung nicht immer sofort eingeschrieben werden, während doch die Betheiligten an ihre Willenserklärung bereits gebunden und dadurch gehindert sind, entgegenstehende Bewilligungen mit Erfolg abzugeben (vergl. zu § 25 am Ende). Anderweitige in der Vorbereitung begriffene Einschreibungen können insofern in Betracht kommen, als sie demnächst an einer bestimmten Stelle eingetragen werden müssen und dadurch für konkurrirende Bewilligungen ein Hinderniß wenigstens bezüglich der Rangordnung bilden. Um sich vor Nachtheilen

minutes des décisions, notamment de celles qui ordonnent des intabulations, afin qu'à tout moment la portée et l'efficacité des intabulations puisse être vérifiée (§ 4).

Publicité des livres et dossiers fonciers.

Les livres fonciers qui sont destinés à mettre en évidence les droits immobiliers, doivent être ouverts à toute personne intéressée. Les extraits qui seront donnés des livres ou des dossiers fonciers (§ 128) ne suffisent pas, puisque la situation foncière peut changer immédiatement après leur délivrance. Un moyen plus sûr est d'admettre les intéressés en personne à l'inspection des livres et dossiers fonciers ; l'admission de cette inspection personnelle constitue un grand avantage du nouveau système sur l'ancien (§ 5). L'importance des dossiers fonciers consiste surtout en ceci qu'ils font voir même les changements dans la situation d'un immeuble qui sont seulement en train de s'opérer et ne sont pas encore inscrits au livre foncier. L'inscription est un acte compliqué qui s'accomplit par une série d'actes dont l'un dépend de l'autre. Il faut d'abord examiner la demande d'inscription en la comparant avec les pièces à l'appui, il faut ensuite formuler l'intabulation et puis l'opérer. La demande justifiée en elle-même peut à la suite d'empêchements quelconques donner lieu à des ordonnances intermédiaires (voy. § 19 al. 1). Surtout la transmission de la propriété en cas d'aliénation volontaire déclarée devant le bureau foncier (dessaisine) ne pourra pas toujours être inscrite de suite, tandis que les intéressés sont déjà obligés par leurs déclarations et par conséquent empêchés de faire valablement des déclarations contraires (voy. § 25 i. f.).

D'autres inscriptions étant en train de s'opérer intéressent les tiers en ce qu'elles vont être effectuées à un endroit déterminé du livre et qu'elles empêchent ainsi, au moins relativement au rang, des concessions de droits en

schützen zu können, muß daher jeder Dritte sich durch Einsicht der Grundakten davon überzeugen dürfen, ob ein derartiges Hinderniß bezüglich eines ihm einzuräumenden Rechts besteht. Die Oeffentlichkeit der Bücher und Akten muß übrigens in dem Ermessen des Interesses des Gesuchstellers seitens des Grundbuchamts ihre Grenze finden, damit ein indiskretes Eindringen in die Angelegenheiten Dritter und eine unnütze Belästigung der Behörde abgewehrt werden kann.

Grundbuchämter.

Die Führung der Bücher ist Behörden mit einem Vorstande — Grundbuchrichter — und einem Buchführer zu übertragen, deren Bezirke abgegrenzt sein müssen, damit Jedermann leicht feststellen kann, an welcher Stelle das Grundbuchblatt eines bestimmten Grundstücks befindlich ist. Die Verwaltung des Grundbuchwesens ist zwar der eigentlichen Bestimmung der Gerichte, der Rechtsprechung, fremd, sie erfordert aber eine umfassende Kenntniß der Gesetze und hat wesentlich die Feststellung von Rechten zum Gegenstand. Hiernach, sowie aus Rücksichten der Organisation und Kostenersparniß, empfiehlt es sich als gesetzliche Regel, daß den Amtsgerichten neben ihrer richterlichen Thätigkeit auch die Führung der das Grundbuchwesen betreffenden Geschäfte als Grundbuchämtern zufällt, wobei die Obliegenheiten der Grundbuchrichter von den Amtsrichtern, diejenigen der Buchführer von den Gerichtsschreibern wahrzunehmen sind. Da jedoch die Amtsgerichte nicht durchweg in der Lage sein würden, bei ihren sonstigen Geschäften der für die Grundbuchsachen gebotenen Rücksicht auf schleunige Erledigung genügend Rechnung zu tragen, auch besondere örtliche Verhältnisse eine anderweitige Organisation bezw. von Amtsgerichtsbezirken abweichende Grundbuchbezirke erheischen können, so ist es dem Ministerium (vergl. § 128) überlassen, je nach der Lage der Sache, auch besondere Grundbuchämter für bestimmte Bezirke zu errichten (§ 6). Letztere bestehen je aus einem Grundbuchrichter als Vorstand und einem Buchführer (§ 7). Für den Grundbuchrichter, welchem die eigentlichen Verfügungen obliegen, ist ein gewisses Maß von juristischer Bildung unbedingt erforderlich. Deshalb wird für denselben die Vorbildung eines Richters oder Notars zur Bedingung gemacht, daneben aber auch die Verwendung der

concurrence avec les droits à inscrire. Il faudra donc que tout tiers puisse s'assurer par l'inspection des dossiers fonciers s'il existe un pareil empêchement à acquérir un droit qui doit lui être cédé.

Cependant le bureau foncier, pour éviter des indiscrétions et des ennuis inutiles, ne permettra pas l'inspection des livres et des dossiers à des personnes qui n'y ont pas un intérêt sérieux.

Bureaux fonciers.

Seront chargés de la tenue des livres les bureaux fonciers auxquels présidera un juge foncier assisté d'un secrétaire. Les ressorts des bureaux seront exactement délimités afin qu'il ne soit douteux à personne ou l'inscription d'un immeuble doit se trouver. La tenue des livres fonciers est au fond étrangère à la mission de juridiction confiée aux tribunaux, mais elle suppose une connaissance approfondie des lois, sans laquelle on ne pourrait atteindre le but essentiel de l'institution de constater l'existence ou la non existence de droits reconnus par la loi. Il semble indiqué par ces raisons et par des considérations qui regardent l'organisation et l'économie, de poser en règle que c'est aux tribunaux cantonaux de gérer comme bureaux fonciers les affaires foncières; les juges cantonaux fonctionneront comme juges, les greffiers comme secrétaires fonciers. Mais à cause des autres occupations des tribunaux cantonaux ceux-ci ne seraient pas tous à même d'expédier assez rapidement les affaires foncières, et des circonstances locales aussi pourront exiger une autre organisation ou bien des ressorts de bureaux fonciers différents de ceux des tribunaux cantonaux. En conséquence le § 128 du projet de loi abandonne au ministère le soin d'établir selon le besoin des bureaux fonciers spéciaux pour certains districts (§ 6). Ceux-ci se composeront d'un juge foncier comme chef et d'un secrétaire (§ 7). Une certaine instruction juridique est indispensable au juge foncier qui devra rendre les décisions. C'est pour cette raison que pour un tel emploi l'aptitude aux fonctions de juge ou de notaire est exigée. La loi permet en outre de nommer juges fonciers les conser-

durch die Grundbucheinrichtung in Wegfall kommenden Hypothekenbewahrer zugelassen. Die Ernennung der Grundbuchrichter soll mit Rücksicht auf die Art und die Wichtigkeit ihrer Geschäfte durch den Kaiser geschehen, ihre Zuweisung an das spezielle Amt soll durch das Ministerium erfolgen (§ 8).

Ihrer Stellung nach sind die Grundbuchämter Behörden der Justizverwaltung, die Grundbuchbeamten Justizverwaltungsbeamte. Als solche unterstehen sie der Dienstaufsicht der von der Justizverwaltung zu bestimmenden Behörde. Im Wege der Dienstaufsicht sind namentlich Beschwerden zu erledigen, welche den Geschäftsbetrieb und Verzögerungen betreffen. Die nähere Regelung der Dienstaufsicht, der Geschäftsvertheilung, sowie der Vertretung der Beamten in Verhinderungsfällen bleibt der Justizverwaltung überlassen (§ 9). Gegen die sachlichen Verfügungen der Grundbuchbehörden muß ein Rechtsmittel gewährt werden, damit etwaigen Rechtsverletzungen abgeholfen werden kann. Der Weg der gerichtlichen Klage ist regelmäßig nur möglich, wenn es sich um Beschwerden gegen eine erfolgte Eintragung oder Löschung handelt und dem Beschwerdeführer ein bestimmter Gegner gegenübersteht, und genügt überdies deßhalb nicht, weil der Prozeß nicht immer die durch die Amtshandlungen des Grundbuchrichters hervorgerufenen Nachtheile ausgleichen kann. Hauptsächlich handelt es sich um Fälle, in denen das Grundbuchamt einen Antrag auf Einschreibung ablehnt oder in abweichender Weise vollzieht. Es sind aber auch Fälle möglich, in denen ein Anderer, als der Antragsteller, insbesondere derjenige, dessen Bewilligung erforderlich ist, über eine vollzogene Einschreibung Beschwerde führt, und auch einer solchen Beschwerde kann abgeholfen werden, wenn ein Dritter nicht betheiligt ist oder in seinen Rechten durch die auf die Beschwerde ergehende Entscheidung nicht verletzt wird. Im Entwurf ist deshalb allgemein das Rechtsmittel der Beschwerde mit der Maßgabe zugelassen, daß Rechte Dritter durch die Aenderung der Einschreibung nicht gefährdet werden dürfen (§ 10).

Da es sich in Grundbuchsachen um wichtige Fragen des Civilrechts handelt, ist es nothwendig, als Beschwerdeinstanz eine Gerichtsbehörde zu bestimmen, und die Rücksicht auf eine einheitliche und möglichst schnelle Rechtsprechung läßt es zweckmäßig erscheinen, die Entscheidung direkt und endgültig dem

vateurs des hypothèques qui seront supprimés par suite de l'établissement des livres fonciers. La nomination des juges fonciers est réservée à l'empereur eu égard à l'importance des affaires qui leur sont confiées; le ministère leur assignera le bureau qu'ils devront diriger (§ 8).

D'après leur position, les bureaux sont des organes de l'administration judiciaire; les employés fonciers sont des fonctionnaires de cette administration. Comme tels ils relèveront de l'autorité à désigner par l'administration de la justice. Cette autoritité videra les réclamations concernant l'administration et notamment l'expédition des affaires. La surveillance, la répartition des affaires ainsi que le remplacement des fonctionnaires en cas d'empêchement est abandonnée à l'administration de la justice (§ 9). Pour remédier à des lésions de droits qui pourraient résulter des décisions au fond du bureau foncier, il faut qu'on se puisse pourvoir contre ces décisions. La voie judiciaire n'est régulièrement possible que quand le pourvoi se rapporte à une inscription ou une radiation déjà faite et qu'il peut être dirigé contre une partie adversaire déterminée. En outre elle ne suffit pas, pour la raison que le procès ne peut pas toujours redresser les torts résultant des actes du jugement foncier. Il s'agit surtout des cas où le bureau foncier rejette une demande en intabulation ou l'effectue d'une façon non conforme à la demande. Mais il arrive aussi que quelqu'autre que le demandeur, notamment celui dont le consentement est nécessaire pour opérer une intabulation, se plaint de l'intabulation effectuée, et dans ces cas aussi il peut être remédié à la difficulté, tant qu'un tiers n'est pas en cause ou n'est pas lésé dans ses droits par la décision. Le projet de loi a généralement admis le recours avec la modification qu'une intabulation effectuée ne peut être changée qu'autant que le changement pourra se faire sans porter préjudice aux droits des tiers (§ 10).

Les affaires foncières soulevant souvent des questions importantes de droit civil, il est nécessaire de désigner comme instance de recours un tribunal, et il est dans l'intérêt d'une juridiction uniforme et prompte que le tribunal régional supérieur connaîtra des recours en premier et

Oberlandesgericht zu überweisen. Das Rechtsmittel ist an bestimmte Formen und Fristen nicht gebunden, auch ist eine gesetzliche Regelung des Beschwerdeverfahrens entbehrlich, weil es sich nicht um die Entscheidung eines Rechtsstreits über widersprechende Rechtsinteressen mehrerer Parteien, sondern vielmehr um eine gegen den Grundbuchrichter gerichtete Beschwerde und die Entscheidung darüber handelt, ob die Verfügung desselben dem Gesetz entspricht oder nicht. Dem Oberlandesgericht ist es daher überlassen, durch ein der Genehmigung des Ministeriums bedürfendes Regulativ das Verfahren zu ordnen (§ 10). Die Bestimmung, daß ein Senat jährlich für die Bearbeitung der Beschwerden in Grundbuchsachen bezeichnet werden soll, ist geeignet, die Gleichmäßigkeit und Stetigkeit in der Entscheidung der Rechtsfragen zu befördern.

Verfahren in Grudbuchsachen.

Der Schwerpunkt der Grundbucheinrichtung beruht darauf, daß dieselbe leicht und doch zuverlässig wirkt. Für das Verfahren der Grundbuchämter ist deshalb eine gesetzliche Feststellung im Einzelnen nicht rathsam. Im Gesetzentwurfe sind vielmehr nur einzelne wesentliche Punkte bestimmt, während es im Uebrigen der Verwaltung anheimgegeben ist, durch Ausführungsverordnungen (§ 128) und geeignete Anweisungen die Geschäftsführung zu regeln. Die Thätigkeit der Grundbuchbehörde bezweckt, durch Einschreibungen in die Grundbücher die Rechtsveränderungen bezüglich der Grundstücke oder der eingetragenen Rechte zu vollenden oder zu veröffentlichen, oder auch solche vorzubereiten oder zu verhindern. Die Grundbuchbehörden erhalten somit regelmäßig den Anstoß zu ihrer Thätigkeit durch die an den Aenderungen betheiligten Privatpersonen oder die Behörden, welche für gewisse Fälle berufen sind, Einschreibungen zu erwirken. Demgemäß ist ausgesprochen, daß das Verfahren regelmäßig von der Antragstellung abhängig ist (§ 13). Bei der Wichtigkeit, welche danach dem Antrag zukommt, erscheint es erforderlich, über die formelle Beschaffenheit desselben Bestimmung zu treffen. Dabei wird einerseits die Rücksicht auf die Bequemlichkeit des Publikums und andererseits diejenige auf Verhinderung von Benachtheiligungen der eingetragenen Berechtigten maßgebend sein müssen. Nach dem Entwurfe soll demnach jeder Betheiligte die Wahl haben, ob

dernier ressort. Le recours est indépendant de toute formalité et de tout délai ; on peut aussi se passer d'une loi pour règler la procédure du recours, attendu qu'il ne s'agit point de la décision d'un contentieux concernant les droits opposés de plusieurs parties, mais d'un pourvoi contre le juge foncier et d'une décision sur la question si l'ordonnance de celui-ci est conforme ou non conforme à la loi. On a donc abandonné au tribunal régional supérieur de prescrire par un règlement à soumettre à l'approbation du Ministère la procédure qu'il faudra suivre (§ 10). La disposition énonçant qu'un sénat sera désigné tous les ans pour statuer sur ces recours, aura l'effet de créer une jurisprudence uniforme et qui ne varie pas.

De la procédure en matière foncière.

Le système des livres fonciers doit avant tout fonctionner d'une manière aussi facile que sûre. C'est pourquoi il ne semble pas indiqué de règler par la loi les détails de la procédure. Le projet de loi ne s'occupe que de certains points essentiels, en abandonnant pour le reste à l'administration le règlement de la procédure au moyen d'ordonnances d'exécution et d'autres mesures opportunes. La mission des bureaux fonciers sera de parachever ou de rendre publics par intabulation au livre foncier, les changements de droits relatifs aux immeubles ou aux droits inscrits, ou bien de préparer ou d'empêcher tels changements. L'action des bureaux fonciers est provoquée régulièrement par les parties intéressées ou parfois par des autorités auxquelles incombe le soin de requérir certaines intabulations. En conséquence les bureaux fonciers n'agissent régulièrement que sur demande (§ 13). La demande étant ainsi un acte d'importance, il faut en règler la forme, en

er mündlich oder schriftlich sein Begehren anbringen (§ 14) und ob er sich selbst an die Behörde wenden oder sich eines Bevollmächtigten bedienen will. Im Fall der mündlichen Antragstellung soll der Grundbuchrichter, soweit es sich um wichtige Angelegenheiten — Einschreibungen — handelt, persönlich die Erklärung entgegen nehmen und protokollarisch feststellen (§ 15). Es versteht sich von selbst, daß derselbe sich von der Identität der Person des Antragstellers überzeugen muß. Wählt der Antragsteller die schriftliche Form, so ist als geeignetes Mittel des Nachweises, daß der Antrag von der Person des Betheiligten wirklich ausgeht, die notarielle Aufnahme des Antrags oder die notarielle Beglaubigung der Unterschrift vorgeschrieben (§ 16 Abs. 1). Wendet sich endlich ein Dritter im Auftrage eines Betheiligten an das Grundbuchamt, so hat derselbe seine Befugniß dazu durch notarielle Vollmacht darzuthun (§ 18). Von dieser Verpflichtung sind nur Notare ausgenommen, wenn sie für Andere die Einschreibung auf Grund von Anträgen oder Bewilligungen beantragen, welche von den Betheiligten oder deren gehörig legitimirten Vertretern vor ihnen erklärt oder von ihnen beglaubigt worden sind (§ 18 Abs. 2). Dabei mag zugleich schon hier hervorgehoben werden, daß, wenn Veräußerungsgeschäfte notariell verbrieft werden, der Notar von den beiden, den Vertrag abschließenden Theilen gleichmäßig beauftragt werden kann, die zur Eigenthumsübertragung erforderlichen beiderseitigen Erklärungen — Auflassung — vor dem Grundbuchamt abzugeben (§§ 21, 22). Diese beiden Ausnahmebestimmungen zu Gunsten von notariellen Akten und die Nothwendigkeit der notariellen Aufnahme oder Beglaubigung der schriftlichen Einschreibungsanträge werden, abgesehen von der in vielen Fällen erwünschten Befreiung von dem persönlichen Erscheinen vor dem Grundbuchamt, die im Interesse der Betheiligten erstrebenswerthe Folge haben, daß das Publikum in noch höherem Maße, als bisher, in dem die Grundstücke betreffenden Rechtsverkehr die Mitwirkung des Notariats in Anspruch nimmt.

Der Grundbuchrichter ist durch sein Amt verpflichtet, die in den Grundbüchern verzeichneten Rechte zu wahren, und hat daher alle Einschreibungsanträge nebst den denselben zur Rechtfertigung dienenden Erklärungen und die diese enthaltenden Urkunden einer genauen — formellen und sachlichen — Prüfung

ayant égard d'une part aux aises du public et en empêchant d'autre part qu'il ne soit porté préjudice aux droits des personnes intéressées et inscrites. D'après le projet de loi, toute personne intéressée aura le choix de former verbalement sa demande ou bien de la présenter par écrit (§ 14), et ensuite de s'adresser directement au bureau ou bien de se servir d'un mandataire. Le juge foncier devra recevoir en personne les demandes formées verbalement, si elles concernent des affaires importantes — intabulation — et il en dressera procès-verbal (§ 15). Bien entendu que d'avance il se convaincra de l'identité de la personne du demandeur. Pour constater que les demandes par écrit proviennent de la personne indiquée, celles-ci seront reçues ou légalisées par un notaire (§ 6 al. 1). Le tiers qui présentera des demandes à titre de mandataire devra se légitimer par une procuration notariée ou légalisée par un notaire (§ 18). Sont exceptés de cette formalité les notaires qui au nom d'autrui requièrent une intabulation en vertu de la demande ou du consentement, soit des parties, soit de leurs mandataires dûment légitimés, à condition qu'ils aient eux-mêmes reçu ou légalisé l'acte portant demande ou consentement (§ 18 al. 2). On peut dès maintenant faire remarquer que le notaire devant lequel deux parties ont passé un acte d'aliénation peut donner pour les deux les déclarations nécessaires — à fin de dessaisine — devant le bureau foncier (§§ 21, 22). Ces dispositions en faveur d'actes et de légalisations notariées auront la conséquence à désirer dans l'intérêt des parties que les notaires continueront à intervenir dans les affaires qui seront à l'avenir de la compétence des bureaux fonciers.

Le juge foncier est obligé par ses fonctions d'examiner d'office la forme et la valeur de toute demande en intabulation des déclarations justificatives et des pièces à l'appui (§ 19). Voir sub F les explications détaillées sur les conséquences du principe de la légalité. Selon le résultat de l'examen, le juge effectuera l'intabulation requise ou rejettera la demande; il peut aussi rendre des ordonnances inter-

zu unterziehen, wie dies unten bei der Darlegung des Legalitätsprinzips (unter E) näher auseinandergesetzt werden wird (vergl. § 19). Je nach dem Ergebniß der Prüfung wird der Grundbuchrichter die beantragte Einschreibung herbeizuführen oder den Antrag abzulehnen oder auch unter Umständen die Ergänzung desselben durch Zwischenverfügungen zu veranlassen haben. Der Grundbuchrichter wird namentlich auch darauf sein Augenmerk zu richten haben, ob die Person, welcher durch die Einschreibung Rechte erwachsen sollen, sowie das Grundstück, auf welches dieselbe beantragt wird, und der Gegenstand des einzuschreibenden Rechtsverhältnisses in der bezüglichen Erklärung genau und unzweifelhaft bezeichnet sind.

Haftung der Grundbuchbeamten und des Staats.

Das Publikum, welches genöthigt wird, in Grundbuchsachen die Thätigkeit der vom Staat eingesetzten Behörden in Anspruch zu nehmen und denselben die Wahrung der wichtigsten Vermögensinteressen anzuvertrauen, muß die Gewähr dafür haben, daß die Behörden ordnungsgemäß verfahren, und daß ihm jeder Schade, der ihm durch eine Pflichtverletzung derselben verursacht wird, ersetzt werde. Daß jeder Grundbuchbeamte für die Folgen der von ihm innerhalb des Geschäftskreises des Grundbuchamts begangenen Pflichtverletzung verantwortlich sein muß, entspricht allgemeinen Rechtsgrundsätzen. Es liegt aber auch kein genügender Grund vor, seine Haftung auf bestimmte Grade von Versehen zu beschränken oder sie erst dann eintreten zu lassen, wenn der Geschädigte anderweitig nicht einen Ersatz seines Schadens findet. Jede derartige Einschränkung der Haftpflicht würde für den Geschädigten eine Erschwerung in der Verfolgung seines unzweifelhaften Rechts in sich schließen und wird deshalb von der Hand zu weisen sein. Dieselben Gründe, welche überhaupt für die Entschädigungspflicht sprechen, führen aber mit Nothwendigkeit dahin, auch den Staat, und zwar in demselben Umfang, wie den Beamten, für haftbar zu erklären. Würde insbesondere, wie es anderwärts geschehen ist, die Haftbarkeit des Staats als eine nur subsidiäre vorgeschrieben, so würde in der Regel der Geschädigte, der in dem Vermögen der meist wenig bemittelten Beamten keine genügende Deckung fände, unnöthigerweise Weise auf den langwierigen

médiaires. Le juge foncier veillera surtout à ce que la personne qui doit acquérir des droits à la suite de l'intabulation demandée, que l'immeuble ensuite sur lequel l'intabulation est demandée et qu'enfin la nature des droits à inscrire soient désignés exactement et sans laisser de doutes sur la demande.

Responsabilité des fonctionnaires fonciers et de l'Etat.

Le public obligé de recourir au bureau foncier et de lui confier ses intérêts les plus importants, doit être sûr qu'on y procédera régulièrement et qu'il sera indemnisé de tout dommage causé par un employé du bureau dans l'exercice de ses fonctions. La responsabilité de ces fonctionnaires résulte des principes généraux du droit. Il n'existe pas de raison suffisante pour restreindre la responsabilité à certains degrés de faute ou de ne l'admettre que lorsque la partie lésée n'est pas indemnisée ailleurs. Toute restriction de ce genre empêcherait la partie lésée dans la poursuite de ses droits incontestables et doit donc être rejetée. Ces mêmes raisons entraînent nécessairement la responsabilité de l'Etat, laquelle aura la même étendue que celle des fonctionnaires. Lorsque conformément à d'autres législations, la responsabilité de l'Etat n'était admise que subsidiairement, la partie lésée, n'étant pas couverte par les moyens du fonctionnaire, serait souvent forcée d'intenter des procès longs et coûteux, d'abord contre les fonctionnaires et en second lieu contre l'Etat. Du reste, d'après les expériences faites dans d'autres états et surtout en Prusse, les cas de lésions par la faute d'un fonctionnaire foncier sont des plus rares. Mais sans la garantie d'une indemnité

und kostspieligen Weg eines Prozesses gegen den Beamten und vielleicht eines zweiten gegen den Staat verwiesen sein. Es kommt überdies in Betracht, daß nach den in andern Staaten, namentlich in Preußen, gemachten Erfahrungen höchst selten Fälle vorkommen, in denen Jemand durch die Pflichtverletzung eines Grundbuchbeamten geschädigt wird. Umsomehr erscheint es geboten, durch Gewährleistung der unbedingten, vollen und leicht zu erwirkenden Entschädigung bei dem Publikum das allgemeine Vertrauen zu befördern, ohne welches die Grundbucheinrichtung ihren segensreichen Zweck, das Grundeigenthum zu festigen und zu schützen, nicht in vollkommenem Maße erreichen kann (§ 12).

B. Der öffentliche Glaube des Grundbuches.

Der Zweck des Grundbuches, über die an dem Grundstücke bestehenden Rechtsverhältnisse zuverlässigen Aufschluß zu ertheilen, erfordert, daß zu Gunsten desjenigen, welcher das Eigenthum oder ein sonstiges eintragsfähiges Recht, im Vertrauen auf die Angaben des Buches erworben hat, die letzteren als vollständig und richtig gelten, auch wenn sie dies thatsächlich nicht sind. Dies bedeutet der Grundsatz des öffentlichen Glaubens des Grundbuchs; derselbe durchbricht den allgemeinen Rechtssatz, daß Niemand mehr Rechte übertragen kann, als er selbst hat.

Der Grundsatz kommt nur dem bei den eingetragenen Rechtsverhältnissen an und für sich nicht betheiligten Dritten zu gute. Der Erbe kann hinsichtlich des für den Erblasser begründeten Rechtsverhältnisses weder als Dritter, noch sein Rechtserwerb als im Vertrauen auf das Buch erfolgt gelten. Dasselbe ist der Fall bezüglich der sonstigen Rechtsnachfolger, deren Erwerb ohne Vermittelung des Grundbuches, kraft Gesetzes (vergl. unter C) erfolgt, z. B. bezüglich des Ehegatten, welcher vermöge der Gütergemeinschaft erwirbt. Der Erbe wie der Ehegatte können daher jenen Grundsatz nur insoweit anrufen, als es ihr Rechtsurheber vermocht hätte.

Die Voraussetzung des Vertrauens auf die Angaben des Buches fehlt, wenn die letzteren dem Erwerber im Augenblick seines Erwerbes als unrichtig bekannt waren, z. B. wenn er wußte, daß die Eintragung des Veräußerers auf einer gefälschten Bewilligung beruht. Ebensowenig ist jene Voraussetzung dann

entière et absolue et facile à obtenir, la nouvelle institution arriverait plus difficilement à gagner la confiance du public, dont elle a besoin pour atteindre son but de consolider et de protéger la propriété foncière (§ 12).

B. De la foi publique des livres fonciers.

Si le livre foncier, destiné à mettre en évidence d'une façon sûre les droits existants sur l'immeuble, doit atteindre ce but, il faut qu'en faveur de celui qui a acquis la propriété ou un autre droit à inscrire sur la foi du livre, les indications y contenues soient censées être de vérité *complète* et *exacte,* même si de fait elles ne le sont pas. Voilà le principe de la foi publique du livre foncier; il fait infraction au principe général que personne ne peut transférer plus de droits qu'il n'en a.

Ce principe ne profite qu'au *tiers* qui lors de l'établissement des droits inscrits n'y a pas été partie. L'héritier ne peut être considéré comme tiers relativement aux droits du défunt et son acquisition ne peut être regardée comme faite sur la foi du livre. Il en est de même des autres ayant-droits, dont l'acquisition se fait sans l'intermédiaire du livre foncier en vertu de la loi (voy. sub C), p. ex. de l'époux qui acquiert par suite de la communauté des biens existant entre lui et son conjoint. L'héritier et l'époux ne peuvent donc invoquer ce principe qu'en tant que leur auteur aurait pu le faire.

La foi dans le contenu du livre fait défaut si l'acquéreur en connaissait l'inexactitude au moment de l'acquisition, p. ex. s'il savait que l'inscription du vendeur était basée sur un consentement falsifié. Il en est de même quand les

vorhanden, wenn das eingetragene Rechtsverhältniß, welches die Grundlage des Erwerbs bilden soll, durch eine anderweitige Eintragung gegen den Berechtigten, z. B. eine Vormerkung (vergl. unter F), beschränkt ist.

Die Vorschriften des Entwurfs sind von dem Grundsatze des öffentlichen Glaubens des Buches überall beherrscht; ausdrücklich kommt derselbe vor Allem in der Vorschrift des § 38 Abs. 2 zum Ausdruck, welcher der Anfechtung eines eingeschriebenen Eigenthumsübergangs wegen Nichtexistenz, Nichtigkeit u. s. w. die Wirkung gegen Dritte versagt, welche Eigenthum oder sonstige Rechte am Grundstück im redlichen Glauben an die Richtigkeit des Grundbuchs erworben haben, eine Voraussetzung, welche, wie zu dieser Vorschrift erörtert werden wird, nur bezüglich des unmittelbaren Rechtsvorgängers vorhanden sein muß. Wer ein Grundstück oder eine Hypothek oder ein sonstiges dingliches Recht an dem Grundstück erwerben will, ist also künftig von der mühevollen, zeitraubenden und kostspieligen Feststellung der Eigenthumsverhältnisse aller Rechtsvorgänger auf die Dauer der Verjährung befreit; er kann sich damit genügen lassen, daß derjenige, welcher ihm das Recht einräumen will, als Eigenthümer im Grundbuch eingetragen ist, sofern er nicht etwa von der Rechtsunwirksamkeit dieser Eintragung Kenntniß hat. Gleichen Schutz genießt der Erwerb einer Hypothek, da nach § 67 Abs. 1 des Entwurfs gegen die Klage aus dem dinglichen Anspruche des Gläubigers Einreden, welche gegen dessen Rechtsvorgänger zulässig gewesen sein würden, dem Erwerber von dem Eigenthümer nur entgegengesetzt werden können, wenn sie Jenem bei dem Erwerb bekannt waren oder sich aus dem Grundbuch ergaben.

Zufolge der in dem Grundsatz des öffentlichen Glaubens liegenden Garantie der Vollständigkeit des Buches können die der Eintragung nicht entzogenen dinglichen Rechtsverhältnisse, auch wenn sie der Eintragung zu ihrer Entstehung nicht bedürfen, dem dritten Erwerber nur entgegengesetzt werden, wenn sie demselben entweder bekannt oder im Grundbuch eingetragen gewesen sind. Dies gilt insbesondere bezüglich der nicht durch Rechtsgeschäft, sondern anderweit, insbesondere durch Gesetz begründeten dinglichen Rechte, z. B. eines elterlichen Nießbrauchs (§ 43 Abs. 2), bezüglich der Abtretung und Verpfändung dinglicher Rechte außer der Hypothek (§ 50). In

droits inscrits qui doivent former la base de l'acquisition, sont restreints par une prénotation (voy. sub F) ou une autre inscription.

Le projet de loi est régi dans toutes ses parties par le principe de la foi publique du livre. Ce principe se trouve en termes exprès au paragraphe 38 alinéa 2 selon lequel une transmission de propriété inscrite ne peut être attaquée pour cause de non-existence, de nullité etc., contre des tiers qui ont acquis la propriété ou d'autres droits sur l'immeuble en se fiant à l'exactitude du livre. Ajoutons, ce qui sera exposé plus tard, que dans ce cas la condition de bonne foi n'est exigée que relativement au prédécesseur immédiat. Quiconque voudra acquérir un immeuble, une hypothèque ou un autre droit réel sera donc dispensé dorénavant de la constatation dispendieuse et longue de la propriété de tous ses prédécesseurs pour toute la durée de la prescription; il suffit que le prédécesseur immédiat soit inscrit comme propriétaire, pourvu qu'une raison existante de laquelle résulte l'inefficacité de cette inscription ne soit connue du nouvel acquéreur. L'acquéreur d'une hypothèque jouit du même bénéfice, attendu que d'après le § 67 al. 1 du projet de loi contre l'action dérivant du droit réel le propriétaire ne peut opposer à l'acquéreur de l'hypothèque les exceptions qui auraient été recevables contre l'auteur de ce dernier, à moins que, au moment de l'acquisition, elles étaient connues de l'acquéreur ou qu'elles ressortaient du livre foncier.

Comme d'après le principe de la foi publique les indications du livre sont censées contenir la vérité *complète*, les droits soumis à l'inscription, quoique leur *existence* n'en dépend pas, ne peuvent être opposés à un tiers acquéreur que s'ils lui étaient connus ou qu'ils étaient inscrits au livre. Cette prescription s'applique surtout aux droits réels acquis non pas en vertu d'un acte, mais d'une autre manière, notamment en vertu de la loi, p. ex. aux cas de l'usufruit paternel (§ 43 al. 2), elle s'applique ensuite à la cession et au nantissement de droits réels autres qu'une hypothèque (§ 50). De même, un droit qui a été rayé

gleicher Weise gilt das gelöschte Recht zu Gunsten des gutgläubigen Erwerbers eines konkurrirenden Rechts als nicht mehr bestehend, auch wenn die Löschung auf einem Versehen des Grundbuchamts beruhte (§§ 51, 96). Endlich können auch richterliche Beschränkungen des Berechtigten in der Verfügung über sein Recht Dritten nur unter der einen oder andern der obigen Voraussetzungen entgegengesetzt werden (§§ 42, 73).

Das Grundbuch ist nicht bestimmt, die in persönlichen Eigenschaften wurzelnden gesetzlichen Einschränkungen der Handlungsfähigkeit, z. B. im Falle der Minderjährigkeit oder Interdiction, nachzuweisen, wenn auch das Grundbuchamt die Verpflichtung hat, die Verfügungsbefugniß der Betheiligten gegebenenfalls auch nach dieser Richtung zu prüfen und eventuell die Eintragung der von einem Unfähigen ausgehenden Bewilligung zu versagen. Es kann deshalb der Grundsatz des öffentlichen Glaubens des Grundbuchs nicht von demjenigen angerufen werden, welcher z. B. von einem Minderjährigen ohne Kenntniß dieser Eigenschaft erworben hat; es ist seine Sache, sich zu vergewissern, ob sein Mitkontrahent die erforderliche Handlungsfähigkeit besitzt. In dieser Richtung geschützt ist erst derjenige, welcher von einem solchen Erwerber weiter erworben hat, da er nur verpflichtet ist, über das Eigenthum und die Handlungsfähigkeit seines unmittelbaren Vorgängers durch das Grundbuch und bezw. sonstige Ermittelung sich zu vergewissern.

C. Die formale Bedeutung der Eintragung im Grundbuch.

Für die freiwillige Uebertragung von Grundeigenthum und für die Begründung der wichtigsten dinglichen Rechte mittels Rechtsgeschäfts unter Lebenden besteht, wie bereits angedeutet, bei der Wichtigkeit dieser Rechtshandlungen das Bedürfniß nach einer das Zustandekommen derselben unter den Betheiligten wie gegenüber Dritten scharf und bestimmt bezeichnenden Form. Die Funktion dieser Form erfüllt im Grundbuchrecht die Eintragung; sie tritt hinsichtlich des Eigenthums an die Stelle der römischrechtlichen Tradition, welche in Frankreich schon lange vor der Kodifikation des Rechts ihre Bedeutung verloren hatte und auch in der Praxis des gemeinen Rechts immer mehr fiktiv und damit zur Erfüllung jenes Zweckes ungeeignet geworden war.

même par suite d'une erreur du bureau foncier, est réputé éteint en faveur de l'acquéreur de bonne foi d'un droit concurrent (§§ 51, 96). Enfin les restrictions imposées aux personnes inscrites par décision judiciaire qui les empêchent de disposer de leurs droits ne peuvent être opposées à des tiers que sous les conditions mentionnées (§§ 42, 73).

Le livre foncier n'est pas destiné à constater les incapacités personnelles, comme la minorité ou l'interdiction, quoique le bureau foncier ait le devoir d'examiner aussi sous ce rapport si les parties ont la faculté de disposer, et doit refuser l'inscription d'un acte émanant d'une personne incapable. Celui donc qui p. ex. aura acquis du chef d'un mineur sans connaissance de cette qualité ne pourra invoquer le principe de la foi publique du livre foncier; il était de son devoir de s'assurer de la capacité de la partie avec laquelle il contractait. Mais si l'acquéreur, se trouvant dans une telle situation, a vendu à un autre, ce dernier est protégé par la loi, puisqu'il était obligé seulement de s'assurer de la propriété et de la capacité de son prédécesseur immédiat.

C. **L'effet formel de l'inscription.**

L'importance des actes entre vifs portant transmission volontaire de la propriété foncière ou établissement des principaux droits réels exige une forme précise et nette marquant leur existence vis-à-vis des parties intéressées non moins que vis-à-vis des tiers. Cette formalité dans le système des livres fonciers est l'inscription; elle remplace la tradition connue au droit romain, laquelle avait perdu son importance en France bien avant la codification du droit civil et qui même dans le «droit commun» a été réduite de plus en plus à une fiction incapable de réaliser le but de l'institution.

Demgemäß knüpft der Entwurf die Uebertragung des Eigenthums im Falle der freiwilligen Veräußerung, die Begründung persönlicher Dienstbarkeiten mittels Rechtsgeschäfts unter Lebenden sowie die Begründung der Hypothek an den formalen Akt der Eintragung, und zwar ohne Unterscheidung zwischen dem Verhältniß der Betheiligten unter sich und zu Dritten (§§ 20, 43 Abs. 1, § 54). Die bloße Uebertragung der dinglichen Rechte und der Hypothek soll dagegen aus Zweckmäßigkeitsgründen von der Eintragung an sich nicht abhängig sein (vergl. §§ 50, 77, 81).

Insoweit der Rechtserwerb in dem angedeuteten Umfange durch die Eintragung erwirkt wird, ist er damit doch nicht von seinen allgemeinen Voraussetzungen unabhängig. Ist die Eintragung des Eigenthums ohne die erforderliche Bewilligung des Berechtigten erfolgt, oder leidet die letztere an einem wesentlichen Mangel (Irrthum, Betrug, Minderjährigkeit u. s. w.), so ist damit die Eintragung des Rechtsübergangs der Anfechtung ausgesetzt (vergl. § 38). Erst dem dritten Erwerber kommt der letzteren gegenüber der gute Glaube des Grundbuchs zu statten. Die Fälle der Anfechtung der Eintragung sind übrigens gerade dadurch praktisch sehr vermindert, daß die oben bezeichneten Rechtshandlungen erst durch den formalen Akt der Eintragung zu Stande kommen; würden dieselben außerhalb des Buches sich vollziehen, so wäre das an und für sich, ungeachtet der Prüfung der Buchbehörde, nicht ganz zu vermeidende Auseinanderfallen des Eigenthums in ein „wahres" und in ein „Bucheigenthum" der Natur der Sache nach weit häufiger.

Außerhalb der Fälle des Rechtsgeschäfts kann der Eintragung begreiflicherweise dieselbe Bedeutung nicht zukommen, da Erbschaft, Gesetz, Expropriation u. s. w. den Rechtserwerb selbstständig, ohne den Willen des bisherigen Eigenthümers, begründen. Die Eintragung hat hier nur die unter B dargelegte Bedeutung, den Nachweis der Kenntniß Dritter entbehrlich zu machen (vergl. § 43 Abs. 2), sowie die Voraussetzung zu bilden, unter welcher allein gewisse Befugnisse von dem Berechtigten ausgeübt werden können (vergl. § 26).

Voilà pourquoi le projet de loi rattache la transmission de la propriété en cas d'aliénation volontaire, l'établissement de servitudes personnelles par actes entre vifs et la constitution d'hypothèque à l'acte formel de l'inscription, sans distinguer entre le rapport des parties entre elles et celui des parties à des tiers (§§ 20, 43 al. 1, § 54). Mais, pour des raisons d'opportunité, il ne fait pas dépendre de l'inscription la seule transmission de droits réels et d'hypothèques (voy. §§ 50, 77, 81).

L'acquisition des droits qui s'opère par l'inscription n'est pas pour cela indépendante de ses conditions générales. L'inscription de la transmission de droits peut être attaquée en justice lorsqu'elle a été effectuée sans le consentement de qui de droit ou si ce consentement est entaché d'un vice essentiel (erreur, dol, minorité etc.), (voy. § 28). Ce n'est que le tiers-acquéreur qui, menacé d'une telle action, peut invoquer le principe de la foi du livre. Cependant la règle que les actes sus-mentionnés ne s'accomplissent que par la forme de l'inscription, aura pour résultat que les cas dans lesquels l'inscription peut être attaquée, seront beaucoup plus rares que si ces actes s'accomplissaient *en dehors* du livre. Toujours est-il que malgré l'examen fait par le bureau foncier, il pourra se présenter des hypothèses où il faudra distinguer entre la «vraie» propriété et la propriété «basée sur la foi du livre».

Hors les cas d'acquisition par actes et titres, l'effet de l'inscription ne peut être celui qui vient d'être signalé, parce que l'acquisition par suite de la loi, de l'expropriation etc. s'opère indépendamment de la volonté du précédent propriétaire. L'inscription n'a ici que la signification exposée sub B, c'est-à-dire de dispenser de la preuve que les droits acquis sont connus de tiers (voy. § 43 al. 2); en outre, sans l'inscription, celui qui a acquis le droit ne peut en user dans toute son étendue (voy. § 26).

D. Die Verjährung im Verhältniß zum Grundbuch.

Dritten, welche im Vertrauen auf die Richtigkeit des Buches ein eingetragenes Recht oder auf Grund desselben ein weiteres Recht erworben haben, kann die Verjährung jenes Rechtes schon nach dem Grundsatz des öffentlichen Glaubens des Buches nicht entgegengesetzt werden. Ist damit die Wirksamkeit der Verjährung schon praktisch in sehr enge Grenzen eingeschlossen, so steht dieses Institut aber auch ferner in einem inneren Gegensatze zu der ganzen Einrichtung des Grundbuches, da es wie dieses den Zweck der Sicherstellung des bestehenden Rechtszustandes, jedoch in abweichender Weise verfolgt. Das Grundbuch erreicht denselben, indem es die bestehenden Rechte durch die umfassende Veröffentlichung jedem Zweifel entrückt, die Verjährung dadurch, daß sie die Geltendmachung eines durch langen Nichtgebrauch zweifelhaft gewordenen Rechtes ausschließt. Wer aber als berechtigt im Grundbuch eingetragen steht, übt sein Recht aus; ihm gegenüber ist auch eine Berufung auf den zur Verjährung theilweise erforderlichen guten Glauben ausgeschlossen.

Demgemäß wird im Entwurfe das Recht des eingetragenen Eigenthümers der Verjährung, bezw. der Beschränkung durch Ersitzung einer persönlichen Dienstbarkeit und ebenso der Anspruch des Hypothekargläubigers oder des sonstigen eingetragenen dinglich Berechtigten der Verjährung grundsätzlich entzogen. Das Nähere ergiebt die Begründung der §§ 35, 43, 45, 68.

E. Die Prüfung der Buchbehörde und ihre Grenze. Legalitätsprinzip und Konsensprinzip.

Die Bedeutung, welche der Einschreibung im Grundbuche nach dem Vorbemerkten zukommt, erfordert eine sorgfältige rechtliche Prüfung der Einschreibungsgesuche durch das Grundbuchamt und die Zurückweisung nicht begründeter Gesuche — Legalitätsprinzip.

Gegenstand der Prüfung ist, wie bereits angedeutet, vor Allem die Identität, die Rechts- und Handlungsfähigkeit der Betheiligten sowie die Legitimation der für die Letzteren handelnden Vertreter und Bevollmächtigten. Sodann ist die spezielle

D. Du rapport entre la prescription et le livre foncier.

D'abord le principe de la foi publique du livre empêche d'opposer la prescription à des tiers qui ont acquis sur la foi du livre un droit inscrit ou bien un droit qui se base sur un droit inscrit. Cela suffit déjà pour réduire l'effet de la prescription à une étendue très-étroite. Mais toute admission de la prescription constitue une sorte de contradiction au système des livres fonciers. Les deux systèmes ont, dans un certain sens, le même but, celui de conserver les droits existants. Le livre foncier l'atteint en mettant les droits existants hors de doute par une publicité absolue, la prescription le poursuit en défendant de faire valoir des droits devenus douteux à la suite d'un nonusage prolongé. Or la personne qui est inscrite dans le livre foncier doit être censée exercer son droit et l'inscription exclut de la part de celui qui veut prescrire la bonne foi, qui, dans une partie des cas, est une condition de la prescription.

Le projet de loi a donc adopté le principe de soustraire la propriété inscrite à la prescription ainsi qu'à la restriction résultant de la prescription acquisitive d'une servitude personnelle. De même les droits d'un créancier hypothécaire et les autres droits réels qui sont inscrits ne se prescrivent pas. Voir pour le détail les motifs des §§ 35, 43, 45, 68.

E. Le devoir d'examen du bureau foncier et ses limites. Le principe de la légalité et le principe du consentement.

Les développements donnés sur la valeur des inscriptions au livre font comprendre combien il est nécessaire que le bureau foncier soumette les demandes d'inscription à un examen approfondi et rejette celles qu'il ne trouve justifiées — *principe de la légalité*.

L'examen comprendra, comme on l'a indiqué, avant tout l'identité et la capacité des parties ainsi que la légitimation de leurs représentants et mandataires. Sera examiné ensuite sur la base du livre foncier, si celui qui

Befugniß Desjenigen, welcher eine Einschreibung bewilligt, zur Verfügung über das in Rede stehende Grundstück oder Recht, nach Maßgabe des Grundbuchs, zu prüfen. Hierzu ist sowohl in den Fällen, in denen zum Erwerb des Rechts die Eintragung erforderlich ist, als in denjenigen, wo die letztere zur Wirkung des Rechts gegen Dritte bezw. zur Vornahme einer Verfügung vorausgesetzt wird, die Eintragung des Bewilligenden erforderlich, wie dieselbe im Entwurfe auch regelmäßig da vorausgesetzt wird, wo gegen einen Berechtigten eine Eintragung genommen werden soll; die hiervon bestehenden Ausnahmen sind besonders hervorgehoben (vergl. §§ 26 Abs. 2, § 36 Abs. 2, § 37 Abs. 3, § 103 Abs. 1). — Endlich hat sich die Prüfung auch in gewissem Umfange auf die dem Grundbuchamte erklärte Verfügung selbst zu erstrecken. Der Entwurf (§ 19) faßt dies Alles in der Vorschrift an den Grundbuchrichter zusammen, daß er die Rechtsgültigkeit der ihm abgegebenen Erklärungen nach Form und Inhalt zu prüfen habe (vergl. auch § 25 Abs. 1).

Diese Prüfung bedarf jedoch in der zuletzt erwähnten Beziehung, nach den gemachten Erfahrungen einer Einschränkung, welche der § 19 Abs. 2 dahin bestimmt, daß Mängel des Rechtsgeschäfts, welches der vollzogenen Erklärung oder Bewilligung zu Grunde liegt, zu einer Beanstandung der Eintragung nicht berechtigen sollen. Nach den früher, namentlich auch in Preußen, herrschenden Grundsätzen hatte das Grundbuchamt in allen Fällen, in welchen die Einschreibung auf einem Rechtsgeschäft der Betheiligten beruht, auch dieses und damit die obligatorischen Beziehungen der Letzteren zu prüfen, eine Aufgabe, welche ihrem vollen Umfange nach überhaupt nicht zu lösen war, da die Gültigkeit und Wirksamkeit jener Beziehungen nicht nur von dem Inhalte der Vertragsurkunden, sondern häufig noch mehr von sonstigen Thatsachen und Momenten abhängt, deren zusammenfassende Beurtheilung nur dem Prozeßrichter im kontradiktorischen Verfahren gelingen kann. Dabei belastete jene mühevolle Prüfung die Verantwortlichkeit des Grundbuchrichters in hohem Grade und gab demselben leicht Veranlassung, jedem möglichen Zweifel durch Rückfragen und weitere Ermittelungen zu begegnen, wodurch der Geschäftsgang zum Nachtheil des Rechtsverkehrs verzögert werden mußte. Die neueren Grundbuchgesetze sind daher dazu

consent une inscription à la faculté de disposer de l'immeuble ou du droit en cause. Cette faculté est soumise à l'inscription de la partie consentante, aussi bien dans les cas où l'acquisition du droit l'exige que dans ceux où l'effet du droit à l'égard des tiers ou le droit de disposer en dépend; de même le projet de loi la suppose régulièrement quand il s'agit d'une inscription à faire *contre* une personne. Voir les exceptions à cette règle aux § 26 al. 2, § 36 al. 2, § 37 al. 3, § 103 al. 1. Enfin l'examen s'étendra dans une certaine mesure à la déclaration même faite devant le bureau foncier. C'est dans le sens des explications précédentes que le projet de loi enjoint au juge foncier de vérifier si d'après la forme et le contenu les déclarations faites devant lui sont légales (voy. aussi § 25 al. 1).

Cependant l'expérience faite ailleurs a montré la nécessité de soumettre cette vérification officielle à la condition qui se trouve exprimée au § 19 al. 2, que les défauts du titre sur lesquels se base la déclaration (le consentement) n'autorisent pas le bureau à refuser l'intabulation requise. L'ancien système, comme il était appliqué notamment en Prusse, partait du principe contraire. Dans tous les cas où l'intabulation se basait sur un contrat des parties le bureau foncier devait examiner ce contrat et les obligations des parties. On a fini par reconnaître qu'un tel mode de procéder n'était guère praticable. La validité et l'efficacité des obligations dépend non seulement du contenu des documents y relatifs, mais encore d'autres circonstances dont l'ensemble ne peut être jugé que contradictoirement et par voie judiciaire. De l'autre côté, la prompte expédition des affaires en souffrait, parce que le juge foncier, afin d'écarter tous les doutes possibles, devait se charger d'une série de correspondances et informations. C'est pourquoi les nouvelles lois sur les livres fonciers ont dispensé le juge foncier de l'examen des obligations des parties, en établissant le principe que l'intabulation se fait sur production du *simple* consentement à l'intabulation, sans qu'il y ait lieu

übergegangen, den Grundbuchrichter von der Prüfung der obligatorischen Beziehungen der Parteien durch den Grundsatz zu befreien, daß der Eintragung an Stelle der über das Rechtsgeschäft aufgenommenen Urkunde die abstrakte Bewilligung zur Eintragung zu Grunde zu legen ist — Konsensprinzip. Hierin liegt für den Bewilligenden materiell ein besserer Schutz, als wenn seine Zustimmung durch eine im einzelnen Fall vielleicht fehlgehende Schlußfolgerung aus dem Vertrage abgeleitet werden dürfte. Anderseits wird der Geschäftsgang der Buchbehörde außerordentlich vereinfacht, indem dieselbe von solcher, namentlich bei Privatakten, oft sehr mißlichen und zeitraubenden Interpretation gänzlich befreit wird. Von der Beibringung der Urkunde über das Rechtsgeschäft darf die Eintragung nur im Falle der Begründung einer Hypothek wegen deren accessorischen Natur abhängig gemacht werden.

Indem der Entwurf im § 19 diesen Grundsätzen sich anschließt, verlangt er eine abstrakte Eintragungsbewilligung einerseits da, wo die Rechtsveränderung auf einem Rechtsgeschäft beruht und durch die Eintragung perfekt, bezw. Dritten gegenüber wirksam wird, anderseits aber auch in den Fällen, in welchen die von dem Willen des Berechtigten unabhängige Rechtsveränderung der Anerkennung des Letzteren zum Zwecke der Eintragung bedarf. (Vergl. die §§ 20, 21, 28 ff., 37, 41, 46, 50, 54, 79, 82, 87.)

Die Eintragung erfolgt in diesen Fällen „auf Grund der Bewilligung" des Berechtigten, sofern der andere Theil die Eintragung beantragt oder auch (abgesehen von dem Falle der Löschung einer Hypothekar-Eintragung) „auf den" — einseitigen — „Antrag" des Berechtigten. Von dem Nachweise der Zustimmung des anderen Theils ist im letzteren Falle mit Rücksicht auf die Bequemlichkeit und Einfachheit des Rechtsverkehrs der Regel nach abgesehen, da hierdurch Niemand benachtheiligt werden kann; nur für die Eintragung des Eigenthums ist das Zusammenwirken beider Theile erfordert (§ 21).

Die Bewilligung wird in allen Fällen durch das zur Abgabe der Willenserklärung verurtheilende Erkenntniß (§ 100) ersetzt.

Wo zur Eintragung nur die objektive Konstatirung einer Rechtsveränderung (Erbfolge u. s. w.) nicht eine Bewilligung oder Anerkennung vorausgesetzt ist, erfolgt die Eintragung auf

de produire le titre constatant les obligations des parties, et c'est ce qu'on nomme le *principe du consentement*. Ce principe sert tout autrement à protéger les intérêts des parties qu'un système qui permet d'inférer leur consentement des dispositions du contrat par une déduction peut-être erronée. En outre il simplifie au plus haut degré les opérations du bureau foncier, le dispensant d'établir le vrai sens des conventions qui, surtout dans les actes sous seing-privé, sont souvent difficiles à interpréter. L'intabulation ne dépend de la production du titre que dans le cas de l'établissement d'une hypothèque dont la nature accessoire rend nécessaire la preuve que la créance existe.

Le projet de loi a adopté ces principes selon le § 19. Il exige un consentement à l'inscription (dans le sens formel qui vient d'être développé), d'une part pour les cas où l'inscription doit opérer ou bien rendre valable vis-à-vis de tiers un changement de droits qui a pour base un acte de volonté de celui auquel ces droits compètent, d'autre part pour les cas où le changement de droits non basé sur un tel acte de volonté, pour être inscrit, a besoin d'être reconnu par celui à l'égard duquel ces droits sont acquis. (Voir les §§ 20, 21, 28 s., 37, 41, 46, 50, 54, 79, 82, 87.)

L'inscription a lieu, ou sur la demande de celui en faveur duquel le droit est établi, «en vertu du consentement» de l'autre partie, ou bien (abstraction faite de la radiation hypothécaire) sur la demande seule de cette dernière. Dans la seconde hypothèse on peut en général, sans préjudicier aux intérêts de personne, se passer de la preuve du consentement de l'autre partie. Ce n'est que pour l'inscription de la propriété que la loi demande des déclarations simultanées des parties (§ 21). Un jugement portant condamnation à donner la déclaration exigée a la valeur d'un consentement (§ 100).

Dans les cas où la constatation d'un fait qu'implique un changement de droits (succession etc.) suffit pour l'inscription sans qu'un consentement ou une reconnaissance soit nécessaire, l'inscription se fait sur le certificat officiel

den von einer anderen Behörde ausgehenden Nachweis, daß die Voraussetzungen der Eintragung vorliegen (§§ 27 bis 30). Anderseits sind auch Fälle vorgesehen, in welchen an Stelle der Bewilligung des Berechtigten das Ersuchen einer zuständigen Behörde tritt (§ 54, Nr. 2, § 57, Abs. 2, §§ 101, 102, 105). In Fällen der einen und anderen Art ist die Zuständigkeit der Behörde vom Grundbuchamte zu prüfen; dagegen hat dasselbe selbstverständlich in eine materielle Prüfung des von der Behörde ausgehenden Nachweises oder Ersuchens ebensowenig einzutreten wie im Falle der Eintragung nach vorhergehendem Rechtsgeschäft der Betheiligten in eine Prüfung des letzteren. Sache des Grundbuchamtes ist es nur auch in diesem Falle, die aus dem Inhalte des Buchs sich ergebenden Anstände zur Geltung zu bringen.

F. Vormerkungen.

Die als Vormerkungen bezeichneten Eintragungen dienen zur Sicherung gegen die Gefahren, welche mit der Grundbucheinrichtung als solcher, in Folge des Grundsatzes des öffentlichen Glaubens des Buches und der formalen Wirkung der Eintragung verbunden sind.

Vermöge jenes Grundsatzes ist beispielsweise der mit Unrecht als Eigenthümer Eingetragene in der Lage, das Grundstück weiter zu veräußern oder zu belasten mit der Wirkung, daß der wahre Eigenthümer diese Verfügungen nicht anfechten kann, und in gleicher Weise kann nach Tilgung der Hypothekarforderung der noch als Gläubiger Eingetragene durch Uebertragung der Hypothek das Recht des Eigenthümers auf Löschung praktisch unwirksam machen.

Kraft der formalen Wirkung der Eintragung anderseits ist derjenige, dem gegenüber der Eigenthümer zur Uebertragung des Eigenthums oder zur Bestellung eines dinglichen Rechts sich verpflichtet hat, einstweilen und bis zur Eintragung dieser Rechtsveränderungen, welche, wie erwähnt, nicht selten eine längere Zeit erfordert, der Möglichkeit ausgesetzt, daß ein entgegengesetztes Recht von einem Dritten erworben und früher zur Eintragung gebracht wird, wobei es auf die Kenntniß dieses Dritten von dem bereits abgeschlossenen Vertrage nicht ankommt.

d'une autorité énonçant que les conditions de l'inscription sont données (§§ 27 à 30). La loi prévoit en outre des cas particuliers où le consentement exigé pour opérer l'inscription est remplacé par la *réquisition* officielle d'une autorité (§ 54, al. 2. § 57, al. 2. §§ 101, 102, 105.) Le bureau foncier examinera la compétence de ces autorités, mais non la valeur matérielle du certificat ou de la réquisition émanés d'elles. Il lui appartient toujours de faire valoir les difficultés s'opposant à l'inscription qui pourraient résulter du contenu du livre foncier.

F. Les prénotations.

Les intabulations désignées sous le nom de prénotations servent de garantie contre les dangers inhérents au système des livres fonciers à la suite des principes de la foi publique du livre et de l'effet formel de l'inscription.

D'après le premier principe, celui par exemple qui est inscrit à tort comme propriétaire est à même de réaliéner l'immeuble ou de l'affecter sans que le véritable propriétaire puisse attaquer ces dispositions. Pareillement le créancier qui est encore inscrit après l'extinction de la créance hypothécaire, peut, en transmettant l'hypothèque, rendre illusoire le droit du propriétaire à la radiation.

D'autre part, celui vis-à-vis duquel le propriétaire s'est obligé à la transmission de la propriété ou à l'établissement d'un droit réel, peut éprouver des dommages par suite du principe concernant l'effet formel de l'inscription. Car dans le temps qui s'écoule entre le contrat et l'inscription et qui peut être assez long, il est exposé à ce qu'un tiers le devance par l'acquisition et l'inscription d'un droit opposé qui sera préféré quand même le tiers a eu connaissance du contrat antérieur.

In den Fällen der ersteren Art ist ein dingliches, in denen der letzteren Art ein obligatorisches Recht gefährdet. Dem gegenüber kann der Berechtigte nicht auf den Klageweg verwiesen werden, weil derselbe wegen der mit der Liquidstellung des Anspruchs verbundenen Weiterungen nicht schnell genug zum Ziele führt. Ebensowenig genügen die von der Civilprozeßordnung vorgesehenen Sicherungsmittel, da dieselben eine bereits konkret gewordene Gefahr voraussetzen, und der Arrest überdies nur zur Sicherung einer Geldforderung dient. Dem durch die Bucheinrichtung allgemein bestehenden Sicherungsbedürfniß wird nur dadurch entsprochen, daß überall da, wo ein dingliches oder obligatorisches Recht auf Eintragung vorliegt, eine vorläufige Eintragung desselben, auch ohne den Nachweis einer konkreten Gefahr ermöglicht wird. Demgemäß läßt der Entwurf, im Anschluß an das preußische Recht, eine Vormerkung zu zur Erhaltung:

1) des aus einem Veräußerungsvertrage hervorgehenden Anspruchs auf Bewilligung der Eintragung des Eigenthums (§ 36, Abs. 1, 2);
2) des auf Grund eines außerhalb des Buches, z. B. durch Erbschaft eingetretenen Eigenthumsübergangs (§ 36, Abs. 1);
3) des Rechtes auf Anfechtung eines eingetragenen Eigenthumsübergangs und demnächst auf Wiedereintragung des wahren oder des früheren Eigenthümers, im Falle der Nichtexistenz, Nichtigkeit u. s. w. des Eigenthumsübergangs oder auf Grund des pactum commissorium (§ 38, Abs. 3, § 39);
4) des Rechtes auf Eintragung eines durch Rechtsgeschäft oder auf andere Weise begründeten dinglichen Rechts oder einer Hypothek (§§ 48, 57);
5) des Rechtes des Eigenthümers auf Löschung einer nicht oder nicht mehr zu Recht bestehenden Hypothek (§ 88).

Die Vormerkung setzt hier überall voraus, daß das zu erhaltende, wenn auch illiquide Recht bereits entstanden ist; im Falle der Veräußerung des Antheils eines Miteigenthümers an einem Grundstück (§ 36, Abs. 2) soll es jedoch genügen, daß das Recht an der Gemeinschaft bereits begründet ist, wennschon dessen Verwirklichung am Grundstücke selbst noch von der Theilung abhängt.

Dans la première de ces hypothèses c'est un droit réel, dans la seconde un droit obligatoire qui est en danger. La voie judiciaire ne porte pas remède à cette situation, vu qu'elle n'aboutit pas assez vite à cause des difficultés qui se rattachent à la constatation du droit menacé. De même les garanties prévues par le code de procédure civile ne suffisent pas, attendu qu'elles supposent un péril imminent, et la contrainte n'est donnée que pour la garantie d'une créance portant sur une somme d'argent. On ne peut satisfaire au besoin général de garanties résultant du système des livres fonciers qu'en admettant une inscription provisoire pour tous les cas où un droit réel ou obligatoire à l'inscription existe. Par conséquent le projet de loi, en se conformant au droit prussien, admet la prénotation pour la conservation :

1) du droit à une déclaration de consentement à l'inscription de la propriété résultant d'un contrat d'aliénation (§ 36, al. 1, 2);

2) du droit de propriété acquis en dehors du livre, par exemple par succession (§ 36, al. 1);

3) du droit à la rescision d'une transmission de propriété inscrite et partant à la réinscription du véritable propriétaire ou du propriétaire antérieur dans le cas de la non-existence, de la nullité etc. de la transmission de la propriété ou en vertu du *pactum commissorium* (§ 38, al. 3; § 39);

4) du droit à l'inscription d'un droit réel ou d'une hypothèque établis par un acte de volonté ou d'une autre manière (§§ 48, 57);

5) du droit du propriétaire à la radiation d'une hypothèque qui ne subsiste ou n'existe plus valablement (§ 88).

La prénotation suppose toujours que le droit à inscrire existe déjà, sans toutefois être liquide; en cas d'aliénation d'une part indivise (§ 36, al. 2) de la part d'un copropriétaire il suffira cependant que le droit à la copropriété soit déjà fondé, quoique sa réalisation sur l'immeuble même dépend encore du partage.

Das Recht wird durch die Vormerkung „erhalten", wie wenn die in allen obigen Fällen vorausgesetzte spätere definitive Eintragung schon bewirkt wäre. Demgemäß sind spätere Verfügungen desjenigen, gegen welchen die Vormerkung sich richtet, bezw. gegen denselben genommene Eintragungen dem vorgemerkten Rechte gegenüber unwirksam (vergl. § 36, Abs. 3, § 38, Abs. 2, 3, § 48, Abs. 2, § 57, Abs. 3).

Die zur Sicherung des Erbabsonderungsrechtes der Nachlaßgläubiger und Vermächtnißnehmer bestimmte Vormerkung (§ 103) hat einen etwas abweichenden Charakter, da sie eine spätere definitive Eintragung nicht voraussetzt und nur gegen die Erlangung eines Vorranges seitens der Gläubiger des Erben, gegen Verfügungen des Letzteren aber nur insofern gerichtet ist, als dadurch ein solcher Vorrang begründet werden sollte. Insofern verfolgt die Vormerkung aber gleichfalls den allgemeinen Zweck der Sicherstellung gegen den auf Grund solcher Verfügung und des öffentlichen Glaubens des Buches erwerbenden Dritten. — Einen besonderen Fall der Vormerkung behandelt § 46 Abs. 4 des Entwurfs.

Zufolge des Konsensprinzipes erfolgt die Vormerkung regelmäßig auf Grund einer Bewilligung desjenigen, gegen welchen sie sich richtet (eventuell des stellvertretenden Ersuchens einer Behörde, vergl. § 36, Abs. 1, 2, §§ 48, 57). Im Uebrigen wird dieselbe auf Entscheidung des zuständigen Gerichts, in der der Natur der Sache entsprechenden Form der einstweiligen Verfügung und auf Ersuchen des Gerichts bewirkt (vergl. § 101, Abs. 1, § 102), und dieser Weg ist aus Zweckmäßigkeitsgründen in einzelnen Fällen ausschließlich eröffnet (vergl. § 38, Abs. 3, §§ 39, 88, 103). Das Grundbuchamt selbst konnte, abgesehen von dem Verfahren behufs der ersten Anlegung der Grundbücher (§ 116), mit der Entscheidung nicht betraut werden, in Gemäßheit der allgemeinen Tendenz, die Buchbehörde von der Prüfung der materiellen Rechtsverhältnisse und der dadurch hervorgerufenen Ueberlastung freizuhalten.

Von den Vormerkungen sind die in gewissen Fällen zugelassenen, bei selbständigen Eintragungen zu bewirkenden Vermerke (vergl. §§ 33, 34) zu unterscheiden.

Le droit est «conservé» par la prénotation, comme si l'inscription définitive ultérieure, qui est supposée dans tous les cas, était déjà effectuée. Par conséquent les dispositions ultérieures de celui contre lequel la prénotation est faite, et les inscriptions prises contre lui n'ont point d'effet à l'égard du droit prénoté. (Voy. § 36 al. 3, § 38 al. 2, 5, § 48 al 2, § 57 al. 3.)

La prénotation pour la conservation du droit des créanciers et légataires à la séparation du patrimoine du défunt a une nature quelque peu différente, attendu qu'elle ne suppose pas une inscription ultérieure définitive et qu'elle a seulement pour but d'empêcher que les créanciers de l'héritier n'obtiennent une préférence; le droit de l'héritier de disposer des biens de la succession n'est restreint par suite de la prénotation qu'en tant que la disposition tendrait à établir une telle préférence. — Le § 46 al. 4 traite d'un cas spécial de prénotation.

Conformément au principe du consentement, la prénotation a lieu sur le consentement de celui contre lequel elle est prise, le cas échéant sur la réquisition d'une autorité remplaçant le consentement. (Voy. § 36, al. 1, 2, §§ 48, 57.) A défaut du consentement elle est effectuée sur une décision du tribunal compétent donnée dans la forme d'une mesure provisoire (qui convient le mieux à la situation) et sur la réquisition du même tribunal. (Voy. § 101, al. 1, § 102.) La dernière voie est exclusive en certains cas pour des raisons d'opportunité. (Voy. § 38, al. 3, §§ 39, 88, 103.) La tendance générale de décharger le bureau foncier des fonctions étrangères à sa mission et de l'affranchir notamment de l'examen matériel des droits n'a pas permis de lui abandonner la décision en question. Voyez pourtant quant à la procédure relative au premier établissement des livres fonciers le § 116.

Il faut distinguer les prénotations des mentions à faire en certains cas à côté des inscriptions (voy. §§ 33, 34).

G. Rechts- und Verfügungsbeschränkungen.

Der Entwurf unterscheidet Beschränkungen des Rechts (des Eigenthumsrechts, des Hypothekarrechts) und Beschränkungen des Berechtigten (Eigenthümers, Hypothekargläubigers) in der Verfügung über sein Recht.

Zufolge der ersteren ist das Recht selbst beschränkt begründet, indem zu Gunsten des Rechtsurhebers oder sonstiger dritter Personen bedingte Ansprüche, Anwartschaften auf den Gegenstand des Rechts bestehen, z. B. beim Vorbehalt des Widerrufs eines Kaufs, bei den Näherrechten u. s. w. Wie schon diese Beispiele ergeben, beruhen die Rechtsbeschränkungen entweder auf Rechtsgeschäft (Vertrag oder Testament) oder auf Gesetz.

Bei den Verfügungsbeschränkungen ist das Recht selbst unbeschränkt, dagegen dessen Ausübung überhaupt oder in bestimmter Richtung zeitweilig untersagt, der Berechtigte also nur in der Verfügung gehindert. Vertragsmäßige Beschränkungen dieser Art, soweit sie rechtswirksam sind, begründen an sich nur obligatorische Wirkungen unter den Betheiligten und sollen als solche auch nicht durch Eintragung im Grundbuch mit dinglicher Wirkung gegen Dritte ausgestattet werden können. Der Entwurf erwähnt nur im § 72 gewisser derartiger Beschränkungen, indem er deren Zulässigkeit, auch unter den Betheiligten, verneint. Im Uebrigen beruhen die Verfügungsbeschränkungen entweder auf Gesetz (Minderjährigkeit, Unveräußerlichkeit des Dotalguts u. s. w.) oder auf gerichtlichen Anordnungen (Arrest u. s. w.) Die letzteren dienen zum Schutze eines Gläubigers gegenüber einer durch Verfügung des Schuldners drohenden konkreten Gefahr. Sie unterscheiden sich darin von den Vormerkungen, welche den Zweck, gewisse Verfügungen des Berechtigten unwirksam zu machen, wie gezeigt worden ist, zur Sicherung eines bestehenden oder künftigen dinglichen Rechts gegenüber den allgemeinen Gefahren der Bucheinrichtung verfolgen.

Hinsichtlich der Wirkung der gesetzlichen und vertragsmäßigen Rechtsbeschränkungen sowie der gesetzlichen und gerichtlichen Verfügungsbeschränkungen gegen Dritte und über die formellen Voraussetzungen jener Wirkung vergl. die §§ 39, 40 bis 42, 73.

G. Les restrictions des droits et les restrictions qui empêchent d'en disposer.

Le projet distingue les restrictions des droits (de la propriété, de l'hypothèque) et les restrictions qui empêchent ceux auxquels compètent les droits (le propriétaire, le créancier hypothécaire) d'en disposer.

Les restrictions de la première catégorie, celles du droit même, proviennent des prétentions conditionnelles ou expectatives que l'auteur ou d'autres tierces personnes ont à faire valoir sur l'objet du droit. Exemples: les cas où le vendeur s'est réservé de reprendre la chose vendue (rachat) et le cas de retrait. Ces restrictions sont basées ou sur des actes (contrats ou testaments) ou sur la loi.

Dans les cas de la seconde catégorie le droit lui-même n'est pas restreint, par contre l'exercice en est interdit pour un certain temps, soit en général soit sous un certain rapport. Les restrictions *conventionnelles* de ce genre, en tant qu'elles sont valables en droit, constituent seulement un lien d'obligations entre les parties, elles n'ont aucun effet réel contre les tiers, lors même qu'elles sont inscrites au livre foncier. Le projet de loi n'en fait mention que pour déclarer nulles et de nul effet des stipulations qui voudraient ôter les facultés désignées au § 72. Les restrictions autres que conventionnelles qui empêchent la disposition ont pour base ou la loi (minorité, inaliénabilité de la dot etc.) ou des mesures judiciaires (contrainte etc.). Ces dernières servent à mettre un créancier à l'abri du danger imminent d'une disposition du débiteur. Elles se distinguent par cela des prénotations, lesquelles (on vient de le dire) introduites en vue des dangers généraux dérivant du système des livres fonciers, sont destinées à rendre inefficaces certaines dispositions dans l'intérêt d'un droit réel existant ou futur.

Pour l'effet que les restrictions de droits, légales ou conventionnelles, et les restrictions légales et judiciaires empêchant la disposition ont à l'égard des tiers et pour les conditions formelles de cet effet, voyez les §§ 39, 40 à 42, 73.

III. Besondere Begründung.

Erster Abschnitt. — Grundbücher, Grundbuchämter und Verfahren in Grundbuchsachen.

§§ 1 bis 3. Als die geeignetste Grundlage für die Abgrenzung der Buchbezirke bieten sich die Gemeindebezirke (Gemarkungen) dar, da sie auch dem Kataster zu Grunde liegen und da thatsächlich im Geschäftsverkehr mit Immobilien Jedermann gewöhnt ist, die Grundstücke nach ihrer örtlichen Lage in den Gemeindebezirken zu bezeichnen. Die Anzahl der für diese Bezirke anzulegenden Grundbücher richtet sich nach dem praktischen Bedürfniß. Dieselben sollen grundsätzlich die sämmtlichen, innerhalb des Bezirks belegenen Grundstücke, und nur diese, umfassen. Die Bestimmung, daß auf einem in dem Grundbuch der einen Gemeinde über ein in derselben belegenes Grundstück angelegten Blatt auch andere, in andern Gemarkungen belegene Grundstücke desselben Eigenthümers eingetragen werden dürfen, wenn sie innerhalb desselben Grundbuchamtsbezirks liegen (§ 1 Abs. 3), bildet eine Ausnahme von der Regel, die sich anderweit bewährt hat. Sie bezieht sich hauptsächlich auf Realblätter, welche über Güter angelegt werden, ist aber auch auf Personalblätter anwendbar. Ihre Zulässigkeit hängt im einzelnen Fall von dem Antrage des Eigenthümers und von der Beurtheilung des Grundbuchrichters ab. Nach der andern Seite hin findet sich von jener Regel eine Ausnahme in der bereits unter II A oben erörterten Bestimmung (§ 3), daß die Grundstücke des Reichs, des Landes, der Bezirke und der Gemeinden nur in gewissen Fällen der Eintragung unterworfen sein sollen.

Als Grundstücke gelten im Sinne des Gesetzentwurfs nicht blos unbebaute Bodenflächen, sondern auch Häuser und andere Baulichkeiten, welche nach dem geltenden Civilrecht vermöge ihrer thatsächlichen Beschaffenheit als Immobilien anzusehen sind. Bergwerke sind den Grundstücken gleichgestellt (§ 99). Rechte wie der Nießbrauch an Grundstücken, Emphyteuse und Superficies, erhalten kein Grundbuchblatt (vergl. unter II A).

Die Eintragung der Grundstücke erfolgt auf der Grundlage des Katasters, welche durch die im Gange befindlichen Vereinigungsarbeiten die erforderliche Zuverlässigkeit erhalten

III. Motifs spéciaux.

Première Section. — Des bureaux fonciers et de la procédure en matière foncière.

§§ 1 à 3. Les territoires des communes (banlieues) sont la meilleure base territoriale pour l'établissement des livres fonciers, d'autant plus qu'ils forment aussi la base du cadastre et que tout le monde est habitué à désigner les immeubles dans les actes d'après leur situation dans la banlieue. C'est le besoin pratique qui fixera le nombre de livres fonciers à établir pour chaque commune. Ceux-ci doivent comprendre en principe tous les immeubles d'une même banlieue et rien qu'eux. Le § 1 al. 3 fait une exception à cette règle, en ce sens que sur la demande du propriétaire on pourra inscrire dans le même livre foncier des biens-fonds situés dans des banlieues différentes, pourvu qu'ils se trouvent dans le ressort du même bureau; cette exception a eu ailleurs de bons résultats. Elle se rapporte surtout aux feuilles réelles dans lesquelles sont inscrits des domaines ou corps de fermes, mais elle peut aussi être appliquée à des feuilles personnelles. Son admission dépendra de la demande du propriétaire et de la décision du juge foncier. Une seconde exception à la règle générale se trouve au § 3. D'après cette disposition dont il a déjà été question sub II A, l'inscription des biens-fonds qui font partie du domaine public ou privé de l'Empire, du pays, des départements ou des communes n'est nécessaire qu'en certains cas.

Sont réputés biens-fonds au sens du projet de loi non seulement les terrains sans constructions mais aussi les maisons et autres bâtiments qui d'après le droit civil sont immeubles par leur nature. Les mines sont assimilées aux biens-fonds (§ 99). Des droits tels que l'usufruit d'un immeuble, l'emphytéose et la superficie n'auront point de feuilles dans le livre foncier (voy. sub II A).

L'inscription des biens-fonds se fait conformément au cadastre qui, à la suite du remaniement commencé, gagnera l'exactitude nécessaire. Une autre détermination suffisante

wird. Die Anwendung einer anderweitigen genügenden Bezeichnung der Grundstücke in Ausnahmefällen ist damit nicht ausgeschlossen.

§§ 6 bis 11. Die Abgrenzung der besonderen Grundbuchämter wird durch das Ministerium (Justizabtheilung) erfolgen. Dieselben werden einen oder mehrere Amtsgerichtsbezirke oder auch einen ohne Rücksicht auf diese Bezirke bestimmten Kreis von Gemeinden umfassen. Sie sind wie die als Grundbuchämter fungirenden Amtsgerichte nur für die innerhalb des ihnen zugewiesenen Bezirks gelegenen Grundstücke zuständig. Dies schließt jedoch nicht aus, daß sie angewiesen werden, Grundstücke, welche nur zu einem Theil in ihrem Bezirk und zum andern Theil im benachbarten Bezirk belegen sind, in ihre Bücher aufzunehmen.

Die gesetzliche Uebertragung der Grundbuchgeschäfte an ein Amtsgericht gilt für dessen ganzen Bezirk, soweit nicht ein Theil desselben einem besonderen Grundbuchamt zugewiesen ist. Der Amtsrichter hat die Obliegenheiten des Grundbuchrichters und der Gerichtsschreiber diejenigen des Buchführers wahrzunehmen. Die für die Grundbuchämter überhaupt gegebenen Vorschriften finden selbstverständlich auf die Amtsgerichte Anwendung. Die Vertretung des Amtsrichters durch die Ergänzungsrichter ist nicht ausgeschlossen. Die nähere Anordnung hierüber wie über die Vertretung der Grundbuchrichter überhaupt und die Geschäftsvertheilung, namentlich auch in dem Falle der Besetzung eines Grundbuchamts, beziehungsweise eines beauftragten Amtsgerichts mit mehreren Richtern und Buchführern, beziehungsweise Gerichtsschreibern, steht der Justizverwaltung zu. Dieselbe übt auch das Recht der Aufsicht über die Grundbuchämter und deren Beamte aus. Auf Letztere findet das Reichsgesetz, betreffend die Rechtsverhältnisse der Reichsbeamten, vom 31. März 1873, nach Maßgabe des Gesetzes vom 23. Dezember 1873 (Gesetzblatt für Elsaß-Lothringen S. 479) Anwendung. Die Disziplin über die Amtsrichter wird daher auch bezüglich ihrer Thätigkeit als Grundbuchrichter nach den für die Richter geltenden Vorschriften ausgeübt.

Der Ausdruck „Einschreibung“, welcher im § 10 zum ersten Mal vorkommt, ist im Sinne des Entwurfs die allgemeine Bezeichnung für Alles, was in das Grundbuch eingeschrieben wird, und umfaßt also namentlich die Eintragungen

des immeubles dans des cas exceptionnels n'est cependant pas exclue.

§§ 6 à 11. La délimitation des districts des bureaux fonciers spéciaux appartient au ministère (département de la justice). Ces districts comprendront un ou plusieurs ressorts de tribunaux cantonaux ou bien un certain nombre de communes déterminé indépendamment des limites des ressorts judiciaires. Les bureaux spéciaux ne sont, de même que les tribunaux cantonaux fonctionnant comme bureaux fonciers, compétents que pour les immeubles situés dans leur ressort. Cela n'exclut point qu'ils pourront être chargés de recevoir dans leurs livres des immeubles situés en partie dans leur ressort et en partie dans le ressort voisin.

Les tribunaux cantonaux sont chargés par la loi des affaires foncières de leur ressort tout entier en tant qu'une partie de celui-ci n'aura pas été attribuée à un bureau foncier spécial. Le juge cantonal exercera les fonctions de juge foncier; les fonctions de secrétaire seront remplies par le greffier. Il est entendu que les prescriptions concernant les bureaux fonciers en général sont applicables aux tribunaux cantonaux. Le juge foncier pourra être remplacé par le juge suppléant. L'administration de la justice donnera les instructions nécessaires à cet égard ainsi que celles relatives au remplacement en cas d'empêchement des fonctionnaires. Il règlera la répartition des affaires, notamment entre plusieurs juges, secrétaires ou bien greffiers auprès du même bureau ou du même tribunal cantonal faisant fonction de bureau foncier. La même administration exerce la surveillance des bureaux fonciers et de leurs fonctionnaires. A ces derniers sera appliquée la loi d'Empire du 31 mars 1873 concernant les fonctionnaires de l'Empire avec les modifications y apportées par la loi du 31 décembre 1873 (Bulletin des lois pour l'Alsace-Lorraine, p. 479). La discipline des juges cantonaux en tant que juges fonciers sera régie par conséquent par les prescriptions sur la discipline des juges en général.

Le mot d'« intabulation » qui se trouve pour la première fois au § 10 est dans le sens du projet de loi la désignation générale de tout ce qui est inscrit dans le livre

und Löschungen von Rechten und die anderweitigen Vermerke aller Art.

§ 12. Die in der allgemeinen Begründung gerechtfertigten Vorschriften dieses Paragraphen schließen selbstverständlich nicht aus, daß der Beschädigte gegen dritte Personen, zum Beispiel wegen betrügerischer Handlungen derselben, Entschädigungsansprüche geltend macht, wie er anderseits dem Beamten oder dem Staat, von welchen er befriedigt wird, die ihm etwa gegen dritte Personen zustehenden Entschädigungsansprüche abzutreten verpflichtet ist. Die Verantwortlichkeit der Beamten und des Staats muß eine zeitlich begrenzte sein. Die Festsetzung einer dreijährigen Frist seit der Kenntniß des Beschädigten von dem Dasein des Schadens, binnen deren die Klage angestellt werden muß, erscheint angemessen. Der möglicherweise früher vollendete Ablauf von dreißig Jahren seit der Beschädigung soll die Klage „in allen Fällen", also ohne Rücksicht auf Momente, welche die Unterbrechung einer Verjährung zur Folge haben würden, gänzlich ausschließen und demnach die Haftpflicht endgültig zum Abschluß bringen.

Auf die dem Beschädigten gegen den Beamten zustehende Klage findet in Uebereinstimmung mit § 154 des Reichsbeamtengesetzes der Rechtsweg statt. Dasselbe soll bezüglich des Staates gelten, was zur Vermeidung von Zweifeln ausdrücklich ausgesprochen wird.

§§ 13 ff. Die Wichtigkeit der von den Betheiligten abgegebenen Erklärungen erheischt die Feststellung der Echtheit derselben. Demgemäß sollen auf Einschreibungen gerichtete Anträge, wenn sie mündlich gestellt werden, vom Grundbuchrichter persönlich entgegengenommen und protokollirt werden und müssen dieselben, wenn sie schriftlich angebracht werden, notariell aufgenommen oder beglaubigt sein, es sei denn, daß die dem Antrag zur Rechtfertigung dienenden Urkunden notariell beglaubigt sind. Da der Antrag unter Umständen eine Bewilligung im Sinne des Entwurfs enthalten kann, so ist dem Grundbuchrichter durch die Vorschrift des § 15 ein gewisses beschränktes Maß der Ausübung der sogenannten freiwilligen Gerichtsbarkeit übertragen.

Zur Erleichterung des Geschäftsverkehrs ist für die notarielle Beglaubigung der Anträge und Urkunden die Form zugelassen, daß der Notar auf der Urschrift, die er demnächst zurückfoncier, il comprend notamment les *inscriptions*, les *radiations* et les autres *mentions de toute espèce.*

§ 12. Les prescriptions de ce paragraphe qui sont justifiées dans les motifs généraux ne s'opposent aucunément à ce que la partie lésée demande des dommages et intérêts contre des tiers, p. ex. pour cause de dol; elle est tenue de céder aux fonctionnaires ou à l'Etat qui l'ont indemnisé les droits qu'elle aurait à faire valoir contre de tierces personnes. La responsabilité des fonctionnaires et de l'Etat a besoin d'être limitée quant à sa durée. Un délai de trois ans à dater du moment où la partie lésée a eu *connaissance* du dommage arrivé paraît suffisant pour l'introduction de l'action. Dans tous les cas l'action sera exclue après l'expiration de trente ans à partir du moment où le dommage a été occasionné. Par les mots «dans tous les cas» le § indique que pour cette prescription il n'admet point d'interruption. La prescription de trente ans met à la responsabilité un terme définitif qui parfois pourra être arrivé plus tôt que la fin de la prescription de trois ans.

Conformément au § 154 de la loi concernant les fonctionnaires de l'Empire, la voie judiciaire est admissible pour les demandes en dommages intérêts contre le fonctionnaire. Il en sera de même en ce qui regarde les demandes contre l'Etat, ce qui est dit expressément pour ne pas laisser des doutes.

§ 13 suiv. L'importance des déclarations des parties intéressées exige la constatation de leur authenticité. Par conséquent les demandes d'intabulation formées verbalement doivent être reçues par le juge foncier en personne qui en dressera procès-verbal; les demandes par écrit seront ou passées devant un notaire ou légalisées par un tel, à moins que les titres sur lesquels elles se basent ne soient présentés en forme légalisée par un notaire. Dans les cas où la demande d'intabulation contient en même temps un consentement dans le sens du présent projet de loi, cette fonction de recevoir la demande (§ 15) rentre dans la sphère de la juridiction dite volontairc, laquelle, abstraction faite de cette situation toute spéciale, est réservée à d'autres organes.

D'après la disposition du § 16 al. 3 donnée dans le but de faciliter les affaires, il suffira pour la légalisation

giebt, die Echtheit der Namensunterschrift bezeugt (§ 16 Abs. 3). Der Beiziehung von Zeugen bedarf es nur zur Feststellung der Identität des Ausstellers (Art. 11 des Gesetzes über die Organisation des Notariats vom 25. Vent. IX). Den notariellen Beglaubigungen sind die schriftlichen Zeugnisse gleich zu achten, welche von den deutschen Reichskonsuln über ihre amtlichen Handlungen und die bei Ausübung ihres Amts wahrgenommenen Thatsachen ertheilt sind. (Vergl. das Reichsgesetz vom 8. November 1867, Bundesgesetzblatt S. 140.)

Urkunden inländischer öffentlicher Behörden und der innerhalb des Deutschen Reichs mit öffentlichem Glauben versehenen Personen bedürfen zufolge des § 1 des Reichsgesetzes vom 1. Mai 1878 (Reichsgesetzblatt S. 89) keiner Beglaubigung; zur Annahme der Echtheit der von Behörden oder den mit öffentlichem Glauben versehenen Personen des Auslands ausgestellten Urkunden genügt die Beglaubigung eines Konsuls oder Gesandten des Deutschen Reichs, gemäß § 2 des angeführten Gesetzes.

In allen Fällen der Vertretung muß sich der Vertreter, dessen Befugniß dem Grundbuchrichter nicht bekannt ist, gehörig darüber ausweisen, ebenso derjenige, welcher im Auftrage eines Andern handelt. Nur zu Gunsten der Notare wird im Entwurf (§ 18) eine stillschweigende Vollmachtertheilung zur Antragstellung angenommen, wenn nämlich die von ihnen dem Grundbuchamt überreichte Einschreibungsbewilligung von ihnen aufgenommen oder beglaubigt ist. (Vergl. ferner § 22.)

§ 17. Der Zeitpunkt des Eingangs der einzelnen Anträge, welche zu verschiedener Zeit eingehen, ist naturgemäß der entscheidende für die Reihenfolge der Einschreibungen; es erscheint daher von der größten Wichtigkeit, daß derselbe auf den Anträgen und Urkunden genau vermerkt wird. Die nähere Anordnung hierüber bleibt der zu erlassenden Instruktion (§ 128) vorbehalten.

Die Reihenfolge des Eingangs kann für die Zulässigkeit und die Wirkung der einzelnen Anträge, beziehungsweise Einschreibungen entscheidend sein, so namentlich in dem Falle, wenn der zuletzt eingehende Antrag nach Erledigung des früheren unstatthaft erscheint, wie zum Beispiel der Antrag auf Einschreibung einer Hypothek, nachdem vorher eine Auflassungserklärung seitens desjenigen, welcher die Hypothek eingeräumt hat, abge-

notariée des demandes d'intabulation et des pièces à l'appui, de certifier sur l'original qui sera rendu de suite l'authenticité des signatures. L'assistance de témoins n'est nécessaire que quand il s'agit de constater l'identité de l'auteur (art. 11 de la loi sur l'organisation du notariat du 21 ventôse XI). Auront la même valeur que les légalisations notariées, les certificats rendus par les conseils de l'Empire relativement à leurs actes et aux faits constatés par eux dans l'exercice de leurs fonctions (voy. la loi d'Empire du 8 nov. 1867, Bull. des lois de la confédération, p. 140).

Les documents émanants d'autorités publiques du pays et des personnes munies de foi publique dans l'Empire sont dispensés de légalisation en vertu du § 1 de la loi d'Empire du 1er mai 1878 (Bulletin des lois de l'Empire, p. 89); quant aux actes émanés d'autorités ou de personnes munies de la foi publique *à l'étranger*, la légalisation d'un consulat ou d'une ambassade de l'Empire allemand suffit à la preuve de l'authenticité conformément au § 2 de la loi précitée.

Dans tous les cas de *représentation*, le représentant dont les pouvoirs ne sont pas connus au juge foncier devra se légitimer; il en est de même du *mandataire*. Le projet de loi (§ 18) ne fait exception qu'à l'égard des notaires en présumant une procuration donnée à eux pour faire une demande, pourvu qu'ils aient dressé ou légalisé le titre qu'ils présentent et que, dans ce titre, les parties aient consenti ou bien demandé l'intabulation (voy. en outre le § 22).

§ 17. L'ordre des intabulations se déterminant d'après l'époque où les demandes sont présentées, il est de la plus grande importance que le moment de la présentation soit constaté exactement sur les demandes et les titres à l'appui. Les mesures nécessaires sous ce rapport sont réservées à l'instruction à donner par le ministère (§ 128).

Du moment de la présentation peut dépendre l'admission et l'effet des demandes et intabulations, surtout dans le cas où la dernière demande semble inadmissible après l'admission d'une demande précédente. Exemples: la demande d'inscription d'une hypothèque ne peut être admise après qu'une déclaration de dessaisine a été reçue de la part de celui qui a consenti l'hypothèque; le droit réel sur

geben worden ist. Das zuletzt eingetragene dingliche Recht an einem fremden Grundstück hat Wirkung nur insofern, als das früher eingetragene nicht damit kollidirt u. s. w. (Vergl. die §§ 49, 65.)

Bei gleichzeitigem Eingehen der Anträge müssen die Einschreibungen zu gleichem Recht erfolgen, sofern nicht in den Anträgen eine andere Reihenfolge bestimmt ist.

Als eingegangen kann der Antrag erst gelten, wenn er der Grundbuchbehörde vorgelegt worden ist. Frühere Momente, die Aufgabe zur Post, die Uebergabe an einen Diener, das Einwerfen in den Briefkasten der Behörde, sind ohne Bedeutung. Die Vorlegung kann auch anderswo als im Geschäftsraum erfolgen. Aus praktischen Gründen soll dieselbe nach näherer Vorschrift der Instruktion auch an den Buchführer geschehen dürfen. Fallen die Grundstücke des Amtsbezirks in den Geschäftskreis verschiedener, bei demselben Amt angestellter Richter oder Buchführer, so kommt es darauf an, daß die Vorlegung an den für das betreffende Grundstück zuständigen Beamten erfolge.

Der § **19** des Entwurfs ist zu II E bereits erörtert. Zu erwähnen ist hier noch die Bestimmung im Absatz 1, wonach der Grundbuchrichter, wenn die Prüfung des Antrags für die beantragte Einschreibung ein Hinderniß ergiebt, dasselbe dem Antragsteller bekannt zu machen hat. Der Antrag gilt in solchen Fällen als mit seiner Vorlegung eingegangen, mit der im § 17 Abs. 2 hinsichtlich der Reihenfolge der Eintragungen vorgeschriebenen Wirkung des Vorrangs vor später eingehenden Anträgen. Es ist aber selbstverständlich, daß dies nur für Hindernisse, welche demnächst beseitigt werden können, gilt, nicht aber für fundamentale Mängel des Antrags. In Fällen der letzteren Art ist der Antrag einfach abzuweisen.

Zweiter Abschnitt. — Eigenthum an Grundstücken.

Vorbemerkung zu den §§ 20—25, betreffend die Auflassung.

Aus dem in der allgemeinen Begründung zu C und E Bemerkten ergiebt sich für die freiwillige Veräußerung des Grundeigenthums, daß dieselbe sich in der Form der Eintraun immeuble d'autrui inscrit en dernier lieu n'a d'effet qu'en tant qu'un droit précédemment inscrit ne lui est contraire (voy. les §§ 49 et 65).

Si plusieurs demandes sont présentées en même temps on leur donnera le même rang, à moins que celui-ci ne soit désigné différemment dans les demandes.

Une demande n'est censée être présentée que quand elle a été exhibée au bureau foncier. Des faits antérieurs à la présentation, tels que la remise à la porte ou à un domestique, la déposition dans la boîte aux lettres du bureau, ne sont d'aucune importance. La présentation pourra s'opérer ailleurs que dans les localités du bureau. Il a paru utile d'admettre que la production puisse aussi se faire entre les mains du secrétaire; l'exécution de cette disposition sera réglée par l'instruction du ministère. Si auprès du bureau foncier il y a plusieurs juges ou secrétaires, la présentation devra se faire entre les mains du fonctionnaire chargé de l'intabulation pour le bien-fonds en question.

Le § **19** du projet de loi a déjà été discuté sub II E. Il ne reste qu'à mentionner ici la disposition de l'alinéa 1, d'après laquelle, lorsqu'il résulte de la vérification de la demande un empêchement à l'intabulation demandée, le juge foncier devra en donner connaissance au requérant. Dans de pareils cas la demande sera censée être présentée au moment de sa production avec l'effet mentionné au § 17 al. 2, quant au rang des inscriptions. Mais il est entendu que cette règle ne se rapporte qu'aux cas d'empêchements qui pourront être écartés dans la suite et non à des demandes qui se trouvent entachées de vices fondamentaux. Dans la dernière hypothèse la demande sera purement et simplement rejetée.

Deuxième Section. — La propriété des biens-fonds.

Note préliminaire aux §§ 20-25 concernant la dessaisine.

Il résulte des motifs généraux exposés sub C et E, que l'aliénation volontaire de la propriété foncière devra se

gung und auf eine von dem zu Grunde liegenden Rechtsgeschäft abstrahirende Bewilligung des bisherigen Eigenthümers vollziehen muß.

Der Entwurf (§§ 20, 21) verlangt aber weiter, daß die — gleichfalls abstrakte — Zustimmung des Erwerbers hinzukomme, und ferner, daß beide Willenserklärungen vor dem Grundbuchamte mündlich und gleichzeitig abgegeben werden. Der in dieser Weise abzuschließende, lediglich auf die Uebertragung des Eigenthums gerichtete, also dingliche Vertrag heißt nach dem Vorgange, namentlich der preußischen Gesetzgebung, Auflassung; derselbe kommt durch die Eintragung zur Vollendung.

Daß zur Uebertragung des Eigenthums, im Gegensatz zu anderen dinglichen Rechten, der Nachweis der Zustimmung des Erwerbers verlangt wird, erfordert die Wichtigkeit jenes Rechts, welches zugleich mannigfache Verpflichtungen mit sich bringt. Schon dieser Gesichtspunkt, verbunden mit der Tendenz, übereilte Verfügungen (Wirthshaushändel und dergl.) auszuschließen, spricht dafür, daß der Veräußerungsakt in einer gewissen Feierlichkeit sich vollziehe, welche den Betheiligten die Bedeutung der Rechtshandlung zum Bewußtsein bringt. Bei Zulassung formloser schriftlicher Bewilligung als Grundlage der Eintragung würde sogar eine Blanko-Abtretung des Grundstücks möglich sein, was zu einer schädlichen Mobilisirung des Grundbesitzes führen müßte.

Als die geeignetste Form erscheint der mündliche Vertrag vor der Buchbehörde. Daß hiermit, ungeachtet der Zulassung von Bevollmächtigten, für die Betheiligten eine gewisse Belästigung verbunden ist, kann nicht verkannt werden. Die fragliche Form stellt sich aber als unentbehrlich dar, wenn anders die Zwecke der ganzen Grundbucheinrichtung nicht verfehlt werden sollen.

Wäre es zulässig, die Eigenthumsübertragung auf Grund schriftlicher Bewilligungen einzutragen, so würde bei der Neuheit der Bucheinrichtung im Lande sicher in vielen Fällen, nach Abschluß des obligatorischen Veräußerungsvertrags und Bewilligung der Eintragung, von der wirklichen Herbeiführung der Eintragung einstweilen in der Absicht abgesehen werden, dieselbe gelegentlich oder im Falle weiterer Verfügung nachzuholen. Da nun aber auch bei weiterer Veräußerung in dieser Weise verfahren werden kann und um so sicherer verfahren

faire sous forme d'inscription et à la suite d'une déclaration formelle de l'aliénateur séparée de la convention et contenant consentement à l'inscription.

Le projet de loi (§§ 20 et 21) dispose en outre qu'à ce consentement s'ajoute le consentement donné dans le même sens par l'acquéreur et que les deux déclarations soient faites verbalement et simultanément devant le bureau foncier. Ce pacte réel tendant uniquement à la transmission de la propriété s'appelle «*dessaisine*», conformément à la loi prussienne; il se parfait par l'inscription.

La nécessité de prouver le consentement de l'acquéreur — statuée pour la propriété et non pour les autres droits réels — s'explique par l'importance du droit de propriété et l'étendue des obligations qu'il fait naître. De plus, la tendance fondée d'empêcher des dispositions irréfléchies (affaires bâclées à l'auberge etc.) exige que l'acte d'aliénation soit entouré d'une certaine solennité qui en rappelle l'importance aux parties. Si l'on se contentait de simples déclarations de consentement données par écrit, il serait même possible de céder l'immeuble en blanc, ce qui impliquerait une mobilisation fâcheuse de la propriété foncière.

La forme la plus convenable semble le pacte verbal devant le bureau foncier. Il est vrai qu'il en résulte, malgré l'admission de mandataires, un certain embarras pour les parties. Mais cette forme est indispensable; sans elle on manquerait le but général du système des livres fonciers.

S'il était admis d'inscrire la transmission de la propriété en vertu de consentements par écrit, il s'ensuivrait nécessairement de par la nouveauté de l'institution des livres fonciers dans le pays, que les parties après s'être obligées réciproquement par le contrat d'aliénation et après avoir consenti l'inscription remettraient souvent la réalisation de cette inscription à une occasion spéciale ou à l'époque où il y a lieu de disposer ultérieurement de l'immeuble.

werden wird, wenn bei dem ersten Geschäft die Eintragung unterblieben ist, so besteht in weitem Umfange die Gefahr, daß die von den Betheiligten beabsichtigten und thatsächlich — durch Besitz — bestehenden Eigenthumsverhältnisse im Buche nicht zum Ausdruck gelangen, und das letztere mit den wirklichen Zuständen in einen dauernden Zwiespalt geräth. Und dies um so mehr, als bei dem geschilderten Verfahren in immer wachsendem Maße rechtlich unwirksame Bewilligungen zum Zwecke des Eigenthumsübergangs vorkommen müßten, weil die vorgängige Prüfung der Eigenthumsverhältnisse im Augenblick der Bewilligung nur bei dem Grundbuchamte vorgenommen werden kann. Auf diese Weise würde vielfach die Veräußerung nach ihrer obligatorischen Seite bereits vollzogen sein, wenn sich, etwa bei der Nachsuchung der Eintragung, die Unwirksamkeit der Bewilligung nachträglich herausstellte. Damit wäre auch im Falle guten Glaubens der Betheiligten eine fruchtbare Quelle für Streitigkeiten und Prozesse gegeben. Bei bösem Glauben eines Betheiligten vollends würden in Folge der zeitlichen Trennung der Eintragung von der Abgabe der Willenserklärungen die größten Nachtheile für den andern Theil entstehen. Denn da jene Erklärungen erst durch die Eintragung Rechtswirksamkeit erlangen würden, so könnte der Veräußerer die Zwischenzeit zur nochmaligen Veräußerung, bezw. zur Belastung des Grundstücks mit Hypotheken und anderen dinglichen Rechten benutzen, und der Erwerber müßte diese Verfügungen, wenn sie vor seinem Erwerbe eingetragen würden, sich gefallen lassen. Würden aber der Erwerbsakt und diese Verfügungen zu gleicher Zeit zur Eintragung vorliegen, so müßten Bestimmungen über die Lösung dieses Konfliktes erlassen werden, welche zu einem befriedigenden Ergebnisse nicht führen könnten, da es entweder auf das schwankende Moment des guten Glaubens oder, häufig zum Nachtheil des gutgläubigen Theils, auf den Zeitpunkt der Eintragung ankommen würde. Anderseits wäre auch der Käufer in der Lage, den Verkäufer zu schädigen, insofern er es unter Umständen in der Hand hätte, die dem Letzteren zur Sicherung des Kaufpreises einzuräumende Hypothek (§ 60) dadurch unwirksam zu machen, daß er, unter beschleunigter Eintragung seines Erwerbes, eine Weiterveräußerung oder eine anderweitige Belastung eintragen ließe, ehe der Verkäufer seine Hypothek zur Eintragung gebracht hätte.

Ce procédé se répétant surtout dans les cas où l'inscription aura été omise lors de la première opération, on arriverait au résultat que le livre ne contenant pas les droits de propriété que les parties se sont proposé d'établir et qu'ils ont déjà réalisés en fait — par la possession — ne réponde plus du tout à la situation réelle. Cela est d'autant plus à craindre qu'il se présenterait de jour en jour plus de cas où les consentements à fin dc transmission de la propriété ne sont pas valables, car la vérification préalable de la propriété au moment du consentement ne peut se faire qu'au bureau foncier. De la sorte souvent un consentement donné serait ultérieurement lors d'une demande d'inscription reconnu non valable, malgré l'exécution que les obligations résultant de l'aliénation avaient déjà trouvée. Il résulterait de là des contestations et des procès même en cas de bonne foi des parties. En cas de mauvaise foi d'une d'elles la non-simultanéité de l'inscription et de la déclaration du consentement porterait les plus grands préjudices à l'autre partie. Car comme les déclarations n'obtiennent effet en droit que par l'inscription, le vendeur pourrait dans l'intervalle réaliéner l'immeuble ou le grever d'hypothèques ou d'autres droits réels et l'acquéreur serait obligé de reconnaître la validité des dispositions, pourvu qu'elles fussent inscrites avant son acquisition. En cas que l'acte d'acquisition et ces dispositions étaient présentées à la foi à fin d'inscription, le conflit ne pourrait être vidé sans l'application de règles particulières. Et encore le résultat ne serait guère satisfaisant, parce que on devrait ou constater par une recherche incertaine de quel côté est la bonne foi, ou bien décider d'après d'autres moments qui souvent ne se trouvent pas de ce même côté. D'autre part l'acheteur serait également à même de léser le vendeur; il pourrait rendre inefficace l'hypothèque consentie à ce dernier pour garantie du prix de vente (§ 60) en accélérant l'inscription de son acquisition et en faisant inscrire avant l'inscription de cette hypothèque une réaliénation ou quelque charge réelle en faveur d'un tiers.

Auch der formelle Werth der Grundbucheinrichtung würde durch die Zulassung schriftlicher, vielfach gesondert einlaufender Willenserklärungen leiden, indem die Grundakten mit einseitigen, im Grundbuch nicht zur Erscheinung kommenden Verfügungen belastet würden, und dadurch ein schwer zu lösender Zwiespalt zwischen Grundakten und Buch entstände.

Hiernach erscheint es dringend geboten, an der Auflassung als Form der freiwilligen Veräußerung des Eigenthums festzuhalten. Ist hierdurch die zuverlässige Grundlage für das ganze Grundbuchwesen gewonnen, so kann bezüglich der sonstigen dinglichen Rechte von der gleichen strengen Form um so eher abgesehen werden, als dieselbe theils mit der Bedeutung jener Rechte nicht im Verhältniß stünde, theils, wie namentlich bei der Hypothek, die gegebenen Beziehungen der Betheiligten die rasche Bewirkung der Eintragung regelmäßig zur Folge haben wird.

§ **20**. Die Vorschrift umfaßt nur die freiwillige Veräußerung, nicht die nach französischem Recht nur deklaratorisch wirkende Theilung (§ 37).

Ueber die Veräußerung eines Antheils vergl. § 23. Die Veräußerung reeller Theile, insbesondere bei Parzellirung von Gütern, vollzieht sich in der allgemeinen Form des § 21, wobei die bisherigen Theile, welche durch die Veräußerung zu selbständigen Grundstücken werden, genau zu bezeichnen sind.

§ **21**. Die Regel, daß nur der eingetragene Eigenthümer die Eintragung bewilligen kann, erleidet eine Ausnahme im Fall des § 26, Abs. 2.

Die zur Auflassung erforderlichen Erklärungen können durch Bevollmächtigte, deren Legitimation sich nach § 18 richtet, abgegeben werden. Eine praktisch sehr wichtige Erleichterung in dieser Hinsicht enthält

§ **22**, welcher vorsieht, daß in der über den Veräußerungsvertrag abgeschlossenen notariellen Urkunde der Notar von dem Veräußerer sowohl als von dem Erwerber, sowie von Beiden zugleich mit der Abgabe der Auflassungserklärungen beauftragt werden kann. Diese Vorschrift ergänzt die Bestimmung des § 18, Abs. 2, welche hier nicht Platz greift, weil die Bewilligung der Einschreibung des Eigenthums bei der freiwilligen Veräußerung nicht von dem Notar, son-

La valeur formelle aussi du système des livres fonciers souffrirait à la suite de l'admission de déclarations par écrit qui arriveraient souvent séparément; car les dossiers fonciers seraient encombrés de dispositions émanant d'une partie seulement et non relevées par le livre foncier. Il en résulterait une divergence entre le livre et le dossier à laquelle on ne pourrait remédier que difficilement.

Il semble donc absolument nécessaire de maintenir la dessaisine comme forme de l'aliénation volontaire de la propriété. Une base certaine pour le système des livres fonciers étant ainsi donné, on pourra se passer d'une forme tout aussi stricte relativement aux autres droits réels, d'autant plus qu'elle ne répondrait pas à l'importance de ces droits et que, surtout en affaires d'hypothèque, la situation réciproque des parties amènera régulièrement une prompte inscription.

§ **20**. La prescription de ce paragraphe ne comprend que l'aliénation volontaire et non le partage qui d'après le droit français a un caractère déclaratif (§ 37).

Pour l'aliénation d'une part indivise d'un bien-fonds voyez le § 23. L'aliénation de parts réelles, surtout en cas de parcellement de biens, s'opère en la forme générale du § 21. Les parts devenant immeubles indépendants par suite de l'aliénation seront désignées exactement.

§ **21**. Le § 26 al. 2 fait une exception à la règle que le propriétaire *inscrit* seul peut consentir l'inscription.

Les déclarations nécessaires à la dessaisine peuvent être données par des mandataires qui auront à se légitimer d'après le § 18. Ceci est encore facilité par la prescription du

§ **22**, d'après laquelle le contrat d'aliénation passé par devant notaire pourra contenir procuration pour ce dernier de donner les déclarations à fin de dessaisine au nom de l'une ou de l'autre ou même *des deux parties*. Cette prescription complète celle du § 18, al. 2, non applicable ici, attendu que le consentement à l'inscription de la propriété en cas d'aliénation volontaire doit être reçu par le bureau

dern nur von dem Grundbuchamte aufgenommen werden kann (§ 21). Beide Vorschriften enthalten eine Dispensirung von der Regel, daß Notare bezüglich eines von ihnen verbrieften Geschäfts ein Mandat nicht übernehmen können. Der Notar soll aber ferner, vermöge des Vertrauens, welches ihm bei der seinem Amte gegebenen unparteiischen Stellung geschenkt werden kann, mit der Abgabe der Erklärung in allen Fällen von beiden Betheiligten zugleich beauftragt werden dürfen. Für das Publikum wird hierdurch die mit der Auflassung verbundene Unbequemlichkeit erheblich vermindert. Die Beauftragung des Notars, für welche eine besondere Gebühr nicht zu erheben ist, muß stets eine ausdrückliche sein, da § 18 Abs. 2 hier nicht Platz greift. Eine Verpflichtung des Notars zur Uebernahme des Auftrags besteht nicht.

§ **23**. Die auch in der preußischen Praxis anerkannte Unzulässigkeit der bedingten oder betagten Auflassung ergiebt sich bezüglich der suspensiven Bedingung und Zeitbeschränkung aus der Natur der Sache, da die Auflassung auf die Uebertragung des Eigenthums in unmittelbarem Anschluß an diese Rechtshandlung gerichtet ist, ein solcher Rechtsübergang aber im Falle der Beifügung der einen oder anderen Beschränkung nicht gewollt wird.

Die Beschränkung der Uebertragung durch Resolutivbedingungen und Endtermine ist materiell zulässig, soll jedoch nicht bei der Auflassung, sondern nur in der Form selbständig einzutragender Beschränkungen des Eigenthumsrechts (§ 41) zum Ausdruck kommen.

Der Veräußerung eines Antheils an dem Grundstück Seitens des Alleineigenthümers durch Auflassung steht ein Bedenken nicht entgegen, da das Recht des letzteren ein unbedingtes ist. Das Eigenthum eines Miteigenthümers ist dagegen, in Gemäßheit der — in dem gegenwärtigen Gesetze jedenfalls festzuhaltenden — deklaratorischen Natur der Theilung (Code civil Art. 883) von dem Ausgange der Theilung bedingt und verwirklicht sich am Grundstücke nur dann, wenn und soweit das letztere bei der Theilung dem Miteigenthümer in Natur zufällt oder von ihm bei der Theilungsversteigerung erworben wird, während sein Eigenthumsrecht hinfällig wird, sofern und soweit das Grundstück einem anderen Miteigenthümer zugewiesen oder bei der Theilungsversteigerung von

foncier, non par le notaire (§ 21). Les deux prescriptions dispensent de la règle que le notaire ne doit pas accepter un mandat relativement à un acte passé devant lui. Ensuite le projet, en tenant compte de la confiance que mérite le notaire comme médiateur impartial des parties, lui permet d'accepter en même temps un tel mandat des deux parties. Les embarras qu'entraîne la dessaisine sont ainsi considérablement diminués pour le public. Le mandat du notaire pour lequel un salaire spécial n'est pas dû, doit toujours être exprès, le § 18 al. 2 ne s'appliquant pas ici. Le notaire n'est point obligé à accepter le mandat.

§ **23**. La règle suivant laquelle la dessaisine ne peut pas se faire sous condition ou à terme reconnu également par la jurisprudence en Prusse, résulte, en ce qui concerne la condition et le terme suspensif, de la nature même de la chose, attendu que la dessaisine a pour but d'effectuer immédiatement la transmission de la propriété et que les parties en apposant au contrat une des restrictions mentionnées n'ont pas l'intention d'opérer une telle transmission.

La transmission peut se faire sous condition résolutoire ou avec un terme de la même nature; mais la condition et le terme ne pourront être joints à la déclaration de dessaisine, ils seront inscrits indépendamment de celle-ci comme restrictions de la propriété (§ 41).

La part indivise d'un immeuble possédé par un seul propriétaire peut être aliénée par celui-ci en forme de dessaisine, puisque sa propriété ne dépend pas de l'accomplissement d'une condition. Par contre la propriété d'un copropriétaire par indivis dépend du résultat du partage dont la présente loi veut en tout cas maintenir l'effet déclaratif. (Code civil, art. 883.) Elle ne se réalise sur l'immeuble que lorsque et en tant que celui-ci par le partage est échu en nature au copropriétaire ou lui est adjugé à la licitation, elle devient caduque lorsque et en tant que l'immeuble échoit à un autre copropriétaire ou est adjugé à un tel ou à un tiers. La copropriété étant ainsi un droit

dem Letzteren oder einem Dritten erworben wird. Bei dieser bedingten Natur des Rechts stellt sich die Veräußerung eines solchen Antheils selbst als eine bedingte Veräußerung des Grundstücks dar und unterliegt deshalb der Form der Auflassung nicht. Dasselbe gilt mit noch stärkerem Grunde von der Veräußerung des Antheils an einer ein Grundstück umfassenden Gemeinschaft, z. B. von der Cession des Antheils an einer Erbschaft, weil hier der Natur der Sache nach die Zuweisung gerade dieses Grundstücks an den Veräußernden besonders ungewiß ist. Demgemäß erfolgt die eine wie die andere Veräußerung nicht durch Auflassung, sondern nach dem geltenden Recht, welches, vorbehaltlich der Vorschriften der §§ 36, Abs. 2, § 37, Abs. 3, für Form und Wirkung der Rechtshandlung maßgebend bleibt.

Der Entwurf glaubt dies im Absatz 2 besonders aussprechen zu sollen, weil die Zulässigkeit der Auflassung nach preußischem Rechte, welches von ihm eigenthümlichen Rechtsanschauungen beherrscht wird, insbesondere hinsichtlich der Erbantheile, sehr bestritten ist.

§ **24.** Durch den auf Veräußerung gerichteten obligatorischen Vertrag werden die Betheiligten, nachdem nunmehr die Veräußerung selbst nur durch Auflassung bewirkt werden kann, wechselseitig zur Abgabe der im § 21 bezeichneten Erklärungen verpflichtet. Nach § 779 der C.-P.-O. gilt aber jede Willenserklärung als abgegeben, sobald der Verpflichtete zur Abgabe derselben rechtskräftig verurtheilt ist, und für den Fall, daß die Willenserklärung von einer Gegenleistung abhängt, sobald eine vollstreckbare Ausfertigung des rechtskräftigen Urtheils ertheilt ist. Demgemäß wird zufolge § 100 des Entwurfs auch der zu Auflassungen erforderliche Nachweis der Bewilligung oder des Antrags durch die Vorlegung des Urtheils nach näherer Vorschrift des cit. § 779 ersetzt. An der mündlichen Form der Auflassung ist aber auch in dem Falle festzuhalten, wenn die Erklärung des einen Theils in der erwähnten Weise supplirt werden muß; die Eintragung vollzieht sich dann gemäß Abs. 1, sofern der Gegner des Verurtheilten auf Grund des bezeichneten Nachweises dieselbe vor dem Grundbuchamt mündlich beantragt.

An der Eintragung des Erwerbers wird der Veräußerer namentlich mit Rücksicht auf eine ihm eingeräumte Hypothek

conditionnel, l'aliénation d'une part indivise a le caractère d'une aliénation de l'immeuble faite sous condition; donc elle ne peut pas être effectuée par dessaisine. Il en est de même de l'aliénation de la part indivise d'une communauté embrassant entre autres un immeuble, p. ex. de la cession de parts d'une succession, les considérations susmentionnées s'y appliquant d'autant plus qu'il est encore plus incertain si précisément l'immeuble tombera au lot du cédant. Donc ni l'une ni l'autre aliénation ne s'opère par la dessaisine, mais reste soumise quant à la forme et aux effets aux lois en vigueur, sauf les prescriptions des §§ 36 al. 2, 37 al. 3.

On a cru devoir faire mention expresse de cette situation dans l'alinéa 2, parce que en Prusse, et pour des raisons toutes particulières au droit prussien, il est très contesté si la forme de la dessaisine peut être appliquée aux aliénations désignées, surtout à celle des parts de succession.

§ **24**. L'aliénation ne pouvant plus être effectuée que par la dessaisine, le contrat d'aliénation oblige les parties contractantes à se donner réciproquement les déclarations désignées au § 21. D'après le § 779 du Code de procédure civile, toute déclaration de volonté est censée être faite, dès que celui qui est obligé à la faire y aura été condamné par jugement passé en force de chose jugée et dans le cas où la déclaration est subordonnée à une prestation de l'autre partie dès que la grosse exécutoire du jugement aura été délivrée. En conséquence, le § 100 du projet de loi dispose que la preuve du consentement ou de la demande nécessaire pour la dessaisine est remplacée par la présentation du jugement portant condamnation à donner la déclaration exigée conformément au § 779 cit. La forme verbale de la dessaisine doit également être maintenue dans le cas où la déclaration de l'une des parties devra être suppléée de la façon exposée; l'inscription s'effectue alors conformément à l'al. 1, en vertu de la condamnation dûment prouvée, sur la demande verbale faite devant le bureau foncier par l'adversaire de la partie condamnée.

Le vendeur aura intérêt à l'inscription de l'acquéreur surtout par égard à une hypothèque à lui consentie (voy.

(vergl. § 60 Abs. 1) ein Interesse haben. Wird der Veräußerer zur Abgabe der Erklärung verurtheilt, so ist die Eintragung der Auflassung erst möglich, wenn Jener eingetragen ist, soweit nicht die Ausnahme des § 26 Abs. 2 Platz greift. Diese Eintragung kann von dem Gegner des Verurtheilten nach § 32 Nr. 3 herbeigeführt werden.

Auch in dem durch § 747 der Civilprozeßordnung geregelten Falle der Pfändung eines Anspruchs, welcher ein Grundstück betrifft, bedarf es einer Modifikation der allgemeinen Form der Auflassung, da der gepfändete Schuldner dazu nicht mitwirkt, die Auflassung selbst aber nicht entbehrlich ist, indem die weitere Zwangsvollstreckung in das Grundstück nur gegen den eingetragenen Eigenthümer stattfinden kann. Im Anschluß an die erwähnte Vorschrift der Civilprozeßordnung und § 17 des preußischen Ausführungsgesetzes zur Civilprozeßordnung bestimmt daher Abs. 2, daß die Bewilligung zur Eintragung des Schuldners als Eigenthümer an den zu ernennenden Sequester stattzufinden habe. Dies ist in dem Pfändungsbeschlusse ausdrücklich anzuordnen, welcher demnächst dem Schuldner und dem Drittschuldner zugestellt wird (Civilprozeßordnung §§ 730, 745). Verweigert der Letztere die seinerseits abzugebende Auflassungserklärung, so hat sich der Gläubiger den Anspruch des Schuldners auf Uebertragung des Eigenthums zur Geltendmachung überweisen zu lassen (Civilprozeßordnung §§ 772, 736); das auf Abgabe der entsprechenden Erklärung ergehende Urtheil steht nach § 100 der letzteren gleich.

Unter der Fassung „eines Anspruchs, welcher die Auflassung eines Grundstücks zum Gegenstand hat", ist neben dem Falle der obligatorischen Verpflichtung zur Uebertragung des Eigenthums auch der andere Fall einbegriffen, in welchem der nicht eingetragene wahre Eigenthümer den Anspruch auf Anerkennung seines Rechtes und Berichtigung des Grundbuchs mittels Auflassung verfolgt.

Der Sequester beantragt auf Grund der ihm im Beschlusse ertheilten Ermächtigung und Anweisung mündlich die Eintragung des Schuldners an dessen Stelle. Die weitere Verfolgung des Anspruchs des Gläubigers mittels Zwangsvollstreckung oder Arrests ist dessen Sache.

Die Vorschrift des § 25, daß der Grundbuchrichter die Auflassungserklärung erst entgegennehmen darf, wenn nach Prü-

§ 60, al. 1). Lorsque le vendeur est condamné à donner la déclaration, l'inscription de la dessaisine ne pourra se faire qu'après l'inscription du vendeur comme propriétaire, excepté le cas du § 26 al. 2. Cette inscription pourra être provoquée par l'adversaire de la partie condamnée selon le § 32 nº 3.

Une modification de la forme générale de la dessaisine est également nécessaire dans le cas de saisie d'un droit concernant un immeuble prévu par le § 747 du Code de procédure civile, attendu que le débiteur saisi n'y voudra coopérer et que la dessaisine est indispensable, puisque l'expropriation ultérieure de l'immeuble ne peut se faire que contre le propriétaire inscrit. L'alinéa 2 prescrit donc en se conformant à la disposition mentionnée du Code de procédure civile et au § 17 de la loi prussienne concernant l'exécution de celui-ci, que le consentement à l'inscription du débiteur comme propriétaire ne pourra être donné qu'au séquestre à nommer. L'ordonnance de saisie à signifier de suite au débiteur et au tiers saisi ordonnera cela expressément (Code de proc. civ. §§ 730, 745). Si le tiers saisi refuse la déclaration de dessaisine à faire par lui, le créancier devra se faire adjuger la créance du débiteur portant sur la transmission de la propriété aux fins de la faire valoir (Code de proc. civile §§ 772, 736); d'après le § 100 du projet de loi, le jugement condamnant à cette déclaration équivaut à celle-ci.

Les mots «un droit qui a pour objet la dessaisine d'un bien-fonds» comprennent outre le cas d'une obligation à la transmission de la propriété, le cas où le véritable propriétaire non inscrit poursuit la reconnaissance de son droit et la rectification du livre foncier au moyen de dessaisine.

Le séquestre demandera verbalement l'inscription du débiteur en vertu de l'ordonnance qui l'y a autorisé et chargé. Il appartiendra au créancier lui-même de poursuivre ultérieurement son droit au moyen d'expropriation ou de contrainte.

La prescription du § **25**, d'après laquelle le juge foncier ne doit recevoir les déclarations à fin de dessaisine que si, vérification faite, il n'y a pas d'empêchement à

fung der Sache der sofortigen Eintragung ein Hinderniß nicht entgegensteht, ergiebt sich aus dem hervorgehobenen engen Zusammenhang zwischen der Auflassung und der Eintragung, sowie daraus, daß das Grundbuchamt nicht berufen ist, zu wirkungslosen Verfügungen mitzuwirken. Ist die Prüfung nicht sofort ausführbar, so bleibt nur übrig, einen Termin zur anderweitigen Abgabe der Auflassungserklärungen anzuberaumen.

Zu den zu prüfenden Momenten (vergl. das unter II E Bemerkte) gehört namentlich auch die Untersuchung, ob die zur Veräußerung durch handlungsunfähige Personen erforderliche Ermächtigung gegeben ist.

Nach dem Konsensprinzip (vergl. § 19 Abs. 2) steht dem Grundbuchrichter eine Prüfung des der Auflassung zu Grunde liegenden Rechtsgeschäfts nicht zu. Damit ist aber wohl vereinbar, daß das Rechtsgeschäft in der Auflassungserklärung bezeichnet und die darüber aufgenommene Urkunde zu den Grundakten gegeben werde. Beides ist nützlich, weil auf diese Weise der Zusammenhang der Auflassung mit den obligatorischen Beziehungen der Betheiligten klar gelegt und so für den Streitfall die Durchführung des materiellen Rechts erleichtert wird. Demgemäß wird, im Unterschied von der blos fakultativen preußischen Fassung, jene Bezeichnung und Vorlage den Betheiligten, jedoch nur instruktionell („sollen") vorgeschrieben. Der Grundbuchrichter wird auf die Beobachtung der Vorschrift hinwirken können, ohne die Eintragung davon abhängig machen zu dürfen. Auch wird das nobile officium judicis gestatten, die Betheiligten auf von ihm bemerkte Mängel des Rechtsgeschäfts hinzuweisen und denselben anheimzustellen, ob sie nicht vor Abgabe der Auflassungserklärungen die Mängel beseitigen wollen.

Schon aus Abs. 1 erhellt, daß die Eintragung sich sofort an die Auflassung anschließen soll. Da jedoch auch die abgegebene Auflassungserklärung der rechtlichen Prüfung unterworfen werden muß, so ist dies in vielen Fällen nicht ausführbar. Auch dann aber muß, da die Auflassung an sich die sofortige Eintragung bedingt, wie Abs. 3 vorschreibt, die Eintragung des Eigenthumsübergangs sich unmittelbar an die Auflassung anschließen, d. h. es sind — vergl. (§ 19 Abs. 1 Schlußsatz — vor der Eintragung der Auflassung andere Eintragungen nicht zulässig. Wie jeder Betheiligte ein Recht darauf hat, daß

l'inscription immédiate, est une conséquence du rapport intime qui existe entre la dessaisine et l'inscription; elle est encore motivée par la considération que le bureau foncier ne doit prèter son concours à des dispositions non valables. Si la vérification ne peut se faire de suite, il faudra fixer jour et heure à une seconde déclaration en dessaisine.

Il s'agira surtout de vérifier (voy. ce qui a été dit sub II E) si l'autorisation nécessaire aux aliénations de personnes incapables de contracter a été donnée.

D'après le principe du consentement (voy. § 19 al. 2) il n'appartient pas au juge foncier d'examiner le contrat sur lequel se base la dessaisine. Cela n'empêche que le contrat ne soit désigné dans la déclaration de dessaisine et que le document relatif ne soit joint au dossier foncier. L'indication et la production du contrat au contraire offrent l'avantage de mettre à jour le rapport de la dessaisine avec les obligations des parties et de créer pour les cas de contestation une plus grande facilité de faire valoir le droit matériel. Par conséquent et à la différence du droit prussien, l'une et l'autre ont été imposées aux parties intéressées, mais seulement à titre de prescription instructionnelle. Le juge foncier pourra engager les parties à observer cette prescription, sans toutefois en pouvoir faire dépendre l'inscription. D'autre part le «nobile officium judicis» permettra au juge foncier d'avertir les parties intéressées des vices du titre qu'il aurait remarqués; elles seront ensuite à même d'y remédier avant les déclarations de dessaisine.

Il ressort déjà de l'al. 1 que l'inscription devra suivre *à l'instant* la déclaration de dessaisine. Cependant cela est impossible en beaucoup de cas, attendu que la déclaration de dessaisine déjà faite doit également être vérifiée au point de vue de droit. Néanmoins même dans ces cas il est à considérer que la nature de la dessaisine demande une inscription incontinente; c'est pourquoi l'inscription de la transmission de la propriété devra, d'après l'alinéa 3, suivre *immédiatement* la dessaisine, ce qui veut dire (voy. § 19 al. 1 i. f.) que d'autres inscriptions ne peuvent pas être opérées avant l'inscription de la dessaisine. De même

die Eintragung so, wie sie zur Zeit der Auflassung an sich möglich war, erfolge, so ist auch Jeder an die in der Auflassung zu Stande gekommene Willenseinigung gebunden und zu entgegenstehenden Verfügungen nicht mehr berechtigt. Auf Grund solcher Verfügungen ertheilte Eintragungsbewilligungen sind daher nicht zu berücksichtigen, weil erst die ihnen entgegenstehende Auflassung erledigt werden muß (vergl. zu § 19).

Ueber die Form der Auflassung und Eintragung vergl. die Formulare (Muster) am Schlusse der Begründung.

§ **26**. Die Eintragung kann, wie unter II C oben ausgeführt ist, als Bedingung des Eigenthumserwerbs nur im Falle der freiwilligen Veräußerung gelten. Außerhalb dieses Falles wird das Grundeigenthum unabhängig von der Eintragung, nach dem geltenden Recht erworben. Das letztere regelt also auch künftig den Erwerb der Erben (Code civil Art. 718, 724), der natürlichen Kinder, außer und in Konkurrenz mit Erben, der sonstigen Erbfolger (Code civil Art. 756, 765, 766 Schlußsatz, Art. 767, 738, Gesetz vom 15. Pluv. XIII Art. 8), der zum gesetzlichen Rückfall Berechtigten (Code civil Art. 351, 747, 766), der Vermächtnißnehmer (Code civil Art. 1004—1006, 1008, 1011, 1014), der durch Erbvertrag (Ehevertrag) eingesetzten Rechtsnachfolger auf Todesfall (Code civil Art. 1082, 1093) sowie der Substituirten. Ein Gleiches gilt im Falle der Theilung sowie bei dem Erwerb durch Eingehen der Gütergemeinschaft (Code civil Art. 1401 Nr. 3, Art. 1404 Abs. 2), durch Zwangsenteignung (Art. 15, 16 des Gesetzes vom 3. Mai 1841), durch Zwangsversteigerung sowie im Falle mechanischer und natürlicher Erweiterungen des Eigenthums (Code civil Art. 555 ff.).

In allen diesen und sonstigen Fällen — bezüglich der Verjährung vergl. § 35 — wird das Eigenthum unter Voraussetzungen und in dem Augenblicke erworben, wie es das bisherige Recht vorschreibt. Die Erwerber haben jedoch ein Recht auf Eintragung, und diese muß erfolgen, wenn dem Grundbuchrichter die Erwerbung des Eigenthums nach dem geltenden

que chaque partie a le droit d'exiger que l'inscription se fasse de la façon possible à l'époque de la dessaisine, chacun qui a coopéré au contrat réel de dessaisine y est lié et n'a plus le droit de faire des dispositions contraires. Si pourtant il arrivait qu'une partie voudrait faire une telle disposition en donnant son consentement à une inscription contraire à la dessaisine antérieure, le juge foncier n'aurait à prendre en considération ce consentement, puisqu'il faut d'abord que la dessaisine soit mise à effet (voy. ce qui a été dit à propos du § 19).

En ce qui concerne la forme de la dessaisine et de l'inscription, voyez les formulaires (modèles) à la fin de ces motifs.

§ **26**. Comme il a été observé sub II C, l'inscription ne peut être considérée comme *condition* de l'acquisition de la propriété qu'en cas d'aliénation volontaire. Dans les autres cas la propriété s'acquiert d'après les dispositions du droit en vigueur, ainsi indépendamment de l'inscription. C'est donc le droit actuel qui continuera à régir les cas d'acquisition faite par les héritiers (Code civil art. 718, 724), par les enfants naturels, — soit qu'ils soient appelés avec des héritiers ou non, — par les autres successeurs irréguliers (Code civil art. 756, 765, 766 à l. f., art. 767, 768, loi du 15 Pluv. XIII art. 8), par les personnes ayant droit au retour légal (Code civil art. 351, 747, 766), par les légataires (Code civil art. 1004—1006, 1008, 1011, 1014), par les successeurs à cause de mort institués par une convention héréditaire (contrat de mariage, Code civil art. 1082, 1093), ainsi que par les appelés en cas de disposition à charge de rendre. Il en est de même en cas de partage ainsi qu'en cas d'acquisition par suite de communauté entre époux (Code civil art. 1401 n° 3, art. 1404 al. 2), dans les cas d'expropriation (art. 15, 16 de la loi du 3 mai 1841), d'exécution forcée et d'accession (Code civil art. 555 s.).

Dans ces cas et d'autres cas encore — en ce qui concerne la prescription voy. § 35 — la propriété s'acquiert sous les conditions et au moment prescrits par la loi actuelle. Cependant les acquéreurs ont un droit à l'inscription et celle-ci devra être effectuée dès qu'il aura été

Rechte nachgewiesen ist. Für die Haupterwerbsfälle enthalten die §§ 27 ff. die nähere Regelung bezüglich der dem Grundbuchamte zum Zwecke der Eintragung vorzulegenden Nachweise.

Soll das Grundbuch seinem Zwecke, die Eigenthumsverhältnisse allseitig nachzuweisen, entsprechen, so muß auch in den erwähnten Fällen ein Antrieb zur Eintragung bestehen. Dies wird durch die dem preußischen Recht nachgebildete Bestimmung erreicht, daß der Erwerber, wenn auch sein Eigenthum von der Eintragung unabhängig ist, das Recht der Auflassung und Belastung erst durch seine Eintragung im Grundbuch erlangt. Eine Ausnahme besteht jedoch zu Gunsten der Miterben und sonstigen allgemeinen Rechtsnachfolger auf Todesfall (nicht also der Stück-Vermächtnißnehmer) sowie des mit denselben in Rechtsgemeinschaft stehenden Ehegatten des Erblassers, insofern diesen Eigenthümern gestattet ist, ein ihnen gemeinschaftliches Grundstück aufzulassen — nicht zu belasten, auch wenn sie nicht als Eigenthümer desselben im Grundbuch eingetragen sind. Diese Vorschrift beruht bezüglich der bezeichneten allgemeinen Rechtsnachfolger hauptsächlich auf der praktischen Erfahrung, daß in vielen Fällen die sofortige Weiterveräußerung des erworbenen Grundstücks dem Interesse der Betheiligten entspricht, und daß es eine nutzlose, bei größerer Zahl der Betheiligten sehr lästige und dabei Kosten verursachende Formalität darstellen würde, zur Realisirung jenes Interesses vorerst die Eintragung der Eigenthümer zu verlangen. Im Falle des Alleinerben treten diese Erwägungen zurück; derselbe bedarf daher in allen Fällen der Eintragung.

Der durch die soeben erwähnte Ausnahme durchbrochene allgemeine Grundsatz hat in sonstigen Bestimmungen des Gesetzentwurfs weiter dahin Ausdruck gefunden, daß die Eintragung von Verfügungen nur erfolgen kann, wenn dieselbe von dem eingetragenen Eigenthümer bewilligt ist, so bezüglich der Auflassung (§§ 20, 21), der Begründung von Eigenthumsbeschränkungen (§ 41 Abs. 2) oder von dinglichen Rechten (§ 46) sowie von Hypotheken (§ 54 Nr. 1). Die fragliche Vorschrift ist, wie der Wortlaut ergiebt, dahin aufzufassen, daß eine vor der Eintragung abgegebene Bewilligung — abgesehen von dem Spezialfall des § 56 Abs. 3 — nicht dadurch gültig und wirksam wird, daß der Bewilligende in der Folge als Eigenthümer eingetragen wird; jedoch ist, abgesehen von der

prouvé au juge foncier que la propriété a été acquise en vertu de la loi en vigueur. Les §§ 27 et suivants contiennent pour les principaux cas d'acquisition les règles spéciales concernant les preuves à fournir au bureau foncier à fin d'inscription.

Si le livre foncier doit répondre à sa destination, qui est de mettre en évidence tous les droits de propriété existants, il faut créer un motif qui dans les cas précités engage le propriétaire à opérer l'inscription. Il trouvera ce motif dans une disposition empruntée au droit prussien, laquelle porte que le propriétaire, même dans le cas où sa propriété ne dépend pas de l'inscription, doit être inscrit pour donner déclaration de dessaisine au profit d'un nouvel acquéreur ou pour affecter l'immeuble acquis. Il existe cependant une exception en faveur des cohéritiers et autres successeurs universels à cause de mort (mais non des légataires à titre particulier) ainsi qu'en faveur du conjoint du défunt qui se trouve en communauté de droit avec les personnes précitées; il est permis à ces copropriétaires de *donner déclaration de dessaisine* quant à l'immeuble commun — mais non de le grever — sans être inscrits comme propriétaires. Cette exception a été dictée surtout par l'expérience qu'il est souvent de l'intérêt des successeurs universels désignés de réaliéner de suite l'immeuble acquis; et ce serait alors une formalité inutile, et en cas d'un grand nombre d'intéressés, aussi incommode que dispendieuse, que de vouloir exiger d'abord l'inscription en question. Or ces considérations n'ont pas la même valeur quand il n'existe qu'un seul héritier; donc on a exigé que cet héritier soit toujours inscrit.

La règle générale mentionnée se manifeste encore dans d'autres prescriptions du projet de loi portant que *l'inscription* de certaines dispositions ne pourra s'effectuer qu'après avoir été consentie par le propriétaire inscrit; voyez pour la dessaisine aux §§ 20, 21, pour l'établissement des restrictions de la propriété au § 41 al. 2, pour la restriction de droits réels au § 46 et pour l'établissement d'hypothèques au § 54 nº 1. Ces prescriptions sont conçues et doivent être entendues en ce sens qu'un consentement donné *avant* l'inscription du consentant comme propriétaire

Auflassung, die gleichzeitig mit der Eintragung ausgestellte der späteren Bewilligung gleichgestellt. Bei der Auflassung ergiebt schon deren Zweck, daß sie — von dem Falle des Abs. 2 abgesehen — nicht entgegengenommen werden kann, solange nicht das Recht des Veräußerers grundbuchmäßig feststeht (vergl. § 25 Abs. 1).

§§ **27** bis **30**. Kraft Gesetzes geht das Eigenthum und der Besitz an dem Vermögen des Verstorbenen auf die ehelichen Blutsverwandten, die gesetzlichen Erben, in der Art über, daß dieselben als eine und dieselbe Person mit dem Erblasser zu betrachten sind, und daß diejenigen, welche außer ihnen vom Gesetz oder durch den Willen des Erblassers zur Nachfolge in den Nachlaß oder Theile desselben berufen sind, in der Regel von ihnen die Auslieferung verlangen müssen. Die sogenannten Vorbehaltserben bilden eine Klasse der gesetzlichen Erben. Das Gesetz beruft neben den gesetzlichen Erben nur die in gehöriger Form anerkannten natürlichen Kinder zu einem Theile des Nachlasses (Code civil Art. 756, 757). Im Uebrigen berücksichtigt es nur beim Mangel von ehelichen Verwandten andere Persönlichkeiten, insbesondere die anerkannten natürlichen Kinder, die Ehefrau und den Staat, die sämmtlich als außerordentliche Erbfolger erst durch gerichtliche Besitzeinweisung die Verfügung über den Nachlaß erhalten.

Was die auf Testament beruhende Nachfolge in den Nachlaß anbetrifft, so geht ausnahmsweise auf den Erbvermächtnißnehmer (légataire universel) direkt vom Testator das Vermögen desselben über, wenn ein Vorbehaltserbe nicht vorhanden ist; ist das Testament ein öffentliches, so bedarf es in diesem Falle auch der Einweisung nicht. Im Uebrigen müssen die Vermächtnißnehmer von den Vorbehaltserben oder den sonstigen gesetzlichen Erben die Ausantwortung des Nachlasses oder der betreffenden Theile desselben verlangen, beziehungsweise die gerichtliche Einweisung nachsuchen. Ist ein Erbvermächtnißnehmer, aber kein Vorbehaltserbe vorhanden, so ist Ersterer derjenige, welchem das Recht und die Pflicht der Ausantwortung der sonstigen Vermächtnisse obliegt. (Vergl. Code civil Art. 1003, 1004, 1006, 1008, 1011 und 1014.)

Diesen Grundsätzen des geltenden Civilrechts schließen sich die Vorschriften des Entwurfs über die Eintragung des Eigenne devient pas valable et efficace par l'inscription ultérieure, abstraction faite du cas spécial mentionné au § 56 al. 3; cependant le consentement coïncidant avec l'inscription du consentant équivaudra à un consentement ultérieur excepté le cas de la dessaisine. Il s'ensuit déjà du but de la dernière déclaration que — excepté le cas de l'al. 2 — celle-ci ne peut être reçue tant que le droit du propriétaire aliénant n'est pas établi dans le livre foncier (voy. § 25 al. 1).

§§ **27** à **30**. La propriété et la possession des biens du défunt se transmettent aux héritiers légitimes de plein droit, de sorte que ceux-ci sont censés continuer la personne du défunt et que les autres personnes qui sont appelées à la succession en tout ou en partie par la loi ou la volonté du défunt doivent régulièrement leur en demander la délivrance. Les héritiers ayant droit à la réserve, font partie des héritiers légitimes. La loi n'appelle à une partie de la succession à côté des héritiers que les enfants naturels légalement reconnus. (Code civil art. 756, 757.) Elle admet enfin certaines personnes à défaut de parents légitimes, notamment les enfants naturels reconnus, la femme survivante et l'Etat; ces personnes n'obtiennent la succession comme successeurs irréguliers qu'au moyen d'un envoi en possession judiciaire.

En ce qui concerne la succession testamentaire, la loi fait une exception en faveur du légataire universel qui est saisi immédiatement des droits du testateur s'il n'existe pas d'héritier auquel la loi réserve une quotité de ses biens; et même l'envoi en possession n'est pas nécessaire si le testament est public. Hors ce cas les légataires devront demander la délivrance de la succession en tout ou en partie aux héritiers à réserve ou aux autres héritiers légitimes ou bien ils devront requérir l'envoi en possession judiciaire. A défaut d'héritier à réserve, c'est le légataire universel qui a le droit et l'obligation de délivrer les autres legs. (Voy. Code civil art. 1003, 1004, 1006, 1008, 1011, 1014.)

Le projet de loi se conforme essentiellement à ces principes du droit civil en ce qui concerne l'inscription de la transmission de la propriété à cause de mort. Il

thumsüberganges, welcher durch den Tod veranlaßt ist, im Wesentlichen an. Demgemäß ist insbesondere in den Fällen, in denen die Ausantwortung durch Erben oder Erbvermächtnißnehmer stattzufinden hat, vorgesehen, daß die Eintragung der Berechtigten auf die Einwilligung der zur Ausantwortung Verpflichteten, beziehungsweise die sie ersetzende gerichtliche Einweisung erfolge.

Derjenige, welcher aus Anlaß eines Todesfalls die Eintragung des von Rechtswegen auf ihn übergehenden Eigenthums auf seinen Namen herbeiführen will, hat außer der Thatsache des Todes sein gesetzliches oder testamentarisches Recht auf das Grundstück nachzuweisen. Um dem Berechtigten in gewissen Beziehungen den Nachweis zu ermöglichen und zu erleichtern und um anderseits dem Grundbuchamt nicht eine seinem Geschäftskreise an sich fernliegende Obliegenheit aufzubürden, wird in einem besonders vorgelegten Gesetzentwurf das zuständige Amtsgericht damit betraut, auf Antrag des Berechtigten und nach Prüfung der beigebrachten oder erhobenen Beweise Bescheinigungen auszustellen, welche der Eintragung des neuen Eigenthümers im Grundbuch zur Rechtfertigung dienen. Dieselben ergeben, wer der eine oder die mehreren nächsten gesetzlichen Erben des Verstorbenen sind (Erbbescheinigung), oder daß keine gesetzlichen, insbesondere keine Vorbehaltserben vorhanden sind, oder daß der oder die Antragsteller die in der letztwilligen Verfügung undeutlich bezeichneten Bedachten sind.

Im Einzelnen ist noch Folgendes hervorzuheben:

§ **27**. Von den gesetzlichen Erben schließt der nähere den entfernteren Verwandten aus. Durch die Erbbescheinigung wird dem Grundbuchamte dargethan, wer der nächste Erbe ist. Im Falle der Erbtheilung hat demnächst derjenige, welcher für sich allein die Eintragung des Eigenthums an einem Nachlaßgrundstück beantragt, sein alleiniges Eigenthum gehörig nachzuweisen (vergl. § 37).

§ **28**. Anerkannte natürliche Kinder sind keine gesetzlichen Erben (vergl. Code civil Art. 756). Deshalb und weil sie neben den Erben stets nur einen Antheil am Nachlaß erhalten können (vergl. Code civil Art. 757), ist die Einwilligung der mit ihnen berufenen gesetzlichen Erben in die Eintragung des Eigenthums an einem zum Nachlaß gehörigen Grundstück er-

prévoit notamment pour les cas où la délivrance doit se faire par les héritiers ou les légataires universels que l'inscription des appelés doit s'opérer à la suite du consentement des personnes obligées à la délivrance ou bien à la suite de l'envoi en possession judiciaire qui en tient lieu.

Celui qui veut obtenir l'inscription de la propriété transmise à lui à cause de mort, devra prouver non seulement le décès, mais aussi son droit légal ou testamentaire à l'immeuble. Afin de rendre possible et de faciliter cette preuve sous certains rapports et afin de décharger le bureau foncier de fonctions étrangères à sa mission, un projet de loi spécial charge le tribunal cantonal compétent de délivrer sur la demande du nouveau propriétaire et vérification faite des preuves et pièces à l'appui, des certificats servant à justifier l'inscription demandée. Ces certificats établiront quels sont les héritiers légitimes les plus proches du défunt (certificats de qualité d'héritiers) ou ils énonceront qu'il n'existe point d'héritiers légitimes, notamment point d'héritiers à réserve, ou bien que le ou les requérants sont identiques avec les personnes désignées insuffisamment dans la disposition testamentaire.

Suivent quelques observations spéciales.

§ **27**. L'héritier légitime qui se trouve au degré de parenté le plus proche est préféré. Le certificat de qualité d'héritier prouvera au bureau foncier quel est l'héritier le plus proche. En cas de partage, celui qui demande son inscription comme propriétaire d'un immeuble dépendant de la succession devra prouver que la propriété lui est échue exclusivement.

§ **28**. Les enfants naturels reconnus ne sont point héritiers (voy. Code civil art. 756). Pour cette raison et puisque à côté d'héritiers ils ne peuvent jamais prendre qu'une part à la succession, le consentement de ceux-ci est nécessaire pour l'inscription des enfants naturels comme propriétaires d'un immeuble dépendant de la succession. S'ils obtiennent à défaut d'héritiers la totalité des biens, ils doivent justifier de leur envoi en possession de même que tous les autres héritiers irréguliers, tels que l'époux

forderlich. Erhalten sie mangels gesetzlicher Erben den gesammten Nachlaß, so bedürfen sie des Nachweises der gerichtlichen Besitzeinweisung, wie die übrigen außerordentlichen Erbfolger, nämlich der überlebende Ehegatte, der Staat, die Eltern sowie die außerehelichen Geschwister anerkannter natürlicher Kinder, Pflege- und Krankenhäuser (vergl. Code civil Art. 723, 724, 756, 758, 765, 766 Schlußsatz, Art. 767, 768, 770, 773 und Gesetz vom 15. pluviôse XIII Art. 8). Was insbesondere die Eltern und die außerehelichen Geschwister anerkannter natürlicher Kinder anbetrifft, so sind sie gleichfalls nicht gesetzliche Erben im Sinne des Civilrechts, sonach nicht von Rechtswegen im Besitze des Nachlasses, und es wird nur von einzelnen Schriftstellern die Ansicht vertreten, daß sie sich selbst in den Besitz des Nachlasses setzen können. Der Entwurf verlangt daher auch bezüglich dieser Erbfolger den Nachweis der gerichtlichen Einweisung.

§§ **29**, **30**. Erbvermächtnißnehmer bedürfen, wie schon hervorgehoben worden ist, der Vermittlung der etwa vorhandenen Vorbehaltserben, um den Nachlaß zu erhalten. Sie müssen daher die Einwilligung derselben in ihre Eintragung oder durch eine gerichtliche Bescheinigung das Nichtvorhandensein von solchen darthun und in diesem Falle das etwa vorhandene öffentliche Testament vorlegen. Ist das ihrem Recht zu Grunde liegende Testament kein öffentliches, so müssen sie ihre gerichtliche Einweisung nachweisen (Code civil Art. 1006, 1008).

Die sonstigen Vermächtnißnehmer haben gemäß Code civil Art. 1011, 1014 die Einwilligung der Vorbehaltserben, der Erbvermächtnißnehmer oder der gesetzlichen Erben, oder die Bescheinigung, daß Erben nicht vorhanden sind, dem Grundbuchamt vorzulegen.

Auf den überlebenden Ehegatten bezw. die Kinder eines Ehegatten, welche auf Grund Ehevertrages oder einer Schenkung unter Ehegatten Eigenthümer von Nachlaß-Grundstücken geworden oder zum Miteigenthum daran kraft des ehelichen Güterrechts berufen sind, treffen dieselben Bestimmungen zu (vergl. Code civil Art. 1082, 1084, 1086, 1096, 1401, 1404). Das Gleiche gilt für den kraft Gesetzes zum Rückfall Berechtigten, welcher durch den Tod des Beschenkten das Eigenthum an den von ihm oder seinem Ascendenten verschenkten Grundstücken von Rechtswegen erwirbt. Die für die Eintragung

survivant, l'Etat, les père et mère, ainsi que les frères et sœurs naturels, d'enfants naturels reconnus et les hospices (voy. Code civil art. 723, 724, 756, 758, 765, 766 à l. f., art. 767, 768, 770, 773 et la loi du 15 pluviôse XIII art. 8). Les père et mère ainsi que les frères et sœurs naturels d'enfants naturels reconnus ne sont, non plus que les autres personnes désignées héritiers au sens du Code civil; en conséquence ils ne sont pas saisis de plein droit de la succession; l'opinion, qu'ils peuvent s'emparer eux-mêmes de la succession, n'est partagée que d'un petit nombre d'auteurs. Le projet de loi exige donc que ces successeurs aussi prouvent leur envoi en possession par voie de justice.

§§ **29**, **30**. Ainsi qu'il a été observé, les légataires universels ont besoin de l'intervention des héritiers à réserve pour obtenir la succession. Ils sont obligés de produire le consentement de ces héritiers à l'inscription ou bien un certificat judiciaire qu'il n'en existe pas, joint au testament public, s'il y en a. Si le testament est olographe ou mystique, ils devront prouver leur envoi en possession (Code civil art. 1006, 1008).

Les autres légataires produiront au bureau foncier le consentement des héritiers à réserve, des légataires universels ou des héritiers légitimes ou bien un certificat établissant qu'il n'existe pas d'héritiers, conformément aux art. 1011, 1014 du Code civil.

Les mêmes dispositions s'appliquent au conjoint survivant ou aux enfants d'un conjoint, si ces personnes sont appelées comme propriétaires ou copropriétaires à la possession d'un bien-fonds d'une succession en vertu des droits respectifs des époux, établis par la loi, ou bien en vertu d'une donation par contrat de mariage ou entre époux (voy. Code civil art. 1082, 1084, 1086, 1096, 1401, 1404). Il en est de même de ceux qui, en vertu d'un droit de retour légal, ont acquis de plein droit après la mort du donataire la propriété d'immeubles donnés par eux-mêmes ou par leurs ascendants. Dans ces cas le consentement de l'héritier ou du légataire universel exigé

in diesen Fällen erforderte Einwilligung des Erben oder Erbvermächtnißnehmers hat hier überwiegend die Bedeutung einer Anerkennung, daß die Voraussetzungen des Rechtes bezüglich des Grundstücks zutreffen. Diese Feststellung liegt außerhalb des Bereichs der Thätigkeit des Grundbuchrichters und muß im Streitfalle durch die Gerichte geschehen.

§ **31**. Wer durch das Gericht in den Besitz des Vermögens eines Abwesenden endgültig eingewiesen ist (Code civil Art. 132), hat zwar die volle Verfügungsbefugniß über das Vermögen des Abwesenden, aber kein wahres Eigenthum daran und kann daher bezüglich der darunter befindlichen Grundstücke nicht als Eigenthümer eingetragen werden. Seine Stellung ist aber auch nicht diejenige eines gesetzlichen Vertreters des Abwesenden, er übt vielmehr eigene Rechte an dem Vermögen aus und hat nur diejenigen Grundstücke dem wieder erschienenen Abwesenden herauszugeben, welche noch vorhanden sind. Um seine Befugnisse in Bezug auf die Grundstücke klar zu stellen und die unbedingte Geltung der von ihm eigenen Namens über dieselben abzuschließenden Verträge für jeden Dritten kund zu thun, wird ihm in dem Entwurf gestattet, die Thatsache der Besitzeinweisung bei dem Namen des Abwesenden im Grundbuch vermerken zu lassen, und damit die Wirkung verknüpft, daß er gleich wie ein Eigenthümer über das Grundstück verfügen kann.

Hat bis zu dem Erscheinen des Abwesenden eine Verfügung über das Eigenthum des Grundstücks nicht stattgefunden, so soll der Vermerk, und zwar mit Einwilligung des Eingewiesenen, gelöscht werden können.

§ **32**. In Fällen des nicht durch Auflassung vermittelten Eigenthumsübergangs kann es unter Umständen nothwendig erscheinen, den nicht eingetragenen Eigenthümer zu zwingen, sich eintragen zu lassen, um die durch die vorherige Eintragung des Letzteren bedingten Handlungen gegen denselben bei dem Grundbuch vornehmen zu können. Im Entwurf ist daher der zuständigen Behörde, ferner den ohne Eintragung dinglich Berechtigten und endlich den zu einer Eintragung Berechtigten (vergl. § 56 Abs. 3) gestattet, beim Grundbuchamt die Eintragung des Eigenthümers zu beantragen. Selbstverständlich haben sie das Eigenthum nachzuweisen.

pour l'inscription est plutôt une reconnaissance, établissant que le droit est fondé relativement à l'immeuble. Cette constatation est en dehors des fonctions du juge foncier et devra être faite par les tribunaux en cas de litige.

§ **31**. Celui qui aura obtenu l'envoi en possession définitif des biens d'un absent (Code civil art. 132) en a la disposition pleine et entière, mais non la véritable propriété ; il ne pourra donc être inscrit comme propriétaire des immeubles compris dans ces biens. Il n'est non plus le représentant légal de l'absent, car il exerce des droits propres sur ces biens et il ne devra rendre à l'absent qui reparaît que les immeubles qu'il possède encore. Afin de mettre au clair ses droits sur les immeubles et de mettre en évidence que les actes et contrats passés par lui en son nom sont absolument valables à l'égard de tiers, le projet de loi permet de mentionner l'envoi en possession au livre foncier à côté du nom de l'absent en y rattachant l'effet qu'il pourra disposer du bien-fonds comme le propriétaire lui-même.

Si jusqu'au moment de la reparition de l'absent il n'a pas été disposé de la propriété de l'immeuble, la mention devra être rayée du consentement de celui qui avait obtenu l'envoi en possession.

§ **32**. Dans les cas où la propriété est transmise sans dessaisine il pourra être nécessaire de contraindre le propriétaire d'un immeuble à l'inscription de son droit de propriété afin de pouvoir faire ou faire opérer auprès du bureau foncier les actes dépendant de l'inscription préalable du propriétaire. Le projet de loi permet donc à l'autorité compétente ainsi qu'aux personnes ayant un droit réel indépendant de l'inscription et enfin aux personnes qui ont le droit éventuel de faire opérer une inscription sur l'immeuble (voy. § 56 al. 3), de requérir l'inscription du propriétaire auprès du bureau. Il est entendu qu'ils devront prouver la propriété.

Als „zuständige" Behörde im Sinne des § 32 wie der sonstigen Paragraphen, welche diesen Ausdruck gebrauchen, kann nur diejenige betrachtet werden, welche ihre Befugniß aus einem Gesetze herleitet. Eine solche gesetzliche Vorschrift, und zwar vorerst die einzige auf dem Gebiete des § 32, enthält Absatz 2, indem er als zuständig diejenige Behörde erklärt, welche die Eintragung einer Hypothek herbeizuführen berechtigt ist.

Das zu beobachtende Verfahren ist möglichst einfach gestaltet und bewegt sich ausschließlich im Geschäftskreise des Grundbuchamts. Eine Hereinziehung des Prozeßgerichts, wie sie in der preußischen Grundbuchordnung geschehen ist, erscheint nicht zweckmäßig. Gegen die Entscheidungen des Grundbuchamts ist das Rechtsmittel der Beschwerde an das Oberlandesgericht gegeben (§ 10).

Der § **33** gestattet jedem Ehegatten, bei dem Namen des als Eigenthümer eingetragenen anderen Gatten seinen Namen sowie die Thatsache und den Zeitpunkt der Verheirathung durch einen Vermerk erkennbar zu machen. Hierdurch wird an den durch Gesetz oder Vertrag begründeten Rechtsverhältnissen der Ehegatten nichts geändert, ebensowenig an der Verpflichtung des Grundbuchrichters zur Prüfung der Berechtigung und Verfügungsfähigkeit der vor ihm handelnden Ehegatten oder an der für jeden Kontrahenten bestehenden Nothwendigkeit, die Verfügungsbefugniß seines Mitkontrahenten insbesondere auch aus dem Gesichtspunkte der Verheirathung zu untersuchen. Es sollen aber jene Prüfung und diese Untersuchung erleichtert und zugleich rechtlich angreifbare Erwerbungen und Eintragungen thunlichst verhütet werden, um auf diese Weise Rechtsstreitigkeiten mit den unmittelbaren Erwerbern und Kollisionen mit dritten Erwerbern, welche ihrerseits berechtigt sein würden, sich auf den öffentlichen Glauben des Grundbuchs zu berufen, nach Möglichkeit auszuschließen. Dabei kommt hauptsächlich das Interesse des Ehemannes in Betracht, falls ein Grundstück, welches auf den Namen der Ehefrau eingetragen ist, zur Gütergemeinschaft gehört. Jeder der beiden Ehegatten aber findet in dem Vermerk eine Sicherung dagegen, daß beim Tode des andern dessen Erben die Eintragung als Eigenthümer bei den Grundstücken des Verstorbenen nicht schon auf Grund

Ne sont «compétentes» au sens du § 32 et des autres paragraphes contenant cette expression, que les autorités auxquelles la loi confère le droit à la réquisition. Jusqu'à présent il n'y a qu'une disposition légale relative aux cas du § 32, elle est contenue dans l'alinéa 2, déclarant compétente l'autorité qui a le droit de provoquer l'inscription d'une hypothèque.

La procédure, dont les formes sont les plus simples, ne dépasse le cercle des attributions générales du bureau foncier. Donc il ne semble pas opportun de suivre l'exemple de la loi prussienne sur les livres fonciers, qui a voulu recourir au tribunal compétent en cas de procès. Contre les décisions du bureau foncier il est donné le recours auprès du tribunal régional supérieur (§ 10).

Le § **33** permet à chaque époux de faire mentionner à côté du nom de son conjoint inscrit comme propriétaire son nom ainsi que le fait du mariage et l'époque où il a eu lieu. Cette mention ne change rien aux droits des époux légaux ou conventionnels, elle ne modifie non plus ni le devoir du juge foncier de vérifier les droits et les capacités de disposer des époux agissant devant lui, ni la nécessité qui incombe à chaque partie contractante d'examiner la faculté de disposer de l'autre partie surtout au point de vue du mariage. Cependant elle aura pour résultat de faciliter cette vérification et cet examen et elle servira à empêcher dans une certaine mesure des acquisitions et des inscriptions attaquables, ainsi qu'à éviter des litiges avec les acquéreurs immédiats et des collisions avec des tiers détenteurs qui, de leur côté, auraient eu le droit d'invoquer la foi publique du livre. Ce sont surtout les intérêts du mari qui sont en jeu, quand un immeuble inscrit sur le nom de la femme fait partie de la communauté. En outre la mention protégera les intérêts des deux époux, en empêchant que, au décès de l'un deux, les héritiers de l'autre n'obtiennent leur inscription comme propriétaires exclusifs des immeubles du défunt, sur production du seul certificat de qualité d'héritier; car le bureau fonder Erbbescheinigung erlangen, vielmehr eine Prüfung veranlaßt wird, ob jene Grundstücke nicht zur ehelichen Gütergemeinschaft gehört haben.

§ 34. Gemäß § 3 des Entwurfs werden über Grundstücke des Reichs, des Landes, der Bezirke und der Gemeinden keine Grundbuchblätter angelegt. Erwerben diese Rechtspersönlichkeiten Grundstücke ganz oder zum Theil, welche sich im Grundbuch verzeichnet finden, sei es durch Auflassung oder auf andere Art, so würden die Wirkungen des Eigenthumsübergangs oder der Veröffentlichung desselben an sich nur durch Eintragung des erworbenen Grundstücks oder Theils auf ein für den Erwerber anzulegendes Grundbuchblatt eintreten. Zur Vermeidung einer solchen unnöthigen Förmlichkeit soll die Wirkung auch dadurch herbeigeführt werden können, daß auf den Antrag des Erwerbers von der Uebertragung des Grundstücks oder Theilstücks abgesehen und die Eintragung nur in der Form der Abschreibung der Objekte auf dem bisherigen Blatt des Grundstücks, eintretenden Falls durch Schließung des Blattes, vollzogen wird. Die Auflassungserklärungen werden demnach in diesen Fällen in regelmäßiger Weise erfolgen und nur die Eintragung, welche sich nach dem Gesetz an die Auflassung anschließen muß (§ 20), in der abweichenden Form geschehen.

Vorausgesetzt wird für die Anwendung der Ausnahmebestimmungen, daß das Grundstück oder der Theil desselben, um welchen es sich handelt, unbelastet übergeht, weil eine Belastung nur bei eingetragenen Grundstücken denkbar ist.

§ 35. Aus dem unter II D bezüglich der Verjährung überhaupt Bemerkten folgt, daß das Recht des eingetragenen Eigenthümers sowohl der allgemeinen Klagverjährung (Art. 2262 des Code civil) als der 10- und 20jährigen Eigenthumsverjährung (Art. 2265 des Code civil) entzogen sein muß. Dieser Schutz kommt aber nur dem eingetragenen Eigenthümer, nicht dessen nicht eingetragenen Rechtsnachfolgern, auch nicht den Erben zu gute. Auch objektiv bezieht sich der Schutz auf das Grundstück nur, insoweit dasselbe nach dem Buch dem Eigenthümer gehört. Demgemäß ist auch eine Veränderung der Grenzen durch Verjährung nicht ausgeschlossen, da über diese das Grundbuch keine Auskunft gibt.

cier sera, par la mention, averti de la nécessité de vérifier si ces immeubles ont ou n'ont pas fait partie de la communauté.

§ **34**. D'après le § 3 du projet de loi, les immeubles de l'Empire, du pays, des départements et des communes n'ont pas de feuille au livre foncier. Si ces personnes morales acquièrent par dessaisine ou d'une autre manière un bien-fonds inscrit au livre, la transmission de la propriété ou la publication de la transmission ne pourraient être effectuées en principe que par l'inscription de l'immeuble sur une feuille du livre foncier à établir pour l'acquéreur. Afin d'éviter une pareille formalité inutile, le projet de loi permet de produire l'effet voulu d'une autre manière. Le juge, au lieu de transférer l'immeuble sur une feuille nouvelle à établir pour l'acquéreur, pourra, sur demande du dernier, opérer son inscription en la forme d'une simple mention sur la feuille où l'immeuble est inscrit en la déchargeant de l'immeuble, ou, le cas échéant, en faisant la clôture de cette feuille. Il ne sera rien changé aux *déclarations* de dessaisine qui se feront conformément à la règle ordinaire; seulement l'inscription qui d'après la loi doit suivre immédiatement la dessaisine (§ 25) sera effectuée d'une manière différente.

Ces dispositions exceptionnelles ne sont pas applicables si l'immeuble transféré reste grevé de charges; car l'affectation d'un immeuble exige toujours qu'il soit inscrit au nom du grevé.

§ **35**. De ce qui a été dit sub II D sur la prescription en général il s'ensuit que le droit du propriétaire inscrit est soustrait à la prescription générale de l'art. 2262 du Code civil et à la prescription de la propriété par dix et vingt ans de l'art. 2265. Mais cette garantie ne profite qu'au propriétaire *inscrit* et non pas à ses ayants droit non inscrits, y inclus les héritiers. Et la règle du § 35 ne s'applique à un immeuble, qu'en tant que celui-ci appartient d'après le livre au propriétaire inscrit. Par conséquent le changement de bornes par prescription n'est pas exclu, attendu que le livre foncier ne renseigne pas sur celles-ci.

In letzterer Beziehung verbleibt es jedoch bei den bestehenden besonderen Vorschriften, wonach, sofern eine Stückvermessung stattgefunden hat, die Ersitzung über die in der Karte verzeichneten Grenzen zum Nachtheil des im Kataster eingetragenen Besitzers ausgeschlossen ist (§ 24 Abs. 1, 3 des Gesetzes vom 31. März 1884).

§ **36**. Wie unter II F ausgeführt, dient die Vormerkung einerseits zur Erhaltung des aus einem obligatorischen Verhältnisse sich ergebenden Rechts auf Auflassung, anderseits zur Erhaltung des dinglichen Rechts auf Eintragung desjenigen, welcher, z. B. als Erbe, das Eigenthum ohne Vermittelung des Grundbuchs erworben hat. Unter den letzteren Gesichtspunkt fällt die im Abs. 2 geregelte Vormerkung zur Erhaltung des Rechts aus der Erwerbung des Antheils eines Miteigenthümers, welches sich demnächst unter der Voraussetzung der Zuweisung des Grundstücks an den Veräußernden durch Eintragung des Erwerbers auf das Grundstück verwirklicht (§ 37). Daß die Vormerkung von der vorherigen Einlegung des Einspruchs nach Art. 882 des Code civil abhängig gemacht wird, hat seinen Grund darin, daß hiervon nach dieser Gesetzesvorschrift die Wirkung der Veräußerung den Miteigenthümern gegenüber abhängt. Erfolgt die Vormerkung auf Entscheidung des zuständigen Gerichts, so hat dieses, erfolgt sie auf Bewilligung des Veräußerers, so hat das Grundbuchamt die Vorlegung des Nachweises über die Einlegung des Einspruchs zu verlangen. Sollte die Vormerkung nicht für den häufigsten Fall des Erwerbs des Antheils eines Erben unmöglich gemacht werden, so mußte sie, wie in Abs. 2 ausgesprochen, gegenüber den allgemeinen Rechtsnachfolgern auf den Todesfall schon vor deren Eintragung als Eingenthümer gestattet werden. Die Vormerkung sichert den Erwerber gegen weitere Verfügungen des Miteigenthümers über seinen Antheil, also auch gegen weitere Vormerkungen.

Ist das vorgemerkte Recht liquid gestellt, so erfolgt die definitive Eintragung auf Grund der Bewilligung dessen, gegen welchen die Vormerkung gerichtet war (§ 102 Abs. 4). Die Bewilligung hat, sofern die Vormerkung zur Erhaltung des Rechts auf Auflassung bewirkt war, durch Abgabe der entsprechenden Erklärung zu erfolgen.

Restera en vigueur sous ce rapport la disposition légale d'après laquelle la prescription des bornes indiquées sur la carte au préjudice du possesseur inscrit au cadastre, est exclue quand un arpentage a eu lieu (§ 24 al. 1, 3 de la loi du 31 mars 1884).

§ **36**. Ainsi qu'il a été exposé sub II F la prénotation sert d'un côté à conserver le droit à la dessaisine résultant d'un contrat, d'un autre côté à conserver le droit réel à l'inscription de celui qui a acquis la propriété, sans l'intermédiaire du livre foncier, comme l'héritier par exemple. C'est par ce dernier point de vue qu'est dominée la prénotation de l'alinéa 2 pour la conservation du droit résultant de l'acquisition d'une part indivise, lequel droit sera réalisé par l'inscription de l'acquéreur sur l'immeuble, dès que ce dernier sera échu au vendeur par suite d'un partage ou d'une licitation (§ 37). La prénotation ne pourra se faire que du moment où l'acquéreur a formé opposition, conformément à l'art. 882 du Code civil; la raison en est que d'après cet article l'effet de *l'aliénation* vis-à-vis des copropriétaires dépend de cette formalité. Si la prénotation doit être inscrite sur la décision du tribunal compétent, ce sera celui-ci, si elle se fait en vertu du consentement du vendeur, ce sera le bureau foncier qui demandera la justification de l'opposition faite. Si la prénotation ne devait être rendue impossible dans le cas le plus fréquent de l'acquisition de la part d'un héritier, il fallait — ainsi que le veut l'al. 2 — qu'elle fût permise contre les successeurs universels à cause de mort, quand même ceux-ci ne soient pas inscrits comme propriétaires. La prénotation garantit l'acquéreur contre les dispositions ultérieures du copropriétaire et par conséquent aussi contre des prénotations ultérieures.

Quand le droit prénoté sera liquide, l'inscription définitive s'effectuera sur production du consentement de la personne contre laquelle la prénotation a été prise (§ 102 al. 4). En cas que la prénotation avait été effectuée pour la conservation du droit à la dessaisine, le consentement se fera par une déclaration conforme (§ 21).

Die im preußischen Recht streitige Frage, ob eine Vormerkung Eintragungen auf Grund von Auflassungen oder Belastungen zum Nachtheil des vorgemerkten Rechts überhaupt ausschließe oder nur dem letzteren gegenüber unwirksam mache, entscheidet Abs. 3, in Uebereinstimmung mit der überwiegenden Meinung, in dem letzteren, die Freiheit des Verkehrs weniger belästigenden Sinne. Ist mittlerweile auf Grund einer Auflassung die Eintragung eines Dritten erfolgt, so ist derselbe, sobald das vorgemerkte Recht liquid gestellt ist, zur Anerkennung der Unwirksamkeit jener Eintragung und zur Gestattung der definitiven Eintragung des vorgemerkten Rechts verpflichtet; mittlerweile genommene Eintragungen von Hypotheken oder sonstigen dinglichen Rechten müssen auf Verlangen gelöscht werden. Im Falle des Abs. 2 braucht der Rechtsnachfolger des Theilungsgenossen die von dem Letzteren etwa zum Nachtheil seines vorgemerkten Rechts bewirkte und eingetragene Theilung nicht anzuerkennen.

§ 37. Die besonderen Anschauungen des preußischen Rechts über die Natur des Miteigenthums und Miterbenrechts sowie der Theilung (vergl. Achilles zum Gesetze vom 5. Mai 1872 Seite 79 g) haben auch die Frage der Anwendbarkeit der Form der Auflassung auf die Theilung streitig werden lassen; die neuere Richtung nimmt jedoch überwiegend an, daß dieses Rechtsgeschäft als Veräußerung im Sinne der dem § 20 des Entwurfs entsprechenden Vorschrift aufzufassen sei.

Für das Gebiet des französischen Rechts wäre an und für sich das Gegentheil anzunehmen, da die Theilung gemäß Art. 883 des Code civil keinen attributiven, sondern nur deklaratorischen Charakter hat. Dies würde jedoch nicht ausschließen, die Theilung durch positive Bestimmung der Form der Auflassung zu unterwerfen. Hiergegen spricht jedoch schon die theoretische Erwägung, daß die in Rede stehende Rechtshandlung insofern den objektiven Erwerbsgründen (Erbschaft u. s. w.) sich nähert, als ihre Wirkung nicht wie bei der Veräußerung an den Willensakt geknüpft ist und von ihm datirt, sondern von diesem Akte durch die gesetzliche Fiktion des cit. Art. 883 losgelöst und auf den Ausgangspunkt der Gemeinschaft zurückbezogen wird. Die Natur der Theilung als Willensakt wird, unter Berücksichtigung des Konsensprinzips, nur

La controverse du droit prussien à savoir si une prénotation exclut en général des inscriptions à la suite de dessaisine ou d'affectations préjudiciant au droit prénoté, ou si elle rend seulement inefficaces telles inscriptions en égard de ce droit, est décidée à l'alinéa 2, conformément à l'opinion prédominante dans ce dernier sens qui est plus favorable à la liberté de contracter. Si dans l'intervalle l'inscription d'un tiers a eu lieu à la suite d'une dessaisine, celui-ci sera tenu de reconnaître l'inefficacité de son inscription et d'admettre l'inscription définitive du droit prénoté, dès que ce dernier sera liquide; des inscriptions d'hypothèques ou d'autres droits réels prises dans l'intervalle devront être rayées sur demande. Dans le cas de l'al. 2, l'ayant droit du copartageant n'est pas tenu de reconnaître le partage effectué et inscrit au préjudice de son droit prénoté.

§ **37**. Les idées particulières du droit prussien sur la nature de la copropriété, du droit du cohéritier et du partage (voy. l'ouvrage d'Achilles sur la loi du 5 mai 1872, p. 79 g) sont cause qu'en Prusse l'application de la forme de la dessaisine au partage a été controversée; cependant l'opinion a prévalu que cet acte doit être considéré comme aliénation volontaire dans le sens d'une prescription qui correspond au § 20 de notre projet de loi.

Sous le régime du droit français il faudrait en principe suivre l'opinion contraire, attendu que le partage d'après l'art. 883 du Code civil n'a pas un effet attributif, mais seulement déclaratif. Cela n'empêcherait pas cependant de soumettre le partage à la forme de la dessaisine par une prescription positive. Mais il faut considérer que d'après la théorie déjà l'acte en question se rapproche des différentes manières d'acquérir la propriété qui n'ont pas pour base la volonté de l'acquéreur, en ce sens que son effet n'est pas, comme au cas d'aliénation, rattaché au contrat et ne date de celui-ci, mais au moyen de la fiction de l'art. 883 est séparé du contrat et rapporté au moment où la communauté a commencé d'exister. Le partage, il est vrai, a aussi le caractère d'un acte de volonté. Mais de cela on n'aura qu'à déduire la consé-

insofern zum Ausdruck kommen müssen, als zum Zweck der Eintragung der Wille der Parteien, in einer bestimmten Weise zu theilen, unter Abstraktion von dem materiellen Rechtsgeschäft, nachzuweisen sein wird. Die Prüfung des letzteren, wenn auch nur in der Richtung der Feststellung dieses Willens, würde dem Grundbuchrichter eine, zumal bei Privatakten, schwierige und zeitraubende Arbeit auferlegen.

Was aber die Frage betrifft, ob das Gesetz auch hier einen mündlichen Vertrag vor dem Grundbuchamte fordern oder mit schriftlicher Bewilligung sich begnügen soll, so muß anerkannt werden, daß die für die erstere Form sprechenden Erwägungen, soweit sie praktischer Natur sind, hier von geringerer Bedeutung, und daß namentlich Benachtheiligungen durch illoyales Verhalten, unter Benutzung der schriftlichen Form kaum zu fürchten sind. Denn die zwischen den Miteigenthümern zu Stande gekommene Theilung selbst kann von dem einzelnen Theilungsgenossen nicht mehr dadurch wirkungslos gemacht werden, daß er seinen Antheil veräußert (§ 23 Abs. 2), da der Erwerber die Theilung nach Art. 882 des Code civil nur anfechten könnte, wenn er Einspruch gegen deren Vornahme außer seiner Gegenwart erhoben und zugestellt hätte, diese Maßregel aber nach beendeter Theilung nicht mehr möglich ist. Die Sicherstellung der dem einen Theilungsgenossen durch den andern eingeräumten Hypothek kann auch ohne die Form der Auflassung herbeigeführt werden (vergl. unten zu Abs. 2). Anderseits ist auch der Erwerber des Antheils eines Miteigenthümers, wenn er die soeben erwähnte Bedingung der Ausübung seines Rechts erfüllt hat, gegen eine seinen Anspruch verletzende Theilung gesichert und kann, durch Gestattung einer Vormerkung, auch Dritten gegenüber geschützt werden. Auch die Besorgniß, daß die Betheiligten die Eintragung der Theilung zu lange hinausschieben möchten, tritt zurück, weil sich erfahrungsgemäß häufig weitere Verfügungen über das Zugetheilte an die Auseinandersetzung anschließen. Endlich aber muß die Erwägung den Ausschlag geben, daß die Form der Auflassung gerade bei der Theilung, insbesondere der Erbtheilung, wo gewöhnlich eine Reihe von Personen, die nicht selten durch große Entfernungen getrennt sind, zusammenwirken, ungeachtet der Zulässigkeit der Vertretung durch Bevollmächtigte, zu einer äußerst lästigen Erschwerung des Rechtsverkehrs führen

quence que l'inscription du partage exige la preuve que la volonté des parties de partager d'une manière déterminée soit établie, en faisant abstraction du contrat, en conformité au principe du consentement.

Le devoir d'examiner le contrat, même s'il était restreint au but de constater cette volonté de partager, imposerait au juge foncier un travail long et pénible, surtout pour les actes sous seing privé. La loi doit-elle exiger dans ce cas aussi une convention verbale devant le bureau foncier ou peut-elle se contenter d'un consentement par écrit? Il faut reconnaître que les raisons à alléguer pour la première forme, en tant du moins qu'elles sont tirées de considérations pratiques, sont ici de moindre importance. Surtout il n'y a guère à craindre que cette forme ne serve à des procédés déshonnêtes qui porteraient préjudice aux parties de bonne foi. D'abord le partage qui a été consommé entre les copropriétaires ne peut être anéanti par l'aliénation ultérieure de la part indivise d'un des copartageants (§ 23 al. 2). Car l'art. 882 du Code civil ne permet à l'acquéreur d'attaquer le partage que lorsqu'il a formé opposition à ce qu'il y soit procédé hors de sa présence, ce qui, le partage terminé, n'est plus possible. Ensuite pour garantir les effets de l'hypothèque, consentie par l'un des copartageants à l'autre, la forme de la dessaisine n'est pas de rigueur (voy. ce qui sera dit relativement à l'al. 2). D'autre part, l'acquéreur de la part indivise d'un copropriétaire aussi sera à l'abri d'un partage en fraude de son droit, dès qu'il aura fait l'opposition exigée, et il aura toute sûreté même vis-à-vis de tiers, si la loi lui permet de prendre une prénotation pour conserver son droit. De plus, il est rare que les parties intéressées diffèrent trop longtemps l'inscription des partages lesquels ordinairement sont suivis d'autres actes contenant des dispositions des copartageants sur les objets qui leur sont échus par le partage. Enfin, une autre considération doit être décisive. C'est que pour le partage précisément et en particulier pour le partage d'une succession, auquel coopèrent d'ordinaire un certain nombre de personnes souvent séparées par de grandes distances, la forme de la dessaisine, malgré l'admission de mandataires, entraverait

würde, zumal wenn die Betheiligten, z. B. wegen des Ausbleibens eines von ihnen, wiederholt vor dem Grundbuchamte erscheinen müßten. Diese Schwierigkeiten würden mindestens zu derartigen Erleichterungen der Form der Auflassung führen müssen, daß dabei das Wesen der letzteren nicht mehr bestehen könnte.

Der Entwurf entscheidet sich deshalb für die einfache schriftliche Bewilligung der übrigen Theilungsgenossen zur Eintragung desjenigen unter ihnen, welchem ein bisher gemeinsames Grundstück zugefallen ist, als Grundlage der von dem Letzteren zu beantragenden Eintragung. Die Bewilligung erfolgt abstrakt, kann aber mit dem Theilungs- oder Theilungsversteigerungsakte formell verbunden werden; die Vorlegung des letzteren wird hier (vergl. § 25 Abs. 2) nicht vorgeschrieben, da die Kosten bei den meist umfangreichen Urkunden zu bedeutend sein würden. Die Bewilligung wird im Streitfalle durch das Urtheil (§ 100) ersetzt, welches die Verpflichtung zur Abgabe der Erklärung ausspricht; der Theilungskläger wird daher möglichst schon seinen Klagantrag auf die Verurtheilung zur Abgabe der Erklärung richten. Da die Theilung das Eigenthum der Theilungsgenossen voraussetzt, so muß dasselbe zunächst durch deren Eintragung als Eigenthümer grundbuchmäßig nachgewiesen sein. Die Miterben und sonstigen allgemeinen Rechtsnachfolger auf Todesfall bezw. der Ehegatte des Erblassers sind jedoch wie zur Auflassung, so auch zu Theilung, auch ohne vorherige Eintragung befugt. Der Erbschaftskäufer wie der sonstige besondere Rechtsnachfolger eines Theilungsgenossen wird durch die im § 36 Abs. 2 vorgesehene Vormerkung legitimirt.

Nach § 60 steht den Theilungsgenossen, zur Sicherstellung der gegenseitigen Ansprüche aus der Theilung an Stelle des bisherigen Privilegs ein Recht auf Hypothek in bestimmtem Umfange zu. Die auch hier, wie analog im Verhältniß von Verkäufer und Käufer, bestehende Gefahr, daß der mit der Hypothek zu Belastende durch ungesäumte Herbeiführung seiner Eintragung und demnächstige Verfügung zu Gunsten Dritter (Auflassung, Belastung) die Hypothek wirkungslos machen könnte, macht, nachdem von der Form der Auflassung abgesehen ist, eine anderweitige Sicherung des Gläubigers erforderlich. Dieselbe wird nach Abs. 2 durch die Vorschrift erreicht, daß

énormément la marche des affaires. Cet inconvénient se ferait sentir au plus haut degré si l'absence d'une personne ou un autre motif obligeait les parties de paraître à différentes reprises devant le bureau. Pour obvier à ces difficultés, il faudrait au moins simplifier tellement la dessaisine, que le fond en serait entièrement transformé.

C'est pour ces raisons que d'après le projet de loi l'inscription d'un copartageant comme propriétaire exclusif d'un bien-fonds qui lui est échu par suite d'un partage, sera effectuée sur la demande du dernier et en vertu du simple consentement des autres copartageants. Le consentement est donné indépendamment de l'acte de partage ou de licitation; cependant il peut être inséré dans cet acte. A la différence du § 25 al. 2, la production de l'acte de partage ou de licitation souvent très volumineux n'est pas exigé, vu l'importance des frais. En cas de litige le consentement est remplacé par le jugement (§ 100) portant condamnation à donner la déclaration de consentement; donc le demandeur en partage aura soin de conclure déjà dans la demande à cette condamnation. Le partage supposant la propriété des copartageants, il faut d'abord que celle-ci soit prouvée par leur inscription comme propriétaires. Cependant les cohéritiers et autres successeurs universels à cause de mort ou bien l'époux survivant n'ont pas plus besoin d'être inscrits comme propriétaire pour consentir à l'inscription par suite de partage que pour donner déclaration de dessaisine. L'acheteur d'une succession ou tout autre successeur à titre particulier d'un copartageant est légitimé par l'inscription d'une prénotation conforme au § 36 al. 2.

D'après le § 60 le privilége des copartageants pour sûreté des prétentions réciproques résultant du partage est remplacé dans une certaine mesure par le droit au consentement d'une hypothèque. Mais le copartageant à l'égard duquel l'hypothèque doit exister pourrait éluder ce droit en se faisant inscrire incessamment et en disposant de suite en faveur de tiers par dessaisine ou affectation. Comme la forme de la dessaisine, qui dans le cas de vente sert à garantir le vendeur de l'éventualité analogue, ne sera pas appliquée au partage, il faut obvier à l'inconvénient d'une autre manière. Pour

der Antrag auf Eintragung der eingeräumten Hypothek mit der Bewilligung der Eintragung des Eigenthums verbunden und letztere an die Bedingung geknüpft werden kann, daß der einzutragende Theilungsgenosse die zur Eintragung der Hypothek erforderliche Bewilligung gleichzeitig vorlege. Auf diese Weise ist dafür gesorgt, daß die Eintragung der Hypothek sich unmittelbar an diejenige des Eigenthums des belasteten Theilungsgenossen anschließe. Damit ist der Hypothekargläubiger vor einer ihn schädigenden Auflassung Seitens seines Schuldners geschützt, welche vor dessen Eintragung nicht möglich ist (vergl. § 25 Abs. 1, 3, § 26 Abs. 1). Für den Fall aber, daß der Theilungsgenosse gleichzeitig mit der eigenen Eintragung zu Gunsten Dritter die Eintragung von Hypotheken bewilligen sollte, ist durch die Vorschrift des § 63 Abs. 2 der Hypothek des Theilungsgenossen der Vorrang gesichert.

§ 38. Nach dem unter II C Ausgeführten wirkt die Eintragung des Eigenthumsübergangs im Grundbuch nicht absolut, ist vielmehr in ihrer Wirkung und ihrem Bestande davon abhängig, daß sie selbst und ihre Voraussetzungen dem Gesetze entsprechen. Verletzt die Eintragung ein Recht, so muß dem Berechtigten die Anfechtung der Eintragung und deren Folgen, d. h. der von dem eingetragenen Eigenthümer und dessen Rechtsnachfolger vorgenommenen Rechtshandlungen eingeräumt werden. Und dies gilt nicht nur dann, wenn die Eintragung selbst oder deren abstrakte Unterlage — die Auflassung oder Bewilligung — rechtswidrig erscheint, sondern auch wenn das Gleiche bezüglich des der Auflassung zu Grunde liegenden materiellen Rechtsgeschäfts der Fall ist. Denn wenn auch von dem letzteren aus Zweckmäßigkeitsgründen bei der Eintragung abgesehen wird (§ 19), so bleibt es doch die bestimmende letzte Ursache derselben.

Der Kreis der Anfechtung ist, was die Gründe und die Anfechtungsberechtigten betrifft, unbeschränkt. Er umfaßt in jener Beziehung die Fälle der rechtlichen Nichtexistenz (z. B. wegen Irrthums hinsichtlich der Identität der Sache, wegen Mangels der causa, Simulation) wie die Fälle der Nichtigkeit, Nullität und Rescission (wegen sonstigen Irrthums, wegen

atteindre ce but, l'alinéa 2 dispose que celui qui donne le consentement à l'inscription de son copartageant pourra dans le même acte demander l'inscription de l'hypothèque consentie à lui et qu'il pourra soumettre son consentement à la condition que le copartageant qui veut être inscrit présente en même temps son consentement à l'inscription de cette hypothèque. L'inscription de l'hypothèque se rattachera ainsi immédiatement à celle de la propriété du copartageant grevé de l'hypothèque. De la sorte le dernier ne pourra au préjudice du créancier hypothécaire donner une déclaration de dessaisine, puisque celle-ci suppose qu'il soit inscrit auparavant comme propriétaire (voy. § 25 al. 1, 3, § 26 al. 1). D'ailleurs pour le cas que le copartageant consentirait l'inscription d'une hypothèque en faveur d'un tiers au moment même de sa propre inscription, la disposition du § 63 al. 2 assure la préférence à l'hypothèque consentie au copartageant.

§ **38**. D'après ce qui a été observé sub II C, l'inscription de la transmission de la propriété n'a point d'effet absolu; pour qu'elle existe en droit et produise son effet il faut que l'inscription et les actes sur lesquels elle se base soient conformes à la loi. Si l'inscription lèse un droit quelconque, la personne lésée sera autorisée de l'attaquer ainsi que les actes ultérieurs auxquels l'inscription pourra donner lieu, c'est-à-dire les dispositions du propriétaire inscrit et de ses ayants-cause en faveur de tiers. Il en est ainsi non seulement lorsque l'inscription même ou sa base formelle — la dessaisine ou le consentement — semble contraire à la loi, mais encore lorsque celle-ci se trouve en opposition avec le contrat sur lequel la dessaisine se base. Car si des raisons d'opportunité (§ 19) ont induit de rendre l'inscription indépendante du titre il n'en reste pas moins la cause fondamentale.

Il n'y a pas lieu de limiter la faculté d'attaquer l'inscription à certains cas ou à certaines personnes. Cette faculté s'appliquera aux actes non existants en droit (p. ex. dans le cas d'erreur relative à l'identité de l'objet du contrat, pour défaut de cause ou pour simulation), comme aux actes nuls ou annulables ou sujets à rescision (pour cause

Zwangs oder Betrugs, wegen Läsion u. s. w.). Neben den bei dem Eigenthumsübergang Betheiligten selbst können auch deren Gläubiger zum Zwecke ihrer Befriedigung das Recht der Anfechtung ausüben.

Der Absatz 1, welcher in diesem weiten Umfange die Anfechtung zuläßt, spricht zugleich aus, daß die Anfechtung der Eintragung selbst dann erforderlich sei, wenn die Eintragung oder das Rechtsgeschäft nach dem geltenden Rechte als rechtlich nicht bestehend anzusehen ist, einer Anfechtung im bisherigen Sinne daher nicht unterliegen würde. Es ist dies eine Konsequenz der Eintragung selbst, deren Rechtswirkungen nicht ohne Weiteres, sondern nur durch eine Richtigstellung des Buches beseitigt werden können. Hierzu bedarf es in allen Fällen der Anerkennung des Anfechtungsgrundes und der Wiedereintragung des Anfechtungsberechtigten oder einer zum gleichen Ziele führenden gerichtlichen Anfechtung.

Nach § 10 des preußischen Gesetzes wird, unbeschadet der Anfechtung auf Grund des Rechtsgeschäfts, die mangelnde Form des letzteren durch die Auflassung geheilt. Diese bei den zahlreichen Formvorschriften des preußischen Rechts dort weitreichende Vorschrift würde in Elsaß-Lothringen nur wenige Fälle (Ehevertrag, Schenkung) treffen. Dieselbe erscheint aber innerlich kaum begründet; denn wenn auch die Auflassung, weil sie vom Rechtsgeschäft abstrahirt, an und für sich, ungeachtet der Formlosigkeit des letzteren, besteht, so kann daraus nicht geschlossen werden, daß eine Vernichtung derselben aus diesem Grunde nicht gestattet werden könne. Die Interessen Dritter sind dabei nicht in Frage (vergl. Abs. 3).

Nach Absatz 3 bleiben die vor der Aufhebung des anzufechtenden Eigenthumsübergangs von dritten Personen im redlichen Glauben an die Richtigkeit des Grundbuchs erworbenen Rechte in Kraft. Nach dem hierin zum Ausdruck gelangten allgemeinen Prinzip des Gesetzes über den öffentlichen Glauben des Buches bildet die Rechtssicherheit des dritten Erwerbers die Regel, welche nur durchbrochen wird, wenn dessen böser Glaube nachgewiesen wird. Damit ist derselbe zugleich befugt, rechtswirksam zu Gunsten eines Dritten zu verfügen, ohne daß es weiter darauf ankommt, ob der Letztere etwa bezüglich der Eintragung des ursprünglichen Veräußerers

d'erreur dans les cas de l'art. 1110 du Code civil, pour vol, violence, lésion etc.). A côté des personnes intéressées à la transmission de la propriété, leurs créanciers aussi peuvent exercer le droit à la rescision afin d'obtenir paiement.

Selon l'alinéa 1 qui admet la rescision dans ce sens étendu, l'inscription devra être attaquée en justice même dans les cas où l'inscription ou le contrat sont considérés comme non existants et comme tels sont dépourvus d'effet sans que d'après la législation en vigueur il soit besoin d'une action judiciaire. C'est là une conséquence de l'inscription même dont l'effet ne peut cesser qu'à la suite d'une rectification du livre. Il faut dans tous les cas que celui qui attaque l'inscription existante de son côté soit réinscrit ou en vertu de la reconnaissance de son droit par la partie adverse ou en vertu d'un jugement remplaçant cette reconnaissance.

D'après le § 10 de la loi prussienne l'irrégularité du contrat quant à la forme est couverte par la dessaisine, sauf le droit d'attaquer l'inscription pour autre cause relative au contrat. Cette prescription qui en Prusse est d'une grande portée à cause des formalités nombreuses du droit prussien, ne s'appliquerait en Alsace-Lorraine qu'à peu de cas (contrat de mariage, donation). D'ailleurs elle ne paraît justifiée. Il est vrai que la dessaisine, étant indépendante du titre qui en est la base, subsiste malgré le défaut de forme de ce dernier, mais on va trop loin d'en tirer la conséquence que l'annulation de la dessaisine ne pourrait être admise pour la même irrégularité. Les intérêts des tiers sont entièrement en dehors de cette question (voy. al. 3).

D'après l'alinéa 3 les droits que les tiers auront acquis avant l'annulation de la transmission de la propriété attaquée en se fiant à l'exactitude du livre foncier resteront en vigueur. Il résulte du principe général du projet sur la foi publique du livre que le tiers acquéreur est généralement à l'abri de toute éventualité de rescision du droit de son auteur. Cette règle ne souffre une exception que si la mauvaise foi de l'acquéreur sera prouvée. Il s'ensuit que l'acquéreur de bonne foi aura la faculté de disposer valablement en faveur d'un tiers, même lorsque

in bösem Glauben sich befunden hat: Jeder braucht also nur hinsichtlich derjenigen Erwerbung, von welcher er sein Recht ableitet, in gutem Glauben sich zu befinden.

In bösem Glauben ist ferner nur Derjenige, welcher weiß, daß diese Eintragung unrichtig ist, d. h. das Rechtsverhältniß nicht so wiedergiebt, wie es in Wirklichkeit zur Zeit des Erwerbs sich verhält. Ohne jede Bedeutung für den rechtswirksamen Erwerb ist es also zunächst, wenn der Erwerber von einem früheren Rechtsgeschäft, welches für einen Andern ein Recht auf Auflassung begründet, Kenntniß hatte — ein Satz, welcher im preußischen Gesetz (§ 4) mit Rücksicht auf besondere Anschauungen des dortigen Rechts (dinglich wirkendes obligatorisches Recht zur Sache) ausdrücklich ausgesprochen, für das diesseitige Recht aber entbehrlich ist. Unrichtig ist die Eintragung dann, wenn das von ihr bekundete Rechtsverhältniß rechtlich nicht oder nicht mehr existirt, sei es wegen eines wesentlichen Mangels der zu Grunde liegenden Voraussetzung (Irrthum über die Identität des Grundstücks, Unterschiebung eines nicht betheiligten Dritten bei der Auflassung, Fälschung einer Erbbescheinigung u. s. w.) oder wegen Aufhebung des beurkundeten Eigenthumverhältnisses durch ein anderes (z. B. im Falle der Expropriation). Nicht als unrichtig erscheint die Eintragung dagegen, wenn sie, bezw. das zu Grunde liegende Rechtsgeschäft nur der Vernichtung wegen Nullität, Rescissibilität u. s. w. unterliegt. In diesen Fällen erwirbt der Dritte in unanfechtbarer Weise, auch wenn er die Thatsachen gekannt hat, auf Grund welcher die Eintragung der Anfechtung ausgesetzt ist.

Hat sonach der „gute Glaube" gegenüber dem gewöhnlich damit verbundenen Sinne hier nur eine beschränkte Bedeutung, so erscheint es geboten, demjenigen, welcher der Eintragung gegenüber ein besseres Recht beansprucht, die Möglichkeit einer besondern Sicherung im Grundbuch mit der Wirkung zu gestatten, daß hierdurch die Berufung des Dritten auf den guten Glauben ausgeschlossen ist. Dies geschieht durch die Vormerkung, welche Abs. 4 dem Anfechtungskläger eröffnet. Da durch diese Vormerkung Jedermann die Kenntniß des Anfechtungsgrundes ermöglicht wird, so hat es kein Bedenken, den Grundsatz des § 236 C.-P.-O., wonach die Entscheidung in rechtshängigen Sachen auch gegen den Rechtsnachfolger wirksam wird, hier

ce dernier est en mauvaise foi ayant connaissance des vices de l'inscription du propriétaire originaire. Donc la bonne foi de tout acquéreur n'est exigée que par rapport à l'inscription sur laquelle il veut fonder son droit.

Du reste la mauvaise foi ne pourra être imputée qu'à celui qui sait que l'inscription est *fausse*, c'est-à-dire qu'elle ne reproduit pas exactement la situation de droit telle qu'elle existait en réalité *au moment de l'acquisition.* Il serait donc sans importance pour l'effet de l'acquisition que l'acquéreur avait connaissance d'un contrat antérieur établissant un droit à dessaisine pour un autre. La loi prussienne (§ 4) dominée par l'idée particulière de l'effet réel d'une obligation de donner, a reconnu cette conséquence en termes exprès; le projet de loi pourra s'en passer, parce que l'idée indiquée est étrangère à notre législation. L'inscription est fausse si les droits énoncés n'existent point ou n'existent plus, soit pour raison d'un défaut essentiel de sa cause (erreur sur l'identité de l'immeuble, substitution d'un tiers au propriétaire lors de la dessaisine, falsification d'un certificat de qualité d'héritier etc.) ou pour cause de suppression de la propriété inscrite à la suite d'un droit nouvellement acquis (p. ex. en cas d'expropriation). Par contre, l'inscription n'est pas réputée fausse lorsqu'elle, ou bien le contrat sur lequel elle est fondée, sont seulement *sujets à rescision* pour cause de nullité etc. Dans ces cas, l'acquisition du tiers ne peut être attaquée, quand même s'il avait connu les faits pour lesquels l'inscription est sujette à rescision.

La «bonne foi» n'a donc ici qu'une signification relativement restreinte. Il en résulte la nécessité que celui qui prétend un droit par préférence à un droit inscrit trouve dans le livre foncier une garantie spéciale empêchant un tiers d'invoquer la bonne foi. Ce résultat est obtenu par la prénotation ouverte par l'al. 4 à celui qui attaque l'inscription en justice. Cette prénotation donnant à tout chacun la faculté de prendre connaissance du moyen d'attaque, il n'y a pas d'inconvénient d'appliquer ici le principe de litispendence — § 236 du Code de procédure civile — d'après lequel le jugement produit son effet même contre l'ayant droit. Pour admettre une telle prénotation on exige

zur Anwendung zu bringen. Die Vormerkung erfolgt auf Entscheidung des zuständigen Gerichts (§ 102), wodurch eine Gewähr dafür geboten wird, daß das Grundbuch nicht, zum Nachtheil der Freiheit des Verkehrs, auf Grund zweifelhafter Anfechtungsansprüche, mit Vormerkungen belastet werde. Hinsichtlich der definitiven Eintragung des Anfechtungsklägers nach gerichtlicher Anerkennung seines Anspruchs und der Wirkung der Vormerkung gegenüber mittlerweile genommenen Eintragungen, ist auf das zu § 36 Bemerkte zu verweisen.

Von dem preußischen Recht weicht der Paragraph, abgesehen von dem oben erwähnten Punkte, noch darin ab, daß jenes den redlichen Erwerber nur dann schützt, wenn er „gegen Entgelt", titulo oneroso, nicht wenn er unter freigebigem Titel erworben hat. Diese Unterscheidung hat in den allgemeinen Grundsätzen des französischen Rechts keine Begründung und kann um so weniger übernommen werden, als auch das Reichsgesetz über die Anfechtung von Rechtshandlungen vom 21. Juli 1879 (§ 11, Abs. 2) von anderer Anschauung ausgeht. Auch der titulo lucrativo Erwerbende wird häufig, z. B. wenn er Verwendungen auf das Grundstück gemacht hat, durch die Entziehung des letzteren, sehr unbillig betroffen. Vom rechtspolitischen Standpunkte wird das allgemeine Interesse der Sicherheit des Immobiliarverkehrs um so mehr den Ausschlag geben müssen, als sonst jede Erwerbung durch die Behauptung ihrer Unentgeltlichkeit in Frage gestellt werden könnte.

§ **39.** Das bei synallagmatischen Verträgen stillschweigend geltende gesetzliche Recht der Auflösung bei Nichterfüllung einer Vertragspartei wirkt nach Art. 1184 des Code civil nicht von Rechtswegen, sondern nur auf Grund des ergehenden Urtheils, sofern der Verurtheilte die ihm etwa vom Richter gewährte Nachfrist nicht zur nachträglichen Leistung benutzt. Dasselbe ist insbesondere für den Kaufvertrag bestimmt, in den Artikeln 1654, 1655 des Code civil. Im Grundbuchrecht kann das fragliche Recht (vergl. zu § 40) nur als ein der Vormerkung fähiger Anspruch auf Rückauflassung des Grundstücks wirksam werden. Denselben Charakter hat die Befugniß des Schenkgebers, bezw. der Erben des Testators zum Widerruf einer freigebigen Verfügung wegen Nichterfüllung der dem Beschenkten bezw. dem Vermächtnißnehmer auferlegten Leistungen

la décision du tribunal compétent (§ 102). Sans l'intervention du tribunal il serait à craindre qu'au préjudice de la marche des affaires le livre foncier ne fût encombré de prénotations, de droits douteux. En ce qui concerne l'inscription définitive du demandeur dont les droits ont été plus tard reconnus en justice et l'effet de la prénotation à l'égard des inscriptions prises dans l'intervalle, voyez ce qui a été dit au § 36.

Le § 38 diffère encore du droit prussien, en ce que ce dernier ne garantit l'acquéreur de bonne foi en cas d'acquisition à titre gratuit, mais seulement en cas d'acquisition à titre onéreux. Cette distinction n'est conforme ni aux principes généraux du droit français ni à la loi d'Empire concernant la rescissibilité d'actes du 21 juillet 1879 (§ 11 al. 2), laquelle part d'un point de vue opposé. Ajoutons que pour l'acquéreur à titre gratuit aussi l'éviction de l'immeuble peut avoir des conséquences très-injustes, p. ex. s'il a fait des améliorations. Enfin, il serait contraire au but général que le projet s'est proposé de remédier à l'incertitude des affaires concernant les immeubles, si toute acquisition pouvait être attaquée par le motif inventé qu'elle ait été gratuite. Par ces motifs le projet de loi n'a pas adopté la distinction indiquée.

§ 39. Le droit légal à la résolution d'un contrat synallagmatique donné pour le cas où l'une des deux parties n'a pas satisfait à son engagement, ne se réalise pas de plein droit. La résolution doit être demandée en justice et prononcée par jugement, et il peut être accordé au défendeur un délai pour éviter la résolution (Code civil, art. 1184). Ces dispositions sont spécialement appliquées à la vente dans les art. 1654, 1655 du Code civil. Le système du droit foncier ne considère et n'admet le droit en question que comme un droit à la redessaisine (voy. le § 40) susceptible de prénotation. Le droit du donateur ou des héritiers du testateur de révoquer une libéralité pour cause d'inexécution des obligations imposées au donataire ou légataire a la même nature (Code civil, art. 955 et 956). En principe et selon le § 36, la prénotation pourrait se faire dans les deux cas du moment où le vendeur ou donateur serait

(Code civil Art. 955, 956). In beiden Fällen würde die Vormerkung an und für sich nach § 36, also entweder auf Grund der Bewilligung des eingetragenen Eigenthümers oder der Entscheidung des Gerichts zulässig sein, sobald die Voraussetzungen zur Erhebung der Klage auf Auflösung oder Widerruf vorliegen. Mit Rücksicht auf die volkswirthschaftliche Bedenklichkeit des Resolutionsrechts, wie sie in der Einleitung geschildert ist, wird dasselbe jedoch durch den Entwurf den im § 38 enthaltenen Rechtsverhältnissen darin gleichgestellt, daß dasselbe gleichfalls nur durch Anfechtung der Eintragung geltend gemacht werden kann. Demgemäß erfolgt die Eintragung der Vormerkung auf Grund einer Entscheidung des zuständigen Gerichts, und bleiben die bis dahin von dritten Personen erworbenen Rechte in Kraft. Von einem diesen Schutz aufhebenden bösen Glauben des Erwerbers kann keine Rede sein, da die Eintragung des Eigenthümers nicht deshalb unrichtig ist, weil dessen Eigenthum der Aufhebung durch das Resolutionsrecht unterliegt (vergl. zu § 38).

Das an und für sich als vertragsmäßige Beschränkung dem § 41 und damit der sofortigen Eintragung unterliegende ausdrücklich vereinbarte Resolutionsrecht kann nicht anders behandelt werden als das gesetzliche, weil sonst zu befürchten wäre, daß diese Vertragsbestimmung in alle Veräußerungsverträge aufgenommen und demnächst eingetragen würde, wodurch die Beschränkung des gesetzlichen Resolutionsrechts illusorisch werden müßte.

Dem § 39 entspricht im Wesentlichen der § 1 des Gesetzentwurfs, betreffend Rechtsgeschäfte über Grundeigenthum u. s. w. Die völlige Beseitigung des Resolutionsrechts, im Anschluß an die entsprechende Behandlung des bedungenen Vorbehalts des Eigenthums in § 26 des preußischen Gesetzes, soll auch innerhalb des Grundbuchrechts, mit Rücksicht auf den damit verbundenen Bruch mit den allgemeinen Prinzipien des geltenden Civilrechts unterbleiben.

§§ **40** bis **42**. Die Unterscheidung der Beschränkungen des Eigenthums und der Verfügungsbeschränkungen des Eigenthümers ist zu II G bereits erörtert.

Die gesetzlichen Beschränkungen des Eigenthums, wozu insbesondere die Widerruflichkeit der Schenkung unter Eheen état d'introduire l'action en résolution ou en révocation, soit en vertu du consentement du propriétaire inscrit, soit en vertu de la décision du tribunal. Cependant les inconvénients du droit à la résolution au point de vue de l'économie politique, tels qu'ils ont été exposés au commencement, ont induit de mettre ce droit sur la même ligne que les droits dont il est question au § 38, en ce sens que le vendeur ou donateur ne peut également exercer son droit qu'en *attaquant* en justice l'inscription existante. L'inscription de la prénotation s'effectuera donc en vertu d'une décision du tribunal compétent, et les droits acquis dans l'intervalle par les tiers seront maintenus. Ici il ne peut pas être question d'une mauvaise foi de l'acquéreur, car si la propriété inscrite est sujette à rescision par suite du droit de résolution, l'inscription existante n'est pas pour cela fausse (voy. § 38).

Le droit de résolution conventionnel serait en principe soumis au § 41 et donnerait ainsi lieu à l'inscription immédiate. Or, une telle différence entre le droit de résolution légal et le même droit établi par convention aurait la conséquence de faire entrer dans le style de pratique une clause générale des contrats d'aliénation qui rendrait absolument illusoire la restriction du droit légal. On a donc appliqué au droit conventionnel la disposition relative au droit légal.

Le § 1 du projet de loi concernant les actes relatifs à la propriété foncière etc. répond au fond au § 39. L'abolition totale du droit de résolution aurait été conforme à la prescription du § 26 de la loi prussienne relative à la stipulation de la réserve de la propriété, mais elle n'a pas été adoptée, pour ne pas abandonner les principes généraux de notre droit civil.

§§ **40—42**. La distinction qu'établit le projet entre les restrictions de la propriété et celles qui empêchent le propriétaire de disposer de la propriété a déjà été développée sub II G.

Les restrictions légales de la propriété, telles que la révocabilité des donations entre époux, le droit de retour légal, les droits de retrait, le droit des héritiers à réserve

gatten, das gesetzliche Rückfallsrecht, die Näherrechte, das Recht der Erben auf Einziehung eines vom Erblasser unter freigebigem Titel veräußerten Grundstücks wegen Verletzung des Vorbehaltsrechts u. a. gehören, verfolgen alle das Interesse dritter Personen, während die gesetzlichen Beschränkungen des Verfügungsrechts des Eigenthümers — z. B. die Unveräußerlichkeit des Dotalguts, die Einschränkungen, welchen der Minderjährige unterliegt u. s. w. — zugleich oder ausschließlich im eigenen Interesse des Beschränkten bestimmt sind. Die ersteren Beschränkungen erzeugen, sobald ihre Voraussetzungen vorliegen, ein Recht auf Auflassung bezw. Rückauflassung des eingetragenen Grundstücks an den Berechtigten, die letzteren zunächst das Recht auf Anfechtung des eingetragenen Eigenthumsübergangs. Demgemäß haben auf diese Beschränkungen die §§ 36 und 38 des Entwurfs, betreffend die Vormerkung des einen oder anderen vorbezeichneten Rechtes Anwendung zu finden. Zur Beseitigung möglicher Zweifel wird dies im § 40 ausdrücklich ausgesprochen. Dritte werden sonach von jenen Beschränkungen nur in Folge der Vormerkung berührt, und letztere ist gemäß den Vorschriften der §§ 36, 38 erst zulässig, wenn die thatsächlichen Voraussetzungen des vorzumerkenden Rechts gegeben, bezw. durch Entscheidung des Richters anerkannt sind. Es entspricht dies auch dem singulären Charakter der meisten dieser Beschränkungen, welche der Sicherheit des Verkehrs widersprechen und jedenfalls insoweit nicht zu begünstigen sind, als sie die Interessen Dritter berühren.

In den Kreis des § 41 fallen alle durch Rechtsgeschäft (Vertrag oder letztwillige Verfügungen) begründeten bedingten Ansprüche auf das eingetragene Grundstück. Hauptfälle bilden: der Vorbehalt des Widerrufs, besonders beim Kauf (Rückkaufsrecht, Code civil Art. 1659 ff.), die Substitution (Code civil Art. 1048, 1049) sowie die Bestellung bedingter oder betagter Eigenthumsansprüche (vergl. Code civil Art. 1168, 1179, 1181, 1183, 1185), namentlich auch im Falle des vertragsmäßigen Rückfallsrechts bei Schenkungen (Code civil Art. 951, 952). In allen diesen Fällen werden Dritte durch die Beschränkungen nur zufolge der Eintragung der letzteren berührt, wie auch bisher schon bezüglich der Substitution die Transcription unbedingt erforderlich war, ohne daß derselben die Kenntniß von der Belastung gleichstand. Die Eintragung ist auf Grund des

en revendication d'un immeuble aliéné par le défunt à titre gratuit etc., sont toutes introduites dans l'intérêt de tierces personnes. A l'encontre les restrictions légales qui empêchent le propriétaire de disposer — p. ex. l'inaliénabilité des fonds dotaux, l'incapacité du mineur etc., — sont établies en même temps ou exclusivement dans l'intérêt de la personne même dont le droit de disposer est restreint. Les restrictions de la première espèce produisent, du moment qu'elles se sont réalisées, un droit à la dessaisine ou à la redessaisine de l'immeuble inscrit; les restrictions de l'autre espèce produisent en premier lieu le droit d'attaquer la transmission de la propriété inscrite. Par conséquent, les prescriptions des §§ 36 et 38 du projet de loi concernant la prénotation de l'un ou de l'autre de ces droits seront appliquées aux restrictions en question. Le § 40 le dit expressément pour ne pas laisser de doutes. Donc ces restrictions n'auront effet à l'égard des tiers que par suite d'une prénotation qui d'après les dispositions des §§ 36, 38 ne peut se faire que lorsque les faits dont dépend le droit à prénoter sont donnés ou bien constatés par décision judiciaire. Cela répond au caractère exceptionnel de la plupart de ces restrictions qui, compromettant la sûreté de la propriété, ne méritent pas la faveur de la loi, en tant du moins qu'elles touchent aux intérêts de tierces personnes.

Le § 41 comprend tous les droits conditionnels établis sur l'immeuble par des actes de volonté (conventions ou dispositions testamentaires). Il concerne entre autres: la réserve de la révocation, surtout en cas de vente (faculté de rachat, Code civil art. 1659 suiv.), la charge de rendre (art. 1048, 1049) ainsi que les droits de propriété établis sous condition ou avec terme (voy. Code civil art. 1168, 1179, 1181, 1183, 1185), et notamment le retour conventionnel en cas de donation (Code civil art. 951, 952). Toutes ces restrictions n'auront effet à l'égard des tiers qu'après leur inscription. De même jusqu'à présent la transcription est nécessaire en cas de substitution, sans que le défaut de transcription puisse être suppléé par la connaissance que les créanciers ou tiers acquéreurs pourraient avoir eu de la disposition. L'inscription pourra se faire de suite,

Rechtsgeschäfts sofort zulässig; dieselbe erfolgt wie bei den dinglichen Rechten auf Grund der Bewilligung oder auf den Antrag des eingetragenen oder seine Eintragung gleichzeitig erlangenden Eigenthümers, die Löschung auf Grund der Bewilligung oder auf den Antrag des Berechtigten.

Die von den §§ 40, 41 abweichende Behandlung des gesetzlichen und des vertragsmäßigen Auflösungsrechts wegen Nichterfüllung der Verbindlichkeiten des Erwerbers ist zu § 39 erörtert.

Die Wirkung der im § 42 erwähnten gerichtlichen Verfügungsbeschränkungen (Arrest, Konkurs, einstweilige Verfügungen, Subhastation) ist Dritten gegenüber von deren Kenntniß der Anordnungen oder von der Eintragung der letzteren im Buche abhängig. Vorbehalten bleibt selbstverständlich die Vorschrift des § 6 der Konkursordnung, wonach Rechtshandlungen, welche der Gemeinschuldner nach der Eröffnung des Konkurses vorgenommen hat, den Konkursgläubigern gegenüber unbedingt nichtig sind.

Schlußbemerkung zum ersten Abschnitt.

In § 7 des preußischen Gesetzes ist ausdrücklich ausgesprochen, daß der eingetragene Eigenthümer kraft seiner Eintragung befugt sei, alle Klagerechte des Eigenthümers auszuüben, und verpflichtet, sich auf die gegen ihn als Eigenthümer des Grundstücks gerichteten Klagen einzulassen. Dem öffentlichen Glauben des Grundbuchs entspricht es offenbar, daß, wer im Buche als Eigenthümer eingetragen ist, so lange als solcher, auch bezüglich seiner aktiven und passiven Legitimation im Prozesse, gilt, als nicht der Gegenbeweis geliefert ist, daß er nicht der wahre Eigenthümer ist. Der Entwurf hält diese Vorschrift jedoch für entbehrlich, um so mehr, als die Passivlegitimation des als Eigenthümer Eingetragenen gegenüber der actio hypothecaria im § 66 Ausdruck gefunden hat. Das Aussprechen jener allgemeinen Sätze erscheint aber aus dem Grunde nicht unbedenklich, weil dieselben die Folgerung nahelegen, als solle das für und gegen den Eingetragenen erlassene Urtheil auch für und gegen den wahren Eigenthümer rechtskräftig und vollstreckbar sein, wogegen sachliche Bedenken obwalten (vergl. Dernburg und Hinrichs, Das preußische Hypothekenrecht, § 21 S. 261/62).

en vertu de l'acte de volonté; elle sera effectuée ainsi que celle des droits réels sur présentation du consentement ou sur la demande du propriétaire qui est déjà inscrit ou qui obtient en même temps son inscription; la radiation sera faite sur production du consentement ou sur la demande de celui au profit duquel l'inscription était prise.

Le droit de résolution légal ou conventionnel pour cause d'inexécution des obligations de l'acquéreur n'est pas régi par les §§ 40, 41; voy. à cet égard au § 39.

Les restrictions imposées au propriétaire par décision judiciaire, qui l'empêchent de disposer de son bien-fonds, ne pourront être opposées aux tiers, à moins que la décision ait été connue aux tiers ou inscrite au livre. Il est entendu que cette disposition du § 42 ne déroge pas à celle du § 6 du Code des faillites selon laquelle après l'ouverture de la faillite les actes du failli sont nuls et sans effet vis-à-vis des créanciers de la masse.

Notes finales à la première section.

Le § 7 de la loi prussienne dispose que le propriétaire inscrit est comme tel autorisé d'exercer toutes les actions du propriétaire et d'autre part à répondre aux actions dirigées contre lui en qualité de propriétaire. C'est en effet une conséquence du principe de la foi publique du livre foncier, que celui qui y est inscrit comme propriétaire soit réputé tel aussi en justice quant au droit d'intenter une action ou d'y défendre, à moins qu'il ne soit prouvé qu'il n'est pas le véritable propriétaire. Ainsi on a cru pouvoir se passer d'une telle prescription, et cela d'autant plus qu'au § 66 il est dit expressément que l'action hypothécaire sera dirigée contre la personne inscrite comme propriétaire. D'ailleurs il semble opportun d'éviter la déclaration d'un principe dont on pourrait tirer la conclusion, qui irait trop loin, que le jugement rendu pour et contre la personne inscrite sera exécutoire pour et contre le véritable propriétaire (voy. Dernburg et Hinrichs, le droit hypothécaire prussien, § 21 page 261-62).

Ebensowenig hat der auch für Preußen kritisirte Schlußsatz des § 7 cit., betreffend die Unzulässigkeit der Einrede rei venditae et traditae, gegen den eingetragenen Eigenthümer Aufnahme gefunden (vergl. Achilles a. a. O., S. 98 ff.).

Dritter Abschnitt. — Dingliche Rechte an fremden Grundstücken, mit Ausnahme der Hypothek.

Dieser Abschnitt umfaßt die im engeren Sinne als dingliche bezeichneten, auf dauernde Beherrschung eines fremden Grundstücks gerichteten Rechte, im Gegensatz zur Hypothek. In den Kreis derselben fallen an sich nach Art. 543 des Code civil nur die einfachen Gebrauchsrechte oder persönlichen Dienstbarkeiten (Nießbrauch, Gebrauchs- und Wohnungsrecht) und die Grunddienstbarkeiten (Realservituten). Im § 47 sind den dinglichen Rechten aber aus Zweckmäßigkeitsgründen vorbehaltlich ihres eigenthümlichen Wesens die Emphyteuse, Superficies und Antichrese sowie die Pacht- und Miethrechte von über 18jähriger Dauer gleichgestellt. Daß Abgaben und sonstige Lasten des öffentlichen Rechts nicht hierher gehören, bedarf keiner Hervorhebung.

§ 43. Zur Entstehung der persönlichen Dienstbarkeiten mittels Vertrags genügt zur Zeit die einfache Willenserklärung, welche jedoch zur Wirksamkeit gegen Dritte der Transcription bedarf (Art. 1 Nr. 1 und Art. 2 Nr. 1 des Gesetzes vom 23. März 1855). Die fraglichen Rechte entstehen ferner durch Vermächtniß, oder sie beruhen auf Gesetz (der Nießbrauch der Eltern nach Art. 384 des Code civil) oder auf Ersitzung (Code civil Art. 2262, 2265).

Nach dem Entwurfe sollen nun die erwähnten Rechte, auf Grund Rechtsgeschäfts unter Lebenden, nur durch die Eintragung entstehen und durch Löschung aufgehoben werden, was den unter II C ausgeführten Erwägungen und der Analogie der Begründung des Eigenthums entspricht.

Außerhalb der Fälle des Rechtsgeschäfts unter Lebenden aber wird grundsätzlich wie auch bezüglich des Eigenthums (§ 26 Abs. 1) die Wirksamkeit der anderweitigen Entstehungsarten nach dem bestehenden Gesetze anerkannt, das so begründete Recht jedoch dem Grundsatz des öffentlichen Glaubens des

De même le projet de loi n'a pas adopté la disposition finale du § 7 cité concernant l'inadmissibilité de l'*exception* rei venditæ et traditæ contre le propriétaire inscrit, laquelle a été critiquée même en Prusse (voy. Achilles, loc. cit. p. 98 ff.).

Troisième section. — Les droits réels sur les biens-fonds d'autrui, à l'exception de l'hypothèque.

Cette section s'occupe des droits dits réels dans un sens restreint, savoir ceux qui à la différence de l'hypothèque produisent l'assujettisement *continu* d'un immeuble d'autrui. Suivant l'art. 543 du Code civil elle ne comprendrait que les simples droits de jouissance ou servitudes personnelles (l'usufruit, l'usage et l'habitation) et les services fonciers (servitudes réelles). Cependant le § 47 guidé par des raisons d'opportunité met sur la même ligne l'emphytéose, la superficie et l'antichrèse ainsi que les droits de bail, à ferme et à loyer, dont la durée excède 18 années, sans modifier par cela la nature particulière de ces droits. Il est inutile de faire ressortir que les impôts et autres charges du droit public restent hors les dispositions du projet de loi.

§ **43**. La simple déclaration de volonté suffit actuellement pour établir des servitudes personnelles. Cependant leur effet à l'égard des tiers dépend de la transcription (art. 1 n° 1 et art. 2 n° 1 de la loi du 23 mars 1855). En outre ces droits peuvent résulter de dispositions testamentaires ou de la loi (l'usufruit des père et mère, art. 384 du Code civil) ou de la prescription (art. 2262, 2265).

D'après le projet de loi les servitudes désignées, quand elles sont fondées sur des dispositions entre vifs, s'acquièrent par une inscription et s'éteignent par la radiation. Cette prescription s'accorde avec les considérations développées sub II C et avec les prescriptions concernant la manière d'acquérir la propriété.

En dehors des cas de dispositions entre vifs les servitudes personnelles comme la propriété (voy. § 26 al. 1) continueront à s'acquérir selon les lois en vigueur. Mais

Buches, unter Gestattung der Eintragung in dasselbe unterworfen. Auf diesem Gebiete erscheint es weder gerechtfertigt, die Entstehung des Rechts an die Eintragung zu binden, noch auch mit § 12 des preuß. Gesetzes vom 5. Mai 1872 dem Rechte die Wirksamkeit erst mit der Eintragung zu gestatten. Dem praktischen Bedürfniß genügt es vielmehr, wenn ein solches Recht, sofern es nicht eingetragen ist, dem gutgläubigen Dritten nicht entgegengesetzt werden kann, andernfalls aber bis zur Löschung gegen Dritte wirksam bleibt (vergl. Achilles a. a. O., S. 131 Abs. 4, S. 132/33 Nr. 1 und S. 134—136 Nr. 3).

Der Ausschluß der Ersitzung solcher Rechte gegenüber dem eingetragenen Eigenthümer (vergl. II D) liegt in der Konsequenz des § 35 Abs. 1.

§ 44. Der für die Befreiung der Grunddienstbarkeiten von der Eintragung in Preußen maßgebende Grund der geringen wirthschaftlichen Bedeutung der fraglichen Dienstbarkeiten trifft auch für Elsaß-Lothringen zu. Auch macht die große Zahl und die oft mangelnde Bestimmtheit der in Rede stehenden Dienstbarkeiten es räthlich, zur Vermeidung von Weiterungen und kostspieligen Prozessen, von jedem Zwange zur Anmeldung und Eintragung abzusehen.

Dagegen soll es den Betheiligten, wie in Preußen, unbenommen sein, auch diese Rechte, deren Entstehung und Untergang den Vorschriften des bestehenden Rechts, insbesondere auch bezüglich der Verjährung unterworfen bleibt, zur Eintragung zu bringen. Ist dies geschehen, so findet auf dieselben wie auf eingetragene persönliche Dienstbarkeiten der aus dem allgemeinen Verhältniß der Grundbucheinrichtung zur Verjährung folgende Grundsatz des

§ 45 Anwendung, wonach eingetragene dingliche Rechte dem Untergang durch Nichtgebrauch entzogen sind.

§ 46. Die Eintragung des dinglichen Rechts ist, ohne Unterscheidung der Fälle, in welchen sie zur Begründung oder nur zur Geltendmachung gegen Dritte erforderlich ist, von der Bewilligung des eingetragenen Eigenthümers oder dessen Antrag abhängig gemacht (Abs. 1). Diese Vorschrift gilt also auch dann, wenn das Recht, z. B. der gesetzliche Nießbrauch des

les servitudes acquises pourront être inscrites et elles seront soumises au principe de la foi publique du livre. Donc l'inscription ne sera ni la forme dans laquelle les droits sont établis, ni, comme l'a prévu le § 12 de la loi prussienne du 5 mai 1872, la condition dont dépend l'effet des droits établis. Il suffit qu'un pareil droit qui n'est pas inscrit ne puisse être opposé au tiers de bonne foi et d'autre part que le droit inscrit produise effet vis-à-vis de ceux-ci jusqu'au moment de la radiation (voy. Achilles, loc. cit. p. 131 al. 1, page 132-133 nº 1 et page 134-136 nº 3).

La disposition d'après laquelle ces droits ne peuvent s'acquérir par prescription contre le propriétaire inscrit (voy. II D) est une conséquence du § 35 al. 1.

§ 44. Les services réels sont en Prusse dispensés de l'inscription parce que généralement ils n'ont pas une grande importance pour la valeur des immeubles respectifs. La considération n'est pas moins vraie pour l'Alsace-Lorraine. Ces droits existant en grand nombre manquent souvent d'une délimitation précise. On ne pourrait donc forcer les parties à produire et à inscrire les services fonciers sans donner lieu à des complications et à des procès coûteux. Néanmoins ces droits, dont l'acquisition et l'extinction (par prescription ou autrement) sera régie comme par le passé par la législation actuelle, pourront être inscrits au livre si les parties intéressées le veulent. Aux services inscrits s'appliquera, comme aux servitudes personnelles inscrites, le principe du

§ 45, d'après lequel les droits réels inscrits ne s'éteignent pas par le non-usage. C'est une conséquence des règles générales déjà développées concernant la prescription.

§ 46. L'inscription d'un droit réel se fera sur la présentation du consentement du propriétaire inscrit ou bien sur sa demande, sans distinction des cas où elle est nécessaire à l'établissement du droit ou bien seulement à son exercice vis-à-vis des tiers (al. 1). Cette prescription s'applique aussi aux droits légaux, par exemple à l'usufruit des père et mère; le consentement devra être déclaré dans

Vaters, auf dem Gesetze beruht; die Bewilligung muß in diesem Fall von einem ad hoc bestellten Vertreter oder von dem Vormund, sofern dies nicht der Vater selbst ist, erklärt werden.

Mit der deklaratorischen Natur der Theilung wie der Uebersichtlichkeit des Grundbuchs ist es nicht verträglich, daß eine Eintragung auf den Antheil eines Miteigenthümers genommen wird, von welchem es ganz ungewiß ist, ob derselbe sich demnächst in ein Recht am Grundstück verwandeln wird. Die Bewilligung einer solchen Eintragung wäre daher wirkungslos.

Bewilligung und Antrag werden, dem Konsensprinzip entsprechend, abstrakt abgegeben, wobei es sich von selbst versteht, daß (vergl. § 13 des preuß. Gesetzes) das Recht und der Berechtigte bestimmt bezeichnet werden müssen, schon der Ordnung des Grundbuchs wegen, aber auch deshalb, damit Dritte die Art und den Umfang der Belastung und den Berechtigten kennen lernen können. Die Betheiligten sollen jedoch nach Abs. 2, abgesehen vom Nießbrauche, den Inhalt des Rechts in einer in der Eintragung anzuziehenden Urkunde festsetzen und diese dem Grundbuchamte vorlegen. Diese Vorschrift trägt der Vielgestaltigkeit einerseits der Grunddienstbarkeiten und andererseits der beschränkten persönlichen Dienstbarkeiten (usus, habitatio) Rechnung, deren rechtlicher Inhalt nicht schon mit dem Namen gegeben ist, sondern in jedem einzelnen Falle durch den Willen der Betheiligten verschieden bestimmt wird.

Die zur Eintragung erforderliche Erklärung kann nur von demjenigen ausgehen, welcher als Eigenthümer eingetragen ist oder seine Eintragung gleichzeitig erlangt. Anderweitige, im Hinblick auf eine künftige Eintragung ausgestellte Bewilligungen sind sonach unwirksam.

Die Bewilligung selbst kann nicht unter Bedingungen abgegeben werden, da es nicht Sache des Grundbuchrichters sein kann, von dem Eintritt oder dem Nichteintritt der Bedingung sich zu überzeugen. Dagegen kann das bestellte Recht von Bedingungen (und ebenso von Zeitbestimmungen) abhängig gemacht werden.

Die Löschung erfolgt, analog der Eintragung, auf Grund der Bewilligung oder auf den Antrag des Berechtigten.

Ueber den Ersatz der Erklärungen durch Urtheil vergl. § 100.

ce cas par un représentant ad hoc ou par le tuteur, si ce n'est pas le père lui-même.

Il ne s'accorde pas avec la nature déclarative du partage et avec la clarté nécessaire du livre foncier, qu'une inscription soit prise sur la part indivise d'un copropriétaire, parce qu'il est absolument incertain si une telle part se transformera en un droit sur l'immeuble. Le consentement à une pareille inscription serait donc sans effet.

Conformément au principe du consentement, la déclaration de consentement ou la demande sera indépendante des titres sur lequel elle est fondée. D'ailleurs le droit et la personne pour laquelle le droit est établi seront désignés d'une manière précise (v. § 13 de la loi prussienne). On doit l'exiger pour la clarté du livre et dans l'intérêt des tiers qui voudront s'informer de l'espèce et de l'étendue de l'affectation inscrite, ainsi que de la personne en faveur de laquelle elle existe. En outre, d'après l'al. 2 les parties doivent déterminer le contenu des droits autres que l'usufruit par un titre qui sera remis au bureau foncier et relaté dans l'inscription. En effet, les servitudes réelles et les servitudes personnelles restreintes (usus, habitatio) montrent dans chaque cas une telle diversité des droits désignés par le même nom, qu'il faut absolument un acte fixant les particularités du droit que les parties entendent créer.

La déclaration nécessaire à l'inscription ne pourra être donnée que par celui qui est inscrit comme propriétaire ou qui obtient en même temps son inscription. Les consentements donnés en vue d'une inscription à venir seraient donc inefficaces.

Le consentement même ne peut se faire sans conditions, attendu que l'on ne pourrait imposer au juge foncier le devoir de se convaincre de l'accomplissement ou du non-accomplissement de la condition. Par contre, le droit à inscrire pourra être établi sous condition ou avec terme.

La radiation s'effectue comme l'inscription sur présentation du consentement ou sur la demande de celui au profit duquel l'inscription était prise.

En ce qui concerne le remplacement des déclarations par un jugement, voyez § 100.

Die Vorschrift im Abs. 3 erleichtert aus Zweckmäßigkeitsgründen die Löschung, wenn bei Rechten, deren Dauer vom Leben des Berechtigten abhängt (Nießbrauch) oder zeitlich beschränkt ist, der Tod des Berechtigten nachgewiesen oder der Zeitpunkt, mit welchem das Recht aufhören soll, eingetreten ist (vergl. preuß. Grundbuchordnung § 102). Die im Abs. 2 erwähnte Vormerkung dient zum Schutze des eingetragenen Rechtes gegen die Gefahr der Löschung und hat insofern einen von dem allgemeinen etwas abweichenden Charakter.

§ 47. Die Gleichstellung der als Erbpacht im Lande vorkommenden Emphyteuse und der Superficies mit den dinglichen Rechten bezüglich der Eintragung im Grundbuch ist bereits unter II A erörtert und als lediglich formeller Natur gekennzeichnet. Der Entwurf unterzieht der gleichen Behandlung, im Anschluß an Art. 2 Nr. 1 und 4 des Gesetzes über die Transcription vom 23. März 1855, die Antichrese, ohne auch hiermit die nicht unbestrittene Natur dieses Rechtes bestimmen oder abändern zu wollen, sowie die Pacht- und Miethverhältnisse, deren Dauer 18 Jahre übersteigt. Von der Regel, nach welcher blos obligatorische Rechte in das Grundbuch nicht eingetragen werden, wird mit Rücksicht auf die praktische Bedeutung solcher langjährigen Verträge für Dritte, insbesondere für den Erwerber des Grundstücks, abgesehen. Hinsichtlich der Pacht- und Miethsverhältnisse von kürzerer Dauer verbleibt es ganz bei dem bestehenden Recht.

Im Einklang mit dem bezüglich der Transcription bestehenden Rechtszustand hat die Eintragung bei den bezeichneten Rechten nur die Bedeutung, deren Wirksamkeit gegen Dritte zu vermitteln; unter den Betheiligten besteht das Recht ohne Eintragung. Die Kenntniß der Dritten steht der Eintragung nicht gleich.

§ 48. Die hier vorgesehene Vormerkung dient wie die des § 36 Abs. 1 zur Erhaltung sowohl eines obligatorischen Anspruchs auf Einräumung eines dinglichen Rechts, als auch eines solchen, schon entstandenen und nur zur Wirksamkeit gegen Dritte der Eintragung bedürfenden Rechts. Beides wird unter der Bezeichnung „Recht auf Eintragung" zusammengefaßt.

La prescription de l'al. 3 dictée par des raisons d'opportunité facilite, pour les droits dont la durée dépend de la vie de celui auquel ils compètent (usufruit) ou qui sont limités à une époque déterminée, la radiation motivée par le cas de mort ou l'arrivée du terme (voy. la loi prussienne concernant les livres fonciers, § 102). La prénotation désignée à l'al. 2 sert à garantir le droit *inscrit* de la radiation. Elle diffère donc des autres prénotations qui servent à conserver un droit non inscrit.

§ **47**. Sub II A on a déjà parlé de la disposition qui, d'une manière purement formelle et seulement pour l'inscription au livre foncier, assimile aux droits réels la superficie et l'emphytéose, c'est-à-dire le bail emphytéotique tel qu'il est en usage dans le pays. Le projet de loi se conformant à l'art. 2 n°s 1 et 4 de la loi sur la transcription du 23 mars 1855, met sur la même ligne l'antichrèse, sans vouloir toutefois définir ou modifier la nature controverse de ce droit, ainsi que les droits de bail, à ferme et à loyer, dont la durée excède dix-huit années. L'importance que les contrats d'une telle durée ont pour les tiers et surtout pour l'acquéreur de l'immeuble justifie l'exception de la règle admise à leur égard. En ce qui concerne les droits de bail, à ferme et à loyer de moindre durée, les lois existantes resteront intactes.

L'inscription des droits précités tout comme la transcription de la législation actuelle ne sert qu'à rendre valables vis-à-vis des tiers les droits acquis; entre les parties ils existent sans inscription. La connaissance que les tiers auraient acquise de l'existence d'un tel droit ne pourrait suppléer à l'inscription.

§ **48**. La prénotation de ce paragraphe ainsi que celle du § 36 al. 1 sert à conserver soit le droit d'un créancier envers lequel le propriétaire est obligé d'établir un droit réel, soit un droit réel déjà existant qui n'a besoin d'inscription que pour produire son effet vis-à-vis des tiers. Les termes «droit à l'inscription» comprennent l'une et l'autre de ces hypothèses.

Der Zweck dieser Vormerkung erfordert lediglich, daß dem vorgemerkten Rechte die Stelle in der Reihenfolge der Eintragungen gesichert werde, während nach § 36, Abs. 3, sofern das Eigenthum des Vorgemerkten endgültig eingetragen wird, die gegen die bisherigen Eigenthümer mittlerweile bewirkten Verfügungen und Eintragungen hinfällig werden.

§ 49. Die Vorschriften des Paragraphen folgen aus der Bestimmung des § 17, Abs. 2, welcher nur dahin ergänzt wird, daß die ausnahmsweise Bestimmung der Rangordnung ausdrücklich, also nicht z. B. nur durch gleiche Numerirung der einzelnen Eintragungen, welchen derselbe Rang angewiesen wird, vermerkt werden soll.

§ 50. Es liegt kein Grund vor, die Abtretung und die Verpfändung von dinglichen Rechten, einschließlich der im § 47 bezeichneten, der Eintragung als der Voraussetzung ihrer Rechtswirksamkeit zu unterwerfen, da die Erkennbarkeit der Thatsache der Belastung, auch ohne Kenntniß der Person des Rechtsinhabers, für den Verkehr im Allgemeinen genügt. Die fragliche Form würde daher als eine unnöthige Belästigung empfunden werden, zumal bei der nur vorübergehend wirksamen Verpfändung, welche an und für sich schon an verschiedene Förmlichkeiten (Beurkundung, Zustellung und Uebergabe des Titels zufolge Art. 2075/6 des Code civil) gebunden ist. Anderseits bedarf es jedoch eines Schutzes für denjenigen, welcher ein im Grundbuch eingetragenes Recht erwerben will, gegen frühere Verfügungen des Inhabers und der Lösung der Kollision, welche zwischen mehreren Erwerbern sowie zwischen einem Erwerber und einem Pfandgläubiger entstehen kann. Der Entwurf unterwirft daher auch die fraglichen Rechtshandlungen dem Grundsatze des öffentlichen Glaubens des Buches (Abs. 1). Die Eintragung und die Löschung erfolgen analog wie bei der Begründung der dinglichen Rechte (Abs. 2).

Einer besonderen Bestimmung bedarf es nur bezüglich der Verpfändung und Pfändung des Nießbrauchs sowie der in § 47 bezeichneten Rechte, soweit bei den letzteren die erwähnten Rechtshandlungen vorkommen können. Da diese Rechte nicht den Grundstücken gleichstehen, sondern nur Rechte an Grundstücken darstellen bezw. als solche behandelt werden, so ist damit die Form der Hypothek (Code civil Art. 2118 Nr. 2) und

Le but de cette prénotation est seulement de fixer le rang du droit prénoté dans l'ordre des inscriptions, tandis que d'après le § 36 al. 3 l'inscription définitive en faveur de celui dont le droit de propriété avait été prénoté, rend inefficaces les dispositions et inscriptions effectuées dans l'intervalle à l'égard du propriétaire inscrit jusqu'alors.

§ **49**. Les prescriptions de ce paragraphe dérivent de la disposition du § 17 al. 2. Elle est seulement complétée en ce sens qu'une mention expresse est prescrite pour le cas où plusieurs inscriptions doivent avoir par exception le même rang. Il ne suffira pas de donner le même numéro aux différentes inscriptions.

§ **50**. Il n'y a pas lieu de disposer que le droit du cessionnaire ou de celui auquel des droits réels y compris ceux du § 47 sont donnés en gage ne s'acquièrent que par l'inscription, car pour les intérêts qui sont en jeu il suffit en général de publier l'existence du droit réel au moyen du livre, sans qu'il soit besoin de connaître la personne à laquelle ce droit compète actuellement. La formalité de l'inscription serait donc un embarras inutile notamment en ce qui concerne le nantissement dont les effets ne sont que passagers et qui est déjà soumis à d'autres formalités (titre, signification et remise du titre conformément aux art. 2075-76 du Code civil). Cependant il faut que celui qui veut acquérir un droit inscrit au livre foncier, soit garanti des dispositions que le possesseur de ce droit aurait fait antérieurement, et que des règles existent pour le cas où plusieurs acquéreurs ou un acquéreur et un créancier gagiste se présenteraient en même temps. C'est pourquoi le projet de loi assujettit les actes en question au principe de la foi publique du livre (al. 1). L'inscription et la radiation de ces actes s'effectueront de la manière prévue pour les droits réels (al. 2).

Une disposition spéciale n'est nécessaire que par rapport au nantissement et à la saisie de l'usufruit et des droits désignés au § 47, en tant que ces derniers peuvent être donnés en gage ou saisis. Comme ces droits ne sont pas des immeubles, mais représentent seulement des droits sur des immeubles d'autrui ou bien sont réputés tels, ils

der Zwangsvollstreckung in Grundstücke ausgeschlossen und die bei Mobiliarrechten vorgeschriebene Form (Code civil Art. 2075/6, C.-P.-O. § 729 ff.) angezeigt. Vergl. die entsprechende Bestimmung hinsichtlich des bei Anlegung der Grundbücher bestehenden Hypothekarrechts an einem Nießbrauch im § 118, Abs. 1. Die Pfändung eines solchen Rechts erfolgt nach §§ 730, 754 der C.-P.-O. durch Zustellung des gerichtlichen Gebots an den als Berechtigter eingetragenen Schuldner, sich jeder Verfügung über das Recht zu enthalten. Dieses Gebot ersetzt die Eintragungsbewilligung des Schuldners (vergl. C.-P.-O. § 731 und § 83 dieses Gesetzentwurfs).

§ **51.** Die Stellung des Grundbuchamts als einer Behörde der freiwilligen Gerichtsbarkeit, welcher das Gesetz die Fürsorge für die eingetragenen Rechte anvertraut, zeigt sich auch darin, daß das Grundbuchamt, wenn es irrthümlicherweise eine Eintragung gelöscht oder eine solche bei einem Eigenthumswechsel (Abschreiben eines Theils des Grundstücks oder Umschreiben des ganzen Grundstücks auf ein anderes Blatt) nicht übertragen hat, diese Versehen durch Wiedereintragung des Rechts mit seinem früheren Range wieder gutzumachen hat. Der Eigenthümer oder der Inhaber eines dem gelöschten gleich- oder nachstehenden Rechts haben keinen Anspruch, von einem solchen Versehen Nutzen zu ziehen, sind also auch nicht befugt, die Wiedereintragung zu verhindern oder als unwirksam anzufechten. Dagegen wirkt, zufolge des Grundsatzes des öffentlichen Glaubens des Buches, die Wiedereintragung nicht zum Nachtheil solcher dritter Personen, welche, solange die Löschung ꝛc. bestand, an dem Grundstück oder an jenen Rechten ihrerseits in redlichem Glauben Rechte erworben haben.

Vierter Abschnitt. — Das Recht der Hypothek.

Vorbemerkungen.

1) Das Institut der Hypothek hat im Laufe der Rechtsentwicklung, unter dem Einflusse wechselnder Anschauungen und Bedürfnisse, innere Veränderungen erfahren. Im römischen Recht ein streng accessorisches Recht des Forderungsberechtigten

ne pourront être nantis dans la forme de l'hypothèque (Code civil art. 2118 nº 2) ni saisis dans la procédure de l'expropriation des immeubles. Donc ces droits ne pourront être considérés par rapport au nantissement et à la saisie que comme droits mobiliers. Voy. Code civil art. 2075-76, Code de proc. civ. § 729 s. et la disposition analogue du § 118 al. 1 concernant le droit d'hypothèque sur un usufruit existant au moment de l'établissement des livres fonciers. La saisie d'un droit pareil se fera conformément aux §§ 730, 754 du Code de proc. civ., par la signification de l'ordonnance judiciaire faisant défense de disposer du droit au débiteur inscrit. Cette défense remplace le consentement du débiteur saisi à l'inscription du créancier saisissant (voy. le § 731 du Code de procédure civile et le § 83 de ce projet de loi).

§ **51**. Le bureau foncier organe de la juridiction volontaire est chargé de veiller à la conservation des droits inscrits. C'est sur ce devoir que se base la prescription du projet de loi concernant une inscription qui — par suite d'une erreur du bureau foncier — aura été rayée ou n'aura pas été transférée lors d'une mutation exigeant la décharge d'une feuille de la partie d'un immeuble ou le transport d'un immeuble entier sur une autre feuille. Une telle inscription sera rétablie avec son rang primitif. Le propriétaire ni le possesseur d'un droit égal ou postérieur en rang au droit rayé ne pourront profiter d'une pareille faute pour empêcher la réinscription ou l'attaquer comme non-valable à leur égard. De l'autre côté, la réinscription ne pourra, d'après le principe de la foi publique du livre, porter préjudice aux tiers qui avant le rétablissement de l'inscription auraient acquis de bonne foi des droits sur le bien-fonds ou qui auraient des prétentions relatives à tels droits.

Quatrième section. — Le droit d'hypothèque.

Notes préliminaires.

1º Par suite du développement des besoins de la société et des notions de droit, l'institution de l'hypothèque a subi des changements. L'hypothèque des lois romaines est

auf Einräumung des Besitzes zum Zwecke der Befriedigung durch den Verkauf der Sache wird daraus im deutschen Recht der durch gerichtliche Feststellung der Forderung anerkannte Anspruch auf Zwangsvollstreckung in das zum Pfand gesetzte Grundstück und endlich, nach der mehr oder weniger bestimmten Auffassung der modernen Gesetze, ein Anspruch auf Zahlung gegen den Inhaber des Grundstücks als solchen. Die letztere Auffassung klingt auch im französischen Recht an, insofern dasselbe den dritten Besitzer des Grundstücks für die Hypothekarforderung verpflichtet erklärt (Code civil Art. 2167); doch wird damit nicht Ernst gemacht, da der Drittbesitzer durch Einleitung des Purgationsverfahrens oder Aufgabe des Grundstücks jener Verpflichtung entgeht; praktisch wird die letztere nur dadurch, daß der mit der Hypothek Belastete die Zwangsvollstreckung für den persönlichen Anspruch in das Grundstück zu dulden hat; die actio hypothecaria ist damit im Wesentlichen gegenstandslos. Soll die Hypothek, wie es im Interesse des Realkredits nöthig ist, ohne Weiterungen realisirbar sein, so können die erwähnten dem Drittbesitzer eröffneten Möglichkeiten nicht aufrechterhalten werden; hiermit ist aber das Hypothekarrecht als ein dinglicher Anspruch auf Zahlung, welcher bei Vermeidung der Zwangsvollstreckung zu befriedigen ist, anerkannt. Dies geschieht im § 66 des Entwurfs.

2) Von wesentlichem Einfluß auf die Hypothek ist die Bucheinrichtung und der Grundsatz des öffentlichen Glaubens des Buches gewesen. Denn wenn der Schutz dieses Grundsatzes vor Allem auch dem Cessionar einer Hypothekarforderung zu gut kommen mußte, indem ihm, wenn er gutgläubig war, die Ungültigkeit der Forderung oder deren Tilgung nicht entgegengehalten werden dürfen, so war damit, im Gegensatze zum römischen Recht, eine gewisse Selbstständigkeit der Hypothek im Verhältniß zur Forderung anerkannt.

Im preußischen Gesetze von 1872 hat diese nothwendige Entwicklung zu einer doppelten Gestaltung des Rechtes als Grundschuld und als Hypothek geführt. Jene ist schon bei ihrer Entstehung als von der Forderung losgelöst gedacht; sie entsteht durch die Eintragung auf Grund der von jedem Schuldgrunde absehenden abstrakten Bewilligung des Eigenthümers. Zum Zustandekommen der Hypothek gehört dagegen

un droit purement accessoire en vertu duquel le créancier peut demander la délivrance de la chose hypothéquée pour obtenir son paiement. Selon le droit allemand l'hypothèque est le droit — reconnu par une constatation judiciaire de la créance — à l'expropriation de l'immeuble hypothéqué. Enfin selon l'idée plus ou moins arrêtée des législations modernes elle est le droit en paiement à exercer contre le détenteur de l'immeuble comme tel. On trouve des traces de cette idée dans la disposition du Code civil, suivant laquelle le tiers détenteur de l'immeuble est obligé à toutes les dettes hypothécaires (art. 2167), mais le législateur a hésité d'en tirer toutes les conséquences, puisqu'il a permis au détenteur de se libérer en purgeant l'immeuble des hypothèques ou bien en le délaissant. L'obligation ne se manifeste que par la nécessité imposée au détenteur de souffrir l'expropriation forcée de l'immeuble poursuivie contre le débiteur en vertu de son obligation personnelle. Donc l'action hypothécaire n'est guère connue dans ce système. Si dans l'intérêt du crédit réel on doit exiger une réalisation facile de l'hypothèque, les facultés de purge ou de délaissement ne sauraient être maintenues. L'hypothèque devient ainsi un droit réel au paiement, auquel droit le propriétaire doit satisfaire sous peine d'expropriation forcée de l'immeuble hypothéqué. C'est dans ce sens qu'est rédigé le § 66 du projet de loi.

2° L'introduction des livres fonciers et le principe de leur foi publique duquel a dû profiter avant tout le cessionnaire d'une créance hypothécaire ont essentiellement influé sur l'institution de l'hypothèque. Il en résultait la règle qu'à un cessionnaire de bonne foi on ne peut opposer l'exception que la créance inscrite n'est pas valable ou soldée. Par cela on reconnaissait — contrairement au droit romain — une certaine *indépendance de l'hypothèque* par rapport à l'obligation personnelle.

Ce développement naturel a eu pour résultat d'introduire dans la loi prussienne de 1872 une double forme du droit hypothécaire. Elle distingue la *dette foncière* et l'*hypothèque*. La dette foncière est, lors de son établissement, censée indépendante de l'obligation personnelle; elle est constituée par l'inscription en vertu du seul consentement

die Angabe des Schuldgrundes und die Beibringung der Schuldurkunde; sie bleibt ein zur Forderung accessorisch hinzukommendes Recht. Gegen den regelmäßig mit dem Schuldner identischen Verpfänder hat der Gläubiger daher gewöhnlich zugleich den persönlichen Anspruch, für welchen das ganze Vermögen des Verpflichteten verhaftet ist, während die Grundschuld als solche nur den dinglichen Anspruch in das belastete Grundstück mit sich bringt. Bei Verfolgung des letzteren Anspruchs stützt sich der Gläubiger nur auf die Eintragung, und es ist dem Eigenthümer überlassen, durch die ihm obliegende Klarlegung des zu Grunde liegenden materiellen Rechtsverhältnisses die etwaige Ungültigkeit der Eintragung geltend zu machen. Die Hypothekarforderung ist dagegen von vornherein individuell bestimmt und damit deren Bestreitung erleichtert. Soweit aber demnächst ein fernerer Inhaber des einen oder anderen Anspruchs dem Eigenthümer gegenübersteht, verwischt sich, von untergeordneten Abweichungen abgesehen, der Unterschied zwischen beiden Instituten, indem hier wie dort der Rechtsnachfolger gegen Einreden aus der Person seines Vorgängers Schutz genießt.

3) Mit der Selbstständigkeit der Hypothek steht die Entwicklung der Eigenthümer-Hypothek in nahem Zusammenhange. Während das römische Recht und ebenso die französische Gesetzgebung (Code civil Art. 1251 Nr. 2) in gewissen Fällen den Eigenthümer, der nicht zugleich persönlicher Schuldner ist, bei Erwerb der Hypothekarforderung zugleich als Hypothekargläubiger anerkennt, ist schon die ältere preußische Gesetzgebung, unter Anerkennung dieses Verhältnisses, weiter dahin fortgeschritten, dieselbe Stellung auch dem persönlich haftenden Eigenthümer, namentlich bei Befriedigung des Gläubigers, zuzugestehen, und endlich wurde in dem Gesetze für Neuvorpommern und Rügen vom 21. März 1868 (§ 81) sowie in dem Gesetze von 1872 dem Eigenthümer gestattet, von vornherein eine Hypothek bezw. Grundschuld auf seinen Namen eintragen zu lassen. Die Wirkungen der Eigenthümer-Hypothek bestehen darin, daß der Eigenthümer die — bisher einem Dritten zustehende — Hypothek auf seinen Namen umschreiben, über dieselbe durch Abtretung, Verpfändung, Einräumung des Vorrangs, verfügen und sie im Falle der Zwangsversteigerung geltend machen kann.

du propriétaire, abstraction faite de toute indication de la cause de la dette. L'hypothèque par contre suppose que cette cause soit indiquée et que le titre soit produit; elle reste un droit accessoire à l'obligation personnelle. Ainsi, le créancier qui a une hypothèque, a en même temps un droit personnel contre le propriétaire hypothéquant, qui ordinairement sera identique avec le débiteur personnel, et le propriétaire répond de cette dette par la totalité de ses biens. La dette foncière, par contre, n'implique pour le créancier que le droit réel sur l'immeuble grevé. Le créancier pour exercer ce droit réel se fonde sur l'inscription seule; c'est au propriétaire d'en faire valoir l'inefficacité si elle existe, en mettant au clair les obligations réciproques existant entre lui et le créancier. La dette hypothécaire d'autre part est dès l'abord déterminée et par conséquent plus facile à contester. Mais dès que le propriétaire se trouve en face d'un tiers acquéreur ou de la dette foncière ou de l'hypothèque, la différence entre les deux formes hypothécaires disparaît, sauf quelques particularités d'un ordre inférieur, puisque sous le régime de l'une et de l'autre, les exceptions du chef de l'auteur ne peuvent pas être opposées à l'acquéreur.

3° L'indépendance de l'hypothèque dans le sens indiqué conduit à la création de *l'hypothèque du propriétaire*. Le droit romain et le droit français (Code civil, art. 1251, n° 2) ont déjà dans certains cas reconnu comme créancier hypothécaire le propriétaire ayant acquis la créance hypothécaire s'il n'en est pas à la fois le débiteur personnel. Mais la législation prussienne est de tout temps allée plus loin en accordant le même avantage au propriétaire qui est débiteur personnel, surtout pour le cas de paiement du créancier. Enfin, la loi du 21 mars 1868 (§ 81) pour la Poméranie citérieure et l'île de Rügen, ainsi que la loi de 1872 ont autorisé le propriétaire à faire inscrire dès l'abord une hypothèque ou une dette foncière en son nom. Les effets de l'hypothèque du propriétaire consistent en ce que celui-ci peut faire transférer à son propre nom l'hypothèque qui appartenait jusqu'alors à un tiers, qu'il peut en disposer par cession, nantissement, cession de priorité, et qu'il peut également la faire valoir en cas de vente forcée du bien-fonds.

Hervorgerufen ist dieses neue Institut durch das praktische Bedürfniß des Eigenthümers, beim Wegfall einer Hypothekarforderung durch Verfügung über die mit derselben verbundene Sicherheit und Rangstellung sich weiteren Kredit zu verschaffen. Ein berechtigtes Interesse der nachstehenden Gläubiger steht dem nicht entgegen, da dieselben Anspruch auf Befriedigung nur innerhalb der von ihnen ursprünglich angenommenen Reihenfolge haben. Damit nun jenes Bedürfniß auch in dem Falle befriedigt werden konnte, in welchem der Anlaß zu weiterer Inanspruchnahme des Kredits nicht schon bei der Befriedigung des Gläubigers, sondern erst in der Folge eintritt, war es geboten, den Eigenthümer sofort als Inhaber der nach allgemeinen Grundsätzen untergehenden Hypothek anzuerkennen. Weiter sollte dem Eigenthümer aber auch, wenn er, noch unbelastet, auf zweite oder fernere Hypothek Kredit erlangen kann, ermöglicht werden, die erste Stelle für ein in ungünstigerer Zeit eintretendes Kreditbedürfniß aufzusparen. Deshalb wird ihm durch die am weitesten fortgeschrittene Grundbuch-Gesetzgebung sogar gestattet, von vornherein eine Hypothek auf seinen Namen eintragen zu lassen.

4) Der Standpunkt des Entwurfs gegenüber den zu 2. und 3. erwähnten neuen Rechtsformen kann, so bestritten deren theoretische Konstruktion auch ist, ein ablehnender nicht sein, da dieselben den Bedürfnissen des Kredits entsprechen. Die Selbstständigkeit der Hypothek, insoweit der Erwerber gegen Einreden aus der Person des Rechtsvorgängers geschützt wird, und die Eigenthümer-Hypothek als das Mittel, im Falle der Vereinigung des Eigenthümer- und Gläubigerrechts oder der Befriedigung des Gläubigers dem Eigenthümer die bestehende Grundlage für weiteren Kredit zu erhalten, sind daher im Entwurfe anerkannt (vergl. §§ 67, 90, 92-94).

Dagegen ist die Grundschuld neben der Hypothek und ferner die Möglichkeit der unmittelbaren Begründung der Eigenthümer-Hypothek nicht übernommen. Mögen diese beiden Einrichtungen auch als logische Entwickelungen der vorerwähnten neuen Anschauungen erscheinen und mit der Grundschuld gewisse Vortheile, insbesondere für die Bucheinrichtung, sich verbinden, so wird doch nicht anzuerkennen sein, daß ein praktisches Bedürfniß die Einführung dieser der bisherigen Rechtsanschauung gänzlich fremden Institution erheische; von

Cette institution nouvelle doit son existence au désir motivé du propriétaire de se procurer après l'extinction d'une créance hypothécaire un nouveau crédit en disposant de la garantie et du rang que cette hypothèque comportait. Elle ne préjudicie point à un intérêt fondé des créanciers postérieurs, puisque ceux-ci n'ont droit au paiement que suivant leur ordre originaire. Afin de pouvoir satisfaire au besoin de crédit dans le cas où il ne se fait sentir qu'après le paiement d'un créancier, il fallait reconnaître que l'hypothèque qui devait s'éteindre d'après les principes généraux du droit reste conservée entre les mains du propriétaire. Mais on a voulu encore venir en aide au propriétaire qui non grevé jusqu'alors d'hypothèque peut obtenir les deniers nécessaires sur deuxième ou troisième hypothèque et veut réserver le premier rang hypothécaire pour trouver du crédit à un moment ultérieur où sa situation sera peut-être plus gênante. C'est pourquoi la législation foncière la plus avancée permet même au propriétaire de faire inscrire dès l'abord une hypothèque en son nom.

4° Malgré les difficultés qu'on trouve en théorie de donner une base incontestée à ces nouvelles notions de droit, le projet de loi ne saurait ignorer les principes expliqués sub 2 et 3, parce qu'ils répondent à un vrai besoin du crédit. Le projet de loi reconnaît donc d'une part l'indépendance de l'hypothèque en ce sens que les exceptions du chef d'un créancier antérieur ne peuvent être opposées à l'acquéreur de l'hypothèque; et, d'autre part, l'hypothèque du propriétaire, qui dans le cas de fusion des droits de propriétaire et de créancier ou de paiement du créancier servira à conserver au propriétaire la base existante pour se procurer un crédit ultérieur (voy. §§ 67, 90, 92 et 94).

Par contre, il n'adopte ni la dette foncière ni la faculté accordée au propriétaire d'établir tout d'abord une hypothèque en son nom. Il faut en convenir que ces deux institutions peuvent être déduites logiquement des nouvelles idées sus-exposées. Il est vrai aussi que la dette foncière offre des avantages particuliers, notoirement pour l'organisation des livres fonciers. Mais l'introduction de cette institution entièrement étrangère à la législation actuelle,

der Grundschuld wird auch in Preußen verhältnißmäßig nur wenig Gebrauch gemacht. Anderseits liegt aber die Gefahr eines Mißbrauchs zu schädlicher Mobilisirung des Grundbesitzes und wucherlicher Ausbeutung bei jenen Einrichtungen nahe.

5) Im Zusammenhange mit der geschilderten Entwicklung steht die Bedeutung des Hypothekenbriefs im Grundbuchrecht.

Der Immobiliarkredit wird in hohem Grade gefördert, wenn dem Gläubiger die jederzeitige leichte Realisirbarkeit seiner Forderung gesichert ist. Die Uebertragung der Hypothek kann deshalb nicht an die Eintragung im Buche, vielmehr nur an die mit der entsprechenden Absicht bewirkte einfache Uebergabe der über die Hypothekarforderung aufgenommenen Urkunde geknüpft werden. Zu diesem Zwecke muß aber die letztere nicht allein über die Hypothek, sondern über die ganze hypothekarische Belastung des Grundstücks in zweifelloser Weise Aufschluß geben, die Uebereinstimmung zwischen Buch und Urkunde gewährleistet sein. Deshalb ist vorzuschreiben, daß Einschreibungen, welche das Rechtsverhältniß aus der Hypothek betreffen, nur gegen Vorlegung des Hypothekenbriefs erfolgen und daß alle solche Eintragungen zugleich auf dem Hypothekenbrief vermerkt werden. Da die so gestaltete Urkunde zur Uebertragung der Forderung dient, so kann der Eigenthümer mit Sicherheit nur gegen Herausgabe des Briefes zahlen. Hiernach dient der Hypothekenbrief als Beweis für die vollzogene Eintragung wie jetzt das Zeugniß des Hypothekenbewahrers auf dem von ihm zurückzugebenden bordereau, ferner als Hypothekenauszug, als Legitimationspapier für den Verkehr mit dem Grundbuchamt, endlich als Voraussetzung für die Entgegennahme der Zahlung und die Quittirung, sowie als Mittel der Uebertragung der Hypothek. Der Entwurf verwirklicht diese verschiedenen Seiten des Hypothekenbriefs in den §§ 55, 78—80, 82—84, 87, 88.

Ein Bild des Hypothekenbriefs geben die in der Anlage beigefügten Muster.

6) Der formellen Bedeutung der Eintragung und dem Konsensprinzip entspricht es in gleicher Weise, daß die Hypothek grundsätzlich nur entsteht durch Eintragung, auf Grund

n'est point exigée par un besoin réel. Même en Prusse la dette foncière est relativement peu usitée. D'autre part, il serait à craindre qu'on fît abus des institutions dans le sens d'une mobilisation fâcheuse de la propriété foncière et de l'exploitation usuraire de la population.

5° La direction que le développement des idées sur le régime hypothécaire a prise, explique la place que la lettre d'hypothèque occupe dans le système du droit foncier. En effet, il présente un progrès considérable en matière de crédit réel que de mettre le créancier à même de réaliser à tout moment sa créance. C'est pourquoi la transmission de l'hypothèque ne doit dépendre de l'inscription au livre foncier, mais seulement de la remise du titre de la dette hypothécaire faite dans l'intention de transmission. Pour se prêter à ce but, le titre devra renseigner d'une manière sûre, non seulement sur l'hypothèque qu'on va céder, mais aussi sur l'affectation hypothécaire de l'immeuble en général, ce qui suppose qu'il y ait une harmonie parfaite entre ce titre et le livre foncier. Il est donc nécessaire de prescrire que les inscriptions concernant l'affectation hypothécaire ne pourront s'effectuer que sur production de la lettre d'hypothèque et qu'elles soient mentionnées sur celle-ci. La lettre d'hypothèque servant à la transmission de la créance, le propriétaire ne pourra payer sûrement que contre remise de la lettre. La lettre d'hypothèque prouvera donc comme le certificat du conservateur des hypothèques sur le bordereau à rendre, *que l'inscription a été effectuée*; elle remplacera *l'extrait hypothécaire;* elle servira de *légitimation* devant le bureau foncier et vis-à-vis de ceux qui veulent *effectuer le paiement et recevoir quittance; elle sera enfin le moyen de la transmission de l'hypothèque.* Le projet de loi réalise ces différentes qualités de la lettre d'hypothèque dans les §§ 55, 78 à 80, 82 à 84, 87, 88.

Des modèles de lettres d'hypothèques sont annexés à ces motifs.

6° Il convient également à l'effet formel de l'inscription et au principe du consentement que l'hypothèque ne s'acquiert en principe que par l'inscription effectuée ou en vertu du consentement du débiteur qui ne peut être rem-

der Bewilligung des Schuldners, welche nur durch Verurtheilung desselben zu entsprechender Erklärung und in gewissen Fällen durch das Ersuchen der zuständigen Behörde ersetzt werden kann. Die gesetzlichen Hypotheken, die Privilegien (im Wesentlichen) und die Urtheilshypothek des französischen Rechts sind mit dem System nicht vereinbar.

Nachdem durch den Gesetzentwurf, betreffend Rechtsgeschäfte über Grundeigenthum u. s. w., die Beseitigung der Urtheilshypothek vorgesehen ist, werden neben der Konventionalhypothek bei Anlegung des Grundbuchs noch bestehen:

a) Die Vorzugsrechte des Verkäufers und des Theilungsgenossen; dieselben werden im Entwurf in Rechte auf Bewilligung einer Hypothek umgewandelt (§ 60);
b) Das Privileg der Nachlaß-Gläubiger und Vermächtnißnehmer; dasselbe lebt als einfaches Trennungsrecht fort (§ 103);
c) Die vom Gerichte bezw. dem Familienrathe bestellte Hypothek zu Gunsten der Ehefrau und des Mündels, sowie
d) Die gesetzliche Hypothek des Staats für Strafgerichtskosten; dieselben (c u. d) werden künftig auf Ersuchen der Behörde als Hypotheken eingetragen (§ 54 Nr. 2).

Der § 52 beseitigt die Privilegien unter Vorbehalt der etwa bei Regelung der Zwangsvollstreckung zu berücksichtigenden Vorrechte. Insbesondere wird dort zu entscheiden sein, ob dem betreibenden Theil ein Privileg eingeräumt werden soll.

§ 53. Indem der Entwurf ausspricht, daß die Hypothek durch die Eintragung im Grundbuch entsteht, schließt er jede anderswie zu begründende Hypothek grundsätzlich aus. Der Wille der Betheiligten, wenn auch in notarieller Form ausgedrückt, das Urtheil des Gerichts auf Bestellung einer Hypothek oder dessen sonstige bezügliche Entscheidung (Hypothek der Ehefrau), sowie das Gesetz (§ 60) können daher für sich eine Hypothek nicht begründen, stellen vielmehr nur Titel zur Hypothek dar. Bis zur Eintragung besteht auch unter den Betheiligten kein dingliches Recht, so daß ein Dritter, auch wenn derselbe den zwischen Jenen abgeschlossenen Vertrag wegen

placé que par sa condamnation à donner la déclaration respective, ou dans certains cas sur la réquisition de l'autorité compétente. Les hypothèques légales, les priviléges (en général) et l'hypothèque judiciaire sont incompatibles avec ce système.

Le projet de loi sur les actes relatifs à la propriété foncière etc. supprimant l'hypothèque judiciaire, maintient à côté de l'hypothèque conventionnelle les droits de préférence suivants :

a) Les priviléges du vendeur et du co-partageant ; le projet les transforme en droit au consentement d'une hypothèque (§ 60) ;
b) Le privilége des créanciers d'une succession et des légataires ; ce privilége est maintenu comme simple droit à la séparation (§ 103) ;
c) L'hypothèque établie par le tribunal ou le conseil de famille en faveur de la femme et du mineur, ainsi que
d) l'hypothèque légale du Trésor public pour les frais de justice ; celles-ci (c et d) seront dorénavant inscrites comme des hypothèques simples sur la réquisition de l'autorité compétente (§ 54, n° 2).

Le § **52** supprime les priviléges en réservant les droits de préférence qui pourraient être reconnus par les dispositions concernant l'exécution forcée, surtout en faveur du poursuivant.

§ **53**. Le projet de loi énonçant que l'hypothèque est constituée par l'inscription au livre foncier, exclut toute autre manière de constituer hypothèque. Donc ni la volonté des parties, même exprimée par acte notarié, ni le jugement condamnant à l'établissement d'une hypothèque, ni une autre décision judiciaire (hypothèque de la femme), ni une disposition de la loi (§ 60) suffisent à conférer une hypothèque; tous ces actes ne représentent que des titres donnant lieu à l'inscription. Même entre les parties il n'existe point de droit réel avant l'inscription de ce dernier, de sorte qu'un tiers qui aurait acquis connaissance d'une convention par laquelle le propriétaire s'est obligé à

Begründung der Hypothek kannte, bis zur Eintragung der letzteren das Grundstück frei von Lasten bezw. selbst noch eine Hypothek mit dem durch deren Eintragung bestimmten Range erwerben kann; von bösem Glauben des Erwerbers kann dabei nicht die Rede sein, da eine Unrichtigkeit des Grundbuchs nicht in Frage steht.

Der Inhalt der Eintragung hat dem Inhalte der Eintragungsbewilligung zu entsprechen und ergiebt sich aus der hierüber getroffenen Vorschrift (§ 58).

Nach § 54 erfolgt die Eintragung regelmäßig auf Grund der Bewilligung oder auf den Antrag des eingetragenen oder seine Eintragung gleichzeitig erlangenden Eigenthümers, sofern der Schuldgrund angegeben und die Schuldurkunde vorgelegt ist.

Fehlt es an der Bewilligung oder ist der Bewilligende nicht eingetragen oder trotz der Eintragung nicht Eigenthümer, so kommt eine gültige Hypothek nicht zu Stande, vorbehaltlich des dem Gläubiger bezw. dem dritten Erwerber der Hypothek aus dem guten Glauben des Buches (vergl. § 38 Abs. 3 und § 67) erwachsenden Schutzes.

Die Vorschrift, daß der Bewilligende spätestens gleichzeitig mit der Bewilligung als Eigenthümer eingetragen sein muß, schließt jede frühere Bewilligung, etwa für den Fall, daß der Bewilligende demnächst eingetragen werde, — abgesehen von dem Falle des § 56, Abs. 3 — schlechthin aus; eine solche Bewilligung ist unwirksam und vom Grundbuchamte zurückzuweisen. Ein praktisches Bedürfniß, von der Strenge dieses Grundsatzes abzuweichen, besteht nicht, insbesondere auch nicht für den Verkäufer, da derselbe bei der Auflassung die sofortige Eintragung der ihm als Sicherheit zu bestellenden Hypothek (vergl. § 63, Abs. 2) oder diejenige einer Vormerkung (§ 57) herbeizuführen in der Lage ist.

Dem Konsensprinzip entsprechend erfolgt auch hier die Eintragung auf den abstrakten Antrag, bezw. auf Grund der entsprechenden Bewilligung des Eigenthümers, welche, abgesehen vom Falle der Nr. 2, nur durch gerichtliches Urtheil ersetzt werden kann (vergl. § 100). Da jedoch die Hypothek ein accessorisches Recht ist, welches ohne eine Forderung nicht entsteht, und dessen Eintragung nach § 66 den dinglichen Anspruch gegen jeden Eigenthümer eröffnet, so bedarf es einer

établir une hypothèque pourra néanmoins, tant que cette dernière n'est inscrite, acquérir, soit l'immeuble libre de charges, soit une hypothèque au rang déterminé par son inscription; il ne peut pas être question en ce cas de mauvaise foi de la part de l'acquéreur, puisque il ne s'agit pas d'une inexactitude du livre foncier.

Le contenu de l'inscription répondra à celui du consentement; voyez la prescription du § 58.

D'après le § 54, l'inscription s'effectuera régulièrement en vertu du consentement ou sur la demande du propriétaire qui est déjà inscrit ou qui obtient en même temps son inscription, pourvu que la dette soit indiquée et que le titre en soit produit.

Faute de consentement ou d'inscription du consentant ou si celui-ci, malgré l'inscription, n'est pas propriétaire, il ne peut pas être constitué d'hypothèque valable, sauf la garantie résultant de la foi du livre en faveur du tiers-acquéreur de l'hypothèque (voy. § 38 al. 3 et § 67).

La prescription d'après laquelle l'inscription du consentant comme propriétaire doit être faite au plus tard au moment où le consentement est donné, exclut purement et simplement tout consentement antérieur, à donner p. ex. en vue de l'inscription future du consentant — excepté le cas mentionné au § 56 al. 3; un pareil consentement serait sans effet et devrait être rejeté par le bureau foncier. Il ne semble pas nécessaire de modérer la rigueur de ce principe; on fait observer que notamment le vendeur lors de la dessaisine sera à même de faire effectuer incessamment l'inscription de l'hypothèque à établir à son profit (voy. § 63 al. 2), ou bien de demander l'inscription d'une prénotation (§ 57).

Conformément au principe du consentement, dans ce cas aussi l'inscription se fera sur la simple demande ou bien en vertu du consentement du propriétaire qui ne pourra être remplacé que par jugement (§ 100), sauf le cas de l'al. 2. Cependant comme l'hypothèque est un droit accessoire qui ne peut être constitué indépendamment d'une dette et dont l'inscription confère au créancier d'après le § 66 le droit réel contre chaque propriétaire, il faut

gewissen Garantie für das Bestehen der fraglichen Voraussetzung. Zu diesem Zwecke ist nicht blos, wie bezüglich der Auflassung (§ 25, Abs. 2) und der Bewilligung zur Eintragung dinglicher Rechte (§ 46, Abs. 2), die Bezeichnung des Rechtsgeschäfts bezw. die Beibringung einer Urkunde darüber instruktionell vorgeschrieben, sondern die Eintragung außer von der Bewilligung noch von der Angabe des Schuldgrundes und der Vorlegung der Schuldurkunde abhängig gemacht. Der Grundbuchrichter hat daher gemäß § 19 Abs. 1 und vorbehaltlich der im Abs. 2 daselbst gezogenen Schranke, zu prüfen, ob diese Voraussetzungen vorliegen.

Der Antrag, bezw. die Bewilligung können auch mit der Schuldurkunde verbunden werden, welche aus den zu § 75 zu erörternden Rücksichten auch künftig regelmäßig notariell verbrieft werden wird.

Zum Ersuchen um Eintragung einer Hypothek gegen den eingetragenen Eigenthümer werden, in Gemäßheit des Gesetzentwurfs, betr. Rechtsgeschäfte über das Grundeigenthum u. s. w., künftig befugt sein:

das zuständige Amtsgericht bezüglich der vom Familienrath zu Gunsten des Mündels; bezw. vom Amtsgericht zu Gunsten des Geisteskranken bestellten Hypothek;

das zur hypothekarischen Belastung des Grundeigenthums des Ehemanns zu Gunsten der Ehefrau schreitende Amtsgericht;

die zur Wahrung der gesetzlichen Hypothek des Staats für Strafgerichtskosten berufene Behörde.

§ **55**. Der in den Vorbemerkungen (Nr. 5) charakterisirte Hypothekenbrief stellt die Urkunde über den dinglichen Anspruch dar, mit welcher die Schuldurkunde nur behufs Feststellung des individuellen Schuldgrundes (vergl. zu § 54 Nr. 1) verbunden werden muß, was in der Praxis durch Schnur und Siegel geschieht. Die Eintragungsbewilligung wird nur zu den Grundakten genommen.

Der Hypothekenbrief wird, außer der ihn als solchen und bezüglich seines Gegenstandes bezeichnenden Ueberschrift, vor Allem den vollständigen Eintragungsvermerk und sodann die für die Sicherheit der Hypothek erforderlichen Nachrichten enthalten. Das Nähere ist den Ausführungsbestimmungen des

une certaine garantie de l'existence de la dette. Le projet de loi ne peut se contenter, comme il a fait pour la dessaisine (§ 25 al. 2) ou le consentement à l'inscription de droits réels (§ 46 al. 2), de prescrire, à titre d'instruction seulement, la désignation du contrat ou bien la présentation du titre. Il exige pour l'inscription que dans le consentement la cause de la dette soit indiquée et que le titre de la dette soit produit. Le juge foncier doit vérifier d'après le § 19 al. 1 et sauf la restriction de l'alinéa 2 de ce §, si ces conditions sont accomplies.

La demande ou le consentement peuvent être joints au titre de la dette qui d'ailleurs et pour les raisons à exposer au § 75 sera régulièrement passé devant notaire.

Conformément au projet de loi concernant les actes relatifs à la propriété foncière etc., seront appelés à requérir l'inscription d'une hypothèque contre le propriétaire inscrit:

le tribunal cantonal compétent en ce qui regarde l'hypothèque établie par le conseil de famille en faveur du mineur ou de l'interdit ou l'hypothèque constituée par le tribunal lui-même en faveur de l'aliéné;

le tribunal cantonal procédant à l'affectation hypothécaire des immeubles du mari en faveur de la femme;

l'autorité compétente en ce qui concerne l'hypothèque légale du trésor public pour les frais de justice.

§ **55.** La lettre d'hypothèque caractérisée dans les notices préliminaires n° 5 représente le titre relatif au droit réel. Le titre relatif à l'obligation personnelle n'y sera annexé que pour constater la cause individuelle de la dette (voy. au § 54 n° 1); on attachera une pièce à l'autre avec un cordon scellé. Le consentement à l'inscription sera incorporé au dossier foncier.

L'intitulé de la lettre d'hypothèque la désigne comme telle en ajoutant l'objet de l'hypothèque. La lettre contient en premier lieu le texte complet de l'inscription et ensuite les informations nécessaires pour juger la sûreté de l'hypothèque. Le détail en sera réglé par le ministère (§ 128).

Ministeriums überlassen (§ 128); als wesentlich ist namentlich zu betrachten, daß der Betrag der eingetragenen vor- oder gleichstehenden Belastungen aus dem Briefe zu ersehen ist.

An Stelle der Schuldurkunde ist im Falle des Ersuchens der Behörde das letztere mit dem Briefe zu verbinden; dasselbe muß daher inhaltlich das Rechtsverhältniß, auf Grund dessen die Eintragung nachgesucht wird, genügend erkennen lassen.

Der ausgefertigte Hypothekenbrief wird dem Antragsteller, bezw. der ersuchenden Behörde ausgehändigt; der Eigenthümer, welcher die Valuta noch nicht erhalten und Ursache hat, dem Gläubiger eine demnächstige Verfügung (Abtretung, Verpfändung) zuzutrauen, wird daher gut thun, den Antrag auf Eintragung selbst zu stellen, um die Urkunde in seine Hand zu bekommen. Nach der Vorschrift des § 78 Abs. 1, derzufolge der eingetragene Gläubiger das Verfügungsrecht über die Hypothek erst durch die Aushändigung des Hypothekenbriefs an ihn erlangt, ist der Eigenthümer dann gegen jede Eventualität geschützt. Festzuhalten ist jedoch, daß das Hypothekarrecht selbst, zufolge § 53, bereits durch die Eintragung entstanden ist. Demgemäß ist auch im Abs. 2 der Verzicht auf die Ausfertigung des Hypothekenbriefs für zulässig erklärt; Veranlassung dazu werden die Fälle bieten, in welchen die Hypothek zur Sicherstellung eines thatsächlich einen Wechsel in der Person des Gläubigers ausschließenden Schuldverhältnisses und daher nicht zum Rechtsverkehr bestimmt ist.

Zu den Veränderungen bei der Hypothek, welche zufolge der allgemeinen Natur des Hypothekenbriefs nach Abs. 3 auf dem letzteren vermerkt werden, gehören der Uebergang der Hypothek auf den Cessionar (§ 79), den Erben oder Vermächtnißnehmer (§ 84), Verpfändungen (§ 82), Prioritätseinräumungen (§ 64), Arreste und Pfändungen (§ 83), die Umschreibung einer Kautionshypothek in eine gewöhnliche Hypothek (§ 69 Abs. 3) u. a. m. In diesen Fällen bedarf es nach dem Schlußsatze der nachträglichen Bildung eines Hypothekenbriefs, sofern darauf verzichtet war.

§ 56. Das Grundbuch würde unübersichtlich werden, wenn auf Bestandtheile oder Bruchtheile des Grundstücks von dessen Eigenthümer Eintragungen bewilligt werden könnten. Ersteres verträgt sich außerdem nicht mit der auf die Grundstücke als

Il importe surtout de faire mention expresse des charges inscrites au rang égal ou supérieur.

En cas de réquisition de l'autorité, c'est la missive officielle qui à la place du titre sera attachée à la lettre; la missive doit donc préciser les droits en vertu desquels l'inscription est requise.

La lettre d'hypothèque sera remise au requérant ou à l'autorité requérante. Le propriétaire qui n'a pas encore touché les deniers et qui a lieu de croire que le créancier disposera prochainement de la créance (par cession ou nantissement), fera bien de demander lui-même l'inscription afin que la remise de la lettre d'hypothèque se fasse entre ses mains. Comme le créancier inscrit avant que la lettre d'hypothèque lui soit remise, ne pourra, d'après le § 75 al. 1, disposer de l'hypothèque en faveur d'un cessionnaire, le propriétaire trouvera toute garantie dans la possession de la lettre. Cependant il ne faut pas oublier que le droit même en vertu du § 53 est déjà constitué par l'inscription. C'est pourquoi l'alinéa 2 permet de renoncer à la lettre d'hypothèque. On y renoncera dans les cas où l'hypothèque sert à garantir une dette qui selon l'intention des parties doit rester attachée à la personne du créancier et être exclue de la circulation.

Les changements d'hypothèque qui doivent être mentionnés sur la lettre d'après l'al. 3 comprennent la transmission de l'hypothèque au cessionnaire (§ 79) et aux héritiers ou légataires (§ 84), les nantissements (§ 82), les cessions du droit de préférence (§ 64), les contraintes et saisies (§ 83), le changement de l'inscription d'une hypothèque de cautionnement en une inscription d'hypothèque ordinaire (§ 69 al. 3) etc. Si dans ces cas on avait renoncé à la lettre d'hypothèque, il faudra d'après la disposition finale du § 55 en dresser une de suite.

§ 56. Le livre foncier perdrait sa clarté si des inscriptions sur des parties intégrantes ou sur des fractions d'un immeuble pouvaient être consenties par le propriétaire. En outre, l'inscription sur des parties intégrantes est incom-

Einheiten sich beziehenden allgemeinen Einrichtung des Buchs; will der Eigenthümer einen bestimmten Theil des Grundstücks verpfänden, so muß er denselben zuvor im Buche ausscheiden lassen, wodurch er zu einem besonderen Grundstück im Sinne der Bucheinrichtung wird. Vergl. die Vorschrift des § 62 Abs. 2.

Der Ausschluß der Eintragung einer Hypothek auf den Antheil eines Miteigenthümers (Abs. 2) rechtfertigt sich durch die bezüglich der entsprechenden Bestimmung des § 46 Abs. 2 angeführten Erwägungen. Die Regel bedarf jedoch einer Ergänzung im Interesse des Miteigenthümers, welchem nicht versagt sein soll, den hypothekarischen Kredit, welchen ihm sein Miteigenthum verleiht, auszunutzen. Dies kann nur dadurch geschehen, daß ihm, in Ausnahme von § 54 Nr. 1, gestattet wird, schon vor der Theilung oder Theilungsversteigerung und vor seiner auf Grund dieser Akte eventuell erfolgenden Eintragung als Allein-Eigenthümer des Grundstücks oder eines Theiles desselben die Eintragung einer Hypothek auf das Grundstück zu bewilligen. Zur Eintragung kann eine solche Bewilligung zwar erst führen, wenn und soweit der Bewilligende als Allein-Eigenthümer eingetragen ist. Dieselbe berechtigt aber zu einer Vormerkung, welche den Rang der eingeräumten Hypothek eventuell sicher stellt (§ 57 Abs. 3).

§ 57. Eine Vormerkung zur Erhaltung des Rechts des Gläubigers auf Eintragung setzt ein solches Recht, d. h. einen Titel zur Hypothek (vergl. § 54) voraus. Einen solchen Titel hat nicht jeder Gläubiger, sondern nur derjenige, welchem ein persönlicher Anspruch auf Eintragung einer Hypothek nach Vertrag oder Gesetz (§ 60) zusteht. Die fragliche Voraussetzung liegt aber auch vor bezüglich der Behörde, welche (vergl. § 54 Nr. 2) die Eintragung einer Hypothek gegen den Eigenthümer nachzusuchen gesetzlich berechnet ist, da die Vormerkung sich zur Eintragung wie das Minus verhält (Abs. 2). Veranlassung dazu wird die Behörde namentlich dann haben, wenn die Forderung, zu deren Sicherung die Eintragung erfolgen soll, nicht liquid ist und nicht schnell liquid gemacht werden kann.

Die Eintragung und die Löschung der Vormerkung erfolgen nach Vorschrift des § 36 Abs. 1, die erstere also sowohl auf Bewilligung des eingetragenen Eigenthümers,

patible avec l'organisation des livres fonciers qui ne connaît que des immeubles entiers; le propriétaire qui voudra hypothéquer une partie déterminée d'un immeuble devra préalablement la faire séparer dans le livre et en faire de la sorte un immeuble individuel dans le sens du système. Voyez la prescription du § 62 al. 2.

L'inadmissibilité de l'inscription d'une hypothèque sur la part indivise d'un copropriétaire se justifie par les considérations exposées au § 46 al. 2. Cependant cette règle doit être modifiée dans l'intérêt du copropriétaire qui veut profiter du crédit hypothécaire que lui donne sa copropriété. Cela ne pourra se faire que par une exception au § 54 nº 1, qui permet au copropriétaire de consentir une hypothèque sur le bien-fonds déjà avant le partage ou la licitation et avant l'inscription qu'il ait obtenue, en vertu de ces actes, comme propriétaire exclusif de l'immeuble ou d'une partie de celui-ci. L'inscription même ne pourra être effectuée qu'autant que celui qui a donné le consentement sera inscrit comme propriétaire exclusif. Mais le consentement donne droit à une prénotation qui fixera le rang de l'hypothèque consentie (§ 57 al. 3).

§ 57. Une prénotation à fin de conserver le droit du créancier à son inscription suppose un pareil droit, c'est-à-dire un titre à l'hypothèque (voy. § 54). Un tel titre ne compète point à chaque créancier, mais seulement à celui auquel il est conféré, ou par une convention ou par la loi (§ 60). Les autorités qui sont légalement investies du droit de requérir l'inscription d'une hypothèque contre le propriétaire (§ 54 nº 2) sont mises sur la même ligne, attendu que la prénotation n'est qu'une inscription provisoire (al. 2). L'autorité fera usage de ce droit, notamment quand la créance à conserver par l'inscription n'est pas liquide ou ne peut être rendue liquide dans un bref délai.

L'inscription et la radiation de la prénotation s'effectueront d'après les prescriptions du § 36 al. 1. Ainsi l'inscription se fera ou du consentement du propriétaire *inscrit*

als auch auf eine im Weigerungsfalle gegen denselben ergehende gerichtliche Entscheidung (einstweilige Verfügung, § 102).

Die Vormerkung hat, sofern der Gläubiger demnächst seinen Anspruch auf endgültige Eintragung nachweisen kann, zu Gunsten desselben dingliche Wirkung, sie erscheint als eine vorläufig eingetragene Hypothek. Der Gläubiger hat also für den bezeichneten Fall die Rechte des Hypothekargläubigers und kann in Gemäßheit des § 102 Abs. 4 die endgültige Eintragung verlangen. Der letzteren kommt nach Abs. 3 die durch die Vormerkung bezeichnete Stelle in der Reihenfolge der Eintragungen zu.

Letzteres gilt auch insbesondere für die Vormerkung, welche auf Grund der Bewilligung des Miteigenthümers (§ 56 Abs. 3) eingetragen werden kann, sofern der Letztere als Miteigenthümer im Grundbuch eingetragen ist. Die auf diese Weise vorgemerkte Hypothek hat jedoch einerseits hinter der einem Theilungsgenossen zur Sicherung der Ansprüche aus der Theilung eingeräumten Hypothek — vergl. § 63 Abs. 3 — und anderseits hinter derjenigen Hypothek zurückzutreten, welche vor dem Anfall des Grundstücks an den bewilligenden Miteigenthümer gegen die sämmtlichen Miteigenthümer eingetragen worden ist. Bezüglich des Verhältnisses der letzteren Hypothek zu einer Theilhypothek bestehen nach französischem Recht verschiedene Meinungen, jedoch überwiegt die im Entwurfe angenommene Lösung, für welche die Erwägung spricht, daß die den gesammten Miteigenthümern gegenwärtig zustehende Befugniß nicht durch die Ausübung des nur eventuellen Rechts eines Einzelnen illusorisch gemacht werden darf.

§ 58. Die Bestimmung, daß ein bestimmter Gläubiger in der Bewilligung anzugeben ist, schließt die Inhaberhypothek aus, für welche ein praktisches Bedürfniß nicht besteht. Zu den einzelnen Angaben muß noch die des Schuldgrundes gemäß § 54 Nr. 1 hinzukommen.

Die für die Bewilligung gegebenen Vorschriften gelten auch von dem Antrag (§ 54 Nr. 1).

Unter die Bedingungen der Rückzahlung fällt auch der Anfangstermin, an welchen die Hypothekarforderung gemäß der Bewilligung geknüpft ist. Hinsichtlich der Zulässigkeit von Bedingungen und Zeitbeschränkungen gilt das zu § 46 Bemerkte.

ou, en cas de refus, en vertu d'une décision judiciaire (mesure provisoire, § 102).

La prénotation donne au créancier un droit réel sous condition qu'il prouvera ensuite son droit à l'inscription définitive; elle a donc la nature d'une hypothèque inscrite à l'avance. Par conséquent si cette condition est accomplie, le créancier aura les droits d'un créancier hypothécaire et pourra selon le 102 al. 4 demander l'inscription définitive. La dernière aura le rang dans l'ordre des inscriptions fixé par la prénotation (al. 3).

Cette règle relative au rang de l'inscription définitive s'appliquera surtout au cas d'une prénotation prise en vertu du consentement du copropriétaire (§ 56 al. 3) inscrit comme tel. Cependant l'hypothèque garantie par une telle prénotation prendra son rang d'une part après l'hypothèque consentie à un copartageant pour la sûreté des droits résultant du partage, — voy. § 63 al. 3, — et d'autre part après l'hypothèque qui a été inscrite contre tous les copropriétaires avant l'attribution du bien-fonds à l'un d'eux. Sur le rapport entre cette hypothèque et l'hypothèque partielle il y a controverse en droit français. Mais l'opinion adoptée par le projet de loi est dominante; elle est appuyée par la considération que le droit appartenant actuellement à tous les copropriétaires ne doit pas être rendu illusoire par l'exercice du droit éventuel de l'un d'eux.

§ **58**. La prescription d'après laquelle le consentement doit désigner un créancier déterminé exclut l'hypothèque au porteur dont le besoin ne se fait aucunément sentir. Aux diverses indications exigées il faut ajouter celle de la cause de la dette prescrite par le § 54 n° 1.

Les prescriptions relatives au consentement sont applicables à la demande (§ 54 n° 1).

Les termes « conditions du remboursement » comprennent le jour duquel, d'après le consentement, la créance hypothécaire doit prendre son effet. En ce qui concerne l'admissibilité de conditions et de termes, voyez ce qui a été observé au § 46.

Die Bestimmung, daß eine bestimmte Summe in der Bewilligung anzugeben ist, kann bei solchen Ansprüchen nicht erfüllt werden, welche entweder nur der Größe nach noch ungewiß sind, wie namentlich im Falle von Verpflichtungen, die nicht auf Geld gehen, oder welche auch dem Grunde nach unbestimmt sind. Im letzteren Fall, für welchen die Kredithypothek das hauptsächliche Beispiel ist, nimmt auch das französische Recht die Möglichkeit einer Hypothekbestellung an, wobei nur bestritten ist, ob die Hypothek bereits vom Tage der Eintragung an datire.

Der § 59 erkennt die fraglichen Hypotheken, auch in dem zuletzt gedachten Falle, als wahre Hypotheken an, auf welche bezüglich der Eintragsbewilligung die allgemeinen Vorschriften mit der Abweichung Anwendung finden, daß der höchste Betrag anzugeben ist, bis zu welchem das Grundstück haften soll. — Vergl. im Uebrigen § 71.

§ 60. Der Entwurf glaubt dem Verkäufer und dem Theilungsgenossen für ihre bisher durch Vorzugsrechte gewahrten Ansprüche ein Recht auf Bewilligung der Hypothek einräumen zu sollen.

Bezüglich des Verkäufers könnte die Nothwendigkeit dieser Vorschrift bezweifelt werden, da es derselbe in der Hand hat, in den Verkaufsbedingungen die Hypothek ausdrücklich zu stipuliren. Der Rechtsgewöhnung der Bevölkerung wird es aber besser entsprechen, den bisherigen Schutz in veränderter Form fortbestehen zu lassen, zumal jene Stipulation in vielen Fällen nicht gemacht werden würde, woraus Beschädigungen und Weiterungen sich ergeben müßten.

Was den Theilungsgenossen angeht, so wird er schon nach allgemeinen Grundsätzen nicht genöthigt werden können, einer Theilung beizutreten, ohne wegen seiner Ansprüche auf Herausgabe, Gewährleistung und Entrichtung des von einem Genossen geschuldeten Licitationspreises hypothekarisch oder auf andere Weise sicher gestellt zu werden. Zur Vermeidung von Streitigkeiten empfiehlt es sich, diesen Anspruch, und zwar in der Richtung der hypothekarischen Sicherung und in dem durch das bisherige Privileg bestimmten Umfange, ausdrücklich anzuerkennen. Damit jedoch eine durch die thatsächlichen Verhältnisse nicht gerechtfertigte Belastung vermieden werde, soll die

La condition qui exige l'indication d'une somme déterminée ne peut être remplie si l'étendue ou même la cause de la dette est incertaine. La première hypothèse comprend notamment les obligations qui ne portent pas sur une somme d'argent. Dans la seconde hypothèse, qui comprend surtout le crédit ouvert garanti par hypothèque, le droit français aussi admet la constitution d'une hypothèque, mais il est controversé si l'hypothèque date déjà du jour de l'inscription.

Le § **59** reconnaît ces hypothèques, même celle mentionnée en dernier lieu, comme de véritables hypothèques en les soumettant aux prescriptions générales relatives au consentement à l'inscription avec la modification qu'il faudra inscrire le maximum de la somme pour laquelle le bien-fonds doit être hypothéqué. Voy. pour le reste § 71.

§ **60**. Le projet de loi a cru devoir accorder au vendeur et au copartageant un droit au consentement d'une hypothèque, au lieu des priviléges qui leur compétaient d'après la législation existante.

La nécessité de cette concession peut être mise en doute en ce qui concerne le vendeur, lequel est à même de stipuler expressément une hypothèque dans les conditions de la vente. Mais il y aurait toujours des cas de lésions et de difficultés causées par l'omission d'une telle stipulation. Enfin il vaudra mieux de se conformer aux habitudes de la population en maintenant la garantie actuelle du vendeur sous une forme différente.

Quant au copartageant, il ne pourrait, d'après les principes généraux, être forcé de prendre part à un partage sans qu'on lui donne des sûretés hypothécaires ou autres pour la garantie du partage, pour les soultes, ou retours de lot, ou pour le prix de licitation dû par un copartageant. On évite des contestations en reconnaissant expressément le droit du copartageant à une garantie hypothécaire dans la proportion du privilége actuel. Pour empêcher que les immeubles partagés ne soient surchargés d'hypothèques, le projet dispose que l'hypothèque demandée pour sûreté des soultes et retours de lot ou pour garantie du partage doit, quant à l'objet qu'elle frappe, rester dans

Hypothek wegen der Ansprüche auf Herausgabe und Gewährleistung nur auf so viele Grundstücke beansprucht werden können, als es zur Sicherstellung erforderlich erscheint; wegen des Licitationspreises haftet ohnehin nur das ersteigerte Grundstück (vergl. Code civil Art. 2109). Sodann aber soll wegen des Anspruchs auf Gewährleistung das Recht auf Hypothek nur geltend gemacht werden dürfen, sofern und sobald die Gefahr einer Störung bereits erkennbar vorliegt. Diese Voraussetzung kann auch der Theilung nachgängig erst hervortreten und dann den Anspruch auf Hypothek begründen.

§ 61. Für Zinsen, sofern sie eingetragen sind, haftet das Grundstück ohne Unterschied zwischen konventionellen und Verzugszinsen, jedoch nur, soweit sie nicht gemäß Code civil Art. 2277 (vergl. § 68 Abs. 3) verjährt sind. Inwieweit eine weitere Beschränkung der Haftung für Zinsen (vergl. Code civil Art. 2151) im Falle der Zwangsvollstreckung eintreten soll, wird der Regelung dieses Verfahrens vorbehalten. Den Zinsen stehen sonstige Jahreszahlungen, insbesondere Annuitäten, gleich. Für die Kosten der Eintragung, Kündigung, Klage und Beitreibung braucht eine Eintragung nicht genommen zu werden; für sonstige Kosten, insbesondere die gewöhnlich sofort berichtigten Kosten der Schuldurkunde und der Eintragungsbewilligung haftet das Grundstück nicht.

Was die objektive Haftung für die Hypothek betrifft, so stimmt der Entwurf mit dem jetzigen Rechte im Wesentlichen überein. Zunächst haftet das Grundstück mit allen seinen Theilen; die Fassung des preußischen Gesetzes „mit allen seinen nicht abgeschriebenen Theilen" ist nicht übernommen, da die Hypothek, im Falle bei ihrer Entstehung die Abschreibung eines Theils aus Versehen unterlassen war, nicht nothwendig, sondern nur nach Maßgabe des guten Glaubens des Gläubigers diesen Theil ergreift. Die auf dem Grundstück errichteten Gebäude haften nur, soweit sie dem Eigenthümer des ersteren gehören (vergl. Code civil Art. 552—555, 664). Unter die natürlichen An- und Zuwüchse gehören die Fälle der Art. 556—563 des Code civil. Die Ausnahme bezüglich der dem Pächter zuwachsenden Früchte ergiebt sich von selbst aus der auch im geltenden Recht (vergl. §§ 24, 25 des Gesetzes über die Zwangsvollstreckung in das unbewegliche Vermögen vom

les limites de la sûreté exigée. Cette disposition omet le cas de l'hypothèque garantissant le prix de licitation, puisque celle-ci ne peut frapper que l'immeuble adjugé (voy. Code civil art. 2109). En outre, pour la garantie du partage, le droit à l'hypothèque ne pourra être exercé qu'autant qu'il y a danger évident d'un trouble. Si ce danger n'apparaît qu'après le partage, on pourra encore demander l'hypothèque.

§ 61. L'immeuble est affecté pour le paiement des intérêts inscrits, sans distinction entre les intérêts conventionnels et ceux qui résultent de la demeure du débiteur de remplir son engagement, pourvu toutefois que les intérêts ne soient pas prescrits d'après l'art. 2277 du Code civil (voy. § 68 al. 3). On examinera plus tard, lors du règlement de l'exécution forcée, si pour le cas de cette procédure il y aura lieu à une restriction plus grave de l'affectation de l'immeuble pour les intérêts (voy. Code civil art. 2151). Les autres paiements annuels, notamment les annuités proprement dites, sont mis sur la même ligne que les intérêts. Pour les frais de l'inscription, de la dénonciation, de l'action et des poursuites, on n'a pas besoin de prendre une inscription spéciale. Pour les autres frais, notamment pour les frais du titre de la dette qui d'ordinaire sont réglés de suite et pour les frais du consentement à l'inscription, l'immeuble n'est pas affecté.

Le projet de loi est essentiellement conforme au droit actuel en ce qui concerne l'objet de l'hypothèque. D'abord est affecté le bien-fonds en entier avec toutes ses parties; l'expression de la loi prussienne «avec toutes ses parties dont la feuille n'est pas déchargée», n'a pas été adopté. Car dans le cas où lors de l'établissement de l'hypothèque on aurait négligé par erreur de décharger la feuille foncière d'une partie de l'immeuble, l'affectation hypothécaire de cette partie n'aura pas lieu d'une manière absolue, mais seulement en faveur d'un créancier de bonne foi. Les constructions qui se trouvent sur le bien-fonds ne sont affectées qu'autant qu'elles appartiennent au propriétaire du sol (voy. Code civil art. 552 à 555, 664). Les accroissements et agrandissements naturels comprennent les cas

30. April 1880) in gewissem Umfange bestehenden Haftung der Pacht- und Miethzinsen; auch die rückständigen Gefälle dieser Art werden künftig für die hypothekarische Forderung in Anspruch genommen. Ebenso hafteten auch die abgesonderten Früchte bisher schon, soweit die mit der Ueberschreibung des Zwangsvollstreckungsbeschlusses verbundene Immobilisirung der Früchte dem Bezuge der letzteren vorausgegangen war (§§ 24, 25 cit.). Die Haftung des in den Artikeln 522—525 des Code civil bezeichneten als unbeweglich geltenden Zubehörs soll, im Einklang mit dem preußischen Gesetze nicht schon mit der Auflösung der Verbindung, sondern erst mit der Veräußerung und Fortschaffung vom Grundstücke aufhören.

Durch die Vorschriften des Entwurfes ist der Eigenthümer, dessen Verwaltungsrecht die Hypothek nicht beseitigt, an und für sich nicht gehindert, stehende und hängende Früchte sowie Pacht- und Miethzinsen wirksam zu veräußern oder zu verpfänden oder letztere vorauszuerheben.

Die gegen solche Rechtshandlungen an und für sich zum Schutze der Hypothekargläubiger nöthige Schranke sucht § 31 des preußischen Gesetzes durch eine Vorschrift zu erreichen, welche jene Verfügungen schlechthin oder in gewissem Umfange gegenüber den eingetragenen Gläubigern für unwirksam erklärt. Der Entwurf behält die Bestimmung der zu ziehenden Grenze auch hier der Regelung der Zwangsvollstreckung vor, woselbst auch über das Verhältniß der Hypothekargläubiger zu Gläubigern, welche eine Pfändung stehender und hängender Früchte oder von Pachtzinsen vorgenommen haben, zu entscheiden sein wird (vergl. Kommissionsverhandlungen zu § 714 der C.-P.-O. Seite 386).

Die Haftung der Brandversicherungsgelder für die Hypothekaransprüche ist bezüglich der Gebäude und der Zubehörungen von Liegenschaften bereits durch das Gesetz vom 4. Juli 1881 geltendes Recht geworden; die Ausdehnung dieses Grundsatzes auf die Früchte entspricht dem preußischen Gesetze. Das erwähnte Landesgesetz wird, im Hinblick auf die Bucheinrichtung, einer vereinfachenden Umgestaltung zu unterziehen sein, wobei

des art. 556 à 563 du Code civil. L'exception relative aux fruits qui appartiennent au fermier est une conséquence naturelle de l'affectation des loyers et fermages, admise déjà dans une certaine mesure par la législation actuelle (voy. §§ 24, 25 de la loi concernant l'expropriation forcée des immeubles, du 30 avril 1881); à l'avenir, la règle s'appliquera aux loyers et fermages même lorsqu'ils ne sont pas encores échus. De même les fruits séparés sont aujourd'hui déjà affectés, pourvus que la transcription de l'ordonnance d'expropriation forcée portant immobilisation des fruits en a précédé la perception (§§ 24, 25 l. c.). Les accessoires considérés par les art. 522 à 525 du Code civil comme immeubles par destination seront comme dans la loi prussienne soumises à l'hypothèque jusqu'à ce qu'ils soient vendus et enlevés du fonds. Ainsi pour mettre fin à l'affectation de ces accessoires il ne suffit pas de faire cesser l'union qui les joint au bien-fonds.

Les prescriptions du projet de loi n'empêchent le propriétaire, dont le droit d'administration et d'exploitation ne pourra être supprimée par l'hypothèque, d'aliéner valablement les fruits sur pied et pendants, de céder les loyers et fermages, de donner les uns et les autres en gage ou de toucher par anticipation les loyers et fermages.

Toutefois l'intérêt des créanciers hypothécaires exige que l'effet de telles dispositions de la part du propriétaire ait une limite quelconque. D'après le § 31 de la loi prussienne, les actes désignés sont entièrement ou dans une certaine mesure dépourvus d'effet à l'égard des créanciers inscrits. Le projet de loi réserve la question aux nouvelles dispositions qui seront établies sur l'exécution forcée. Il y sera statué de même sur les droits des créanciers hypothécaires vis-à-vis de créanciers qui ont fait saisir les fruits sur pied ou pendants ou des fermages (voy. les procès-verbaux de la commission concernant § 714 du Code de proc. civ. p. 386).

L'affectation hypothécaire des indemnités provenant de l'assurance contre l'incendie a été établie par la loi du 4 juillet 1881 en ce qui concerne les constructions et les accessoires d'immeubles; l'extension du principe aux fruits répond à la loi prussienne. Par suite de l'introduction des

die etwaigen Ausnahmen von dem Grundsatze der hypothekarischen Haftung, insbesondere im Falle des Wiederaufbaues der Gebäude, zu bestimmen sind (vergl. Nr. 7 am Ende).

§ 62. Die Vorschrift des § 61 Nr. 1, daß das Grundstück mit allen seinen Theilen für die Hypothek haftet, wird, der Natur der Sache entsprechend, auch auf die nach Entstehung der Hypothek dem Grundstücke zugeschriebenen Theile angewendet, welche bisher Theile eines anderen Grundstücks oder selbstständige Grundstücke waren.

Bei dieser Zuschreibung würden an sich (vergl. §§ 97, 51) die bestehenden Belastungen der zugeschriebenen Theile mit zu übertragen sein, wodurch das vergrößerte Grundstück bruchtheilweise belastet bezw. zu einem Theile anders als zum andern belastet würde (vergl. § 56 Abs. 1). Da ein solches Verhältniß den Ueberblick über das Grundstück erschweren und die Vertheilung des Erlöses im Falle der Zwangsversteigerung kompliziren müßte, so soll nach Abs. 2 die Zuschreibung nur zulässig sein, wenn auf dem zuzuschreibenden Grundstücke keine oder auf beiden Grundstücken die gleichen Belastungen in derselben Rangordnung eingetragen sind.

§ 63. Die für die Rangordnung der dinglichen Rechte in § 49 gegebenen Vorschriften gelten in gleicher Weise für die Hypotheken.

Die im § 60 anerkannten Ansprüche des Verkäufers und des Theilungsgenossen auf Bewilligung einer Hypothek würden an und für sich dadurch illusorisch gemacht werden können, daß der seine Eintragung erlangende Eigenthümer gleichzeitig zu Gunsten dritter Personen Eintragungsbewilligungen vorlegte oder vorlegen ließe, weil nach Abs. 1 in Verbindung mit § 49 diese verschiedenen Eintragungen zu gleichem Recht erfolgen müßten. Deshalb bestimmt Abs. 2, daß die Bewilligung zu Gunsten des Rechtsvorgängers oder Theilungsgenossen, immer vorausgesetzt, daß sie gleichzeitig vorliegt (vergl. § 37 Abs. 2), vor den übrigen Bewilligungen den Vorrang hat, sofern nicht der Rechtsvorgänger oder Theilungsgenosse selbst einer anderen

livres fonciers, les dispositions de la loi du 4 juillet 1881 citée pourront être en quelque sorte simplifiées ; on établira en même temps les exceptions que le principe de l'affectation hypothécaire des indemnités doit subir surtout pour les cas de reconstruction (voy. nº 7 i. f.).

§ 62. La prescription du § 61 nº 1 concernant l'affectation du bien-fonds en entier avec toutes ses parties est également applicable aux nouvelles parties de l'immeuble qui, après la constitution de l'hypothèque, seront inscrits comme telles. Il n'y a pas à distinguer si jusqu'à cette réunion les agrandissements formaient eux-mêmes des biens-fonds ou n'étaient que parties d'autres biens-fonds. S'il y avait au moment de la réunion des charges inscrites sur les parties nouvelles, il faudrait en principe les transférer en même temps que l'inscription de réunion est opérée (voy. §§ 97, 51). Mais il en résulterait que l'immeuble serait affecté par fractions ou que l'affectation varierait selon les différentes parties intégrantes de l'immeuble (voy. § 56, al. 1). Une telle situation ne pourrait être admise, puisque la clarté des livres fonciers en souffrirait et la distribution du prix à la suite d'une expropriation forcée y trouverait des difficultés. C'est pour cette raison que l'alinéa 2 ne permet l'inscription de réunion que dans les cas où il n'existe pas de charges sur la nouvelle partie du bien-fonds ou les mêmes charges au même rang sont inscrits sur les deux immeubles.

§ 63. Le rang des hypothèques inscrites sur le même bien-fonds se détermine d'après les règles du § 49 concernant les autres droits réels.

Le propriétaire pourrait rendre illusoires les droits du vendeur et du copartageant au consentement d'une hypothèque reconnus au § 60, en produisant ou faisant produire au moment de son inscription comme propriétaire des consentements à l'inscription de tiers, attendu que d'après l'al. 1 et le § 49 ces différentes inscriptions devraient être effectuées au même rang. C'est pourquoi l'al. 2 prescrit, qu'entre le consentement en faveur de l'auteur ou du copartageant et d'autres consentements produits en même temps (voy. § 37, al. 2), le premier sera préféré,

Reihenfolge zustimmt. Absatz 3 sichert den gleichen Vorzug auch gegenüber der Vormerkung, welche auf Grund der Bewilligung eines Miteigenthümers (§ 56 Abs. 3) bewirkt ist.

§ **64**. Anlaß zur Abtretung des Vorzugs einer Hypothek in der Rangordnung an den Inhaber einer nachstehenden Hypothek bietet einerseits das im einzelnen Falle nur an einer bestimmten Stelle zu befriedigende Kredit-Bedürfniß des Eigenthümers, anderseits, bei Theilabtretungen der Hypothek, der besondere Wunsch der hierbei Betheiligten. Auch im französischen Recht haben diese Verhältnisse zu der «cession de priorité de rang» sowie zu der sogenannten Subrogation in vorstehende Hypothekarrechte geführt, ohne daß über die juristische Natur dieser Rechtshandlungen überall Einverständniß bestünde. Innerhalb des Grundbuchrechts geht die verbreitetste, im Entwurfe adoptirte Auffassung dahin, daß die Einräumung des Vorzugs den Anspruch begründet, bei der Vertheilung des Erlöses des Grundstücks in Folge der Zwangsvollstreckung den auf die Hypothek des Einräumenden entfallenden Betrag mit dem Vorzug vor dem nachfolgenden Gläubiger zu erhalten. Die Wirkung der Rechtshandlung hängt hiernach von dem Fortbestehen beider Hypotheken ab; damit derjenige, dem der Vorrang eingeräumt ist, gegen einseitige Verfügung des Cedenten gesichert sei, ist im § 87 Absatz 3 seine Zustimmung zur Löschung erfordert.

Ob die Einräumung des Vorrechts für das Kapitel, wie dies regelmäßig der Fall sein wird, auch auf die Nebenleistungen sich bezieht, richtet sich nach der Absicht der Betheiligten und der Eintragung.

Die Vorrechte der Zwischenhypotheken werden selbstverständlich nicht berührt.

Die Vorschrift, daß die Eintragung zur Rechtswirksamkeit der Vorzugseinräumung gegen Dritte erforderlich ist, erscheint geboten, um den Erwerber einer Hypothek vor Rechtsstreitigkeiten darüber zu bewahren, ob er bei dem Erwerbe nicht die von seinem Rechtsvorgänger bewirkte Vorzugseinräumung an einen nachstehenden Gläubiger gekannt habe. Dies steht mit den Vorschriften der §§ 63 Abs. 1 u. § 49 sowie dem Rechtsà moins que l'auteur ou le copartageant n'aient accepté eux-même un autre rang. D'après l'al. 3, la même préférence aura lieu vis-à-vis de la prénotation faite en vertu du consentement d'un copropriétaire (§ 56, al. 3).

§ 64. Il y a lieu à la cession du droit de préférence d'abord lorsque le propriétaire ayant besoin de crédit ne peut se procurer des deniers qu'en accordant au prêteur un rang hypothécaire déterminé et ensuite en cas de cession partielle de l'hypothèque, lorsque le cédant et le cessionnaire ont l'intention de fixer leur rang respectif en s'écartant de la règle légale. Le droit français aussi connaît la «cession de priorité de rang» et la «subrogation» aux droits d'un créancier hypothécaire antérieur, sans qu'on soit toutefois généralement d'accord sur la nature juridique de ces actes. Dans le système du droit foncier, l'opinion prédominante qui est adoptée par le projet donne au cessionnaire de priorité le droit de toucher, lors de la distribution du prix de l'immeuble exproprié par suite d'une vente forcée, la somme afférente au cédant pour son hypothèque à la place de celui-ci et par préférence au créancier suivant. L'effet de la cession dépendant ainsi de ce que les deux hypothèques continueront d'exister, elle pourrait être rendue illusoire pour la radiation de l'hypothèque du cédant consentie par ce dernier. C'est pourquoi l'al. 3 du § 86 a exigé pour le cas de cession de priorité que la demande en radiation soit appuyée sur la preuve du consentement du cessionnaire à la radiation.

Il dépend de l'intention des parties intéressées et du contenu de l'inscription, si la cession de priorité pour le capital comprend aussi les accessoires, ce qui régulièrement aura lieu. Il va sans dire que la cession ne préjudicie pas au rang des hypothèques intermédiaires.

La disposition de l'al. 2, d'après laquelle la cession de préférence n'aura effet à l'égard des tiers que par suite d'une inscription, s'explique par la nécessité de mettre l'acquéreur de l'hypothèque à l'abri de contestations fondées sur la connaissance que lors de l'acquisition il ait eue d'une cession de priorité effectuée par son auteur en faveur d'un créancier postérieur. Cela est conforme aux prescrip-

zustande, welcher bezüglich der Subrogation in die Legalhypothek der Ehefrau zur Zeit gilt, im Einklang.

Es entspricht der Absicht, die Prioritätseinräumung nicht unnöthig zu erschweren, daß dieselbe auch auf den einseitigen Antrag des voreingetragenen Gläubigers eingetragen werden kann, und daß der Vermerk der Eintragung auf der Urkunde über die vortretende Hypothek nur auf Verlangen stattfindet.

§ **65.** Das in Abs. 1 bezeichnete Konkurrenzverhältniß kann selbstverständlich nicht nach der nur für die Rechte der einen und anderen Art maßgebenden Rangordnung der einzelnen Eintragungen sich regeln. Es muß daher auf das Datum der Eintragung ankommen.

Da die Eintragung in der einen Abtheilung des Grundbuchs an sich keinen Vorzug vor der Eintragung in der andern begründet, so müssen die verschiedenen Eintragungen desselben Datums zu gleichem Rechte stehen. Weil jedoch der zuerst eingehende Antrag Anspruch auf frühere Berücksichtigung hat, so ist die später beantragte Eintragung vom Grundbuchrichter mit dem Vermerk des Nachstehens zu versehen, sofern nicht von den Betheiligten abweichende Bestimmung getroffen ist.

§ **66.** Die Wirkung der Eintragung der Hypothek ist, gemäß Nr. 1 der Vorbemerkungen zu diesem Abschnitt, dahin bestimmt, daß der Eigenthümer als solcher, d. h. nur mit dem Grundstück, für die Forderung haftet.

Diese Wirkung ist durch die Eintragung gegeben, derart, daß der Hypothekargläubiger, sofern er den eingetragenen Anspruch geltend macht, die Voraussetzungen der Eintragung nicht zu beweisen braucht, sondern den Gegenbeweis abwarten darf. Der Anspruch kann auch von dem nicht eingetragenen Inhaber der Hypothek in gleicher Weise geltend gemacht werden, sofern er seine Legitimation (vergl. §§ 78, 84) zu führen vermag.

Die Anerkennung eines von dem persönlichen unterschiedenen, dinglichen Anspruchs hat zur Folge, daß bezüglich des letzteren die Kündigung des Gläubigers besonders an den Eigenthümer erfolgen muß; die Kündigung an den persönlichen Schuldner berührt den ersteren nicht.

Die aus dem Anspruche sich ergebende Klage ist auf Zahlung bei Vermeidung der Zwangsvollstreckung in das hypothecirte Grundstück gerichtet.

tions des § 63 al. 1 et § 49 et au droit actuel concernant la subrogation à l'hypothèque légale de la femme.

Cependant pour ne pas rendre trop difficile la cession de priorité, le projet de loi dispose que l'inscription pourra se faire sur la demande du créancier préinscrit sans intervention du cessionnaire et que la mention de l'inscription sur le titre de l'hypothèque dont le rang est avancé n'aura lieu que sur demande.

§ 65. Il est évident que le rang entre les hypothèques et les autres droits réels ne peut être déterminé d'après les règles concernant le rang des droits de l'une ou de l'autre espèce. Ce sera donc la date de l'inscription qui décidera du rang.

Les inscriptions de la même date doivent conférer le même droit, attendu que l'inscription dans une section du livre foncier n'établit pas de préférence sur l'inscription dans une autre. Il faut cependant, sauf les dispositions contraires des parties, constater par une mention expresse, laquelle des deux demandes a été présentée en dernier lieu, puisque la demande qui a été produite la première doit être inscrite avant l'autre.

§ 66. Conformément à ce qui a été observé au nº 1 des notions préliminaires, le projet détermine l'effet de l'inscription de l'hypothèque en ce sens que le propriétaire est tenu comme tel, c'est-à-dire seulement sur l'immeuble hypothéqué, d'acquitter la dette.

Cet effet se produit par l'inscription, de sorte que l'accomplissement des conditions dont dépend l'inscription est présumé, sauf la preuve contraire, en faveur du créancier hypothécaire exerçant le droit inscrit. Le droit pourra être exercé également par le possesseur non inscrit de l'hypothèque dûment légitimé (voy. §§ 78, 84).

Le droit réel existant à côté du droit personnel, il s'ensuit que pour dénoncer le premier, le créancier aura à s'adresser au propriétaire; la dénonciation faite au débiteur personnel ne suffit pas à l'égard du propriétaire.

L'action dérivant du droit réel doit contenir des conclusions tendant au paiement sous peine de l'expropriation forcée de l'immeuble hypothéqué.

Durch die Vorschriften des § 67 ist, im Sinne der Vorbemerkungen zu diesem Abschnitte unter Nr. 2, der Erwerb der Hypothek unter den Schutz des öffentlichen Glaubens des Buches gestellt. Die im Abs. 1 ausgesprochene Beschränkung, daß dem dritten Erwerber der Hypothek Einreden, welche gegen seinen Rechtsurheber zulässig gewesen sein würden, nur entgegengehalten werden dürfen, wenn sie dem Erwerber bei dem Erwerbe bekannt waren oder sich aus dem Grundbuche ergaben, stimmt materiell mit § 38 Abs. 2 des preuß. Gesetzes im Wesentlichen überein; nur soll auch hier wie im § 38 Abs. 3 dieses Entwurfs und aus denselben Gründen der Schutz jedem Erwerber, nicht nur demjenigen zu Gute kommen, welcher einen entgeltlichen Titel hat. Die obige Bezeichnung der Einreden an Stelle der im preußischen Gesetze enthaltenen als Einreden aus dem persönlichen Schuldverhältniß ist gewählt, um auch solche Einreden zu treffen, welche die Entstehung des hypothekarischen Rechtes, unbeschadet des rechtsgültigen Bestehens der Forderung, betreffen.

Auf Einreden, welche dem Beklagten gegen den Kläger unmittelbar zustehen, bezieht sich Abs. 1, wie der Wortlaut ergiebt, nicht: dieselben sind daher unbeschränkt zulässig.

Die Wirkung einer Einrede wird auch gegen den Sondernachfolger des Gläubigers durch die Eintragung von Vormerkungen und Verfügungsbeschränkungen (vergl. §§ 88, 73) gesichert.

Die allerseits kritisirte Vorschrift des Abs. 3 des § 38 des preußischen Gesetzes ist nicht übernommen worden; die Vorschrift im Abs. 1 genügt.

Da das Grundbuch zwar die Verzinslichkeit, die Zinsberechtigung, nicht aber die einzelnen zu entrichtenden Zinsraten nachzuweisen bestimmt ist, auch die regelmäßige Entrichtung der Zinsen für den Erwerber der Hypothek zu vermuthen steht, so muß die Einrede der Tilgung hinsichtlich der Zinsen und sonstigen Jahreszahlungen auch dem gutgläubigen Erwerber der Hypothek gegenüber zulässig sein. Abs. 3 spricht diese Ausnahme von Abs. 1 ausdrücklich aus. Vergl. § 68 Abs. 2.

Wegen der weiter für die Sicherungshypothek begründeten Ausnahme vergl. § 69.

Les prescriptions du § 67 mettent l'acquisition de l'hypothèque sous la garantie du principe de la foi publique du livre foncier dans le sens des notices préliminaires de cette section sub 2. La disposition de l'al. 1, d'après laquelle les exceptions qui auraient été recevables contre l'auteur du tiers acquéreur de l'hypothèque ne peuvent être opposées à ce dernier, à moins que, au moment de l'acquisition, elles étaient connues de l'acquéreur ou qu'elles ressortaient du livre foncier, est conforme au fond à la prescription du § 38 al. 2 de la loi prussienne; cependant elle en diffère en protégeant non seulement l'acquéreur à titre onéreux, mais tout acquéreur. Cette différence est fondée sur les raisons développées au § 38 al. 3. Ensuite la loi prussienne parle des exceptions « tirées de l'obligation personnelle ». Le projet de loi a préféré la désignation sus-énoncée pour y comprendre aussi les exceptions qui concernent la constitution du droit hypothécaire et ne touchent pas à la validité de l'obligation personnelle.

Le texte même de l'al. 1 indique qu'il ne comprend pas les exceptions qui compèteraient au défendeur du chef du demandeur; celles-ci sont recevables sans restriction.

Pour conserver l'effet d'une exception à l'égard du successeur à titre particulier du créancier, on aura recours à l'inscription de prénotations et de restrictions qui empêchent le créancier de disposer (voy. §§ 88, 73).

La prescription généralement critiquée de l'al. 3 du § 38 de la loi prussienne n'a point été adoptée; la disposition contenue dans l'al. 1 a paru suffisante.

Le livre foncier tout en prouvant le fait que le capital inscrit porte des intérêts, ne sert pas à établir les arrérages individuels qui restent dûs à un moment donné. D'autre part, l'acquéreur de l'hypothèque doit présumer que les arrérages échus ont été régulièrement payés. Pour ces considérations, l'al. 3 faisant exception à l'al. 1, dispose que l'exception de paiement contre le droit aux intérêts ou arrérages échus peut être opposée à l'acquéreur de l'hypothèque même, s'il est en bonne foi (voy. § 68, al. 2).

Quant à l'exception relative à l'hypothèque de cautionnement, voyez § 69.

§ 68. Der Ausschluß der Einrede der Verjährung gegenüber dem durch Klage oder Einrede geltend gemachten dinglichen Hypothekar-Anspruch entspricht den allgemeinen Erwägungen, welche unter II D ausgeführt sind. Damit ist jedoch nicht auch entschieden, daß der Anspruch aus dem persönlichen Anspruche, dessen Fortbestand zu sichern das Grundbuch nicht bestimmt ist, durch die Eintragung gleichfalls gegen die Verjährung geschützt sein müsse. Wäre dies mit Art. 2180 Abs. 4 des Code civil zu verneinen, so würde nach Vollendung der Verjährung des persönlichen Anspruchs auch der accessorische dingliche Anspruch hinfällig werden, bezw. ein Recht auf Löschung der Eintragung entstehen, sofern nicht der Gläubiger als dritter Erwerber der Hypothek in der Vorschrift des § 67 Abs. 1 Schutz finden sollte. Zur Vermeidung von Weiterungen, welche auch, soweit letztere Vorschrift zur Anwendung kommt, wegen der möglichen Kenntniß des Gläubigers von der eingetretenen Verjährung zu befürchten wären, und im Interesse der Sicherheit des Hypothekarverkehrs entscheidet sich der Entwurf dafür, die Verjährung auch der Klage aus dem persönlichen Schuldverhältniß, solange die Eintragung besteht, auszuschließen.

Für Zinsen und andere derartige Jahreszahlungen verbleibt es hinsichtlich der Verjährung aus dem zu § 67 Abs. 2 angegebenen Grunde bei dem bestehenden Recht (Code civil Art. 2277).

§ 69. Die hypothekarische Klage aus einer Sicherheitshypothek (§ 59) bedarf naturgemäß der Begründung aus dem persönlichen Schuldverhältniß, weil nur so festgestellt werden kann, ob und wieweit das Grundstück überhaupt hypothekarisch haftet. Aus demselben Grunde müssen die Einreden, welche aus diesem Schuldverhältniß gegeben sind, auch gegen den dritten Erwerber der Hypothek ohne jede Beschränkung zulässig sein, so daß § 67 Abs. 1 hier nicht zur Anwendung kommt.

Wird von dem Gläubiger dessen Forderung nachgewiesen bezw. dieselbe durch Urtheil festgestellt, so kann Jener seine Befriedigung verlangen, ohne der Umschreibung der Sicherheitshypothek in eine gewöhnliche Hypothek zu bedürfen. Die letztere Maßregel erscheint jedoch zweckmäßig und ist auf die Urkunde über die Feststellung des persönlichen Schuldverhältnisses zu bewirken, sofern zugleich die eventuell gerichtlich (§ 100) zu

§ 68. Il répond aux considérations générales sub II D qu'à l'action ou à l'exception dérivant du droit réel on ne pourra opposer l'exception de prescription. Mais il n'en résulte pas que le droit personnel soit également mis à l'abri de la prescription par suite de l'inscription au livre; car ce dernier n'est pas destiné à garantir l'existence de l'obligation personnelle. Mais si, conformément à l'art. 2180 al. 4 du Code civil, le droit personnel pouvait se prescrire, il en résulterait que le droit réel comme accessoire de la dette personnelle s'évanouirait aussi, ou bien que le propriétaire aurait un droit à la radiation de l'inscription, à moins que le créancier ne pourrait pas comme tiers acquéreur de l'hypothèque se prévaloir de la disposition de l'al. 1 du § 67. Et même dans ce dernier cas le créancier ne serait pas sûr parce qu'on pourrait soutenir qu'au moment de son acquisition il avait connaissance de la prescription accomplie. Ainsi pour éviter de telles difficultés et pour donner une meilleure garantie aux affaires hypothécaires, le projet de loi exclut la prescription de l'action résultant de l'obligation personnelle aussi longtemps que l'inscription existe.

Pour la raison déjà indiquée au § 67 al. 2, le droit actuel (Code civil art. 2277) est maintenu en ce qui concerne la prescription des intérêts ou arrérages.

§ 69. Il est de la nature de l'action hypothécaire dérivant d'une hypothèque de cautionnement (§ 54) qu'elle doit se fonder sur l'existence d'une dette résultant de l'obligation personnelle. Car à défaut de l'établissement d'une telle dette, il ne serait pas constaté que l'immeuble soit en vérité affecté. Par la même raison le propriétaire pourra opposer au tiers acquéreur de l'immeuble toutes les exceptions relatives à l'existence de la dette, ce qui exclut l'application de l'al. 1 du § 67.

Lorsque la dette personnelle sera établie par titre ou constatée par jugement, le créancier pourra exiger le paiement sans être obligé de faire changer l'inscription de l'hypothèque de cautionnement en une inscription d'hypothèque ordinaire. Cependant ce changement semble opportun et se fera sur la présentation du titre établissant la dette,

erzwingende Bewilligung des eingetragenen Eigenthümers beigebracht wird. Der Zuziehung der nacheingetragenen Hypothekargläubiger bedarf es nicht.

Der § 70 bringt den im Art. 2114 Abs. 2 des Code civil formell ausgesprochenen Grundsatz der Untheilbarkeit der Hypothek zum Ausdruck, vermöge dessen der Gläubiger insbesondere berechtigt ist, auf seine Hypothek bezüglich eines Grundstücks zu verzichten, ohne daß der Eigenthümer des anderen, welches voll verhaftet bleibt, hiergegen Widerspruch erheben könnte. Ob und welchen Modifikationen dieser Grundsatz, namentlich im Falle der gleichzeitigen Vertheilung des Erlöses aller haftenden Grundstücke, zu unterwerfen sein möchte, wird bei der Neuregelung des Vertheilungsverfahrens zu erwägen sein.

Ueber die Wirkung der Befriedigung des Gläubigers aus einem von mehreren haftenden Grundstücken vergl. § 91.

Die Vorschrift des § 71 entspricht dem Art. 2088 (vergl. auch 2078) des Code civil, betreffend die Antichrese, und ist zum Schutze des Eigenthümers gegen Ausbeutung erforderlich. Das Verbot steht einer nach Fälligkeit der Schuld eintretenden Vereinbarung nicht im Wege.

§ 72. Der Gläubiger kann auf sein wichtigstes und, falls eine Zwangsverwaltung nicht vorgesehen werden sollte, einziges Recht der Zwangsversteigerung nicht gültig verzichten, weil damit sein Hypothekarrecht selbst illusorisch werden würde.

Anderseits soll der Eigenthümer um so weniger berechtigt sein, seinen Kredit willkürlich durch den Verzicht auf sein Belastungsrecht zu beschränken, als der Gläubiger an einem solchen Verbote nur ein untergeordnetes Interesse zu haben pflegt. Anders liegt die Sache bezüglich der dem Schuldner, gewöhnlich bei Vermeidung der Fälligkeit der Hypothekarforderung, auferlegten Verpflichtung, das Grundstück nicht zu veräußern, da dem Gläubiger, besonders wegen der möglichen Verschlechterung durch einen neuen Eigenthümer, unter Um-

pourvu qu'il soit en même temps prouvé que le propriétaire inscrit y ait consenti ou qu'il ait été condamné le cas échéant à donner le consentement (§ 100). Le concours des créanciers hypothécaires postérieurement inscrits n'est point nécessaire.

La disposition du § **70** résulte du principe de l'indivisibilité de l'hypothèque (voir l'art. 2114 al. 2 du Code civil) qui permet au créancier de renoncer à son hypothèque sur un immeuble sans que le propriétaire de l'autre, qui reste affecté pour la créance entière, puisse s'y opposer. Il reste à examiner lors de la révision de la loi sur la procédure de distribution, si et dans quel sens ce principe doit subir des modifications, notamment pour le cas de la distribution simultanée du prix de tous les immeubles affectés.

En ce qui concerne l'effet du paiement du créancier dans le cas où le prix d'un entre plusieurs immeubles hypothéqués y a été employé, voy. § 91.

La disposition du § **71**, qui est conforme à l'art. 2088 (voy. aussi l'art. 2078) du Code civil concernant l'antichrèse, semble nécessaire pour mettre le propriétaire à l'abri de procédés de mauvaise foi. La défense établie par le § 71 ne s'oppose pas à une aliénation dont les parties seraient convenues après l'échéance du terme.

§ **72**. Le créancier ne peut renoncer valablement au droit de faire vendre l'immeuble hypothéqué. C'est le plus important de ses droits et même le seul moyen de réaliser le droit d'hypothèque, si le législateur en règlant la procédure de l'expropriation forcée n'adopte pas l'institution de la séquestration.

D'autre part il ne sera permis au propriétaire de diminuer volontairement son crédit par une clause de renonciation au droit d'affecter l'immeuble — à laquelle le créancier attache rarement une grande importance. Il en est autrement de l'obligation de ne point aliéner l'immeuble imposée d'ordinaire au débiteur sous peine de l'échéance immédiate de la créance hypothécaire. Car le créancier peut avoir intérêt d'empêcher le changement de la propriété, p. ex. s'il y a lieu à craindre des détériorations de la part

ständen daran gelegen sein muß, den Eigenthumsübergang zu verhindern. Die bezügliche Klausel bleibt daher bezüglich ihrer Zulässigkeit dem geltenden Recht unterworfen.

§ 73. Die gesetzlichen Beschränkungen des Rechts und der Verfügung des Berechtigten werden bei Hypotheken derselben Regel unterworfen, welche bezüglich der gesetzlichen Beschränkungen beim Eigenthum im § 40 aufgestellt ist. Dieselben können demgemäß Dritten gegenüber nur durch eine Vormerkung wirksam werden, welche das aus der Beschränkung hervorgehende Recht auf Eintragung (§ 57) bezw. auf Anfechtung der letzteren (nach Analogie des § 38) zur Geltung bringt.

Für alle übrigen Beschränkungen der einen oder anderen Art, mögen sie auf Rechtsgeschäft oder richterlichen Anordnungen beruhen, gilt der Grundsatz, daß dieselben Dritten gegenüber nur Rechtswirksamkeit haben, wenn sie eingetragen oder denselben bekannt gewesen sind. Die Gleichstellung der Kenntniß mit der Eintragung entspricht bezüglich der gerichtlichen Anordnungen dem § 42 (vergl. §§ 83, 101, 105); für die auf Rechtsgeschäft beruhenden Beschränkungen des Hypothekarrechts ergiebt sich diese Gleichstellung aus der obligatorischen Natur des Verhältnisses, in welches der Erwerber eintritt (vergl. § 67), und für solche Beschränkungen des Rechts des Erwerbers aus der Unabhängigkeit des Erwerbs von der Eintragung der Abtretung (§ 78 Abs. 1).

Die Eintragung darf in keinem Falle ohne die Vorlage des Hypothekenbriefes erfolgen (Abs. 2), dessen Besitz der Berechtigte sich nöthigenfalls zuvor verschaffen muß (vergl. C.-P.-O. §§ 817, 772 ff.). Die bloße Eintragung des zu Beschränkenden als Hypothekargläubiger beweist (vergl. § 78) dessen gegenwärtige Berechtigung nicht.

Bezüglich des § 74 kann auf Art. 2131 des Code civil verwiesen werden. Die wahlweise zulässigen Sicherungsmaßregeln können in Verbot unter Strafandrohung, Entziehung

du nouveau propriétaire. La question si cette clause est admissible, ne se trouve pas décidée par le projet ; elle reste soumise au droit en vigueur.

§ **73**. Les dispositions du § 40 relatives aux restrictions légales concernant la propriété trouvent une application analogue aux restrictions légales du droit d'hypothèque et à celles qui empêchent le créancier inscrit de disposer de l'hypothèque. Ces restrictions ne peuvent donc avoir d'effet vis-à-vis des tiers, que par suite d'une prénotation qui fait valoir le droit à l'inscription (§ 57) ou le droit d'attaquer une inscription (par analogie au § 38) résultant de la restriction.

Toutes les autres restrictions de l'une ou de l'autre espèce, basées soit sur une convention soit sur une mesure judiciaire, sont régies par le principe, qu'elles n'ont pas d'effet vis-à-vis des tiers, que si elles leur étaient connues ou inscrites au livre. Ainsi la connaissance que l'on a de l'existence d'une restriction équivaut à son inscription. Cette assimilation correspond en ce qui concerne les mesures judiciaires au § 42 (voy. §§ 83, 101, 105). Quant aux restrictions du droit d'hypothèque basées sur des actes de volonté, elles se trouvent motivées par la considération que l'obligation résultant de la restriction doit lier l'acquéreur de l'hypothèque comme ayant-cause du premier créancier (voy. § 67). En ce qui concerne enfin les restrictions de la même espèce imposées au droit de l'acquéreur de l'hypothèque, l'assimilation susmentionnée résulte du principe que l'acquisition n'a pas besoin de l'inscription de la cession pour être valable (§ 78 al. 1).

L'inscription ne pouvant jamais s'effectuer que sur production de la lettre d'hypothèque (al. 2), le requérant devra d'abord se procurer ce titre s'il n'est pas en sa possession (voy. Code de proc. civile §§ 817, 772 suiv.). Le fait seul de l'inscription comme créancier hypothécaire de celui qui doit être soumis à la restriction ne prouve point qu'il est encore investi du droit de l'hypothèque (voy. § 78).

En ce qui concerne le § **74**, on peut renvoyer à l'art. 2131 du Code civil. Pourra être demandée comme mesure

der Verwaltung, Beschlagnahme der Früchte u. a. bestehen. Der Weg der einstweiligen Verfügung ist hier besonders angezeigt.

Der Verschlechterung des Grundstücks stehen hinsichtlich versicherter Gebäude die im Abs. 2 erwähnten Handlungen und Thatsachen gleich, weil sie in derselben Weise den Gläubiger gefährden; vergl. § 3 Nr. 1 des Gesetzes vom 4. Juli 1881, betreffend die Haftung der Brandversicherungsgelder 2c. (Ges.-Bl. S. 91).

§ **75**. Der Gläubiger, welcher für den persönlichen Anspruch gegen den Schuldner, der zugleich der Eigenthümer des verpfändeten Grundstücks ist, einen vollstreckbaren Titel (Urtheil oder Notariatsurkunde) besitzt, bedarf, solange jene Personeneinheit besteht, eines weiteren vollstreckbaren Titels für den dinglichen Anspruch (§ 66) zum Zwecke der Zwangsvollstreckung nicht, weil dieser Titel die Zwangsvollstreckung in das gesammte Vermögen, also auch in das verpfändete Grundstück gestattet. Die Nothwendigkeit, einen solchen Titel zu besitzen, besteht dagegen: 1) wenn die erwähnte Personeneinheit sich auflöst oder nie bestanden hat, und 2) wenn der Gläubiger eines vollstreckbaren Titels auch für den persönlichen Anspruch entbehrt. Im ersteren Falle wird der Eigenthümer des Grundstücks, welcher nur für den dinglichen Anspruch haftet, von dem für den persönlichen Anspruch bestehenden Titel in keiner Weise berührt.

Einen besonderen Titel für den dinglichen Anspruch erhält nun der Gläubiger durch Erhebung der Klage aus dem letzteren und Erwirkung eines rechtskräftigen oder für vorläufig vollstreckbar erklärten Urtheils, und dieses Urtheil ist, zufolge der §§ 665, 236, 238 der C.-P.-O., gegen jeden ferneren Eigenthümer vollstreckbar, nachdem gegen denselben eine vollstreckbare Ausfertigung ertheilt ist. Dieser Weg entspricht aber nicht den Rechtsgewohnheiten des Landes und dem praktischen Bedürfniß, welche in gleicher Weise dahin führen müssen, dem Gläubiger sogleich mit der Entstehung der Hypothek einen vollstreckbaren Schuldtitel für den dinglichen Anspruch in die Hand zu geben, welcher gegen den gegenwärtigen und jeden künftigen Eigenthümer wirksam ist. Es wäre nun am nächstliegenden, hierzu eine Notariatsurkunde zu bestimmen, in welcher sich der Eigen-

de sûreté, ou une défense d'accomplir un fait avec avertissement comminatoire, ou la privation du droit d'administration, ou la saisie des fruits etc. C'est la voie des « mesures provisoires » (§ 18 du Code de procédure civile) qui sera indiquée dans la plupart des cas.

Sont assimilés à la détérioration de l'immeuble, en ce qui concerne les bâtiments assurés, les actes et faits mentionnés à l'al. 2, puisque le péril est le même pour le créancier; voy. § 3 nº 1 de la loi du 4 juillet 1881 concernant l'affectation des indemnités d'incendie etc. (Bull. des lois p. 91).

§ **75**. Le créancier muni d'un titre exécutoire (jugement ou acte notarié) pour le droit personnel contre le débiteur, qui est en même temps le propriétaire de l'immeuble hypothéqué, peut, en vertu de ce titre, poursuivre la vente forcée de la totalité des biens du débiteur, y inclus l'immeuble hypothéqué. Par conséquent, tant que cette identité entre le débiteur et le propriétaire subsiste, le créancier n'a pas besoin d'un second titre exécutoire pour le droit réel (§ 66) à fin de procéder à l'expropriation forcée de l'immeuble hypothéqué. Par contre, un pareil titre lui est nécessaire : 1) quand l'identité mentionnée n'existe plus ou n'a jamais existé, 2) quand le créancier manque d'un titre exécutoire aussi pour le droit personnel. Au premier cas le propriétaire de l'immeuble à l'égard duquel le droit réel seul existe, n'est aucunément atteint par le titre relatif au droit personnel.

Le créancier aura un titre spécial pour le droit réel en introduisant en vertu de ce droit une action et en obtenant jugement exécutoire ou déclaré exécutoire par provision; ce jugement est d'après les §§ 665, 236, 238 du Code de proc. civ. exécutoire contre chaque propriétaire postérieur, au moyen d'une grosse délivrée contre celui-ci. Toutefois la nécessité de cette procédure ne répond ni aux habitudes du pays ni au besoin pratique, qui exigent que dès le moment de la constitution de l'hypothèque le créancier ait pour son droit réel un titre exécutoire contre le propriétaire présent et futur. On pourrait croire, que le moyen le plus simple pour arriver à ce but, ce serait un

thümer für den dinglichen Anspruch gemäß § 702 Nr. 5 der C.=P.=O. der sofortigen Zwangsvollstreckung zu unterwerfen hätte. Gegen die Zulässigkeit dieses Weges bestehen aber namentlich nach der Richtung hin Bedenken, ob ein derartiger Titel zur Zwangsvollstreckung auch gegen jeden künftigen Eigenthümer, also objektiv in das Grundstück berechtigen würde; denn es läßt sich (vergl. Achilles a. a. O. S. 269 ff.) bezweifeln, ob die auf der Litigiosität des Anspruchs beruhende Vorschrift des § 665 der C.=P.=O. vermöge der allgemeinen Vorschrift des § 703 daselbst auch auf die Notariatsurkunden Anwendung finden kann.

Dem erwähnten praktischen Bedürfnisse wird daher in sicherer Weise nur dadurch entsprochen werden können, daß auf Grund des § 706 der C.=P.=O. (vergl. besonders Abs. 2) und dem Vorgang, namentlich der bayerischen Gesetzgebung, die Zwangsvollstreckung in das Grundstück aus dem Hypothekenbriefe selbst zugelassen wird. Der Entwurf verfügt dies in Abs. 1 mit der selbstverständlichen Ausnahme der Sicherheitshypothek, da es hier an einem bestimmten Geldanspruche fehlt.

Die übrigen Bestimmungen des Paragraphen sind den §§ 703, 705 der C.=P.=O. nachgebildet und bedürfen weiterer Erläuterung nicht. Die Ertheilung der vollstreckbaren Ausfertigung durch den Buchführer entspricht der Analogie des § 705 Abs. 1 der C.=P.=O. und der Eigenschaft des Hypothekenbriefes als einer vom Grundbuchamte ausgestellten Urkunde.

Was die Folge der beabsichtigten Einrichtung für den Geschäftskreis der Notare betrifft, so ist eine Einschränkung desselben um deßwillen nicht zu erwarten, weil in dem fast ausnahmslosen Falle der Bestellung der Hypothek durch den Schuldner selbst der Gläubiger immer auch für den persönlichen Anspruch sich einen vollstreckbaren Titel wird verschaffen wollen, was er nur durch die notarielle Aufnahme der Schuldurkunde gemäß § 702 Nr. 5 der C.=P.=O. erreichen kann.

Der dem preußischen Gesetze (§ 41) entnommene

§ **76** behandelt den sehr häufigen Fall, daß der z. B. für ein Darlehen, persönlich und hypothekarisch belastete Eigenthümer eines Grundstücks dasselbe verkauft und der Käufer in Anrechnung auf den Kaufpreis die eingetragene Hypothek über=

titre notarié dans lequel, conformément au § 702 n° 5 du Code de proc. civile, le propriétaire se soumettrait relativement au droit réel à l'exécution forcée immédiate. Cependant on peut mettre en doute si un pareil titre justifierait l'exécution forcée contre tout propriétaire futur, et de cette manière dans l'immeuble. Il s'agit de savoir, si la prescription du § 665 du Code de proc. supposant que l'ayant-droit a acquis un droit *litigieux,* puisse en vertu de la disposition générale du § 703 loc. cit. être appliquée aux actes notariés. Or cette question n'est pas sans difficulté (voy. Achilles, l. c. p. 269 suiv.).

On ne pourra donc satisfaire au besoin pratique mentionné d'une façon sûre qu'en admettant, suivant le § 706 du Code de proc. civile (voyez notamment l'al. 2) et conformément à la législation bavaroise, l'exécution forcée dans l'immeuble en vertu de la lettre d'hypothèque même. C'est ce que prescrit l'al. 1 de ce paragraphe, contenant, comme de raison, exception pour l'hypothèque de cautionnement, qui, n'impliquant une somme déterminée, ne peut donner lieu à l'exécution forcée.

Les autres dispositions du paragraphe sont conformes aux §§ 703, 705 du Code de proc. civ. et ne demandent aucune explication. La délivrance de la grosse par le secrétaire foncier répond à l'alinéa 1 du § 705 de ce même Code et à la nature de la lettre d'hypothèque comme titre dressé par le bureau foucier.

En ce qui concerne les conséquences que ces dispositions pourront avoir pour le notariat, il n'est pas probable qu'il en résultera une augmentation sensible des actes privés. Ce sera presque toujours le débiteur personnel qui consent l'hypothèque et alors le créancier voudra se procurer, outre le titre pour le droit réel, un titre exécutoire pour son droit personnel, qu'il ne pourra obtenir que par acte notarié, conformément au § 702 n° 5 du Code de procédure civile.

Le § **76** qui est pris de la loi prussienne (§ 41), traite le cas très-fréquent où le propriétaire engagé (par exemple pour un prêt) personnellement et hypothécairement vend l'immeuble à un acquéreur, qui s'engage à employer le

nimmt, d. h. so viel weniger bezahlt, als die Hypothekarschuld beträgt und sich dafür zur Entrichtung der letzteren an Hauptsumme und Zinsen verpflichtet.

Der Absatz 1 bestimmt nun zunächst, daß aus einem solchen Uebereinkommen der Gläubiger neben dem dinglichen Anspruch gegen den neuen Eigenthümer (§ 66) den persönlichen Anspruch gegen den Letzteren erlangt, auch wenn Jener dem Uebernahmevertrag nicht beigetreten ist. Dieser Vertrag wird also, was der Natur der Sache entspricht, als eine gültige Stipulation zu Gunsten eines Dritten, des Gläubigers, im Sinne des Artikel 1121 des Code civil aufgefaßt und so behandelt, wie wenn der Gläubiger das Uebereinkommen mit abgeschlossen hätte; der Anspruch desselben ist daher von einem etwaigen Widerruf des Veräußerers unabhängig.

Neben dem Erwerber bleibt aber nach allgemeinen Rechtsgrundsätzen auch der Veräußerer noch dem Gläubiger persönlich verpflichtet, so daß dieser in der Lage ist, bis zum Ablauf der Verjährungsfrist von dem Veräußerer und seinen Erben die Bezahlung der Schuld oder eines Ausfalles daran zu verlangen. Der Gläubiger kann dies thun, indem er auf sein Hypothekarrecht verzichtet und auch von einer vorgängigen Verfolgung des persönlichen Anspruchs gegen den Erwerber absieht. Dies erscheint insofern unbillig, als der Veräußerer, nachdem er den geschuldeten Betrag an dem Kaufpreis sich hat abziehen lassen, denselben nicht mehr in seinem Vermögen besitzt, daher die Schuld sich gegenüber als materiell getilgt betrachtet, auch das verpfändete Grundstück, welches mittlerweile durch mehrere Hände gegangen sein kann, seiner Verfügung vollständig entrückt ist. Erben und Erbeserben des Veräußerers sehen sich nicht selten einem solchen verspäteten Zugriff des Gläubigers zu ihrem schweren Nachtheil ausgesetzt, ohne daß sie von der aus dem ehemaligen Grundbesitz ihres Rechtsvorgängers stammenden Schuld die geringste Kenntniß gehabt haben. Anderseits wird der Kredit bei einem geordneten Hypothekenwesen, wie solches das Grundbuch ermöglicht, vorzugsweise mit Rücksicht auf die Realsicherheit der Hypothek gewährt und kommt die Persönlichkeit des Schuldners nur in zweiter Linie in Betracht.

Diese rein praktischen Erfahrungen und Erwägungen haben die preußische Gesetzgebung dahin geführt, dem Gläuprix de son acquisition au paiement de la dette hypothécaire en ne payant au vendeur que le surplus.

Pour telle hypothèse il est statué d'abord à l'alinéa 1 que l'acquéreur sera, en vertu de l'engagement indiqué, personnellement obligé à l'égard du créancier, même dans le cas où ce dernier n'a pas adhéré à cet engagement. Cette convention, considérée comme une stipulation valable en faveur d'un tiers au sens de l'art. 1121 du Code civil, aura son effet comme si le créancier y avait coopéré; le droit de ce dernier sera donc indépendant de la révocation qui pourrait survenir de la part du vendeur.

Mais d'après les principes généraux du droit, le vendeur aussi continue d'être obligé personnellement au créancier, à côté de l'acquéreur, de sorte que lui ou ses héritiers sont, jusqu'à l'expiration du délai de prescription, tenus du paiement de la dette vis-à-vis du créancier. Le dernier peut poursuivre le vendeur en renonçant à son droit hypothécaire, ainsi qu'à la poursuite préalable de son droit personnel contre l'acquéreur. Ceci ne paraît pas juste; car le vendeur qui n'a reçu le prix de vente que déduction faite du montant de la dette, considérera la dette comme soldée à son égard, tandis que l'immeuble hypothéqué qui peut-être dans l'intervalle a passé par différentes mains, est complétement enlevé à sa disposition. Les héritiers du vendeur ainsi que leurs héritiers sont assez souvent, à leur grand préjudice, exposés à une pareille demande de la part du créancier, sans avoir eu la moindre connaissance de la dette fondée sur l'acquisition que leur auteur avait un jour faite. D'autre part, il faut considérer que dans un système hypothécaire bien réglé comme celui des livres fonciers, le crédit est donné principalement en vue de la sûreté réelle de l'hypothèque, et qu'on ne tient compte qu'en seconde ligne de la personne du débiteur.

Ces expériences et ces considérations purement pratiques ont amené la législation prussienne à fixer au créancier, auquel le vendeur aura notifié que le nouvel acquéreur

biger, sofern ihm der Veräußerer die Schuldübernahme bekannt gemacht hat, eine kurze Frist zu stellen, innerhalb welcher er sich entscheiden muß, ob er den Hypothekarkredit auch dem neuen Eigenthümer, welcher ihm als persönlicher Schuldner dargeboten wird, weitergewähren wolle oder nicht. Kündigt er die Hypothek und verfolgt er binnen einer weiteren kurzen Frist seinen dinglichen Anspruch wirksam durch Erhebung der Klage, so haftet ihm neben dem Grundstück auch der Veräußerer persönlich weiter, wie bisher. Andernfalls aber wird angenommen, daß der Gläubiger, da ihm das Grundstück und die Persönlichkeit des Erwerbers genügende Sicherheit bieten, den Veräußerer aus dem Schuldverhältniß entlassen wolle und der Letztere demgemäß kraft Gesetzes entlastet.

Wenn für Elsaß-Lothringen ein Bedürfniß nach einer solchen Bestimmung bisher, soweit bekannt, nicht hervorgetreten ist, so erklärt sich dies daraus, daß, wie Eingangs der Begründung erwähnt, ein wirklicher Realkredit bei dem ungenügenden Zustande des Hypothekenrechts, bisher nicht bestanden hat. Für die Zukunft werden aber jene praktischen Gesichtspunkte auch hier zu Lande sich geltend machen; der Entwurf übernimmt daher die in Preußen wohlbewährte Bestimmung.

Die Kündigungsfrist kann für den Gläubiger erst beginnen, sobald er das Recht zur Kündigung hat; ist das letztere für eine bestimmte Zeit ausgeschlossen oder an den Eintritt eines bestimmten Ereignisses, z. B. den Tod des Gläubigers oder eines Dritten geknüpft, so soll daher nach Abs. 2 die Frist erst mit Ablauf der Zeit oder mit Eintritt des Ereignisses zu laufen beginnen.

§ 77. Daß die Hypothek nur gemeinsam mit dem persönlichen Recht abgetreten werden kann, ergiebt sich aus dem accessorischen Charakter der ersteren. Daraus folgt jedoch nicht, daß die Abtretung der Forderung von selbst und stillschweigend die Abtretung der Hypothek zur Folge hätte, oder daß es nicht gestattet wäre, die Forderung allein abzutreten. Im letzteren Falle würde ein Anspruch auf Löschung der gegenstandslos gewordenen Hypothek gegeben sein.

Wie die Hypothek nur zu Gunsten einer bestimmten Person bewilligt (§ 58) und eingetragen werden kann, so kann

s'est chargé de la dette, un bref délai, pendant lequel il doit se décider s'il veut continuer à accorder le crédit hypothécaire au nouveau propriétaire, devenu son débiteur personnel. Si par suite d'une telle notification le créancier dénonce dans le délai l'hypothèque et s'il poursuit le paiement de la créance dans un second bref délai, le vendeur lui reste obligé personnellement comme le bien-fonds est affecté au paiement de la dette. Sinon le créancier est censé avoir libéré le vendeur de la dette, l'immeuble et la personne de l'acquéreur lui offrant une garantie suffisante, et l'aliénateur est de la sorte déchargé de par la loi.

En Alsace-Lorraine, le besoin d'une pareille mesure ne s'est pas fait sentir jusqu'à présent; cela s'explique par l'absence d'un véritable crédit réel dû aux défauts du système hypothécaire, qui ont été démontrés au commencement des motifs. Mais à l'avenir les considérations pratiques se feront valoir également dans notre pays; le projet adopte par conséquent la disposition de la loi prussienne qui a été suivie de bons résultats.

Le délai de dénonciation ne pourra courir qu'à partir du moment où le droit de dénonciation peut être exercé; s'il est exclu pour une époque déterminée ou s'il dépend de l'arrivée d'un événement déterminé, p. ex. de la mort du créancier ou d'un tiers, le délai ne court qu'à partir de l'expiration de l'époque ou de l'arrivée de l'événement (al. 2).

§ 77. La cession de l'hypothèque ne peut se faire sans le transport simultané de l'obligation personnelle; c'est une conséquence de sa nature accessoire. Cependant il n'en résulte pas que la cession de la créance entraîne nécessairement et tacitement celle de l'hypothèque ou qu'il soit interdit de céder la créance seule. Dans ce dernier cas le propriétaire serait autorisé à demander la radiation de l'hypothèque dorénavant dépourvue d'objet.

De même que l'hypothèque ne peut être consentie (§ 58) et inscrite qu'en faveur d'une personne déterminée, elle

sie auch nur an einen bestimmten Erwerber abgetreten werden; die Blanko-Abtretung ist ausgeschlossen.

§ 78. Nach französischem Recht vollzieht sich die Abtretung einer hypothekarischen wie jeder anderen Forderung unter den Betheiligten durch die Uebereinkunft selbst, Dritten gegenüber nur durch die Zustellung der Abtretung an den Schuldner oder die in öffentlicher Form erfolgte Annahme der Abtretung Seitens des Letzteren (Code civil Art. 1690); auf den Besitz des Forderungstitels kommt dabei nichts an. Dieser Rechtszustand ist, abgesehen von der dem französischen Recht eigenthümlichen, an sich nicht erwünschten Unterscheidung zwischen dem Verhältniß der Betheiligten und zu Dritten, insofern unbefriedigend, als der Cessionar jeder Garantie dafür entbehrt, daß die Forderung zur Zeit der Abtretung noch in der Hand des Cedenten zu Recht besteht. Ueberdies wird die Klarheit des Verhältnisses dadurch beeinträchtigt, daß die Praxis neben der Zustellung und Annahme auch der anderweit vermittelten Kenntniß des Schuldners von der Abtretung Wirksamkeit einräumt. Ebensowenig ausreichend würde es aber sein, wenn, wie im preußischen Recht (vergl. Achilles a. a. O. S. 288), das Uebereinkommen ausreichend für das Zustandekommen der Abtretung wäre und der Besitz des Hypothekenbriefs nur die Bedeutung der Legitimation zur Entgegennahme der Zahlung u. s. w. hätte. Wäre bei diesem System auch der Schuldner gegen Benachtheiligung geschützt, so wäre das Gleiche nicht der Fall bezüglich des Cessionars, welcher gegenüber andern Cessionen, deren Anteriorität behauptet würde, nicht einmal in dem Besitz des Hypothekenbriefs Schutz fände. Zur Lösung solcher Kollisionen bedarf es einer scharfen und bestimmten Form für die Vollendung der Abtretung, sowohl unter den Kontrahenten, als im Verhältniß zu Dritten. Diese Form kann, in Uebereinstimmung mit der preußischen Praxis und dem zu Nr. 5 der Vorbemerkungen angedeuteten Wesen des Hypothekenbriefes, nur darin gefunden werden, daß durch die Uebergabe des letzteren an den Erwerber die Abtretung sich vollendet (Abs. 1). Bis dahin bleibt die Hypothek im Eigenthum des bisherigen Gläubigers, was für den Fall des Konkurses desselben von Erheblichkeit wird. Selbstverständlich bleibt aber ein auf Abtretung gerichteter Vertrag wirksam und kann

ne peut être cédée qu'à un acquéreur également déterminé; la cession en blanc est exclue.

§ 78. D'après le droit français la cession d'une créance hypothécaire comme de toute autre créance s'effectue entre les parties en vertu du simple consentement mutuel, à l'égard des tiers par la signification du transport faite au débiteur ou par l'acceptation du transport faite par ce dernier dans un acte authentique (Code civil art. 1690); la possession du titre de créance n'importe pas. Cet état de choses n'est pas satisfaisant. D'abord la distinction du droit français entre les rapports des parties entre elles et avec des tiers peut faire naître des difficultés sérieuses. Ensuite le cessionnaire est dépourvu de toute garantie de l'existence de la créance et du droit du cédant au moment de la cession. Enfin la pratique a encore augmenté les difficultés de la situation en admettant que la connaissance que le débiteur a eue de la cession peut suppléer aux actes formels de la signification ou de l'acceptation exigés par la loi. Selon le droit prussien (voy. Achilles, loc. cit. p. 288) la cession est opérée par le consentement seul et la lettre d'hypothèque ne sert qu'à prouver l'autorisation du possesseur à l'acceptation du paiement etc. Ce système peut suffire à l'intérêt du débiteur, mais il ne protège pas assez le cessionnaire qui même dans la possession de la lettre d'hypothèque ne trouve pas de garantie vis-à-vis d'autres cessionnaires qui pourraient alléguer leur priorité. Pour éviter des complications pareilles il faut que la cession ne puisse se faire tant entre les parties qu'à l'égard des tiers que dans une forme précise et déterminée. S'appuyant sur la pratique prussienne et la nature de la lettre d'hypothèque, telle qu'elle a été exposée au n° 5 des notices préliminaires, le projet de loi trouve cette forme dans la remise de la lettre d'hypothèque à l'acquéreur (al. 1). Jusqu'à cette remise, l'hypothèque reste dans le patrimoine du créancier, ce qui devient important en cas de faillite de ce dernier. Il est bien entendu qu'une convention par laquelle le créancier s'engage de céder est valable; elle oblige le créancier

durch Klage auf Vollziehung der Abtretung bezw. auf Entschädigung verfolgt werden.

Daß der Erwerb, wie hier gleichfalls vorgeschrieben, von der Eintragung unabhängig ist, ergiebt sich (vergl. zu Nr. 5 cit.) aus dem Verkehrsbedürfniß. Durch den Grundsatz der Oeffentlichkeit wird eine solche Bedeutung der Eintragung nicht erfordert, weil die Person des augenblicklichen Gläubigers nur Interesse für den Eigenthümer hat, welcher darüber bei der nächsten Zinszahlung regelmäßig ins Klare kommen wird; die hier weiter gebotenen Maßregeln enthält der § 81.

Der Absatz 2 spricht zu größerer Deutlichkeit ausdrücklich aus, daß die Uebergabe des Hypothekenbriefes auch die Abtretung des persönlichen Rechts, wie unter den Betheiligten, so gegenüber Dritten wirksam macht, so daß der Art. 1690 des Code civil nur noch zur Anwendung kommt, wenn die persönliche Forderung allein abgetreten würde.

§ 79. Ungeachtet des zweiten Satzes im § 78 Abs. 1 hat die Eintragung der Abtretung für den Erwerber der Hypothek ein erhebliches Interesse. Zunächst tritt dadurch die Abtretung unter den Schutz des öffentlichen Glaubens des Grundbuchs, da ein Dritter, welcher in der Folge die Hypothek von dem etwa wieder in den Besitz des Hypothekenbriefs gelangten früheren Gläubiger sich abtreten läßt, auf guten Glauben sich nicht berufen kann, wenn die von seinem Rechtsvorgänger bewilligte Abtretung im Grundbuch und damit (vergl. Abs. 1 und § 55 Abs. 3) auch auf dem Hypothekenbriefe vermerkt worden ist. Sodann bildet die Eintragung einerseits einen (dem Gegenbeweis unterworfenen) Nachweis der Abtretung und anderseits die Voraussetzung, unter welcher allein dem Erwerber die erforderlichen Mittheilungen über das Zwangsvollstreckungsverfahren und andere ihn berührende Thatsachen zugehen können.

Die Eintragung erfolgt, in Gemäßheit des Konsensprinzips, auf Grund der abstrakten Bewilligung des abtretenden Gläubigers, welcher hier wie in anderen Fällen der einseitige Antrag des zur Bewilligung Berufenen gleichsteht. Zur Vermeidung eines unnöthigen Formalismus soll jedoch, in Uebereinstimmung mit der überwiegenden preußischen Praxis, die Abtretungserklärung als Eintragungsbewilligung gelten. Die Bewilligung

d'effectuer la cession ou bien de payer des dommages-intérêts.

Le besoin d'une réalisation facile du droit d'hypothèque demande (voy. nº 5) que l'acquisition soit indépendante de l'inscription (al. 1). Le contraire n'est pas exigé par le principe de la publicité du livre, la personne du créancier actuel n'intéressant que le propriétaire auquel elle se fera connaître à la prochaine échéance; les prescriptions que l'on a trouvées nécessaires dans ce sens contient le § 81.

L'alinéa 2 ajoute pour plus de clarté que par la remise de la lettre d'hypothèque le cessionnaire sera également saisi vis-à-vis des tiers quant à l'obligation personnelle; l'art. 1690 du Code civil ne sera donc plus appliqué que dans le cas où la cession ne concerne que la créance personnelle.

§ **79.** Malgré la disposition de l'al. 1 du § 78 l'inscription de la cession est d'une grande importance pour l'acquéreur de l'hypothèque. D'abord la cession est mise par elle sous la garantie de la foi publique du livre foncier, puisqu'un tiers qui dans la suite viendrait à acquérir l'hypothèque de la part d'un créancier antérieur rentré de nouveau dans la possession de la lettre d'hypothèque, ne pourrait alléguer sa bonne foi quand la cession faite par son auteur a été mentionnée dans le livre foncier et par conséquent aussi sur la lettre d'hypothèque (voy. l'al. 1 et § 55 al. 3). Ensuite l'inscription emporte présomption de la cession. Enfin, sans elle le cessionnaire n'est pas sûr que les communications relatives à une procédure d'expropriation forcée ou autres qui pourraient l'intéresser lui parviennent.

Suivant le principe du consentement, l'inscription se fait sur production du simple consentement ou sur la demande du créancier cédant. Afin d'éviter des formalités inutiles, la cession vaudra consentement à l'inscription, ce qui est conforme à la pratique prussienne. Le consentebezw. Abtretungserklärung wird durch gerichtliches Urtheil nach § 100 ersetzt.

Zur Abgabe der erforderlichen Erklärung ist nicht erforderlich, daß der abtretende Gläubiger selbst im Grundbuch eingetragen ist; er muß jedoch seinen Rechtserwerb durch eine Abtretungserklärung bezw. durch Erbbescheinigung oder anderweitig (vergl. § 84) nachweisen.

Die im Wege der Zwangsvollstreckung erfolgende Ueberweisung einer eingetragenen Hypothekarforderung an Zahlungsstatt hat nach § 736 Abs. 2 der C.=P.=O. die Wirkung der Abtretung der Forderung an den pfändenden Gläubiger. Zur Eintragung ist, in Konsequenz des § 737 Abs. 1 der C.=P.=O., an Stelle der Bewilligung des als Inhaber des Forderungsrechts gepfändeten Schuldners, die Ueberweisung hinreichend (Abs. 2). Der Vorlegung des Hypothekenbriefes bedarf es auch hier; der Schuldner ist nach § 737 Abs. 2 a. a. O. zur Herausgabe desselben an den pfändenden Gläubiger verpflichtet und kann dazu im Wege der Zwangsvollstreckung angehalten werden. Des Nachweises der Zustellung des Ueberweisungsbeschlusses (C.=P.=O. § 736 Abs. 3, § 730 Abs. 2) bedarf es zum Zwecke der Eintragung nicht.

§ **80**. Nachdem im § 78 vorgeschrieben ist, daß die Abtretung durch Uebergabe des Hypothekenbriefes bewirkt wird, muß für den Fall der Theilabtretung, wo der abtretende Gläubiger des Hypothekenbriefes sich nicht entäußern kann, eine entsprechende Form geschaffen werden, welche dem Erwerber zugleich die Verfügung über den abgetretenen Theil ermöglicht. Auch ist Vorsorge zu treffen, um den Gläubiger an der wiederholten Abtretung dieses Theils seiner Forderung zu hindern. Die Vorschriften des Entwurfs verfolgen diesen doppelten Zweck.

Hiernach ist zunächst die Abtretung auf dem Hypothekenbrief zu vermerken und dann über den abzutretenden Theil ein Zweighypothekenbrief zu bilden, welcher in einer notariell beglaubigten Abschrift des Hypothekenbriefes sowie der Schuldurkunde besteht. Ist ein Hypothekenbrief noch nicht gebildet, so ist dies vor Allem nachzuholen (vergl. § 55 Abs. 4). Die Beglaubigung des Zweighypothekenbriefs fällt, da es sich um einen Akt der freiwilligen Gerichtsbarkeit handelt, dem Notar zu; derselbe hat zugleich auf den Hypothekenbrief den Vermerk,

ment ou la cession pourra être remplacé par un jugement en vertu du § 100.

Pour donner la déclaration exigée pour l'inscription il n'est pas nécessaire que le créancier cédant lui-même soit inscrit au livre; il devra pourtant prouver son acquisition par un acte de cession, par un certificat de qualité d'héritier ou d'une autre manière (§ 84).

En cas de saisie d'une créance hypothécaire inscrite, l'adjudication de la créance aux fins de l'accepter à titre de paiement, aura d'après le § 736 al. 3 du Code de procédure civile, l'effet de la cession de la créance au créancier saisissant. Il est conforme au § 737 al. 1 du Code de procédure civile, que l'adjudication mentionnée suppléera au consentement du débiteur saisi en qualité de possesseur de la créance (al. 2). La présentation de la lettre d'hypothèque est également exigée; le débiteur est en vertu du § 737 al. 2 l. c. tenu de la délivrer au créancier et il pourra y être contraint par voie d'exécution forcée. L'inscription ne suppose pas la preuve de la signification de l'ordonnance d'adjudication (Code de proc. civ. § 736 al. 3, § 730 al. 2).

§ **80.** Le § 78 prescrit que la cession sera effectuée par la remise de la lettre d'hypothèque. Donc pour le cas de cession partielle où le créancier ne peut se dessaisir de la lettre d'hypothèque, il faut créer une forme analogue. Elle doit permettre en même temps au cessionnaire de disposer de la partie cédée et empêcher le créancier de céder à différentes reprises la même partie de la créance. Les prescriptions du projet de loi poursuivent ce double but.

La cession sera mentionnée sur la lettre d'hypothèque et on formera en même temps une sous-lettre d'hypothèque concernant la partie à céder. La sous-lettre contiendra une copie légalisée par notaire de la lettre d'hypothèque et du titre de la dette. En cas qu'il n'existe pas encore de lettre d'hypothèque, celle-ci doit avant tout être dressée (voy. § 55, al. 3). La légalisation de la sous-lettre d'hypothèque qui est un acte de la juridiction volontaire, sera faite par le notaire qui sur la lettre d'hypothèque fera mention de

welcher Theil der Hypothek abgetreten, und auf den Zweighypothekenbrief den Vermerk, für wen und über welchen Theil der Hypothek die Abschrift gefertigt ist, zu setzen. Das Verfahren erhellt aus den beigefügten Mustern.

Zur Theilabtretung ist, in Konsequenz des § 78, die Uebergabe des Zweighypothekenbriefs erforderlich. Zum Zwecke der Eintragung ist außer der entsprechenden Bewilligung oder Abtretungserklärung (§ 79 Abs. 1) der Hypothekenbrief und zugleich der Zweighypothekenbrief vorzulegen. Eine Verpflichtung des Cedenten, den Hypothekenbrief dem Cessionar zu überlassen, ist damit nicht ausgesprochen; die Verpflichtung des Ersteren besteht nur dem Grundbuchamte gegenüber. Soll die Theilabtretung eingetragen werden, so wird die Eintragung auf beiden Urkunden vermerkt und auf dem Hypothekenbrief zweckmäßig weiter angegeben, für welchen Betrag derselbe noch gültig ist. Die genauere Regelung wird auf Grund des § 128 erfolgen.

§ **81.** Der Schuldner bezw. der Eigenthümer kann Kapitalzahlungen mit Sicherheit nur leisten, wenn der eingetragene Empfänger den Hypothekenbrief besitzt. Bei Zahlung von Zinsen kann aber nicht jedesmal der entsprechende Nachweis durch den Zahlenden beansprucht werden; es bedarf daher im Interesse der Sicherheit des letzteren einer Bestimmung in dem Sinne, daß Zahlungen für gültig erklärt werden, welche von dem Pflichtigen an den bisherigen Gläubiger ohne Kenntniß von dem Rechtsübergange geleistet werden. Als Mittel, diese Kenntniß herbeizuführen, ist neben der Bekanntgabe durch die Behörde, welche etwa im Falle der Eintragung dem Grundbuchamte aufzugeben wäre, die Mittheilung der Abtretung durch einen Betheiligten, den neuen oder alten Gläubiger, in Aussicht genommen. Diese Mittheilung braucht nicht in einer formellen Zustellung zu bestehen, sondern kann auf jede zweckdienliche Weise erfolgen (Abs. 1).

Gleiches Interesse an einer Erleichterung der Legitimation des Gläubigers hat der Verpflichtete bezüglich der Kündigung, da er häufig nicht in der Lage ist, mit Sicherheit die Person des gegenwärtigen Gläubigers festzustellen, indem das Grundbuch, bei der Verknüpfung des Rechtes mit dem Hypothekenbrief, diese Kenntniß nicht vermittelt. Da aber die Kündigung nicht

la cession partielle, et inscrira sur la sous-lettre pour qui et pour quelle partie de l'hypothèque la copie est faite. Voir les modèles annexés.

Il résulte du principe contenu au § 18 que la cession partielle ne s'opère que par la remise de la sous-lettre d'hypothèque. Pour inscrire la cession partielle, il faudra présenter outre le consentement ou l'acte de cession (§ 79 al. 1) la lettre et la sous-lettre d'hypothèque. Néanmoins cela n'implique pas l'obligation du cédant d'abandonner la lettre d'hypothèque au cessionnaire; le cédant n'y est obligé que vis-à-vis du bureau foncier. Mention de l'inscription sera portée sur les deux titres; la lettre d'hypothèque recevra en outre une observation indiquant la somme pour laquelle elle est encore valable. Le règlement du détail se fera en vertu du § 128.

§ **81**. Le paiement du *capital* par le débiteur ou le propriétaire ne peut pas se faire d'une manière tout à fait sûre qu'entre les mains du porteur de la lettre d'hypothèque. Quant aux intérêts, le débiteur ne peut exiger chaque fois la preuve qu'au moment du paiement la lettre d'hypothèque se trouve encore en la possession du créancier; il s'agit donc de le garantir par une disposition déclarant valable en cas de cession les paiements d'intérêts effectués par le débiteur entre les mains du cédant sans connaissance de la cession. Cette connaissance pourra lui parvenir d'une communication faite par une partie intéressée, le cédant ou le cessionnaire ou par l'autorité compétente, p. ex. en cas d'inscription de la cession, par le bureau foncier. La formalité de la signification n'est pas exigée pour la communication qui pourra se faire de la façon qui conviendra (al. 1).

En ce qui concerne la dénonciation, le débiteur a le même intérêt à être dispensé d'une vérification exacte de la légitimation du créancier. Car souvent il n'est pas à même de connaître sûrement la personne du créancier actuel, attendu que le droit du créancier est attaché à la lettre d'hypothèque et ne ressort pas du livre foncier. Or, il ne peut pas différer la dénonciation comme il pourrait différer le paiement des intérêts. Donc il est nécessaire de statuer que la dénon-

wie die Zinszahlung verschoben werden kann, so muß sie bis zum Nachweise der Abtretung selbst dann an den bisherigen Gläubiger rechtswirksam geschehen können, wenn der Kündigende Veranlassung haben sollte, Jenen nicht mehr für den gegenwärtigen Gläubiger zu halten (Abs. 2). Der Nachweis der Abtretung wird durch die Eintragung oder durch Beibringung der Abtretungserklärung u. s. w. geführt.

Der eine oder andere Nachweis kann auch von dem Gläubiger verlangt werden, der seinerseits zur Kündigung gegenüber dem Schuldner oder Eigenthümer schreitet. An und für sich müßte die Kündigungsfrist, sofern das Verlangen nach Vorlegung der Erwerbsurkunden gestellt wird, in allen Fällen erst mit deren Vorlegung beginnen. Zur Vermeidung von Chikanen soll diese Folge jedoch nach Abs. 3 am Schlusse nur eintreten, wenn das Verlangen innerhalb einer Woche nach Empfang der Kündigung gestellt wird.

§ **82**. Die Verpfändung einer Hypothekarforderung setzt den Pfandgläubiger nach Außen hin in ein analoges Verhältniß wie die Abtretung den Erwerber der Forderung. Hierdurch rechtfertigt es sich, die für das letzterwähnte Rechtsgeschäft gegebenen Vorschriften auch hier zur Anwendung zu bringen, insbesondere auch den Grundsatz, daß die Verpfändung auf Grund des Uebereinkommens durch die Uebergabe des Hypothekenbriefs bewirkt wird, und der Rechtserwerb des Pfandgläubigers von den Eintragung nicht abhängt (§ 78). Letzteres ist hier um so mehr geboten, als die Verpfändung häufig ein nur vorübergehendes Rechtsverhältniß darstellt. Die schon dem bestehenden Recht (Code civil Art. 2076) entsprechende Form der Uebergabe des Hypothekenbriefs giebt dem Geschäfte die bestimmte Form und die im Verhältniß zu andern Gläubigern erforderliche Oeffentlichkeit. Der Drittschuldner ist durch die analoge Anwendung des § 81 hinreichend gesichert; es bedarf daher der Zustellung an denselben (Code civil Art. 2075) nicht.

Im Art. 2075 des Code civil ist vorgeschrieben, daß die Verpfändung einer Forderung in einer öffentlichen oder einregistrirten Privaturkunde stattfinden müsse, eine Bestimmung, welche als Formvorschrift noch jetzt gilt. Der Entwurf beläßt es im Abs. 2 hierbei, da die meist nicht einfache Natur des

ciation du capital faite au cédant est valable à l'égard du cessionnaire à moins qu'il soit antérieurement fait *preuve* de la cession au débiteur. Il n'importerait même pas que pour le dénonçant il y aurait motif de douter que le cédant ne soit plus le créancier actuel (al. 2). La preuve de la cession est établie par l'inscription ou par la production de l'acte de cession, etc.

La même preuve incombera au créancier qui de son côté dénonce au débiteur ou au propriétaire. Si la présentation des titres d'acquisition est réclamée, le délai de dénonciation ne pourrait courir en principe qu'à partir du moment de la production. Cependant pour éviter ces tracasseries, l'al. 3 in fine ne statue ainsi que pour le cas où la production est demandée dans les huit jours qui suivent la dénonciation.

§ **82.** Le nantissement d'une créance hypothécaire met le créancier vis-à-vis de tiers dans une position analogue à celle du cessionnaire. Il en résulte que les dispositions relatives à la cession doivent également être appliquées au nantissement, ce qui a surtout pour conséquence que le nantissement aussi sera effectué en vertu de la convention et par la remise de la lettre d'hypothèque et que l'acquisition du droit de gage n'a pas besoin d'être inscrite pour être valable (§ 78). On pourrait d'autant moins exiger l'inscription que le nantissement n'est souvent que d'une courte durée. La formalité de la remise de la lettre d'hypothèque, connue déjà au droit actuel (Code civil art. 2076), donne à l'acte une forme déterminée et en même temps la publicité nécessaire par rapport aux autres créanciers. Le tiers débiteur est suffisamment garanti par l'application analogue du § 81 ; il n'est plus nécessaire de lui signifier l'acte de nantissement (voy. l'art. 2075 du Code civil).

Cet article prévoit en outre pour le nantissement d'une créance une formalité qui est encore en vigueur, celle de la constatation par un acte public ou par un acte sous seing privé, enregistré. L'alinéa 2 maintient cet état des

bezüglichen Rechtsverhältnisses dessen urkundliche Nachweisbarkeit zweckmäßig erscheinen läßt.

§ 83. Die Pfändung einer eingetragenen Hypothekarforderung erfolgt nach § 730 der C.-P.-O. durch Erlaß des hier bezeichneten Gebots an den Drittschuldner (hier den Eigenthümer, vergl. § 66) sowie des Verfügungsverbots an den Schuldner (Hypothekargläubiger) und ist mit der Zustellung an den Drittschuldner als bewirkt anzusehen. Zur Wirkung gegen Dritte ist nach § 73 deren Kenntniß oder die Eintragung erforderlich. Dabei wird die sonst zur Begründung des Pfandrechts erforderliche Bewilligung des Gläubigers (§§ 82, 79) durch den Pfändungsbeschluß ersetzt. Dem Grundbuchamte muß aber der die Pfändung vollendende Akt der Zustellung an den Drittschuldner nachgewiesen werden, als welcher der Eigenthümer des Grundstücks anzusehen ist; daß die Zustellung bezüglich der persönlichen Verpflichtung dem obligatorisch Haftenden zugestellt werden muß (vergl. für den Fall der Arrestpfändung C.-P.-O. §§ 808, 671), liegt außerhalb der Sphäre des Grundbuchs.

Zur Eintragung ist nach der allgemeinen Bedeutung des Hypothekenbriefs (vergl. § 55 Abs. 4) dessen Beifügung erforderlich. Nach § 737 der C.-P.-O. ist der gepfändete Schuldner zwar nur im Falle der Ueberweisung der Forderung zur Herausgabe des Hypothekenbriefs verpflichtet erklärt; wegen der Nothwendigkeit desselben zur Eintragung wird man aber den Gerichtsvollzieher schon bei der Pfändung für befugt zu erachten haben, die Urkunde wegzunehmen und dem pfändenden Gläubiger zum Zwecke der Eintragung zu übergeben. Eventuell tritt Zwang zur Herausgabe im Wege der Zwangsvollstreckung ein, unter Verpflichtung des Gepfändeten zur Leistung des Offenbarungseides und Zulässigkeit der Haft (vergl. C.-P.-O. §§ 737, 769, 780 ff.); der Anspruch auf Herausgabe gegen einen Dritten ist dem pfändenden Gläubiger zu überweisen (C.-P.-O. § 772).

Besteht zur Zeit der Pfändung ein Hypothekenbrief nicht, so wird ein solcher gemäß § 55 am Schlusse gebildet und dem Gläubiger übergeben.

choses à cause de la nature souvent compliquée du nantissement.

§ 83. La saisie d'une créance hypothécaire inscrite s'effectue en vertu du § 730 du Code de proc. civile par la défense faite au tiers saisi — qui est au cas présent le propriétaire, voy. § 66 — d'acquitter entre les mains du débiteur et à ce dernier (au créancier hypothécaire) de disposer, de la créance; la saisie sera réputée pratiquée par la signification de l'ordonnance au tiers saisi. Il résulte du § 73 du projet, que l'effet de la saisie à l'égard des tiers dépend de leur connaissance ou de l'inscription de la saisie. L'ordonnance de saisie supplée au consentement du créancier à l'inscription du droit de gage (§§ 82, 79). Le bureau foncier demandera en outre la preuve que la saisie a été pratiquée par la signification de l'ordonnance au tiers saisi, c'est-à-dire au propriétaire de l'immeuble. Quant à la signification à faire au débiteur personnel (voy. pour le cas de contrainte les §§ 808, 671 du Code de proc. civ.), elle est une conséquence du lien personnel d'obligation qui ne regarde pas le bureau foncier.

L'inscription exige la présentation de la lettre d'hypothèque (voy. § 55 al. 4). La disposition du § 737 du Code de proc. civ., d'après laquelle le débiteur saisi est tenu de délivrer au créancier saisissant la lettre d'hypothèque, suppose, il est vrai, l'adjudication de la créance au créancier. Cependant la lettre d'hypothèque étant nécessaire à l'inscription, on devra accorder à l'huissier le droit de prendre déjà lors de la saisie possession de la lettre d'hypothèque et de la remettre au créancier à fin d'inscription. Le cas échéant, la délivrance de la lettre pourra être poursuivie par voie d'exécution forcée; on appliquera les §§ 737, 769, 780 s. du Code de procédure civile sur le serment de manifestation et l'arrestation du débiteur. Si le titre se trouve entre les mains d'un tiers, le droit du débiteur à sa délivrance sera adjugé au créancier (Code de proc. civ. § 772).

Si lors de la saisie il n'existe point de lettre d'hypothèque, celle-ci sera, conformément au § 55, dressée de suite et remise au créancier.

§ 84. Der Erwerb der Hypothek auf andere Weise als durch Abtretung, insbesondere im Falle der Erbschaft, der Theilung und des Vermächtnisses richtet sich nach dem geltenden Recht. Die grundbuchmäßige Veröffentlichung erfolgt auf Grund derselben Unterlagen, welche bezüglich des Grundeigenthums erfordert sind; ein Gleiches gilt bezüglich des Vermerks der Einweisung in den Besitz des Vermögens eines Abwesenden (§§ 27—31, 37).

§ 85. Aus dem Grundsatze des öffentlichen Glaubens des Grundbuchs folgt bereits, daß die im Buche noch eingetragene Hypothek zu Gunsten eines gutgläubigen Dritten noch fortbesteht, auch wenn sie, wie z. B. im Fall der Tilgung der Schuld, nach allgemeinen Rechtsgrundsätzen als nicht mehr zu Recht bestehend anzusehen wäre. Dies wird durch den prinzipiellen Satz des Entwurfs, daß das Hypothekarrecht nur durch Löschung im Grundbuche aufgehoben wird, sanktionirt. Die Regel hat aber außerdem die weitere Bedeutung, daß die Hypothek, solange sie nicht gelöscht ist, zu Gunsten des Eigenthümers fortbesteht, indem der Letztere sie erwerben kann (vergl. die Vorbemerkungen Nr. 3).

Die Löschung kann, wenn sie „zur Ungebühr" erfolgt ist, durch Wiedereintragung, jedoch unter Wahrung der erworbenen Rechte Dritter, wieder beseitigt werden (§ 97).

Der obige Grundsatz kann in gewissen Fällen auf Grund besonderer Vorschrift eine Ausnahme erleiden. Insbesondere steht die Nichtübertragung der Eintragungen bei Ab- und Umschreibungen der Löschung nach der soeben angeführten Bestimmung gleich.

§ 86. Da die Hypothek mit dem Wegfall des Gläubigerrechts auf Verlangen des Eigenthümers in dessen Vermögen übergeht (§ 90), so kann die Entscheidung, ob zu löschen ist, nur von dem Eigenthümer ausgehen; der Entwurf erklärt daher nur ihn zur Stellung des bezüglichen Antrags berechtigt.

Einen Fall der Löschung von Amtswegen enthält § 91. Daneben kann da, wo der Eigenthümer die Hypothek nicht erwerben kann, wie im Subhastationsverfahren, die Löschung, in Gemäßheit der hierüber zu erlassenden Vorschriften, auch auf Ersuchen einer Behörde erfolgen.

§ **84**. L'acquisition de l'hypothèque dans les cas autres que celui de cession, notamment en cas de succession, de partage ou de legs, aura lieu conformément au droit en vigueur. La publication de l'acquisition par les livres fonciers s'opérera sur la même base que pour la propriété des immeubles ; il en est de même de la mention de l'envoi en possession en cas d'absence (§§ 27-31, 37).

§ **85**. Il résulte du principe de la foi publique du livre foncier, que l'hypothèque tant qu'elle est inscrite au livre, continue d'exister en faveur d'un tiers de bonne foi, même lorsque, comme par ex. en cas de paiement de la dette, elle devrait être considérée comme éteinte d'après les principes généraux du droit. C'est ce qui est exprimé par la disposition du projet de loi énonçant que le droit d'hypothèque ne s'éteint que par la radiation au livre foncier. Cette disposition implique en outre le principe que l'hypothèque, tant qu'elle n'est pas rayée, est maintenue en faveur du propriétaire qui pourra l'acquérir (voy. les notices préliminaires n° 3).

L'inscription d'une hypothèque rayée « indûment » pourra être rétablie, sauf les droits des tiers, qui dans l'intervalle ont acquis des droits sur le bien-fonds (§ 97).

La règle posée par le § 85 peut subir des exceptions en vertu de dispositions spéciales. C'est surtout l'omission du transfert d'inscription en cas de décharge d'une feuille ou de transport de l'immeuble à une autre feuille qui, d'après la disposition citée, équivaut à la radiation.

§ **86**. L'hypothèque pouvant, en cas d'extinction de la créance, être acquise par le propriétaire (voy. § 90), le droit de décider si la radiation doit se faire ne peut appartenir qu'au propriétaire. Ainsi ce dernier seul est autorisé par le projet de loi à demander la radiation.

Le § 91 fait mention d'un cas exceptionnel de radiation d'office. Pour d'autres cas où le propriétaire ne peut acquérir l'hypothèque, notamment pour la procédure d'expropriation forcée, est prévue une radiation à effectuer sur la réquisition d'une autorité. Le détail sera réglé par les instructions du ministère.

Hat sich der Eigenthümer einem Gläubiger gegenüber verpflichtet, eine diesem vorgehende, getilgte Hypothek löschen zu lassen, oder besteht eine anderweitige Verpflichtung desselben zur Stellung des Löschungsantrags, so kann er hierzu im Falle der Weigerung verurtheilt werden, und wird der Antrag durch das ergehende rechtskräftige Erkenntniß ersetzt (§ 100). Für diesen Fall darf der siegreiche Gegner des Eigenthümers an Stelle des Letztern auf Grund des Urtheils den Antrag stellen.

Der Fall, daß das Recht vom Leben des Gläubigers abhängt, wird bei Hypotheken, außer dem Falle hypothekarisch gesicherter Altentheile, kaum vorkommen. Die Löschung erfolgt dann sowie bei zeitlich beschränkten Hypothekarrechten nach Maßgabe des § 46 Abs. 3.

§ 87. Da der Gläubiger an dem Fortbestande der Hypothek ein Interesse hat, so muß der die Löschung beantragende Eigenthümer außer dem Hypothekenbrief die Bewilligung des Gläubigers zur Löschung beibringen. Die Bewilligung wird nach dem Konsensprinzip in abstrakter Weise abgegeben. Da aber der Eigenthümer meistens ein Interesse daran hat, die materielle Befriedigung des Gläubigers nachweisen zu können, so wird er sich regelmäßig eine Quittung ausstellen lassen. Mit Rücksicht hierauf und zur Vermeidung der Kosten stellt der Abs. 2 der Löschungsbewilligung die Quittung gleich.

Die nach § 19 dem Grundbuchrichter obliegende materielle Prüfung der einen oder anderen Erklärung hat sich vor Allem darauf zu richten, ob der Aussteller derselben der Gläubiger ist. Ist derselbe nicht im Grundbuch eingetragen, so ist seine Legitimation nach den §§ 78, 84 durch beglaubigte Urkunden nachzuweisen. Demnächst ist auch die Verfügungsbefugniß des Gläubigers nach Maßgabe des Buches und der allgemeinen Rechtsprinzipien (Minderjährige, Ehefrauen u. s. w.) festzustellen. Für den Fall der Vorzugseinräumung ist nach Abs. 2 (vergl. zu § 64) auch die Bewilligung des hieraus Berechtigten beizubringen.

Ist die Hypothek von dem eingetragenen Eigenthümer (§§ 92, 93) oder das Grundstück von dem Gläubiger erworben (§ 94) — Fälle der Konfusion und Konsolidation — so ist der Eigenthümer, welcher zugleich Gläubiger ist, an dem Be-

Lorsque le propriétaire s'est engagé vis-à-vis d'un créancier à faire rayer une hypothèque éteinte, qui est antérieure à celle du créancier, ou s'il est obligé d'une autre manière à faire la demande en radiation, il pourra y être condamné en cas de refus, et la demande sera remplacée par le jugement exécutoire (§ 100). En ce cas le demandeur qui a obtenu gain de cause peut être autorisé à faire à la place du propriétaire la demande en vertu du jugement.

L'hypothèse prévue à l'al. 2 d'un droit d'hypothèque qui dépend de la vie du créancier, ne se présentera guère qu'en cas de prestations alimentaires. La radiation s'effectuera alors comme pour les droits d'hypothèque limités à une époque déterminée, conformément au § 46 al. 3.

§ **87**. Le créancier étant intéressé au maintien de l'hypothèque, le propriétaire demandant la radiation doit produire le consentement du créancier à la radiation en même temps que la lettre d'hypothèque. Suivant le principe de consentement il suffit la simple déclaration de consentement faisant abstraction de l'acte sur lequel il repose. Mais le plus souvent le propriétaire qui a intérêt de pouvoir justifier de son paiement, se fera délivrer une quittance. Pour cette raison et afin d'éviter des frais, l'al. 2 dispose que la quittance vaudra consentement à la radiation.

Le juge foncier chargé par le § 19 de l'examen matériel du consentement ou de la quittance, aura surtout à vérifier si celui dont émane la déclaration produite est le créancier actuel. Si la partie désignée n'est pas inscrite au livre foncier, sa légitimation devra être établie par des titres légalisés (§§ 78, 84). Le juge vérifiera ensuite, sur la base du livre foncier et en se conformant aux principes généraux du droit (sur les mineurs, les femmes mariées, etc.), si le créancier a le droit de disposer de l'hypothèque. En cas de cession du droit de préférence à un créancier postérieur, il faudra prouver également le consentement à la radiation de la part de ce dernier (al. 2 et § 64).

Si le propriétaire inscrit a acquis l'hypothèque (§§ 92, 93) ou le créancier hypothécaire a acquis l'immeuble (§ 94) — confusion ou consolidation — le propriétaire, qui est en

stande der Hypothek ausschließlich interessirt; sein Antrag bedarf daher zur Begründung nur des Nachweises der bezeichneten Rechtsvereinigung. Ueber den Ersatz des Hypothekenbriefs oder der Löschungsbewilligung im Falle des Aufgebotsverfahrens vergl. § 98.

§ **88**. Verweigert der Gläubiger die Bewilligung der Löschung, so ist damit der Anspruch des Eigenthümers auf Freiheit seines Eigenthums bezw. Erwerbung der Hypothek gefährdet. Der Entwurf gewährt ihm zur Sicherung dieser Rechte eine Vormerkung, welche nach den allgemeinen Vorschriften (§ 102) zu erwirken ist. Die Eintragung der Vormerkung setzt die Beibringung des Hypothekenbriefs voraus (vergl. zu § 55 Abs. 4, § 83 Abs. 2).

§ **89**. Aus der Untheilbarkeit des hypothekarischen Rechts (vergl. Code civil Art. 2114) folgt, daß beim Wegfall einer Hypothek durch Löschung die nachstehenden Hypotheken von Rechtswegen vorrücken, und die Stelle jener Hypothek, nachdem diese selbst nicht mehr besteht, nicht offen gehalten werden kann. Dies kann auch nicht durch Vertrag stipulirt werden (Abs. 2).

§ **90**. Wie unter Nr. 4 der Vorbemerkungen bereits bemerkt, erkennt der Entwurf den Erwerb der Hypothek durch den Eigenthümer als möglich an. Ein Recht auf diesen Erwerb besteht nach § 90 dann, wenn der Eigenthümer — nicht ein Dritter — den Gläubiger befriedigt hat; auf welche Weise die Befriedigung erfolgt, ist gleichgültig. Der Gläubiger wird durch seine Befriedigung verpflichtet, dem Eigenthümer oder auch einem von diesem bezeichneten Dritten die Hypothek auf die im § 78 bezeichnete Weise, also unter Uebergabe des Hypothekenbriefs, abzutreten. Die Kosten der Abtretung hat nach Art. 1593 des Code civil der erwerbende Eigenthümer zu tragen; der Entwurf hebt dies aber noch besonders hervor, um Zweifel, welche wegen der gesetzlichen Verpflichtung des Gläubigers zur Abtretung entstehen könnten, auszuschließen. Dagegen ist der Zusatz im § 63 des preuß. Gesetzes, daß die Abtretung „ohne Gewährleistung" stattfinde, weggelassen, weil einerseits für die Güte (Sicherheit) der Hypothek arg. Art.

même temps créancier, est le seul qui ait intérêt à l'existence de l'hypothèque; donc pour motiver la demande de radiation, il n'a qu'à prouver la réunion des droits en question. En ce qui concerne le remplacement de la lettre d'hypothèque ou du consentement à la radiation au moyen de la procédure par voie de sommation publique, voyez § 98.

§ **88**. Le droit du propriétaire à l'affranchissement de sa propriété, ou à l'acquisition de l'hypothèque, est menacé quand le créancier payé refuse de consentir à la radiation. Pour mettre le propriétaire à l'abri d'un tel danger, le projet de loi lui permet d'obtenir une prénotation conformément aux dispositions générales (§ 102). L'inscription de la prénotation suppose le présentation de la lettre d'hypothèque (voy. au § 55 al. 4, § 83 al. 2).

§ **89**. Il résulte du principe de l'indivisibilité du droit hypothécaire (voy. Code civil art. 2114) que les hypothèques postérieures à une hypothèque rayée en prennent de plein droit le rang et que la place de l'hypothèque rayée qui n'existe plus ne peut rester ouverte. Le contraire ne pourra être stipulé (al. 2).

§ **90**. Ainsi qu'il a été exposé déjà sous le n° 4 des notices préliminaires, le projet de loi reconnaît la possibilité de l'acquisition d'une hypothèque par le propriétaire de l'immeuble hypothéqué. Mais selon le § 90, le propriétaire n'a droit à cette acquisition qu'à condition que c'est lui et non pas un tiers qui a satisfait le créancier, n'importe la manière dont le créancier a été satisfait. A la suite du paiement le créancier est tenu de céder l'hypothèque au propriétaire ou à un tiers désigné par lui, en remettant, conformément au § 78, la lettre d'hypothèque. Les frais de la cession sont à la charge du propriétaire qui veut acquérir l'hypothèque. Cette règle résultant de l'art. 1593 du Code civil, est consignée au projet en termes exprès afin d'empêcher des doutes qui pourraient être fondés sur l'obligation légale du créancier à la cession. Par contre, la disposition du § 63 de la loi prussienne, d'après laquelle la cession a lieu «sans garantie», n'a pas été adoptée, puisque d'une part le cédant selon l'art. 1694 du Code civil ne répond de la solvabilité du débiteur que lorsqu'il

1694 des Code civil nur bei besonderer Verpflichtung Gewähr geleistet wird, und die Haftung für deren Existenz (Code civil Art. 1693), soweit der Erwerber in gutem Glauben war, durch § 67 ausgeschlossen ist.

Daß das Recht des Eigenthümers bei theilweiser Befriedigung des Gläubigers theilweise besteht, war schon in der preuß. Praxis anerkannt. Die hier bestehende Streitfrage, ob der abgetretene Theil der Restforderung des Gläubigers nachstehe, wird im Abs. 2, in Uebereinstimmung mit Art. 1252 des Code civil und der vermuthbaren Absicht der Betheiligten bejahend entschieden.

Der im Art. 1251 des Code civil Nr. 1, 3, 4 anerkannte Anspruch gewisser dritter Personen, durch Befriedigung des Gläubigers von Rechtswegen in dessen Forderung einzutreten (gesetzliche Subrogation), ist bezüglich der Hypothekarforderungen mit der rechtlichen Eigenschaft des Hypothekenbriefs als des den Rechtsverkehr mit Hypotheken vermittelnden Instruments unvereinbar. Das Recht der bezeichneten dritten Personen kann daher nur noch als ein Anspruch auf Abtretung (Abs. 3) fortbestehen.

§ **91.** Hat der Gläubiger, welchem mehrere Grundstücke eines Eigenthümers zugleich haften (§ 70), seine Befriedigung von dem Eigenthümer freiwillig erhalten, so kommt die Bestimmung des § 90 Abs. 1 zur Anwendung: der Eigenthümer kann Quittung oder Löschungsbewilligung oder Abtretung der Hypothek auf allen Grundstücken verlangen. Anders liegt die Sache, wenn bei Korrealhaft mehrerer Grundstücke der Eigenthümer aus einem der letztern seine Befriedigung erlangt hat, eine Voraussetzung, welche gegeben ist, sofern in dieses Grundstück die Zwangsvollstreckung stattgefunden hat, oder sofern, bei Vorhandensein mehrerer Eigenthümer, der Eigenthümer eines Grundstücks die Mittel der Befriedigung freiwillig gewährt hat. In dem ersteren Falle wird zu Gunsten des Erstehers ein Recht auf die Hypothek im Subhastationsverfahren überhaupt nicht anerkannt; im letzteren Falle kann die Hypothek, wenigstens soweit sie auf den Grundstücken der anderen Eigenthümer ruht, weder von diesen, weil sie den

s'y est engagé, et que d'autre part si l'acquéreur de la créance est de bonne foi il n'y a pas, d'après le § 67, lieu à la garantie de l'existence de la créance prévue par l'art. 1693 du Code civil.

Pour le cas où il n'a été satisfait à la créance qu'en partie, l'obligation précitée du créancier vis-à-vis du propriétaire n'existe que pour la partie payée de la créance. C'est ce que reconnaît la jurisprudence prussienne; mais elle n'est pas d'accord sur la question de savoir si en cas de cession de la partie payée, le créancier pourra exercer ses droits pour ce qui lui reste dû par préférence au cessionnaire. Le projet de loi, en se conformant à la disposition de l'art. 1252 du Code civil ainsi qu'à l'intention présomptive des parties, s'est décidé pour l'affirmative.

Le droit que l'art. 1251 du Code civil n°s 1, 3, 4 donne à certaines tierces personnes qui paient le créancier d'être subrogées *de plein droit* dans les droits du dernier (subrogation légale), est en ce qui concerne les créances hypothécaires incompatible avec un système qui a trouvé dans la lettre d'hypothèque le moyen de transmettre les hypothèques. Le droit en question ne pourra donc subsister que comme un droit à la cession (al. 3).

§ **91.** Si le propriétaire de plusieurs biens-fonds affectés hypothécairement au même créancier (§ 70) a volontairement payé ce dernier, la disposition du § 90 al. 1 est applicable. Ainsi le propriétaire pourra demander ou quittance ou consentement du créancier à la radiation ou bien cession de l'hypothèque frappant tous les biens-fonds. Il n'en sera pas de même lorsque l'un d'entre plusieurs biens-fonds affectés hypothécairement pour la même créance a servi à payer le créancier. Cela arrive d'une part quand l'immeuble en question a été vendu par expropriation forcée et d'autre part quand les différents immeubles appartiennent à différents propriétaires dont l'un a volontairement soldé la dette. Au premier cas, celui de l'adjudication, le droit d'acquérir l'hypothèque n'existe point. Au dernier cas on ne trouve personne à qui ce droit puisse compéter, du moins en égard des immeubles qui n'ont pas servi au

Gläubiger nicht befriedigt haben, noch von demjenigen, welcher ihn befriedigt hat, weil er nicht Eigenthümer jener Grundstücke ist, in Folge der Befriedigung erworben werden. Die Hypothek geht daher in beiden Fällen auf den mitverhafteten Grundstücken unter und ist auf den Antrag der Eigenthümer zu löschen. Zur Vereinfachung des Verfahrens ist aber ferner angeordnet, daß die Löschung auch von Amtswegen eintreten soll, wenn bei dem Grundstück, aus welchem die Befriedigung erfolgt ist, die Löschung (insbesondere auch im Falle der Zwangsvollstreckung) oder die Umschreibung (bei freiwilliger Befriedigung) bewirkt wird.

Das Ergebniß, daß der Eigenthümer in den bezeichneten Fällen die Hypothek auf den mitverhafteten Grundstücken nicht erwirbt, weicht von der Vorschrift des Art. 1251 Nr. 2 des Code civil, betreffend die gesetzliche Subrogation des Erwerbers des Grundstücks, welcher den Gläubiger mit dem Kaufgelde befriedigt, in alle Rechte des Letztern ab, stimmt jedoch mit dem früheren französischen Rechtszustande überein (vergl. Aubry und Rau Bd. IV § 321 Anm. 76).

§ 92. Der Entwurf läßt die Eigenthümerhypothek in Folge Rechtsgeschäfts nicht nur auf Grund einer Abtretung, sondern, wie im preußischen Recht hergebracht ist, auch dann eintreten, wenn der Gläubiger dem Eigenthümer eine Quittung oder Löschungsbewilligung ausgestellt hat.

Hierfür spricht die praktische Erwägung, daß auf diese Weise der Eigenthümer, dessen Kreditbedürfniß in manchen Fällen erst in der Folge eintritt, nicht gezwungen ist, schon im Augenblick der Befriedigung des Gläubigers sich endgültig darüber zu entscheiden, ob er die Hypothek erwerben oder löschen lassen will.

Voraussetzung für den Erwerb bildet, daß der Erwerber im Augenblick der Abtretung Eigenthümer war.

Der Entwurf bestimmt im Einzelnen die Rechte, welche, unbeschadet der Personeneinheit, vom Erwerber ausgeübt werden können. Durch die Umschreibung auf den Namen des Eigenthümers wird die Hypothek zugleich Befriedigungsobjekt für dessen Gläubiger. Er selbst kann durch Abtretung, Verpfändung oder Prioritätseinräumung darüber verfügen und im Falle der gegen ihn durchgeführten Zwangsversteigerung

paiement. Il n'appartient ni à celui qui a payé, parce que les immeubles ne sont pas en sa propriété, ni aux propriétaires des immeubles parce qu'ils n'ont pas payé. L'hypothèque grevant les autres immeubles s'éteint donc dans les deux cas et doit être rayée sur la demande des propriétaires. Pour simplifier les formalités, le projet de loi dispose qu'elle sera rayée d'office lorsque la radiation (notamment au cas de l'expropriation forcée) ou le transfert de l'hypothèque au livre (en cas de paiement volontaire) est effectué pour l'immeuble qui a servi au paiement.

La règle que dans les cas désignés le propriétaire n'acquiert pas l'hypothèque sur les autres immeubles affectés solidairement à l'hypothèque, diffère de la prescription de l'art 1251 n° 2 du Code civil, d'après laquelle l'acquéreur de l'immeuble qui emploie le prix de son acquisition au paiement du créancier est subrogé de droit dans tous les droits du créancier. Elle s'accorde pourtant avec l'ancienne législation française (voy. Aubry et Rau, vol. IV, § 321, note 76).

§ **92**. D'après le projet, l'hypothèque du propriétaire qui a payé le créancier, provient non-seulement de la cession, mais aussi — ce qui est conforme à la loi prussienne — de la quittance ou du consentement du créancier à la radiation. Cette assimilation se justifie par la considération pratique que souvent au moment du paiement le propriétaire n'a pas encore le besoin de crédit qui, plus tard, se fait sentir. Donc, il faut lui laisser du temps pour se décider s'il veut acquérir l'hypothèque ou la faire rayer.

L'acquisition de l'hypothèque suppose que l'acquéreur était propriétaire au moment de la cession, etc.

Le projet de loi détermine les droits qui, nonobstant l'identité entre le créancier et le propriétaire, peuvent être exercés par le premier. A la suite du transfert de l'hypothèque au nom du propriétaire, les créanciers de celui-ci pourront poursuivre leurs droits sur l'hypothèque. Il pourra lui-même en disposer par cession, nantissement ou cession du droit de préférence. Il pourra également, sauf les droits

die Hypothek selbst geltend machen, vorbehaltlich des Zugriffs seiner Gläubiger (Code civil Art. 1166).

Wegen des Zinsanspruchs vergl. § 95.

Die §§ **93**, **94** enthalten die Anerkennung der Eigenthümerhypothek für die weiteren Fälle, daß die Personeneinheit zwischen Eigenthümer und Gläubiger auf dem Erwerb der Hypothek von Todeswegen durch den Ersteren oder dem Erwerb des verpfändeten Grundstücks durch den Letztern beruht (Konfusion und Konsolidation).

Zu § 93 finden die §§ 27 ff. entsprechende Anwendung.

§ **95**. Daraus, daß der Eigenthümer Zinsen wie Kapital nicht von sich selbst fordern kann, folgt nicht ohne Weiteres, daß für die Zeit der Personeneinheit Zinsen auch dann nicht beansprucht werden können, wenn die Verbindung demnächst gelöst wird. Der Entwurf bestimmt dies daher ausdrücklich, in Uebereinstimmung mit § 81 des Gesetzes für Neuvorpommern vom 21. März 1868 und der preuß. Praxis. Der öffentliche Glaube des Grundbuchs ist hierbei nicht im Spiele, da derselbe sich auf das Maß der Zinspflicht nicht erstreckt (vergl. zu § 67 Abs. 3).

§ **96**. Die Sicherheits-Hypothek ist ihrer Natur nach ungeeignet, in der Hand des Eigenthümers fortzubestehen; wird die nach Inhalt des Grundbuchs ungewisse Hypothek getilgt, so bleibt nichts mehr übrig, was vom Eigenthümer erworben werden könnte.

Ist aber die Hypothek nach § 69 Abs. 3 umgeschrieben, so wird sie dadurch zu einer gewöhnlichen Hypothek, und es stehen dann der Anwendung der §§ 90, 92—94 keine Bedenken entgegen.

Im § **98** ist, im Anschluß an die §§ 103 ff. der preuß. Grundbuchordnung und das neunte Buch der Civilprozeßordnung, ein Aufgebotsverfahren für den Fall des Abhandenkommens oder der Vernichtung von Hypothekenbriefen und weiter für die Fälle vorgesehen, daß der Hypothekargläubiger oder sein Rechtsnachfolger der Person oder dem Aufenthalte nach unbekannt sind. Zweck des Verfahrens ist im ersteren Falle die Kraftloserklärung des Hypothekenbriefs und dessen Ersatz durch eine neue Urkunde, in den letzteren Fällen der Ausschluß von Ansprüchen auf die Forderung.

de ses créanciers (Code civil art. 1166), faire valoir son hypothèque en cas de vente forcée de l'immeuble.

En ce qui concerne les intérêts v. § 95.

Les §§ **93**, **94** reconnaissent l'hypothèque du propriétaire pour les cas où l'identité du propriétaire et du créancier provient de l'acquisition de l'hypothèque à cause de mort par le propriétaire ou de l'acquisition de l'immeuble par le créancier (confusion et consolidation).

Les §§ 27 et suiv. sont applicables au cas du § 93.

§ **95**. De la situation du propriétaire qui est en même temps le créancier de la dette, il ne s'ensuit pas nécessairement que des intérêts ne puissent être demandés pour la durée de cette réunion après qu'elle aura cessé. Le projet de loi a statué expressément dans ce sens lequel est conforme au § 81 de la loi pour la Poméranie citérieure du 21 mars 1868 et à la pratique prussienne. Le principe de la foi publique du livre foncier n'y est pour rien, ce livre n'étant pas destiné à prouver les arrérages actuellement dus (voy. au § 67 n° 3).

§ **96**. L'hypothèque de cautionnement dont la nature indéterminée ressort du livre foncier, est impropre à être maintenue comme hypothèque du propriétaire ; quand elle est éteinte il ne reste plus rien à acquérir au propriétaire.

Par contre, si l'inscription de l'hypothèque a été changée conformément à l'al. 3 du § 69, l'hypothèque devient une hypothèque ordinaire ; rien ne s'oppose alors à l'application des §§ 90, 92 à 94.

Le § **98**, en se conformant aux §§ 103 suiv. de la loi prussienne sur les livres fonciers et au livre neuvième du Code de procédure civile, prévoit une procédure par voie de sommation publique pour arriver à l'amortissement et au remplacement de lettres d'hypothèques perdues ou détruites, ainsi que pour obtenir l'exclusion de prétentions à des créances hypothécaires dans les cas où le créancier ou son successeur sont inconnus quant à la personne ou à la résidence.

Wird das Verfahren zum Zwecke der Löschung einer Hypothekarforderung durchgeführt, so bedarf es der Vorlegung des Hypothekenbriefs und der Löschungsbewilligung nach § 87 nicht mehr. Durch welcherlei andere Urkunden diese Urkunden zu ersetzen sind, und welches Verfahren zum Zwecke der Löschung einzutreten hat, bedarf im Einzelnen der Regelung.

Der Entwurf überläßt die letztere wie die nähere Bestimmung des Aufgebotsverfahrens selbst, im Anschluß an die Civilprozeßordnung, dem der Wichtigkeit der Sache entsprechenden Wege der Kaiserlichen Verordnung.

Schlußbemerkungen zum vierten Abschnitt.

Ueber die Nichtaufnahme mehrerer Bestimmungen des entsprechenden dritten Abschnitts des preußischen Gesetzes vom 5. Mai 1872 ist, soweit die Weglassung nicht bereits berührt ist, oder einer Erläuterung nicht bedarf, das Folgende zu bemerken.

§ 25 des preußischen Gesetzes gestattet für Kapitalien, welche zinslos oder mit Zinsen unter 5 % eingetragen sind, einen Zinssatz bis zu dieser Höhe mit der Rangordnung des Kapitals eintragen zu lassen, ohne daß es hierzu der Einwilligung der gleich oder nachstehend eingetragenen Gläubiger bedarf. Mag der hierbei leitende Zweck, die Hypotheken beim Steigen des Zinsfußes vor Kündigung zu bewahren, auch Billigung verdienen, so dürfte doch ein genügendes praktisches Bedürfniß für eine solche singuläre Vorschrift, welche die erwähnten anderen Gläubiger benachtheiligt, nicht anzuerkennen sein.

Die Bestimmungen über die Kosten in den §§ 56, 61 desselben Gesetzes erschienen gegenüber den allgemeinen Grundsätzen entbehrlich. Hinsichtlich der Kosten der Abtretung einer Hypothek und deren Eintragung genügt Code civil Art. 1593; die Kosten der Verpfändung einer Hypothek und deren Eintragung hat der Verpfändende als der Schuldner zu tragen (vergl. auch arg. § 63 im Eingang). Für die Kosten der Quittung und Löschung ist Art. 1248 des Code civil entscheidend. Inwiefern der eine oder andere Theil dem Grundbuch-

En cas de sommation publique à fin de radiation d'une créance hypothécaire, le demandeur de la radiation est dispensé de la production de la lettre d'hypothèque et du consentement à la radiation exigé au § 87. Il reste à déterminer ultérieurement les documents qui devront remplacer ces titres et la procédure à suivre afin d'obtenir la radiation.

Le projet de loi, en considération de l'importance de cette matière, en abandonne le règlement à une ordonnance impériale. Il en est de même du règlement de la procédure par voie de sommation publique, qui devra être conforme au Code de procédure civile.

Notices finales.

Plusieurs dispositions de la troisième section de la loi prussienne du 5 mai 1872 traitant des hypothèques, n'ont point été adoptées. Pour une partie de ces omissions les motifs ont été donnés; d'autres se justifient d'elles-mêmes. Celles qui restent ont été dictées par les considérations suivantes.

Le § 25 de la loi prussienne permet de faire inscrire des intérêts jusqu'à un taux de 5 % au rang du capital inscrit sans intérêts ou avec des intérêts au-dessous de 5 %, sans que le consentement des créanciers inscrits au même rang ou postérieurement soit nécessaire. La prescription a pour but de mettre le propriétaire, en cas de hausse du taux des intérêts, à l'abri d'une dénonciation de l'hypothèque. On peut approuver le motif qui a guidé le législateur, mais il ne suffit guère pour admettre une pareille disposition exceptionnelle et contraire aux intérêts des créanciers désignés.

Les dispositions des §§ 56, 61 de la même loi relatives aux frais paraissent superflues en vue des principes généraux établis. En ce qui concerne les frais de la cession d'une hypothèque et de l'inscription de la cession l'art. 1593 du Code civil peut suffire; les frais du nantissement d'une hypothèque et de l'inscription de cet acte sont à la charge du débiteur, qui donne la créance en gage (voy. aussi arg. § 63 au commencement). L'art. 1248 du Code civil s'applique aux frais de la quittance et de la

amte gegenüber vorschuß- oder zahlungspflichtig ist, wird besonders geregelt werden; das gegenseitige Verhältniß der Betheiligten ist hier nicht zu ordnen.

Fünfter Abschnitt. — Bergwerkseigenthum.

§ 99. Die Verleihung eines Bergwerks, durch welche das Eigenthum an demselben begründet wird, ist kein Veräußerungsakt, sondern die Ausübung eines staatlichen Hoheitsrechts, und das Gleiche gilt vou der Bestätigung der Konsolidation, der Theilung oder des Austausches von Grubenfeldern und Feldestheilen (Berggesetz §§ 41, 54, 57, 58). Die Wirkung dieser nicht translativen, sondern konstitutiven Akte kann daher nicht von der Eintragung abhängig gemacht werden.

Daß der Erwerber aber in diesen Fällen von Amtswegen zur Eintragung seines Bergwerkseigenthums anzuhalten ist, entspricht der Tradition des preußischen Rechts und dem praktischen Bedürfniß, namentlich in den Fällen der Konsolidation, der Theilung und des Tausches, weil alle hierdurch bewirkten hypothekenrechtlichen Aenderungen zusammen und mit einem Male im Grundbuch erkennbar gemacht werden müssen. Ein gleiches Bedürfniß besteht im Falle der Aufhebung des Bergwerkseigenthums bezüglich der Löschungen (Nr. 4).

Zu Nr. 2 sind die §§ 53, 134 ff. des Berggesetzes zu vergleichen.

Die Hülfsbaue (§§ 49 ff. des Berggesetzes) sind als gesetzliche Grunddienstbarkeiten von der Eintragung befreit. Ueber ihr Fortbestehen im Falle des Zuschlags in der Zwangsvollstreckung ist anderswo zu bestimmen.

Sechster Abschnitt. — Gerichtliche Entscheidungen.

Die allgemeine Vorschrift des § **100**, von welcher die einzelnen Anwendungen vorstehend erwähnt sind, enthält die Anwendung des § 779 der C.-P.-O. auf das Verfahren in Grundbuchsachen. Das an Stelle der Erklärung vorzulegende Urtheil muß hiernach die Rechtskraft erlangt haben, und, sofern die Erklärung von einer Gegenleistung abhängig ist, in einer vollstreckbaren Ausfertigung nachgewiesen werden.

radiation. Des règles spéciales établiront, laquelle des deux parties devra avancer ou supporter les frais vis-à-vis du bureau foncier. Il n'y a pas lieu de régler ici les droits respectifs des parties en matière des frais.

Cinquième section. — De la propriété des mines.

§ **99**. La concession d'une mine, qui en constitue la propriété n'est pas un acte d'aliénation mais, bien un acte émanant de l'autorité de l'Etat et il en est de même de l'approbation des actes de consolidation, de partage ou d'échange de concessions ou de parts de concessions. (Loi sur les mines §§ 41, 54, 57, 59.) L'effet de ces actes qui sont constitutifs et non translatifs de propriété ne peut pas dépendre de l'inscription.

Il répond cependant aux traditions prussiennes et au besoin pratique de contraindre d'office l'acquéreur à inscrire sa propriété minière surtout dans les cas de consolidation, de partage et d'échange. Car il est nécessaire que tous les changements hypothécaires qui résultent des actes en question doivent être rendus publics ensemble et en même temps par inscription au livre foncier. Le même besoin existe en ce qui concerne la radiation en cas de suppression de la propriété minière (n° 4).

Voyez quant au n° 2 les §§ 53, 134 suiv. de la loi sur les mines. Les travaux de secours (§ 49 suiv. de la même loi) sont affranchis de l'inscription en leur qualité de servitudes légales. Il sera disposé ailleurs de leur maintien en cas d'adjudication dans une vente forcée.

Sixième section. — Des décisions judiciaires.

La prescription générale du § **100** dont les différentes applications ont déjà été mentionnées, ne fait que tirer pour les affaires foncières la conséquence du § 779 du Code de procédure civile. Donc le jugement à produire en remplacement du consentement doit être passé en force de chose jugée; il sera présenté sous forme de grosse quand le consentement est subordonné à une prestation de l'autre partie.

§ 101. Durch die §§ 814, 817 der C.-P.-O. ist das zuständige Gericht ermächtigt, bezüglich eines streitigen eingetragenen Rechts einstweilige Verfügungen zu treffen, um zu verhindern, daß durch eine Veränderung des bestehenden Zustands die Verwirklichung des Rechts einer Partei vereitelt oder erschwert werde. Die hierzu nöthigen Anordnungen sind dem Ermessen des Gerichts überlassen, können aber insbesondere auch darin bestehen, daß die Veräußerung, Belastung oder Verpfändung des Eigenthums oder sonstigen eingetragenen Rechts untersagt wird. Derartige, die Verfügungsbefugniß einschränkende Anordnungen sind auch neben den Vormerkungen erforderlich, einerseits deshalb, weil die Voraussetzungen der letzteren nicht immer vorliegen (vergl. z. B. § 98 der Konkursordnung), anderseits deshalb, weil die zur Begründung des Antrags auf Zulassung einer Vormerkung angeführten Thatsachen dem Gerichte glaubhaft gemacht werden müssen (§ 102 Abs. 2), während die einstweilige Verfügung im Allgemeinen auch ohne solche Begründung auf Sicherheitsleistung hin eintreten kann (vergl. §§ 815, 801 der C.-P.-O.).

Die durch die einstweilige Verfügung gegebene Beschränkung wird Dritten gegenüber nur durch deren Kenntniß oder durch die Eintragung wirksam (§§ 42, 73). Die letztere soll, wie die Löschung, vom Grundbuchamte nicht auf Grund eigener Prüfung der Verhältnisse, sondern, dem Konsensprinzip entsprechend, auf das Ersuchen des Gerichts bewirkt werden, welches die Verfügung als Voraussetzung der Eintragung oder die Aufhebung der Verfügung als Voraussetzung der Löschung beschlossen hat. Dieses Verfahren wird sich regelmäßig auch schneller erledigen, als wenn, wie es bezüglich der Löschung für Preußen (§ 19 des Ausf.-Gesetzes zur C.-P.-O.) vorgeschrieben ist, der Partei überlassen bliebe, selbst beim Grundbuchamte auf Grund der zu erhebenden gerichtlichen Entscheidung die Einschreibung nachzusuchen. Damit jedoch der im einzelnen Falle vielleicht zweckmäßigere Selbstbetrieb der Partei nicht ausgeschlossen sei, soll nach Abs. 2 auch vom Gerichte verordnet werden können, daß die Einschreibung auf den unmittelbaren Antrag des Antragstellers bewirkt werde.

Endlich steht kein Bedenken entgegen, die Löschung auch

§ **101.** Les §§ 814, 817 du Code de procédure civile autorisent le tribunal compétent à prescrire des mesures provisoires relativement à un droit litigieux inscrit, afin d'empêcher qu'une modification dans l'état des choses ne mette en péril la réalisation du droit d'une partie ou fasse naître des difficultés sérieuses à son égard. Le tribunal détermine d'après sa libre appréciation la mesure que l'intérêt des parties exige. Celle-ci peut consister dans la défense d'aliéner un héritage ou un autre droit inscrit ou de le grever de charges ou d'hypothèques. De pareilles mesures qui empêchent le propriétaire etc. de disposer resteront applicables sous le régime du projet de loi dont les dispositions relatives aux prénotations ne les rendent pas superflues. Car d'une part les conditions dont dépend l'inscription d'une prénotation ne sont pas toujours données (voy. p. ex. le § 98 du Code des faillites) et d'autre part il faut que les faits allégués pour motiver la demande en prénotation soient vérifiés (§ 102 al. 2), tandis qu'en général à une partie qui donne caution la mesure provisoire peut être accordée sur des allégations non vérifiées (voy. les §§ 815, 801 du Code de proc. civ.).

La restriction résultant de la mesure provisoire n'a effet vis-à-vis des tiers qu'à la suite de la connaissance qu'ils en auront ou par l'inscription (§ 42, 73). Conformément au principe du consentement, l'inscription ainsi que la radiation ne sera pas effectuée en vertu d'un examen à faire par le bureau foncier, mais sur la réquisition du tribunal qui a rendu l'ordonnance à fin de l'inscription ou donné main-levée de la mesure ordonnée à fin de la radiation. Cette procédure sera régulièrement plus prompte que s'il incombait à la partie intéressée de demander l'intabulation au bureau foncier en vertu de la décision judiciaire, ainsi que le prescrit pour la radiation le § 18 de la loi prussienne concernant l'exécution du Code de procédure civile. Cependant il peut se présenter des cas où il semble opportun d'abandonner l'exécution aux soins de la partie intéressée. L'alinéa 2 permet donc au tribunal d'ordonner que l'inscription s'effectue sur la demande immédiate de celui au profit duquel la décision est rendue. Enfin rien ne s'oppose à permettre la radiation aussi en

auf die Bewilligung oder den Antrag desjenigen, zu dessen Gunsten die Eintragung bewirkt ist, erfolgen zu lassen.

§ 102. Vormerkungen können, wie die Einzelvorschriften ergeben, einerseits auf Grund von Bewilligungen des passiv Betheiligten, anderseits, und zwar in gewissen Fällen (§ 38 Abs. 2, § 39 Abs. 3, § 103) ausschließlich auf Grund gerichtlicher Entscheidung erfolgen. Letzterenfalls ist die einstweilige Verfügung die durch den Zweck der vorläufigen Sicherstellung gebotene Form.

Die Bedeutung der Vormerkung als einer vorläufigen Eintragung erfordert, daß dieselbe nicht auf einfache Behauptung, sondern nur auf Glaubhaftmachung der Thatsachen zugelassen werde, welche nach den materiellen Bestimmungen des Entwurfs den Erlaß der vorläufigen Verfügung wegen Vormerkung rechtfertigen können.

Mit den hieraus sich ergebenden Vorbehalten (vergl. Achilles a. a. O. S. 322/3) finden auf das Verfahren des Gerichts die allgemeinen Vorschriften der Civilprozeßordnung über einstweilige Verfügungen sowie bezüglich der Herbeiführung der Eintragung und Löschung die Bestimmungen des § 101 Anwendung.

Die regelmäßig vorausgesetzte endgültige Eintragung an Stelle der Vormerkung erfolgt grundsätzlich auf die Bewilligung (Auflassung 2c.) dessen, gegen welchen die Vormerkung gerichtet war, eine Bewilligung, welche auch hier nach § 100 durch das rechtskräftige Urtheil ersetzt wird. Das Ersuchen der zuständigen Behörde tritt in den im § 57 Absatz 2 angeführten Fällen ein.

§ 103. Das Erbabsonderungsrecht der Nachlaßgläubiger und Vermächtnißnehmer (vergl. K.-O. § 43) ist im französischen Recht ein Vorzugsrecht eigener Art, indem es nicht einen Vorzug des einen Nachlaßgläubigers (Vermächtnißnehmers) gegen den andern, sondern nur gegen die Gläubiger des Erben begründet. Dabei macht sich in der Theorie und Praxis eine verschiedene Auffassung darüber geltend, ob mit dem „Vorzugsrecht“ ein droit de suite verbunden sei oder nicht. Der dem Institut zu Grunde liegenden Idee, lediglich die Vermischung der Patrimonien des Erblassers und des Erben zu

vertu du consentement ou sur la demande de celui au profit duquel la restriction a été inscrite.

§ **102**. D'après les dispositions du projet de loi les prénotations peuvent être inscrites d'une part sur le consentement de la personne contre laquelle la prénotation doit être prise, d'autre part et dans certains cas exclusivement (§ 38 al. 2, § 39 al. 3, § 103) en vertu d'une décision judiciaire. La dernière sera rendue dans la forme d'une mesure provisoire, laquelle forme correspond au but de la prénotation.

La prénotation étant une inscription provisoire, le tribunal ne doit pas rendre l'ordonnance qui la permet sur simples allégations, mais seulement à la suite d'une vérification constatant l'existence des faits matériels auxquels cette ordonnance est soumise selon les prescriptions du projet de loi; voy. l'al. 2.

Sauf les modifications qui résultent de cet alinéa (voy. Achilles, loc. cit. p. 322/3) les dispositions du Code de procédure civile relatives aux mesures provisoires ainsi que celles du § 101 du projet de loi relatives à l'inscription et à la radiation des mesures provisoires sont applicables à la procédure à suivre par le tribunal en matière de prénotations.

L'inscription définitive qui ordinairement suit la prénotation sera en principe effectuée sur production du consentement (dessaisine etc.) de la personne contre laquelle la prénotation a été prise; le jugement passé en force de chose jugée vaudra consentement d'après le § 100. La réquisition de l'autorité compétente aura lieu dans le cas du § 57 al. 2.

§ **103**. Le droit des créanciers de la succession et des légataires à la séparation du patrimoine du défunt (voy. Code des faillites § 43) est selon le droit français un privilége d'une nature particulière, puisque au profit des personnes désignées il ne constitue pas une préférence par rapport aux autres créanciers de la succession ou légataires, mais seulement à l'encontre des créanciers de l'héritier. La théorie et la jurisprudence ne sont pas d'accord sur la question si ce «privilége» emporte un droit de suite ou

hindern, dürfte die letztere Meinung mehr entsprechen und jedenfalls innerhalb des Grundbuchrechts, welches Vorzugsrecht und Hypotheken, die nicht auf den Willen des Belasteten zurückzuführen sind, grundsätzlich ausschließt, den Vorzug verdienen.

Indem der Entwurf demgemäß im Abs. 2 ausdrücklich ausspricht, daß mit dem Erbabsonderungsrecht eine Hypothek nicht verbunden sei, und gleichzeitig durch § 122 Abs. 2 auch die Art. 2111, 2113 des Code civil in Wegfall kommen, wird der Inhalt des erwähnten Rechts lediglich auf die Trennung der beiden Vermögensmassen nach Maßgabe des Art. 878 des Code civil herabgesetzt. Hierdurch ist die Folge gegeben, daß, sofern die Naßlaßgläubiger u. s. w. bezüglich eines Grundstücks mit Gläubigern des Erben zusammentreffen, die Letzteren erst nach Jenen zur Befriedigung gelangen können, selbst wenn ihnen vom Erben eine Hypothek eingeräumt worden wäre. Ebensowenig kann dies mit Wirkung zu Gunsten der Vermächtnißnehmer gegen die Nachlaßgläubiger oder zu Gunsten eines einzelnen Nachlaßgläubigers oder Vermächtnißnehmers gegen den andern geschehen.

Die Stellung des Erben zu den Nachlaßgläubigern bleibt unverändert; Jener ist also durch das Trennungsrecht nicht gehindert, die Grundstücke des Nachlasses zu veräußern und dieselben dadurch nach Art. 880 Abs. 2 des Code civil den Nachlaßgläubigern zu entziehen. Den Schutz gegen solche Verfügungen müssen die Letzteren auf dem gegen fraudulöse Handlungen der Schuldner überhaupt eröffneten Wege suchen; insbesondere bietet sich hierzu der Weg des Arrests, welcher auch dem Benefiziarerben gegenüber zulässig erscheint (vergl. § 104).

Zur Sicherung des Erbabsonderungsrechts mit der angegebenen beschränkten Wirkung bedarf es, im Hinblick auf den Einfluß auf die vom Erben eingeräumten Hypotheken, der Vormerkung gegenüber dem Erben, welche, entsprechend dem in Aussicht genommenen Zwischenrecht, nur innerhalb 2 Monaten nach Eröffnung des Nachlasses eingetragen werden kann. Als Grundlage dafür bietet sich nach Lage der Verhältnisse die gerichtliche Entscheidung in Form der vorläufigen Verfügung. Die Eintragung muß, wenn sie nicht illusorisch werden soll, gegenüber dem Erben bereits vor dessen Eintragung

non. La négative semble plus conforme au but de ce privilége, qui n'est que d'empêcher que les patrimoines du défunt et de l'héritier ne se confondent. Au moins elle convient mieux au système du livre foncier qui exclut en principe les priviléges et hypothèques qui ne dérivent pas d'un acte de volonté du propriétaire grevé.

L'alinéa 2 du § 103 déclare donc expressément que le droit à la séparation des patrimoines ne confère pas d'hypothèque. D'autre part l'alinéa 2 du § 122 supprime les art. 2111 et 2113 du Code civil. Ainsi le droit en question n'aura d'autre effet que celui de la séparation des deux masses prévue par l'art. 878 du Code civil. Il s'ensuit que les créanciers de l'héritier qui, relativement à un immeuble, concourent avec des créanciers de la succession etc. ne seront payés qu'après ceux-ci, même si l'héritier leur avait consenti une hypothèque. De même une hypothèque ne pourra pas être consentie en faveur des légataires au préjudice des créanciers de la succession ou en faveur d'un seul créancier de la succession ou d'un légataire au préjudice de l'autre.

Le droit de séparation ne touche pas à la situation de l'héritier vis-à-vis des créanciers de la succession. L'héritier n'est pas empêché d'aliéner les immeubles dépendant de la succession et de les soustraire ainsi (selon l'art. 880 alinéa 2 du Code civil) aux créanciers de la succession. Ceux-ci, pour éviter que telles dispositions ne soient faites en fraude de leurs droits, ont les voies générales ouvertes par les lois de procédure, notamment la contrainte, laquelle est admissible aussi vis-à-vis de l'héritier ayant accepté sous bénéfice d'inventaire (§ 104).

Pour conserver l'effet ainsi limité du droit de séparation, surtout à l'égard des hypothèques que l'héritier pourrait établir sur les immeubles de la succession, il faut un autre moyen, qui sera celui d'une prénotation faite à l'encontre de l'héritier. Conformément au projet du droit intermédiaire cette prénotation ne pourra être inscrite que dans les deux mois après l'ouverture de la succession. L'inscription se fera en vertu d'une décision judiciaire rendue en forme d'une ordonnance provisoire, — ce qui convient le mieux à la situation. Pour ne pas faire manquer

erfolgen können. Die Eintragung der Vormerkung macht die Klage (Code civil Art. 878, 880) nicht entbehrlich.

§ **104.** Die auf Grund des § 811 der C.-P.-O. erfolgte Regelung des Arrests in das unbewegliche Vermögen (§§ 31 ff. des Gesetzes über die Zwangsvollstreckung vom 30. April 1880) hat in der Praxis nach zwei Richtungen Bedenken hervorgerufen, welchen eine gewisse Berechtigung zuzugestehen ist. Es wird zunächst als ein Mißverhältniß empfunden, daß der gerichtlich verhängte dingliche Arrest, welcher bezüglich des beweglichen Vermögens durch Pfändung bestimmter Gegenstände vollzogen wird und nicht weiter ausgedehnt werden darf, als zur Befriedigung des Gläubigers und zur Deckung der Kosten der Zwangsvollstreckung erforderlich ist (C.-P.-O. § 810 Abs. 1, § 708 Abs. 1), hinsichtlich der Grundstücke einer Spezialisirung nicht unterworfen ist, der Art, daß der Gläubiger auf Grund der Ueberschreibung des allgemeinen Arrestbefehls die weitgehenden Wirkungen des Arrests auf alle, selbst die erst in der Folge erworbenen Grundstücke des Schuldners geltend machen kann. Sodann aber bestehen Bedenken dagegen, daß diese Wirkungen ohne jede zeitliche Beschränkung eintreten, während doch der Arrest seinem Zwecke nach nur zur Sicherung einer demnächst durchzuführenden Zwangsvollstreckung bestimmt ist. Die zur Aufhebung des Arrests in der Civilprozeßordnung dargebotenen Maßnahmen (vergl. §§ 803, 804—807) werden als ausreichende Beseitigung dieses Mißstandes nicht erachtet, weil dieselben, abgesehen von der Rechtsunkenntniß vieler vom Arreste Betroffener, denselben eine mit Zeitaufwand und Kosten verbundene Initiative zumuthen.

Nach dem Entwurfe, welcher unter Nr. 2 die bisherigen Wirkungen des Arrests als durch dessen Natur und das praktische Bedürfniß erfordert bestehen läßt, ist den vorstehenden Ausstellungen dadurch Rechnung getragen, daß einerseits der Arrest durch einen Beschlagnahmebeschluß des Arrestgerichts (C.-P.-O. § 799) — welcher mit dem Arrestbeschluß zusammenfallen kann — sich vollzieht, in welchem die einzelnen Grundstücke zu bezeichnen sind, und daß die Wirkungen der Beschlagnahme nach Ablauf einer bestimmten Frist regelmäßig aufhören, wenn der Gläubiger innerhalb derselben nicht bis zur Zwangsvollstreckung vorgeschritten oder die Frist richterlich verlängert

son but à la prénotation, le projet dispose qu'elle pourra être inscrite déjà avant l'inscription de l'héritier comme propriétaire. L'inscription de la prénotation ne dispense pas de la demande prévue par les art. 878 et 880 du Code civil.

§ **104**. La procédure de la contrainte sur les biens-fonds telle qu'elle est réglée conformément au § 811 du Code de procédure civile par le § 31 suiv. de la loi sur l'expropriation forcée du 30 avril 1880, a été critiquée en deux points principaux. On reproche d'abord à la loi la différence qui existe entre l'exécution de la contrainte sur les biensmobiliers et celle de la contrainte sur les immeubles. La première se fait au moyen de la saisie d'objets déterminés, admise seulement dans la limite nécessaire pour payer le créancier et pour couvrir les frais de l'exécution (Code de procédure civile § 810 al. 1, § 708 al. 1), tandis que la dernière s'opère par une transcription qui n'exige aucune spécialisation des immeubles sur lesquels elle doit frapper, mais peut être étendue sur tous les immeubles du débiteur, présents et à venir. Il résulte ensuite des inconvénients de ce que les effets de la contrainte, donnée seulement aux fins d'assurer une exécution prochaine, ne soient pas limités quant à leur durée. Les mesures que présente le Code de procédure civile (voy. §§ 803, 804 l. cit.) à fin d'obtenir main-levée de la contrainte ne sont pas considérées comme suffisantes, parce qu'elles supposent une initiative dispendieuse de la part des débiteurs, qui d'ailleurs manquent souvent des connaissances juridiques nécessaires.

Pour remédier aux inconvénients indiqués, le projet de loi, tout en maintenant en l'al. 2 du § 104 les effets de la contrainte exigés par la nature et le besoin pratique, apporte deux modifications de la législation actuelle. D'une part il statue que l'exécution à la contrainte se fera au moyen d'une saisie décrétée par une ordonnance du tribunal de la contrainte (Code de proc. civile § 799) qui pourra coïncider avec l'ordonnance de contrainte même et qui contiendra spécialisation des biens-fonds. D'autre part il fait cesser les effets de la saisie à l'expiration d'un délai déterminé, à moins que dans l'intervalle le créancier n'ait

ist. Im Uebrigen ist zu den einzelnen Bestimmungen noch zu bemerken:

Zu Nr. 1. Die Beschlagnahme der einzelnen Grundstücke, in welche der Arrest vollstreckt werden soll, entspricht der Pfändung beim Mobiliararrest und ist daher nach Abs. 2 nicht über das Bedürfniß der Sicherheit des Gläubigers auszudehnen. Die bezüglichen Angaben des Letzteren sind, soweit im einzelnen Falle zu einer entsprechenden Auflage Veranlassung besteht, nach Maßgabe des § 266 der C.-P.-O., also unter Ausschluß von Beweisaufnahmen, welche nicht sofort erfolgen können, glaubhaft zu machen.

Nach Nr. 2 gilt die Beschlagnahme mit der Zustellung des Beschlagnahmebeschlusses an den Schuldner als bewirkt, wird aber Dritten gegenüber zufolge der allgemeinen Vorschrift des § 42 nur wirksam durch deren Kenntniß oder durch die Eintragung. Die letztere erfolgt nach

Nr. 3 auf Grund des Beschlagnahmebeschlusses auf Antrag des Gläubigers. Sie setzt nach allgemeinen Grundsätzen die Eintragung des Arrestschuldners voraus und hat die Dritte interessirende Angabe des Geldbetrags zu enthalten, durch dessen Hinterlegung die Vollziehung des Arrests gehemmt und der Schuldner zum Antrage auf Aufhebung des Arrests berechtigt wird. (C.-P.-O. § 803.)

Die dem Gläubiger obliegende Zustellung des Arrestbefehls an den Schuldner (C.-P.-O. § 802, Abs. 2) braucht dem Grundbuchamte nicht nachgewiesen zu werden.

Nr. 4, 5. Die Frist eines Jahres wird in der Regel hinreichen, um die Erlangung eines vollstreckbaren Titels und die Einleitung der Zwangsvollstreckung zu ermöglichen. Andernfalls ist es Sache des Gläubigers, die möglicherweise wiederholte Verlängerung durch das Gericht der Hauptsache zu erwirken. Derselbe hat innerhalb der Frist dem Grundbuchamte die Einleitung der Zwangsvollstreckung, bezw. die Verlängerung der Frist nachzuweisen, widrigenfalls die Löschung von Amtswegen bewirkt wird.

Andernfalls erfolgt die Löschung entweder auf Grund der Bewilligung, bezw. den Antrag des Gläubigers oder auf Grund des den Arrest aufhebenden Beschlusses (C.-P.-O. § 813) oder vollstreckbaren Urtheils.

commencé l'exécution forcée ou n'ait obtenu du tribunal une prolongation du délai. Les différentes dispositions du § 104 donnent lieu aux observations suivantes :

N° 1. La saisie des biens-fonds sur lesquels la contrainte doit être exécutée, correspond à la saisie en cas de contrainte sur des biensmobiliers. Comme celle-ci elle ne doit pas excéder les sûretés qui sont nécessaires pour la conservation des droits du créancier (al. 1). Les déclarations du créancier relatives à ce point seront vérifiées au besoin conformément au § 266 du Code de procédure civile; donc toute preuve qui ne peut pas être produite immédiatement ne sera pas recevable.

D'après le n° 2, la saisie sera réputée faite par la signification de l'ordonnance au débiteur ; à l'égard des tiers il résulte du § 42 que la saisie ne sortira son effet qu'à la suite de la connaissance qu'ils en avaient ou de l'inscription. Cette dernière se fera d'après le n° 3, en vertu de l'ordonnance de saisie sur la demande du créancier. D'après les principes généraux, l'inscription de la saisie suppose l'inscription du débiteur. Dans l'intérêt des tiers on y mentionnera la somme d'argent dont la consignation suspendra l'exécution de la contrainte et autorisera le débiteur à demander la main-levée de la contrainte qui aurait été exécutée (Code de proc. civ., § 803).

Il n'est pas nécessaire que le créancier prouve au bureau foncier que la contrainte a été signifiée au débiteur conformément au § 802, al. 2 du Code de proc. civile.

N°s 4, 5. Le délai d'une année suffira en général pour permettre au créancier de se procurer un titre exécutoire et de procéder à l'exécution forcée. Autrement c'est au créancier d'obtenir la prolongation du délai par le tribunal appelé à juger au fond. Le délai peut être prolongé plusieurs fois. A l'expiration du délai il sera procédé d'office à la radiation de l'inscription, à moins qu'il n'ait été auparavant fait preuve de l'exécution commencée ou de la prolongation du délai accordée. Excepté ce cas, la radiation sera effectuée soit en vertu du consentement ou sur la demande du créancier, soit en vertu d'une ordonnance (Code de proc. civ., § 813) ou d'un jugement exécutoire donnant levée de la contrainte.

Ob und in wieweit dem rechtzeitig zur Zwangsvollstreckung schreitenden Arrestgläubiger ein Vorrecht vor den Chirographargläubigern eingeräumt werden soll, ist demnächst bei der Neuregelung des Zwangsvollstreckungsverfahrens zu erwägen.

§ 105. Durch die Vorschriften der §§ 5, 6 der Konkursordnung ist nicht ausgeschlossen, daß Einschreibungen, welche der Gemeinschuldner auf Grund seiner Eintragung im Buche bewilligt, obwohl dieselben den Konkursgläubigern gegenüber nichtig sind, doch zu Gunsten gutgläubiger Dritter, zu deren Gunsten der unmittelbare Rechtsnachfolger des Gemeinschuldners verfügt hat, wirksam bleiben, wenn die Eröffnung des Konkursverfahrens ihnen weder bekannt noch in Gemäßheit des § 106 daselbst im Grundbuch eingetragen war. Dem allgemeinen System entsprechend, wonach die Einschreibungen nur auf Bewilligung des eingetragenen Berechtigten oder Ersuchen einer Behörde stattfinden, soll es künftig nicht Sache des Konkursverwalters (vergl. § 30 des Ausführungsgesetzes zu den Prozeßordnungen vom 8. Juli 1879), sondern des Konkursgerichts sein, die Eintragung mittels Ersuchens herbeizuführen, wofür auch das Bedürfniß nach rascher Bewirkung der letzteren spricht. Die Eintragung erfolgt in allen Fällen bei den Grundstücken des eingetragenen Gemeinschuldners, kann aber auch, soweit es das Bedürfniß mit sich bringt, bei den Hypotheken und sonstigen übertragbaren Rechten an Grundstücken bewirkt werden.

In der Billigkeit ist es endlich begründet, daß nach Aufhebung des Konkurses auch die Löschung der Eintragung von Amtswegen durch das Konkursgericht nachgesucht, und der frühere Gemeinschuldner nicht auf den Weg der Klage verwiesen wird.

Siebenter Abschnitt. — Anlegung der Grundbücher.

Nach der mehrfach erörterten Bestimmung der Grundbucheinrichtung sollen die Grundbücher die sämmtlichen dem Rechtsverkehr unterliegenden Grundstücke des Landes enthalten und deren Rechtsverhältnisse zur Anschauung bringen. Bei der ersten Anlegung der Grundbücher empfiehlt es sich daher, für die Aufnahme der einzelnen Grundstücke in dieselben nicht einen dahin zielenden Antrag des Eigenthümers oder eines

Lors de la révision de la loi sur l'exécution forcée on examinera si et en quelle mesure il y a lieu d'accorder au créancier, qui a en temps utile procédé à l'exécution en vertu d'une contrainte, la préférence sur les créanciers chirographaires.

§ **105.** D'après les dispositions des §§ 5, 6 du Code des faillites, les inscriptions consenties par le failli en vertu de son inscription au livre foncier sont nulles et sans effet vis-à-vis des créanciers de la faillite. Cela n'empêche pas que telles inscriptions ne produisent effet à l'égard des tiers de bonne foi en faveur desquels l'ayant-droit immédiat du failli aura disposé, pourvu que l'ouverture de la faillite ne fût ni connue des tiers, ni, selon le § 106 du code cité, inscrite au livre foncier. Conformément au principe général établissant que les inscriptions n'ont lieu que sur le consentement de la personne intéressée inscrite au livre ou sur la réquisition de l'autorité compétente, ce ne sera dorénavant point le syndic (voy. le § 30 de la loi contenant l'exécution des codes de procédure du 8 juillet 1879), mais le tribunal de la faillite qui requerra l'inscription. L'inscription qui sera ainsi effectuée plus promptement se fait en tous les cas à côté de l'inscription des biens-fonds du failli inscrit. Au besoin elle le sera de même à côté des hypothèques et autres droits cessibles inscrits au profit du failli sur des immeubles.

Après la clôture de la procédure de faillite, c'est encore le tribunal de la faillite qui requiert d'office la radiation de l'inscription. Il semble juste que pour obtenir cette radiation le ci-devant failli ne soit pas obligé de recourir à la voie judiciaire.

Septième section. — De la création des livres fonciers.

D'après ce qui a été exposé à diverses reprises sur la destination des livres fonciers, ceux-ci contiendront tous les immeubles du pays qui peuvent être l'objet de conventions pour mettre en évidence les droits qui s'y rapportent. On manquerait ce but si lors de la création des livres fonciers on faisait dépendre l'admission des différents biens-fonds

Berechtigten abzuwarten, sondern von Amtswegen alle zur Zeit der Anlegung der Bücher vorhandenen Grundstücke (und Bergwerke) zu ermitteln und ebenso ihre Aufnahme in die Grundbücher sowie die Herstellung der einzelnen Grundbuchblätter nach Maßgabe des Gesetzes herbeizuführen. Denn nur auf diesem Wege kann in kurzer Zeit ein einheitlicher und sicherer Rechtszustand erlangt und können die mit dem Uebergang in das neue Recht nothwendig verbundenen Mißstände thunlichst abgeschwächt werden. Dieses Ergebniß hat jedoch nirgends, wo das Grundbuch zur Einführung gelangte, mit einem Schlage für das ganze Land erreicht werden können, da die bezüglichen Maßregeln, wie sich aus den Bestimmungen dieses Abschnitts ergiebt, an sich und namentlich bei zersplittertem Grundbesitz sehr komplizirt sind und für jedes einzelne Grundstück die sachverständige Untersuchung und Feststellung seiner Rechtslage nöthig machen, wie dies bisher nur im Falle des Vertheilungsverfahrens geschehen mußte. Zur Bewältigung dieser Arbeit in kurzer Zeit würde eine umfangreiche und äußerst kostspielige Organisation erforderlich und dabei doch eine gleichmäßig gute Lösung der Aufgabe nicht zu erreichen sein. Hierzu kommt für Elsaß-Lothringen noch die Schwierigkeit, daß das Kataster sich zur Zeit noch vielfach in einem ungenügenden Zustande befindet. Soweit das Kataster bereits bereinigt ist, bietet es eine ausreichende Grundlage für die Ausmittelung der vorhandenen Grundstücke und der Eigenthümer dar. Die Anlegung der Grundbücher wird daher mit der im Gange befindlichen Katasterbereinigung im Wesentlichen Schritt halten müssen. Es ist deshalb beabsichtigt, nach und nach für einzelne Bezirke von je einer oder mehreren Gemeinden die Anlegung der Grundbücher anzuordnen, soweit und sobald der Zustand des Katasters es gestattet.

Unvermeidliche Folge der allmählichen Durchführung der Grundbucheinrichtung wird hier wie anderwärts sein, daß während eines gewissen Zeitraums bezüglich des Rechtsverkehrs mit Grundstücken zweierlei Rechtssysteme neben einander bestehen. Von dem Zeitpunkt ab, in welchem für einen bestimmten Bezirk die Grundbücher angelegt sind, werden die innerhalb dieses Bezirks belegenen Grundstücke dem mit der Grundbuchverfassung gegebenen Recht unterworfen sein (vergl. §§ 122, 123), während in den noch nicht mit Grundbüchern versehenen

au livre d'une demande à présenter par le propriétaire ou une autre personne intéressée. Il faut au contraire procéder d'*office* d'abord au règlement de tous les biens-fonds (et mines) existant au moment de la création des livres et ensuite à l'admission des immeubles au livre et à la formation des *feuilles* d'après les prescriptions de la loi. Ainsi on arrivera dans un bref délai à une situation uniforme et sûre en diminuant autant que possible les inconvénients résultant inévitablement de l'introduction d'une nouvelle législation. Cependant nulle part où le système des livres fonciers a été introduit on n'a pu obtenir ce résultat tout d'un coup pour le pays entier. Comme on verra par les dispositions contenues à la présente section, la création des livres fonciers nécessite des mesures très-compliquées qui offrent une difficulté particulière dans un pays où la propriété foncière est tellement éparpillée. Chaque immeuble exige la vérification et la constatation des droits y relatifs, opération qui jusqu'à présent était réservée à la procédure de distribution. Pour l'accomplissement rapide et simultané de ces travaux dans toutes les parties du pays il faudrait une organisation étendue et excessivement dispendieuse qui tout de même n'aboutirait pas à des résultats également satisfaisants. En outre on doit mettre en compte l'état actuel du cadastre en Alsace-Lorraine. Ce n'est que le cadastre remanié qui offrira une base suffisante pour la constatation des biens-fonds et de leurs propriétaires. Par ces motifs on s'est décidé à suivre pour la création des livres fonciers une marche, selon laquelle leur formation sera ordonnée pour des districts contenant une ou plusieurs communes au fur et à mesure que le remaniement du cadastre le permettra.

De l'introduction successive des livres fonciers il résultera inévitablement ici comme ailleurs, que durant une certaine époque les conventions relatives à des immeubles seront régies par deux législations existant l'une à côté de l'autre. Dès le moment où pour un certain district les livres fonciers auront été établis, les biens-fonds situés dans ce district seront régis par le droit foncier (voy. §§ 122, 123), tandis que dans les parties du territoire où les livres

Landestheilen vorläufig das bisherige Recht maßgebend bleibt. Die möglichste Abkürzung dieses Zwischenzustands wird im Wesentlichen von der Förderung der Katasterbereinigung abhängen.

Zur Feststellung des Inhalts der einzelnen Grundbuchblätter ist es nothwendig, ein allgemeines Aufgebot aller Berechtigten zu erlassen, soweit deren Ansprüche nach Maßgabe dieses Gesetzentwurfs zur Erhaltung ihrer dinglichen Wirkung der Eintragung in das Grundbuch bedürfen. Bezüglich des Eigenthums kann jedoch mit Rücksicht auf die Ermittelungen, welche von der Katasterbehörde in dieser Richtung angestellt werden, das Kataster als erste Grundlage derart benutzt werden, daß der aus dem Kataster ersichtliche Besitzer, soweit nicht gegen dessen Eigenthumsbesitz sich Bedenken ergeben, vorläufig als Eigenthümer gilt und durch die Vorschrift geschützt wird, daß ohne seine — freiwillige oder erzwungene — Einwilligung keine andere Person als Eigenthümer eingetragen wird (vergl. §§ 112, 113). Bezüglich der übrigen das Grundstück betreffenden, der Eintragung unterliegenden Rechte fehlt es an einer entsprechenden ersten Grundlage; insbesondere bieten die Register der Hypothekenämter nach ihrer, im allgemeinen Theil geschilderten unübersichtlichen Einrichtung eine solche Grundlage nicht dar. Die sofortige Erhebung von Hypothekenauszügen, welche die Belastung eines jeden Grundstücks, beziehungsweise Eigenthümers ergeben, wäre eine so weit aussehende und kostspielige Prozedur, daß sie zu dem bezeichneten Zwecke unmöglich in Aussicht genommen werden kann. Auch die seitens der Grundbuchämter von den Eigenthümern zu erhebende Auskunft (vergl. §§ 107, 108) verspricht keinen überall zuverlässigen Anhalt, da manche Eigenthümer nicht im Stande sein werden, über den Umfang der Belastung des einzelnen Grundstücks genauen Aufschluß zu ertheilen. Es bedarf hiernach eines Aufrufs (Aufgebots) wie einerseits für die nicht im Kataster verzeichneten Personen, welche auf das Eigenthum der Grundstücke Anspruch erheben, so anderseits für alle diejenigen, welche Beschränkungen des Eigenthumsrechts oder der Verfügungsbefugniß des Eigenthümers oder dingliche Rechte, namentlich Hypotheken, zu beanspruchen oder Beschränkungen der dinglich Berechtigten in ihrer Verfügungsbefugniß geltend zu machen haben. Die Eintragung dieser

n'existent pas encore, la législation actuelle restera provisoirement en vigueur. La durée de cet état intermédiaire dépendra principalement du progrès des travaux de remaniement du cadastre.

Pour pouvoir insérer dans chaque feuille foncière tout ce qu'elle doit contenir, il faut adresser une sommation publique à toutes les personnes qui prétendent avoir des droits dont l'effet réel selon le projet de loi dépend de l'inscription. Cependant en ce qui concerne la propriété, le cadastre pourra servir de *première base* pour l'établissement des livres, attendu que les indications du cadastre relatives à la propriété reposent sur des informations de l'autorité cadastrale. Ainsi le possesseur inscrit au cadastre sera provisoirement admis et inscrit comme propriétaire à moins qu'il y ait des doutes sur sa possession à titre de propriétaire. Sa position est en outre garantie par la prescription que sans son consentement — volontaire ou forcée — aucune autre personne ne sera inscrite comme propriétaire (voy. §§ 112, 113). Pour les autres droits relatifs aux biens-fonds et sujets à l'inscription, une première base dans le sens indiqué n'existe pas. Notamment les registres tenus par les conservateurs d'hypothèques ne pourraient servir comme telle, puisque leur organisation ne permet pas d'y trouver dans l'ordre nécessaire les renseignements exigés. Se faire délivrer dans chaque cas des extraits hypothécaires contenant les charges qui grèvent l'immeuble ou bien le propriétaire, serait un procédé si long et si coûteux qu'il est absolument impossible de le prendre en considération. Les informations même que les propriétaires donneront aux bureaux fonciers (§§ 107, 108) ne contiendront pas toujours des renseignements exacts et complets sur l'étendue des charges de chaque immeuble. La sommation sera donc nécessaire d'une part dans l'intérêt des personnes non inscrites au cadastre qui prétendent à la propriété des biens-fonds et d'autre part pour tous ceux qui veulent faire valoir des droits restreignant le droit de propriété, des droits réels, notamment des hypothèques, enfin des droits empêchant de disposer de la propriété ou de droits réels inscrits. L'inscription de tous ces droits dépendra de leur

sämmtlichen Ansprüche ist von der Anmeldung durch die Berechtigten abhängig gemacht. Zur Anmeldung der Rechte erscheint ein Zeitraum von 6 Monaten ausreichend. Der Beginn dieser Ausschlußfrist muß, entsprechend der schrittweise vorzunehmenden Einführung der Grundbücher, für jeden einzelnen Bezirk, für welchen die Anlegung derselben angeordnet wird, besonders festgesetzt und öffentlich bekannt gemacht werden (vergl. § 110, Abs. 2).

Die erfolgte Anmeldung eines Eigenthumsanspruchs seitens einer nicht im Kataster verzeichneten Person muß als ein Hinderniß betrachtet werden, vor dessen Wegräumung die Aufnahme des Grundstücks in das Grundbuch nicht erfolgen kann (§ 114). Denn dieselbe hat zur nothwendigen Voraussetzung, daß nicht blos das Grundstück, sondern auch das Eigenthum daran feststeht. Der Besitzer, welchem das Kataster zur Seite steht, hat aber nur die Vermuthung für sich, daß er der wahre Eigenthümer sei. Würde derselbe trotz des Widerspruchs des sein Eigenthumsrecht Anmeldenden als Eigenthümer eingetragen und der Andere auf die Eintragung einer Vormerkung seines Anspruchs verwiesen, so würde er in ungerechtfertigter Weise bevorzugt werden.

Der Streit über Rechte anderer Art steht dagegen der Anlegung des Grundbuchblatts nicht engegen und soll dieselbe nicht aufhalten. Diese Anlegung erfolgt nach dem Ablauf der Ausschlußfrist und nach den Verhandlungen, welche aus Anlaß der Anmeldungen von dem Grundbuchamt vorzunehmen sein werden, durch Einschreibung des Rechtszustandes, welcher sich bezüglich der einzelnen Grundstücke nach dem Kataster und den Anmeldungen der Berechtigten als zur Zeit des Beginns der Ausschlußfrist bestehend ergiebt. Mit dem Zeitpunkt der Einschreibung des Rechtszustandes des Grundstücks in das Grundbuchblatt ist die Voraussetzung der Geltung des Grundbuchrechts gegeben und von da ab können Aenderungen des Rechtszustandes grundsätzlich nur noch nach Maßgabe des gegenwärtigen Gesetzentwurfs begründet oder gesichert werden; diese Wirkung soll jedoch nach dem Entwurf aus Gründen der Zweckmäßigkeit nicht unmittelbar an die Thatsache der Aufnahme des Grundstücks in das Grundbuch geknüpft sein, sondern erst mit dem elften Tage nach der darüber erlassenen Bekanntmachung eintreten. Während des Laufs der Ausschluß-

déclaration au bureau foncier. Un délai de six mois qu'on laissera aux intéressés pour faire leurs déclarations semble suffisant. L'introduction des livres fonciers n'ayant lieu que successivement, le premier jour du délai sera fixé et publié séparément pour chaque district dans lequel on procède à la formation des livres (§ 100 al. 2).

La déclaration d'une prétention à la propriété de la part d'une personne non inscrite au cadastre empêchera l'inscription du bien-fonds au livre foncier jusqu'au moment où cet obstacle aura été écarté (§ 114). Car l'inscription suppose la constatation préalable non seulement de l'existence de l'immeuble, mais encore de la personne du propriétaire. En faveur du possesseur légitimé sur le cadastre n'existe qu'une présomption qu'il soit le vrai propriétaire. Ce serait lui donner un avantage non justifié que de l'inscrire comme propriétaire malgré l'opposition d'une autre personne qui prétend aussi à la propriété et de ne laisser à cette dernière que le droit à une prénotation.

Par contre les contestations relatives à d'autres droits que la propriété ne pourront empêcher ou arrêter la formation de la feuille foncière. A l'expiration du délai pour la déclaration et production et à la suite des recherches officielles du bureau foncier, cette formation se fera par l'inscription des droits relatifs au bien-fonds dont l'existence *au moment du commencement dudit délai* résulte du cadastre et des déclarations faites. Par l'inscription la base pour l'application du droit foncier aux immeubles en question est donnée. Il s'en suivrait en principe que dès le moment de l'inscription les droits constatés par le livre ne pourraient plus être modifiés que conformément aux dispositions du présent projet de loi; cependant pour des raisons d'opportunité on n'a pas voulu que cet effet se produise directement du moment de l'admission des immeubles au livre foncier, mais seulement avec le onzième jour après la publication des immeubles inscrits. Ensuite il ne faut pas perdre de vue que du commencement du délai pour la production et jusqu'à l'achèvement de la

frist und bis zur wirklichen Anlegung des Grundbuchblatts wird indessen längere Zeit vergehen, während welcher mancherlei der Eintragung unterliegende Veränderungen in dem Rechtszustand des Grundstücks eingetreten sein können, ohne daß das Grundbuchamt Kenntniß davon erhält. Dieser Umstand erheischt die Festsetzung einer zweiten, kurzen Ausschlußfrist für die Anmeldung derjenigen Rechte, welche nach dem Beginn der ersten Frist bis zu dem Zeitpunkt, in welchem das Grundbuchrecht für das Grundstück in Kraft getreten ist, entstanden sind. Der Erlaß eines förmlichen Aufgebots, wie für die in der ersten Ausschlußfrist anzumeldenden Rechte ist hierfür entbehrlich. Die Folgen der Verabsäumung der rechtzeitigen Anmeldung müssen aber für beide Ausschlußfristen gleichmäßig bestimmt werden (vergl. §§ 111, 124).

Sobald in einem Bezirk, dessen Regulirung in Angriff genommen ist, die sämmtlichen Grundstücke, bezüglich deren kein gesetzliches Hinderniß der Eintragung besteht und die nicht von dem Eintragungszwang gesetzlich befreit sind (§ 3), in die Grundbücher aufgenommen sind, muß innerhalb des Bezirks das neue Recht allgemeine Geltung haben und die bisherige Gesetzgebung, soweit sie damit im Widerspruch steht, außer Kraft treten, damit für den ganzen Bezirk ein klarer und einheitlicher Rechtszustand geschaffen wird. Nur in Betreff derjenigen Grundstücke, welche wegen eines gesetzlichen Hindernisses noch nicht in die Grundbücher aufgenommen werden konnten, wird im Entwurf eine Ausnahme dahin gemacht, daß das alte Recht vorläufig noch weitere Geltung behält (vergl. §§ 122, 123).

Damit in keinem Zeitpunkt für ein Grundstück die Unmöglichkeit besteht, Gegenstand des Rechtsverkehrs zu sein, müssen dem Publikum so lange, als noch für irgend ein Grundstück die bisherige Gesetzgebung maßgebend bleibt, die erforderlichen amtlichen Register zur Verfügung stehen, welche zur Wahrung der dinglichen Rechte dienen (vergl. § 125).

Dies sind in den Hauptzügen die Grundsätze, nach welchen die Bestimmungen des gegenwärtigen Abschnitts getroffen sind. Nach denselben wird sich der Uebergang zu der Grundbucheinrichtung in den einzelnen Bezirken in folgenden Abschnitten vollziehen.

1) Nachdem vom Ministerium (Justizabtheilung) die An-

feuille foncière il s'écoulera une période assez longue durant laquelle maints changements des droits relatifs au bien-fonds et sujets à l'inscription peuvent se produire sans que le bureau foncier en ait connaissance. Il en résulte la nécessité d'établir un bref délai supplémentaire qui sera aussi de rigueur pour la déclaration des droits acquis dans l'intervalle entre le commencement du premier délai et le jour où pour l'immeuble le droit foncier est entré en vigueur. Une sommation publique telle qu'elle a été prescrite pour les déclarations à faire pendant le premier délai ne semble point nécessaire. Mais l'omission des déclarations en temps utile aura les mêmes suites dans les deux cas (voy. §§ 111, 124).

Au moment où tous les immeubles d'un district — à l'exception de ceux dont l'inscription n'est pas exigée par la loi ou a trouvé un empêchement légal — auront été inscrits aux livres fonciers, la duplicité de droit disparaît pour le district, car de ce moment les dispositions de la nouvelle loi entreront en vigueur pour le district entier en dérogeant aux prescriptions contraires de la législation actuelle. Les dispositions antérieures ne sont maintenues provisoirement qu'à l'égard des biens-fonds qui n'ont pu être inscrits par suite d'un empêchement légal (§§ 122, 123).

Afin d'empêcher qu'un immeuble soit de fait mis hors le commerce, les registres servant à conserver les droits réels d'après l'ancienne législation devront continuer d'exister tant qu'il reste un immeuble quelconque qui est encore régi par cette législation (voy. § 125).

Voici les principes généraux sur lesquels sont basées les prescriptions de détail de la présente section. Ainsi l'opération de la formation des livres aura pour chaque district les phases suivantes :

1) Après que le ministère (département de la Justice) aura ordonné la formation des livres fonciers pour un

legung der Grundbücher für einen Bezirk angeordnet ist, wird von Amtswegen ein Vorverfahren eröffnet, um auf der Grundlage des Katasters die Grundstücke und die Eigenthümer und sodann die Belastungen zu ermitteln (§§ 107—109).

2) Nach Beendigung dieses Ermittelungsverfahrens bestimmt das Ministerium für den Bezirk den Beginn der ersten Ausschlußfrist, in welcher, kraft des im Gesetze selbst ausgesprochenen Aufrufs, die verschiedenen Rechte an Grundstücken anzumelden sind; innerhalb der Frist werden die Folgen der Nichtanmeldung wiederholt öffentlich bekannt gemacht (§§ 110, 111).

3) Nach dem Ablauf der Ausschlußfrist finden die erforderlichen Verhandlungen über die angemeldeten Rechte und die Prüfung und vorläufige Feststellung derselben durch das Grundbuchamt, sowie auf Grund derselben die Anlegung der Grundbuchblätter statt (§§ 112—121).

4) Nach der Anlegung der Grundbuchblätter wird dieselbe öffentlich bekannt gemacht (§ 120). Mit dem elften Tage, also nach Ablauf des zehnten Tages seit dem Tage der Bekanntmachung, tritt für die in derselben bezeichneten Grundstücke, mit dem elften Tage nach der im Bezirk ergangenen *letzten* Bekanntmachung auch für die nicht in das Grundbuch aufgenommenen Grundstücke des betreffenden Bezirks das neue Recht grundsätzlich in Kraft (§§ 122, 123).

5) Die bis zum Ablauf des zehnten Tages nach der Bekanntmachung, bezw. der letzten Bekanntmachung, in Gemäßheit des bisherigen Rechts gültig begründeten Rechte können noch binnen der zweiten Ausschlußfrist von weiteren 14 Tagen angemeldet werden. Die Eintragung dieser Rechte erfolgt nachträglich auf Grund der vom Grundbuchrichter vorzunehmenden Prüfung und Feststellung derselben (§ 124).

Zu den einzelnen Paragraphen des Abschnittes wird noch das Folgende bemerkt:

§ **106** spricht den oben näher gerechtfertigten Grundsatz aus, daß die Grundbuchämter mit der Anlegung der Grundbücher von Amtswegen vorgehen sollen. Die mit der Anlegung der Grundbücher verbundene Eintragung der die Grundstücke betreffenden Belastungen erfolgt jedoch nicht von Amtswegen, sondern ist von der Anmeldung durch die Berechtigten abhängig gemacht (vergl. §§ 110, 111, 124).

district, une procédure préparatoire sera ouverte d'office pour constater sur la base du cadastre les biens-fonds, les propriétaires et les charges immobilières (§§ 107-109).

2) Dès que la procédure préparatoire sera terminée, une décision ministérielle fixera le premier jour du délai de rigueur durant lequel, en vertu de la sommation faite dans la loi même, les divers droits relatifs aux biens-fonds devront être déclarés ; pendant le cours du délai des publications seront faites à différentes reprises pour prévenir le public des conséquences qui résulteraient de l'omission d'une déclaration.

3) Le délai pour la déclaration expiré, le bureau foncier procédera à l'instruction des déclarations faites, à la vérification et à l'admission provisoire des droits déclarés, enfin à la formation des feuilles foncières (§§ 112 à 121).

4) Dès que la formation des feuilles foncières sera terminée, elle sera publiée (§ 120). Pour les biens-fonds énoncés dans la publication les dispositions du projet de loi entreront en vigueur avec le onzième jour, c'est-à-dire à l'expiration du dixième jour après la publication. Elles sont applicables même aux biens-fonds qui ne seraient pas encore inscrits, avec le onzième jour après la *dernière* publication faite pour le district en question (§§ 122, 123).

5) Les droits acquis valablement selon l'ancienne législation jusqu'à l'expiration du dixième jour après la publication pourront être déclarés dans un second délai de rigueur dont la durée est fixée à quinze jours. L'inscription de ces droits sera effectuée dans la suite après vérification et constatation de par le bureau foncier (§ 124).

Les différents paragraphes donnent lieu en outre aux observations suivantes.

Le § **106** établit le principe justifié plus haut que les livres fonciers seront établis d'office. Par contre, l'inscription des charges immobilières ne se fera point d'office, mais seulement sur la déclaration des intéressés (v. §§ 110, 111, 124).

§§ **107, 108, 109.** Das Grundbuchamt soll den bestehenden Rechtszustand des Grundstücks bei der Anlegung des Grundbuchs möglichst erforschen, um mit dem Grundstück auch den wahren Eigenthümer eintragen zu können und um die ermittelten Berechtigten durch die Benachrichtigung von der bevorstehenden Anlegung des Grundbuchs zur rechtzeitigen Anmeldung ihrer Ansprüche zu veranlassen. Damit der Grundbuchrichter diesen Verpflichtungen gehörig nachkommen kann, ist ihm das Recht eingeräumt, als die geeignetste Auskunftsperson den aus dem Kataster ersichtlichen Besitzer bei Vermeidung einer vorkommenden Falles im Wege des gerichtlichen Strafverfahrens zu verhängenden Geldstrafe zum Erscheinen anzuhalten. Neben und mangels der von dem Besitzer zu ertheilenden Auskunft hat der Grundbuchrichter, soweit es erforderlich ist, andere Hülfsmittel, namentlich die Register der Hypotheken- und Katasterbehörden in Anspruch zu nehmen, indem er dieselben einsieht oder Auszüge daraus erhebt.

§ **110** enthält die allgemeine Aufforderung aller Berechtigten zur Anmeldung ihrer auf die Grundstücke bezüglichen Rechte. Wirksam wird diese Aufforderung für jeden einzelnen Bezirk erst mit dem Zeitpunkt, auf welchen nach dem Abschluß des Vorverfahrens (§§ 107 bis 109) für denselben vom Ministerium der Beginn der ersten Ausschlußfrist festgesetzt wird. Von der Anmeldepflicht sind nur die aus dem Kataster ersichtlichen und deshalb bereits vorgeladenen Besitzer der Grundstücke, einschließlich der der Vorladung nicht unterliegenden Inhaber der im § 3 bezeichneten Grundstücke befreit; ebenso die aus Grunddienstbarkeiten Berechtigten, da diese Rechte der Eintragung weder zur Entstehung noch zur Wirksamkeit gegen Dritte bedürfen; endlich aus gleichem Grunde die Inhaber von Nutzungsrechten an Waldungen und von Weidegerechtigkeiten, deren Eintragung überhaupt nicht vorgesehen ist.

An Stelle der Berechtigten haben deren etwaige gesetzliche Vertreter die Pflicht der Anmeldung auszuüben. Als Vertreter der Bevormundeten und der Ehefrauen, insoweit zu Gunsten derselben, nach Maßgabe des Gesetzentwurfs, betreffend Rechtsgeschäfte über Grundeigenthum u. s. w. nach Beschluß des Familienraths bezw. des Amtsgerichts Hypotheken bestellt worden sind, soll die Behörde zur Anmeldung verpflichtet sein,

§§ **107, 108, 109.** Le bureau foncier en procédant à la formation du livre devra s'enquérir autant que possible de tous les droits relatifs aux biens-fonds, afin qu'il puisse inscrire à la fois l'immeuble et le véritable propriétaire et prévenir les personnes intéressées de la formation commencée, en les invitant à faire la déclaration de leurs droits en temps utile. Le juge foncier est autorisé de citer le possesseur du bien-fonds inscrit au cadastre, comme la personne qui pourra le mieux donner des renseignements utiles, à comparaître devant lui, sous peine d'une amende qui le cas échéant sera prononcée par voie judiciaire. A défaut de renseignements donnés par le possesseur ou pour y suppléer, le juge foncier fera les recherches qu'il trouve nécessaires; il se renseignera notamment par l'inspection du cadastre et des registres des hypothèques ou bien il s'en fera délivrer des extraits.

Le § **110** contient sommation générale à tous les intéressés de déclarer les droits qu'ils prétendent avoir sur un bien-fonds. Cette sommation ne prend son effet pour chaque district que du jour qui, à la fin de la procédure préparatoire (§§ 107, 108 et 109), sera désigné par le Ministère comme premier jour du délai pour la déclaration et la production des droits. Ne sont dispensés de déclarer leurs droits que les possesseurs inscrits au cadastre, qui par conséquent ont déjà été cités, et les possesseurs des biens-fonds mentionnés au § 3, auxquels citation n'est pas donnée, ensuite les personnes qui prétendent à des services fonciers, attendu que ces droits sont acquis et produisent effet vis-à-vis des tiers sans être inscrits, et pour la même raison les personnes jouissant de droits d'usage dans les bois et forêts ou de droits de vaine pâture, desquels droits l'inscription n'est pas prévue.

Les représentants légaux des intéressés ont le devoir de faire les déclarations nécessaires pour les personnes qu'ils représentent. En ce qui concerne les mineurs, les interdits et les femmes mariées en faveur desquels des hypothèques ont été constituées par délibération du conseil de famille ou par décision du tribunal cantonal, conformément au projet de loi concernant les actes relatifs à la

welcher die Pflicht zur Erneuerung der Hypotheken obliegt (vergl. zu § 54).

Der Anmeldung müssen in allen Fällen, in denen es möglich ist, die dem Anspruch zur Grundlage dienenden Urkunden beigefügt werden, da die Einsicht derselben, wie sich aus den nachfolgenden Ausführungen ergeben wird, sowohl für das Grundbuchamt, als auch für die Betheiligten unentbehrlich ist. Zu diesen Urkunden gehören insbesondere die Bescheinigungen über die Einschreibung der angemeldeten Hypothekarrechte.

§ **111.** Gegen diejenigen Berechtigten, welche die Anmeldung verabsäumen, obwohl sie dazu verpflichtet sind, müssen die dem Zweck der Anlegung der Grundbücher entsprechenden Folgen festgesetzt werden.

Demgemäß muß sich derjenige, welcher seinen Eigenthumsanspruch anzumelden unterlassen hat, die Eintragung des nach dem Kataster Legitimirten als Eigenthümers gefallen lassen. Es bleibt ihm jedoch die Möglichkeit offen, sein besseres Recht im Wege des Prozesses zur Geltung zu bringen und gegen etwaige Verfügungen des eingetragenen Eigenthümers Sicherungsmaßregeln zu treffen. Hat aber vor der Eintragung seines Rechts ein Dritter im redlichen Glauben an die Richtigkeit des Grundbuchs das Eigenthum gültig erworben oder eine Hypothek oder ein sonstiges dingliches Recht eintragen lassen, so muß dieser den Schutz des öffentlichen Glaubens des Grundbuchs genießen, und kann daher jener sein Eigenthum ihm gegenüber nicht wirksam machen, beziehungsweise das dingliche Recht nicht anfechten. Dasselbe gilt von denjenigen, welche ihr das Eigenthumsrecht oder das Verfügungsrecht des Eigenthümers beschränkendes Recht nicht angemeldet haben. Die Hypothekargläubiger und sonstigen dinglich Berechtigten, welche ihre Ansprüche nicht angemeldet haben, können die Eintragung derselben gegen denjenigen nicht verlangen, welcher im redlichen Glauben an die Richtigkeit des Grundbuchs das Grundstück ohne die Belastung erworben hat, und werden also ihres dinglichen Anspruchs verlustig. Ist das haftende Grundstück nicht an einen solchen Erwerber übergegangen, so besteht der dingliche Anspruch fort und kann eingetragen werden, nur muß der Gläubiger gegenüber demjenigen, welcher vor ihm die

propriété foncière etc., ces personnes seront représentées par l'autorité qui est tenue de pourvoir au renouvellement de l'inscription conservant l'hypothèque (voy. au § 54).

Les titres et documents qui se rapportent aux déclarations, tels que les certificats constatant l'inscription des hypothèques déclarées, sont d'un grand intérêt tant pour les parties que pour le bureau foncier, comme cela résulte de ce qui va être observé ci-dessous. C'est pourquoi le projet dispose que les pièces seront autant que cela est possible produites avec les déclarations.

§ **111.** Il faut déterminer en détail les suites de l'omission de la déclaration. Elles répondront au but que le système des livres fonciers doit atteindre.

Ainsi d'abord celui qui aura omis de déclarer qu'il prétend à la propriété ne pourra pas s'opposer à ce qu'un autre qui s'est légitimé par le cadastre soit inscrit comme propriétaire. Cependant il pourra faire valoir sa prétention par voie judiciaire et demander des mesures de sûreté pour se mettre à l'abri de dispositions de la part de celui qui est inscrit comme propriétaire. Néanmoins, lorsque avant l'inscription postérieure du réclamant un tiers avait acquis la propriété ou avait fait inscrire une hypothèque ou un autre droit réel en se fiant à l'exactitude du livre, le tiers devra profiter de la foi publique du livre, et le réclamant ne pourra opposer sa propriété au tiers ni attaquer le droit réel acquis par celui-ci. Il en est de même de ceux qui auront omis de déclarer leurs droits qui restreignent la propriété ou empêchent le propriétaire d'en disposer. Les créanciers hypothécaires ainsi que ceux auxquels compètent d'autres droits réels ne pourront, faute de déclaration, demander l'inscription de leurs droits au préjudice de celui qui a acquis le bien-fonds sans charges en se fiant à l'exactitude du livre; donc ils perdront leurs droits réels. Par contre, ces droits continueront d'exister et pourront être inscrits quand le bien-fonds affecté n'aura pas été transmis à un pareil acquéreur. Cependant les créanciers perdront leurs droits de préférence à l'égard de

Eintragung einer Hypothek oder eines sonstigen, der Eintragung unterliegenden Anspruchs erlangt hat, dessen durch die Stelle im Grundbuch gesicherten Rang gelten lassen.

§§ **112** bis **114**. Wie bereits angedeutet, steht dem aus dem Kataster ersichtlichen Besitzer des Grundstücks die Vermuthung zur Seite, daß er der wahre Eigenthümer sei. Diese Vermuthung erscheint durch die Vereinigung des Katasters in dem Maße verstärkt, daß es sich rechtfertigt, falls sich nicht für den Grundbuchrichter aus den vorgelegten Besitzurkunden oder den thatsächlichen Verhältnissen Bedenken ergeben, den zur Zeit des Beginns der ersten Ausschlußfrist durch das Kataster legitimirten Besitzer bei der Anlegung des Grundbuchblattes als Eigenthümer des Grundstücks einzutragen, ohne von demselben die in anderen Gebieten gewöhnlich noch erforderten weiteren Nachweise über seinen Rechtserwerb zu verlangen. Die Bestimmung, wonach an Stelle des in der erwähnten Weise Legitimirten sein allgemeiner oder besonderer Rechtsnachfolger, der letztere auf Bewilligung des nach dem Kataster Berechtigten, zur direkten Eintragung in das Grundbuch gelangen soll, trägt dem Umstande Rechnung, daß häufig dieser vor dem Beginn der ersten Ausschlußfrist verstorben sein oder das Eigenthum an einen Anderen übertragen haben wird. Selbstverständlich müssen dem Grundbuchrichter über die Rechtsnachfolge und beziehungsweise die Bewilligung geeignete Nachweise erbracht werden. Ein Eigenthumsübergang, welcher nach dem vorbezeichneten Zeitpunkt (Beginn der Ausschlußfrist) stattgefunden hat, unterliegt der allgemeinen Anmeldepflicht. Bei den Verhandlungen, welche nach dem Ablauf der Anmeldefrist vom Grundbuchrichter herbeigeführt werden, sind vor Allem die Eigenthumsansprüche auf Grund der Anmeldungen zu erörtern. Wird zwischen dem nach dem Kataster Legitimirten und den angemeldeten Berechtigten ein von dem Grundbuchrichter festzustellendes Einverständniß erzielt, so wird der danach unbestrittene Eigenthümer als solcher in das Grundbuch eingetragen. Bleibt das Eigenthum streitig, so muß die Anlegung des Grundbuchblattes bis zur Erledigung des Eigenthumsstreites ausgesetzt werden. Durch die im Gesetzentwurf vorgesehene Befugniß des Grundbuchrichters, zur Erhebung der Klage eine Frist zu bestimmen (§ 114 Abs. 2), wird einer

tout tiers ayant acquis avant eux l'inscription d'une hypothèque ou d'un autre droit réel sujet à l'inscription.

§§ **112** à **114**. Il a été exposé plus haut que le propriétaire résultant du cadastre est présumé propriétaire. La valeur du cadastre sera tellement augmentée par l'opération du remaniement que le possesseur y inscrit *au premier jour du délai pour la déclaration* pourra, lors de la formation de la feuille, être inscrit comme propriétaire, à moins qu'il n'y ait des doutes résultant des titres produits ou de la possession réelle. Il sera dispensé de fournir d'autres preuves qui en d'autres pays sont exigées du possesseur demandant son inscription. Sera également inscrit comme propriétaire le successeur de la personne inscrite au cadastre, à condition qu'il présente, lorsqu'il est successeur à titre particulier, le consentement de son auteur. Le projet en statuant ainsi tient compte de la circonstance que souvent la personne légitimée par le cadastre sera décédée avant le commencement du premier délai ou aura transmis la propriété à un autre. Il est entendu que la succession ou bien le consentement devra être prouvé au juge foncier. Les transmissions de propriété qui auront lieu *après* le moment sus-énoncé (commencement du délai) devront être déclarées. Dans l'instruction qui après l'expiration du délai sera faite par le juge foncier, ce seront en premier lieu les prétentions à la propriété qui seront débattues sur la base des déclarations. Lorsque le possesseur inscrit au cadastre et les personnes qui ont déclaré des prétentions viennent à s'accorder, le juge foncier dressera procès-verbal du concert des parties et inscrira comme propriétaire celui qui est reconnu comme tel. Si la contestation n'a pu être vidée, il ne sera procédé à la formation de la feuille foncière qu'après qu'il ait été statué sur la question de propriété par une décision judiciaire. La faculté accordée au juge foncier par le § 114 al. 2 de fixer un délai dans lequel la demande doit être introduite empêchera que la contestation ne soit traînée en longueur. C'est une conséquence de la présomption

Verschleppung des Eigenthumsstreites wirksam vorgebeugt. Daß der Anmeldende derjenige ist, welchem die Frist gesetzt wird, und daß im Falle fruchtlosen Verstreichens der Frist der nach dem Kataster Legitimirte als Eigenthümer eingetragen werden soll, rechtfertigt sich durch die diesem zur Seite stehende Vermuthung.

§§ **115** bis **121**. Sind Eigenthumsansprüche Dritter rechtzeitig nicht angemeldet oder die aus den Anmeldungen erwachsenen Streitigkeiten über das Eigenthum erledigt, so muß zur Anlegung des Grundbuchblattes geschritten werden. Bevor die Einschreibung des Grundstücks und des Eigenthümers in das anzulegende Grundbuchblatt thatsächlich erfolgen kann, müssen jedoch auch die übrigen Rechtsverhältnisse auf Grund der Anmeldungen vom Grundbuchrichter geprüft und vorläufig festgestellt werden, nachdem derselbe den Betheiligten, namentlich dem Eigenthümer, Gelegenheit gegeben hat, sich über die angemeldeten Ansprüche zu äußern. Alle diejenigen Rechte, welche nach dem bisherigen Recht, einschließlich des im Entwurf vorliegenden Gesetzes, betreffend Rechtsgeschäfte über Grundeigenthum u. s. w., der dingliche Charakter innewohnt, haben Anspruch auf Eintragung, soweit solche nach dem neuen Recht zur Entstehung oder Wirksamkeit derselben erforderlich ist. Dasselbe gilt von solchen Rechten, welche entweder das Eigenthumsrecht oder den Eigenthümer oder die sonstigen dinglich Berechtigten beschränken. Widerspricht ein konkurrirender Berechtigter der Eintragung eines angemeldeten Anspruchs als eines nicht zu Recht bestehenden, so muß es demselben überlassen bleiben, sein Interesse im Wege des Prozesses zur Geltung zu bringen, und ist der angemeldete Anspruch in das Grundbuchblatt einzutragen. Widerspricht jedoch der Eigenthümer der Eintragung eines angemeldeten Anspruchs, weil derselbe nicht rechtlich begründet sei, so liegt ein Streit zwischen den direkt betheiligten Personen vor und muß von der endgültigen Eintragung des Anspruchs abgesehen werden, bis der allein zur Entscheidung über die materielle Rechtsbeständigkeit des Anspruchs berufene Prozeßrichter den Streit erledigt hat. Inzwischen muß der angemeldete Anspruch durch eine Vormerkung gesichert werden, wenn derselbe glaubhaft gemacht ist. Ebenso muß die endgültige Eintragung ausgeschlossen sein,

établie en faveur du possesseur légitimé par le cadastre que son adversaire doit, dans le délai fixé, justifier de l'introduction de la demande et qu'à défaut de cette justification le premier sera inscrit comme propriétaire.

§§ **115** à **121**. Si aucune prétention à la propriété n'a été déclarée en temps utile de la part d'un tiers ou bien si les contestations élevées au sujet de la propriété ont été vidées, on procédera à la formation de la feuille foncière. Cependant l'inscription du bien-fonds et du propriétaire supposent en outre la vérification et l'admission provisoire des autres droits réels sur la base des déclarations. Le juge foncier entendra préalablement les intéressés et notamment le propriétaire. Tous les droits qui, aux termes de la législation actuelle et du projet de loi concernant les actes relatifs à la propriété foncière, sont des droits réels, pourront être inscrits en tant que selon le droit nouveau leur naissance ou leur effet dépend de l'inscription au livre. Il en est de même des droits qui restreignent le droit de propriété ou empêchent le propriétaire ou d'autres personnes ayant un droit réel de disposer de leurs droits; quant aux oppositions à l'inscription d'un droit il faut distinguer différents cas. Si le droit est contesté comme nul et non avenu de la part d'un tiers qui réclame un droit en concurrence, on inscrira le droit contesté au livre en abandonnant à l'opposant la poursuite de ses intérêts par voie judiciaire. Si c'est le propriétaire qui s'oppose à l'inscription d'un droit déclaré qu'il prétend être mal fondé, il y a litige entre les parties intéressées directement, ce qui empêche l'inscription définitive jusqu'à ce que le tribunal compétent aura statué sur le fond. En attendant, on inscrira une prénotation pour conserver le droit contesté, pourvu qu'il soit vérifié. De même l'inscription définitive ne pourra se faire si l'identité du bien-fonds sujet au droit selon la déclaration est contestée par un intéressé

wenn zwar das Recht unstreitig begründet ist, jedoch von einem Betheiligten bestritten wird, daß das in Frage stehende Grundstück jenem Rechte unterworfen ist. Erkennt endlich der Eigenthümer die Entstehung des Rechts an, behauptet aber die Aufhebung desselben, ohne diese durch Urkunden nachweisen zu können, so muß der Anspruch zunächst als festgestellt erachtet und eingetragen werden. Das Recht des Eigenthümers, die Löschung herbeizuführen, muß ihm aber gegen Dritte gesichert werden, wenn er die Tilgung glaubhaft zu machen im Stande ist. Die sachliche Prüfung, ob die vom Eigenthümer behauptete Tilgung der Schuld durch die vorgelegten Urkunden glaubhaft gemacht sei, darf ausnahmsweise dem Grundbuchrichter zugemuthet werden, da es sich hierbei um sehr einfache Rechtsverhältnisse handelt und eine schleunige Erledigung des Streites geboten erscheint. Die hier erwähnten Vormerkungen sind vom Grundbuchrichter einzutragen, ohne daß es eines Antrags des Betheiligten oder eines Ersuchens des Prozeßrichters bedarf.

Um nicht den Streit über den Vorrang der eingetragenen Rechte unter einander zu verewigen, bei welchem stets auf die alten Urkunden und das alte Recht zurückgegangen werden müßte, empfiehlt es sich, zugleich mit der Eintragung der Rechte auch den Rang derselben zu ordnen. Demgemäß ist im Entwurf bestimmt, daß die zur Eintragung geeigneten Rechte und die Vormerkungen für solche in der Rangordnung eingeschrieben werden sollen, welche ihnen nach den bisherigen Gesetzen und dem vorgelegten Beweismaterial zukommt (§ 115). Dagegen ist Jedem, der sich für verletzt erachtet, der Rechtsweg eröffnet und wird die Rangordnung erst endgültig, wenn der Rechtsweg nicht binnen Jahresfrist beschritten und darüber eine Vormerkung im Grundbuch erwirkt ist (§ 121). Gemäß den Bestimmungen dieses Entwurfs (§§ 49, 63) wird innerhalb einer jeden der beiden hier in Betracht kommenden Abtheilungen des Grundbuchblattes die Rangordnung durch die Reihenfolge der Eintragungen hergestellt. Damit jeder Zeit auch der gegenseitige Rang der Eintragungen der beiden Abtheilungen erkannt werden kann, wird weiter bezüglich jedes eingetragenen Rechts, auf Grund des Zeitpunkts der Begründung desselben, gemäß § 65 Abs. 2 zu vermerken sein, welchen Rang die Eintragungen der einen Abtheilung im Verhältniß zu denjenigen der andern Abtheilung hat, da bei der ersten

sans que le droit même soit attaqué. Lorsqu'enfin ce propriétaire prétend qu'un droit qu'il reconnaît avoir existé soit éteint, sans pouvoir prouver ses allégations par titres, le droit sera considéré comme établi et inscrit au livre. Cependant le propriétaire, pour conserver le droit éventuel à la radiation à l'égard des tiers, a droit à une prénotation à condition que l'extinction qu'il invoque se trouve vérifiée par les titres produits. L'examen peu compliqué mais urgent, si cette dernière condition existe, incombera exceptionnellement au juge foncier. Les prénotations désignées seront inscrites par le juge foncier sans qu'il soit besoin d'une demande de la partie intéressée ou d'une réquisition du tribunal.

Afin de ne point perpétuer les différends relatifs à la priorité des droits inscrits à la suite desquels on aurait besoin de recourir toujours aux anciens titres et à l'ancien droit, il semble opportun de régler le rang des droits au moment de leur inscription. C'est pourquoi le projet de loi prescrit que les droits à inscrire ou à prénoter seront inscrits ou bien prénotés dans l'ordre du rang qu'ils avaient suivant les anciennes lois et selon les titres produits (§ 115). Pourra se pourvoir par voie judiciaire toute personne qui se croit lésée dans ses droits par l'ordre de rang établi, qui ne devient inattaquable qu'après un an. Pendant ce délai l'action doit être introduite et inscrite par une prénotation au livre foncier (§ 121). En ce qui concerne la manière de désigner le rang respectif des droits en question, on se conformera aux §§ 49 et 63 du présent projet de loi, d'après lesquels le rang des hypothèques ainsi que des autres droits réels se détermine par l'ordre des inscriptions. Mais il importe aussi de mettre en évidence le rang entre les hypothèques et les autres droits inscrits. La disposition du § 65 al. 1 ne pourra être appliquée parce que au moment de la formation de la feuille foncière toutes les inscriptions ont la même date. Il sera donc nécessaire de mentionner, conformément à l'al. 2 du § 65, pour chaque droit réel inscrit son rang vis-à-vis des hypothèques et vice versa. Ce rang sera déterminé d'après l'époque où le droit en question a pris naissance. Il

Anlegung des Grundbuchblatts die sämmtlichen Eintragungen dasselbe Datum aufweisen werden. Die Bestimmungen über die Fixirung der Rangordnung werden die Folge haben, daß bis zum Ablauf der für die Anfechtung derselben festgesetzten Jahresfrist auch jeder dritte Erwerber eines eingetragenen Rechts den Wirkungen der Anfechtung bezüglich der Rangordnung ausgesetzt ist und daß nach dem ohne Anfechtung erfolgten Ablauf der Frist alle und namentlich auch die zuerst eingetragenen Berechtigten an die festgestellte Rangordnung gebunden sind. (Vergl. §§ 115, 121.)

Besondere Bestimmungen sind über die die Rückgängigmachung der Uebertragung von Grundeigenthum betreffenden Rechte zu treffen, welche neben andern den Gegenstand des mehrfach erwähnten Gesetzentwurfs, betreffend Rechtsgeschäfte über Grundeigenthum u. s. w. bilden (vergl. die §§ 1 bis 3 jenes Gesetzentwurfs). Diese Rechte sind die folgenden:

a. das gesetzliche oder vertragsmäßige Recht des Veräußerers auf Auflösung oder Widerruf der Veräußerung, sowie das Recht auf Widerruf letztwilliger Zuwendungen wegen Nichterfüllung der durch den Vertrag oder die letztwillige Verfügung auferlegten Verbindlichkeiten,

b. die auf Nichtigkeit oder Anfechtbarkeit von notariellen Rechtsgeschäften beruhenden Rechte und

c. die den Erben auf Rückbringen und auf Einziehung oder Minderung freigebiger Zuwendungen, den Schenkern auf Widerruf der Schenkung (Code civil Art. 960 und 1096) und dem gemäß Code civil Art. 1408 Absatz 2 und Art. 1699 Berechtigten auf Ausübung des Näherrechts zustehenden Rechte.

Der vorbezeichnete Gesetzentwurf macht die Wirkung dieser sämmtlichen Rechte gegen Dritte von der Beobachtung der daselbst vorgeschriebenen Förmlichkeiten abhängig. Danach muß derjenige, welcher das Eigenthum wegen Nichterfüllung der Verbindlichkeiten des Erwerbers gegen Dritte rückgängig machen will, die Klage anstellen und dieselbe auszugsweise im Ueberschreibungsregister vermerken lassen. Die aus notariell abgeschlossenen Rechtsgeschäften herrührenden, auf Nichtigkeit oder Anfechtbarkeit beruhenden Rechte sollen dingliche Wirkung nur beanspruchen können, wenn sie im Ueberschreibungsregister vermerkt sind. Ebenso verhält es sich mit den übrigen, oben zu c

résulte des prescriptions concernant l'ordre de rang à établir que jusqu'à l'expiration du délai d'un an, même le tiers acquéreur d'un droit inscrit sera exposé au danger de voir se disputer le rang de son droit. D'autre part, à l'expiration du délai l'ordre de rang établi sera inattaquable pour toutes les personnes intéressées, aussi pour celles au profit desquelles des droits ont été inscrits lors de la formation du livre (voy. §§ 115, 121).

Il faut des dispositions spéciales pour les droits à la rescision de la transmission de la propriété foncière mentionnés aux §§ 1 à 3 et 20 du projet de loi concernant les actes relatifs à la propriété foncière etc. Ce sont:

a) le droit légal ou conventionnel du vendeur ou donateur d'un immeuble à la résolution ou à la révocation de l'aliénation pour cause d'inexécution des obligations de l'acquéreur, ainsi que le droit de révocation de dispositions testamentaires pour cause d'inexécution des charges apposées à la libéralité;

b) les droits fondés sur la nullité ou la rescissibilité d'un acte notarié, et

c) le droit des héritiers au rapport, à la revendication ou à la réduction des libéralités, le droit de révocation conféré au donateur par les art. 960 et 1096 du Code civil et les droits de retrait prévus par les art. 1408 al. 2 et 1699 dudit Code.

Le projet de loi mentionné soumet l'effet de tous ces droits à l'égard des tiers à l'observation des formalités y prescrites. Celui qui voudra exercer son droit de résolution ou de révocation même contre un tiers qui deviendrait plus tard acquéreur de droits sur l'immeuble devra introduire l'action en *résolution* ou en revendication et en faire inscrire un extrait au registre des transcriptions. Les droits fondés sur la nullité ou la rescissibilité d'actes notariés n'auront effet à l'égard de tiers acquéreurs qu'après avoir été mentionnés au registre des transcriptions. Il en est de même des autres droits désignés sub c. D'après le § 20

erwähnten Rechten. Nach einer weiteren Vorschrift jenes Gesetzentwurfs (§ 20) können Rechte dieser Art, welche am Tage des Inkrafttretens des Gesetzes bestehen, gegen Dritte, welche aus der Person des Erwerbers an den Grundstücken Rechte erworben und durch Beobachtung der gesetzlichen Vorschriften gewahrt haben, nur geltend gemacht werden, wenn sie innerhalb eines Jahres nach dem Inkrafttreten des Gesetzes im Ueberschreibungsregister vermerkt worden sind.

Die in Rede stehenden Rechte charakterisiren sich nach der dem gegenwärtigen Entwurf zu Grunde liegenden Auffassung als Beschränkungen des Eigenthumsrechts, bezw. aber als Gründe der Anfechtung eines Eigenthumsübergangs, welche, sofern sie nach dem bezeichneten Gesetzentwurf gewahrt sind, wie Beschränkungen behandelt werden können. Demgemäß bestimmt der Entwurf unter der soeben erwähnten Voraussetzung allgemein, daß die fraglichen Rechte als Beschränkungen eingetragen (vorgemerkt) werden. Einer weiteren Voraussetzung (Verfügung des Richters) bedarf es nicht. Die auf Nichterfüllung der auferlegten Verbindlichkeiten gegründeten Rechte insbesondere können, wenn sie erst nach Einführung des erwähnten Gesetzentwurfs entstanden sind, nur dann Berücksichtigung finden, wenn wegen derselben die Klage bereits angestellt und im Ueberschreibungsregister vermerkt ist (§ 1 jenes Gesetzentwurfs). Aber auch dann, wenn diese Rechte zur Zeit des Inkrafttretens des beregten Gesetzentwurfs bereits begründet und gewahrt sind, wozu bisher die einfache Ueberschreibung genügte, sollen sie erst nach Erhebung der Klage und in Gemäßheit des § 39, also auf gerichtliche Entscheidung hin, in die Grundbücher eingetragen werden. Dies rechtfertigt sich durch die rechtspolitischen Gründe, welche oben zu § 39 für die gegenüber den andern Beschränkungen des Eigenthumsrechts abweichende Behandlung dieser Art von Rechten angeführt sind. (Vergl. § 117.)

Rechte dinglicher Natur, welche unter der Herrschaft des Grundbuchrechts in der bisherigen Form nicht weiter anerkannt werden, müssen in einer entsprechenden Form zur Eintragung gelangen. Demgemäß sollen die Vorzugsrechte, welche gültig begründet und gehörig gewahrt sind (vergl. den mehrfach erwähnten Gesetzentwurf, betreffend Rechtsgeschäfte über Grundeigenthum u. s. w. §§ 5, 17, 21, 22) als Hypotheken und die

de ce même projet de loi, ceux de ces droits qui existent lors de la mise en vigueur de la loi ne pourront plus être exercés contre des tiers ayant acquis des droits sur les immeubles du chef de l'acquéreur et les ayant conservés selon les prescriptions légales, à moins qu'ils n'aient été mentionnés au registre des transcriptions dans l'année à compter du jour où la loi est exécutoire.

Selon le système du présent projet de loi, les droits en question représentent ou des restrictions du droit de propriété ou bien des motifs pour attaquer la transmission de la propriété; les droits de la dernière catégorie pourront aussi être traités comme des restrictions proprement dites, pourvu qu'ils aient été conservés en conformité des dispositions indiquées. C'est pourquoi le présent projet de loi prescrit l'inscription (la prénotation) de ces droits à titre de restrictions. Pour obtenir la prénotation on n'a pas besoin d'autres preuves ni d'une décision judiciaire. Pour les droits de résolution ou de révocation qui sont acquis après la mise en vigueur du projet de loi désigné, il résulte du § 1 de ce projet qu'ils ne pourront être inscrits qu'après l'introduction de la demande et après l'inscription au registre des transcriptions. Mais, même lorsque ces droits existaient déjà au moment de la mise en vigueur du projet de loi mentionné et étaient alors conservés au moyen de la simple mention au registre des transcriptions, ils ne pourront lors de la formation du livre y être inscrits qu'après l'introduction de la demande et conformément au § 39 de la présente loi, c'est-à-dire en vertu d'une décision judiciaire. Cela s'explique par les raisons d'opportunité exposées au § 39 qui justifient la différence établie entre ces droits et les autres restrictions du droit de propriété (voy. § 117).

Les droits réels, dont la forme actuelle n'est pas adoptée par le droit nouveau, devront être inscrits d'une manière conforme à ce dernier. Par conséquent les privilèges valablement acquis et dûment conservés (voy. le projet de loi concernant les actes relatifs à la propriété foncière etc. §§ 5, 17, 21, 22) seront inscrits comme hypothèques,

an dem ein Grundstück betreffenden Nießbrauch gültig bestellten Hypotheken als Pfandrechte an dem als dingliches Recht eingetragenen Nießbrauch eingeschrieben werden, indem nach dem neuen Recht das Rechtsinstitut der Vorzugsrechte grundsätzlich wegfällt und der Nießbrauch an Grundstücken aufhört, den Gegenstand einer Hypothekbestellung zu bilden. (Vergl. § 118.)

Durch die Eintragung der angemeldeten Ansprüche erhalten die alten Hypotheken und Vorzugsrechte die Natur der neu entstehenden Hypotheken. Insbesondere werden gegen die auf Grund derselben erhobenen Klagen nur noch nach Maßgabe des § 67 Einreden zulässig sein. Hierin liegt keine Unbilligkeit gegen den Schuldner, weil bei der Anlegung des Grundbuchblattes eine Prüfung eintritt und dem Eigenthümer Gelegenheit gegeben wird, seine Rechte zu wahren. Dieser rechtlichen Lage entspricht es, daß den Gläubigern an Stelle der von ihnen eingereichten Urkunden Hypothekenbriefe ausgehändigt werden (§ 119).

Die wirkliche Anlegung des Grundbuchblattes, nämlich die thatsächliche Einschreibung der das Grundstück betreffenden Rechtsverhältnisse, erfolgt nach dem Ablauf der Anmeldefrist und nach dem Abschlusse der Verhandlungen, welche, wie oben dargelegt ist, die Feststellung der Rechtsverhältnisse zum Zweck haben. Sobald eine Anzahl von Grundstücken in dieser Weise Aufnahme in das Grundbuch erlangt hat, soll diese Aufnahme öffentlich bekannt gemacht werden, damit das Publikum von der Thatsache Kenntniß erhält, welche die nothwendige Voraussetzung der Geltung des Grundbuchrechts bildet. (§ 120.)

§§ **122, 123.** Würde der Uebergang aus dem alten in das neue Recht an den Zeitpunkt der thatsächlichen Anlegung des Grundbuchblattes oder der Bekanntmachung unmittelbar geknüpft, so wäre die Verletzung von Privatrechten zu besorgen, welche aus einer Unkenntniß der Betheiligten von dem Eintritt des neuen Rechts bezüglich eines Grundstücks entstehen könnte. Der Ablauf von zehn Tagen seit der Bekanntmachung rechtfertigt jedoch die Annahme, daß Jeder, den es interessirt, von der Anlegung des Grundbuchblattes Kenntniß erhalten hat oder doch bei einiger Aufmerksamkeit erhalten haben könnte. Im Entwurf ist deshalb auf den Beginn des elften Tages der Zeitpunkt festgesetzt, mit welchem das alte Recht für die

et le droit hypothécaire sur un usufruit sera inscrit comme droit de gage sur ce dernier. Car d'après le nouveau droit les priviléges sont supprimés en principe et l'usufruit cesse d'être l'objet d'une hypothèque (§ 118).

A la suite de l'inscription, les anciennes hypothèques et les priviléges prendront la nature d'hypothèques du droit foncier. Notamment contre l'action dérivant des droits en question ne pourront être opposées des exceptions que dans les conditions prévues par le § 67. Le débiteur n'a pas à s'en plaindre, attendu qu'au moment de la formation de la feuille foncière il est procédé à une vérification des droits mentionnés et que le propriétaire est mis à même de faire valoir ses droits. Il répond à cet état de choses de délivrer aux créanciers, à la place des titres remis par eux, des lettres d'hypothèque (§ 119).

La formation définitive de la feuille foncière, c'est-à-dire l'inscription des droits relatifs au bien-fonds, se fera à l'expiration du délai pour la déclaration et après que l'instruction à fin de constatation de ces droits sera terminée. Au fur et à mesure de l'admission des biens-fonds au livre foncier on publiera cette admission afin que le public ait connaissance du fait qui est la condition indispensable de la mise en vigueur du droit foncier (§ 120).

§§ **122, 123.** Si l'abolition de l'ancien par le nouveau droit suivait immédiatement le fait de la formation de la feuille foncière ou de la publication qui en sera faite, il en pourrait résulter des lésions de droits privés au préjudice de ceux qui ignoraient la mise en vigueur du nouveau droit relativement à un bien-fonds déterminé. D'autre part, à l'expiration d'un délai de dix jours après la publication en question, on pourra présumer que toute personne intéressée a obtenu ou aurait pu obtenir connaissance de la formation de la feuille foncière. C'est pourquoi le projet de loi statue que le nouveau droit entrera en vigueur à

in der Bekanntmachung bezeichneten Grundstücke außer Kraft und das neue Recht in Kraft treten soll. Neben den bereits in das Grundbuch aufgenommenen Grundstücken müssen aber auch die übrigen, innerhalb des zu regulirenden Bezirks belegenen Grundstücke, namentlich auch die gemäß § 3 von dem Eintragungszwang ausgenommenen, möglichst bald dem Grundbuchrecht unterworfen werden. Nach dem Entwurf soll diese Wirkung eintreten, sobald die letzten Grundstücke des Bezirks, deren Eintragung nicht in Folge eines gesetzlichen Hindernisses unmöglich ist, eingetragen und zehn Tage seit der darüber ergangenen und ausdrücklich als der „letzten" bezeichneten Bekanntmachung verflossen sind. Diejenigen Grundstücke, bezüglich deren ein gesetzliches Hinderniß der Anlegung des Grundbuchs besteht, zum Beispiel ein Eigenthumsprozeß schwebt, bleiben bis zur Beseitigung des Hindernisses noch dem alten Recht unterworfen. Da das Publikum jedoch nicht zu beurtheilen vermag, ob hiernach ein gewisses, bisher noch nicht eingetragenes Grundstück dem Grundbuchrecht unterliegt oder nicht, so soll nach dem Entwurf die Vermuthung, nach welcher sich vom elften Tage seit der letzten Bekanntmachung ab das Grundbuchrecht auf alle Grundstücke des Bezirks erstreckt, nur durch die Bescheinigung des Grundbuchrichters widerlegt werden können, daß das Grundstück noch dem alten Recht unterliegt. Die Bescheinigung wird nur in Fällen zu ertheilen sein, in welchen das Hinderniß der Aufnahme des Grundstücks in das Grundbuch auf objektiven Gründen beruht, und dann zu versagen sein, wenn die Verzögerung der Aufnahme auf das Verhalten des Eigenthümers, zum Beispiel auf dessen Nachlässigkeit zurückzuführen ist.

§ **124.** Der Beginn der ersten Ausschlußfrist ist nach dem Entwurf derjenige Zeitpunkt, auf welchen die Rechtsverhältnisse des Grundstücks durch Einschreibung fixirt werden. Rechte, welche von da ab bis zum Tage des Inkrafttretens des Grundbuchrechts an dem Grundstück neu begründet sind, können sofort nach ihrem Entstehen bei dem Grundbuchamt angemeldet werden. Diese Anmeldung kann aber bezüglich der während der letzten Zeit der Ausschlußfrist begründeten Rechtsverhältnisse unmöglich bis zum Ablauf dieser Frist erfolgen. Hieraus erwächst die Nothwendigkeit, eine kurze Nachfrist zur Anmelpartir de l'onzième jour après la dernière publication pour les biens-fonds y désignés. Mais il faudra assujettir aussitôt que possible au droit foncier non seulement les biens-fonds inscrits, mais tous les autres biens-fonds situés dans le district en question, et notamment ceux que le § 3 dispense de l'inscription. Selon le projet de loi, cet effet général se produira, inscription faite des derniers immeubles du district, à l'exception de ceux qui n'ont pu être inscrits par suite d'un empêchement légal, avec le onzième jour après la dernière publication, qui devra être désignée comme telle. Les biens-fonds qui n'ont pu être inscrits par suite d'un empêchement légal, p. ex. à cause d'un procès concernant la propriété, continueront à être régis par les dispositions antérieures jusqu'au moment où l'empêchement aura cessé d'exister. Cependant, puisque le public n'est pas à même de juger d'après cette distinction si un bien-fonds déterminé qui n'est pas encore inscrit est assujetti au droit foncier ou non, le projet de loi veut que la présomption d'après laquelle le droit foncier régit tous les immeubles du district à partir de l'onzième jour après la dernière publication, ne puisse être écartée que par une attestation du juge foncier, selon laquelle un bien-fonds est encore soumis à l'ancien droit. Cette attestation ne devra être délivrée que lorsque l'empêchement à l'inscription du bien-fonds se base sur des raisons matérielles. Elle sera refusée lorsque le retard de l'inscription provient d'un fait du propriétaire, p. ex. de sa négligence.

§ **124.** Seront inscrits lors de la formation du livre les droits qui ont existé sur l'immeuble le jour même duquel commence à courir le premier délai. Les droits acquis dans l'intervalle entre le commencement du délai et le jour de l'entrée en vigueur de la nouvelle loi peuvent être déclarés au bureau foncier de suite après leur acquisition. Cependant les droits acquis pendant les derniers jours du premier délai ne pourraient guère être déclarés avant son expiration. De là la nécessité d'un bref délai supplémen-

dung zu gewähren. Dieselbe wird zweckmäßig als eine zweite Ausschlußfrist für die gesammten bis zum Zeitpunkt des Inkrafttretens des Grundbuchrechts für das betreffende Grundstück begründeten Rechte gestaltet. Aus der Festsetzung der zweiten Ausschlußfrist ergiebt sich aber als weitere Folge, daß die sämmtlichen nach dem Beginn der ersten Ausschlußfrist entstandenen, also auch die während derselben bereits angemeldeten Rechte erst nach dem Ablauf der Nachfrist zur Einschreibung gelangen können, weil erst in diesem Zeitpunkte die in Rede stehenden Rechte in ihrer Gesammtheit übersehen werden können und sich beurtheilen läßt, wer ein gültig begründetes Recht für sich beanspruchen kann. Auch über die hier in Frage kommenden Anmeldungen werden Verhandlungen vom Grundbuchrichter zu veranlassen sein und müssen dieselben Grundsätze, wie für die der ersten Ausschlußfrist unterliegenden Anmeldungen bezüglich der Prüfung und Feststellung der Ansprüche maßgebend sein. Deshalb sind die betreffenden Vorschriften, soweit sie zutreffen, für anwendbar erklärt worden.

Während der Nachfrist und bis zur nachträglichen Eintragung der davon betroffenen Rechtsveränderungen in das Grundbuch wird das letztere noch keine zuverlässige Auskunft über den Rechtszustand des Grundstücks ergeben können, und wird darauf von den Interessenten Rücksicht zu nehmen sein, wenn sie sich vor Schaden bewahren wollen.

§ **125**. Für den in der Grundbuchregulirung begriffenen Bezirk müssen die bisherigen Ein- und Ueberschreibungsregister so lange fortgeführt werden, bis innerhalb desselben das Grundbuchrecht allgemeine Geltung hat, nämlich bis zum Ablauf des zehnten Tages nach der letzten Bekanntmachung. Danach bleiben dem alten Recht nur noch diejenigen Grundstücke unterworfen, welche laut der vom Grundbuchamt ertheilten Bescheinigung noch keine Aufnahme in das Grundbuch finden konnten. Wegen der voraussichtlich geringen Zahl derselben die bisherigen Register fortzuführen, erscheint nicht erforderlich. Es genügt, wenn das Grundbuchamt über die innerhalb seines Bezirks belegenen Grundstücke dieser Art Register führt, welche nach näherer Anweisung des Ministeriums so eingerichtet worden, daß sie den Zwecken der bisherigen Register dienen und zugleich die spätere Uebertragung der auf Antrag der

taire pour la déclaration, qui également sera de rigueur, pour tous droits acquis jusqu'au moment où les prescriptions du droit des livres fonciers deviennent applicables au bien-fonds en question. Or, il est entendu que tous les droits acquis après le commencement du premier délai et notamment ceux qui ont été déjà déclarés pendant ce délai ne peuvent être inscrits qu'à l'expiration du délai supplémentaire. Car ce n'est qu'à ce moment qu'on pourra avoir un aperçu de la totalité des droits en question et juger lesquels de ces droits ont été constitués valablement. A fin de constatation des droits déclarés dans le délai supplémentaire, le juge foncier procédera aussi à une instruction en appliquant pour la vérification et l'admission de ces droits les mêmes règles qu'aux déclarations à faire dans le premier délai.

Durant le délai supplémentaire et jusqu'à l'inscription postérieure des changements déclarés, le livre foncier ne pourra encore donner des renseignements sûrs ; les intéressés devront en tenir compte afin d'éviter des préjudices.

§ **125**. Les conservateurs des hypothèques continueront de tenir les registres d'inscription et de transcription conformément à la législation actuelle jusqu'à ce que le droit des livres fonciers sera entré en vigueur dans tout le district, c'est-à-dire jusqu'à l'expiration du dixième jour après la dernière publication. Après ce jour, ce ne seront que les biens-fonds qui d'après l'attestation du bureau foncier n'ont pu être inscrits, auxquels l'ancien droit sera encore applicable. L'existence de ces immeubles, qui probablement seront peu nombreux, ne pourrait motiver la continuation de l'organisation actuelle des registres. Il suffira que le bureau foncier tienne des registres particuliers relatifs aux biens-fonds en question. Ces registres seront, d'après les règles à fixer par le ministère, établis de façon à servir

Betheiligten in dieselben eingeschriebenen Rechte in das Grundbuch möglichst sichern.

Sobald der ganze Bezirk eines Hypothekenamts dem Grundbuchrecht unterliegt, werden die bisherigen Register geschlossen und von denjenigen Grundbuchämtern aufbewahrt, welchen sie von der Justizverwaltung überwiesen werden.

§ 126. Es kann zweckmäßig erscheinen, die Einführung der Grundbücher im Einzelnen einer besonderen Kommission oder einer bestehenden Behörde zu übertragen. Die Befugniß einer solchen Uebertragung wird daher dem Ministerium zu ertheilen und der etwa eingesetzten Kommission oder der Behörde das Recht einzuräumen sein, die den Grundbuchämtern zugewiesenen Funktionen auszuüben.

§ 127. Einzelne Grundbücher können durch Brand oder auf andere Weise ganz oder theilweise zerstört werden. Die Wiederherstellung des Inhalts und die Regelung des dadurch hervorgerufenen Zwischenzustandes werden, da in solchen Fällen möglichste Beschleunigung dringend geboten ist, am besten als Akte der Justizverwaltung dem Ministerium überlassen. Nothwendig erscheint jedoch die Bestimmung, daß die vom Ministerium erlassene Verordnung durch das Gesetzblatt zur öffentlichen Kenntniß gebracht werden muß.

§ 128. Die reglementarischen Bestimmungen über die erste Anlegung und die Fortführung der Grundbücher erfordern den Erlaß einer näheren Instruktion, die dem Ministerium anheimzugeben sein wird. Dieselbe wird insbesondere über die im § 128 ausdrücklich hervorgehobenen Gegenstände Anweisungen zu ertheilen haben, ohne daß die Aufnahme auch anderer Gegenstände ausgeschlossen sein soll.

Von besonderer praktischer Bedeutung ist die Berichtigung der Bezeichnung der Grundstücke nach ihrer äußeren Beschaffenheit (Kulturart, Flächeninhalt, Reinertrag) nach Maßgabe des Katasters (§ 1 Abs. 2), welche auf Grund der Anordnungen des Ministeriums von Amtswegen vorzunehmen ist.

aux fins des anciens registres et à assurer le transport futur des droits y inscrits.

Dès que le droit foncier sera applicable dans le district entier, les anciens registres seront clos et remis au bureau foncier, désigné par l'administration judiciaire pour les conserver.

§ **126**. Il peut être opportun de charger de la formation des livres fonciers, dans un district, une commission spéciale ou une autorité existante. Ce sera le Ministère qui en devra décider. La commission ou l'autorité auront les attributions des bureaux fonciers.

§ **127**. Il se peut que des livres fonciers soient détruits entièrement ou en partie, par incendie ou autrement. Dans ces cas il appartiendra au ministère de prendre les mesures d'urgence et d'une nature administrative que le rétablissement des livres et le règlement de la situation provisoire demanderont. Cependant il semble nécessaire de rendre publique l'ordonnance du Ministère par l'insertion au Bulletin des lois.

§ **128**. Les détails de la formation et de la tenue des livres fonciers devront être réglés par des instructions à donner par le Ministère. Ces instructions s'occuperont notamment des objets mentionnés au § 128 sans en exclure d'autres.

Un objet très important à règler, c'est la rectification de la désignation des biens-fonds au livre, d'après les changements au cadastre (culture permanente, surface, revenu net). La rectification sera faite d'office, d'après les instructions du Ministère.

§ **129.** Für die rasche und gute Durchführung der Anlegung der Grundbücher kann es nur ersprießlich sein, wenn dieselbe kostenlos erfolgt. In dem Entwurf ist daher die Kostenfreiheit ausgesprochen, und sind von dieser Wohlthat nur diejenigen ausgeschlossen worden, welche sich in der Wahrnehmung der von ihnen beanspruchten Rechte säumig zeigen.

§ **129**. La formation des livres sera grandement facilitée si toutes les parties de l'opération se font sans frais. Le projet de loi statue en ce sens, n'excluant de l'exemption que ceux qui ont omis de faire valoir leurs droits en temps utile.

Anlagen.

ANNEXES.

A. Grundbuchblätter.

Grundbuch von Griesheim

Kreis Erstein.

Personalblatt Nr. 36.

A. Feuilles foncières.

LIVRE FONCIER DE GRIESHEIM

Arrondissement d'Erstein.

Feuille personnelle nº 36.

Verzeichniß der

Laufende Nummer.	Bezeichnung der			
	Gemeindebezirk (Gemarkung).	Flurbuch		Lage (Gewann).
		Flur (Sektion).	Parzellen-Nummer.	
1	2	3		4
1	Griesheim	A	344	Ueber dem Düttlenheimer Weg
2	"	A	571	Unten auf dem Schlittweg
3	"	A	693	Auf den Gullerrain
4	"	B	597	Auf Kreuzweg und auf Altdorfer Bann
5	"	C	695	Die Oberboehn
6	"	D	85	Spitzmatte
7	"	E	611	Dorf
8	"	E	611	Dorf, Quergasse Nr. 31
9	Bischofsheim	B	340	Am Griesheimer Weg
10	"	C	235	Wellmatten
2a	Griesheim	A	803/571	Unten auf den Schlittweg
11	Griesheim	D	624	Auf die Bischofsheimer Abwand

Grundstücke.

Grundstücke nach:						Abschreibungen:	
Eigenschaft (Kulturart).	Flächeninhalt			Grundsteuer-Reinertrag.			
	Hektar.	Ar.	□M.	Mark.	Pfg.	Zu Nr.	
5	6			7		8	
Ackerland		4	20	1	68	1	Uebertragen auf Bl. 66 am....
							Grundbuchrichter. Buchführer.
Ackerland		8	27	3	31	2	Die Parzellennummer 571 übertragen auf Bl. 54 am..... Rest unten hinter Nr. 10.
Rebland		2	00		80		Grundbuchrichter. Buchführer.
Ackerland		17	27	6	91		
Ackerland		8	25	6	30		
Wiese		1	70		76		
Hofraithe		4	85	3	93		
Haus				30	00		
Ackerland		20		10	02		
Wiese		12	15	8	95		
Ackerland		2	10		85		
Ackerland		18	05	7	22		

Etat des

Numéro	Désignation			
	Banlieue	Livre de sections		Situation (canton).
		section	numéro parcellaire.	
1	2	3		4
1	Griesheim	A	344	Ueber dem Düttlenheimer Weg
2	»	A	571	Unten auf den Schlittweg
3	»	A	693	Auf den Gullerrain
4	»	B	597	Auf Kreuzweg und auf Altdorfer Bann
5	»	C	695	Die Oberbœhn
6	»	D	85	Spitzmatte
7	»	E	611	village
8	»	E	611	village, Quergasse Nr. 31
9	Bischofsheim	B	340	Am Griesheimer Weg
10	»	C	235	Wellmatten
2a	Griesheim	A	803/571	Unten auf den Schlittweg
11	Griesheim	D	624	Auf die Bischofsheimer Abwand

biens-fonds.

des biens-fonds :

Qualité (culture permanente).	Contenance hectares.	Contenance ares.	Contenance centiares.	Revenu net. marcs.	Revenu net. pf.	Décharges : au no	Décharges :
5	6			7		8	
terre labourable		4	20	1	68	1	Transféré sur la feuille 66 le... Juge foncier. Secrétaire.
terre labourable		8	27	3	31	2	Transféré le numéro parcellaire 571 sur la feuille 54 le..... le reste ci-dessous après n° 10. Juge foncier. Secrétaire.
vigne		2	00		80		
terre labourable		17	27	6	91		
terre labourable		8	25	3	30		
pré		1	70		76		
cour et dépendances		4	85	3	93		
maison				30	00		
terre labourable		20		10	02		
pré		12	15	8	95		
terre labourable		2	10		85		
terre labourable		18	05	7	22		

Erste Abtheilung.

Eigenthümer.	Zeit und Grund des Erwerbs. Zu Nr. des Titels.		Erwerbspreis, Werth, Betrag der Feuerversicherung. Zu Nr.	
Georg Erb, Sohn von Stephan, Landwirth zu Griesheim, verheirathet am 3. Juli 18.. mit Magdalena Brucker.	1	Aufgelassen und eingetragen am . . . Grundbuchrichter. Buchführer.		
	2 3 4	Auf Grund der Auflassung vom... eingetragen am... Grundbuchrichter. Buchführer.		
	5, 6, 7, 8, 9, 10	Auf Grund der Erbbescheinigung vom... eingetragen am... Grundbuchrichter. Buchführer.		
	11	Auf Grund des Kaufvertrags vom... aufgelassen und eingetragen am... Grundbuchrichter. Buchführer.	11	Erwerbspreis: 2 000 ℳ

Erste Abtheilung.

Eigenthümer.	Zeit und Grund des Erwerbs. Zu Nr. des Titels	Zeit und Grund des Erwerbs.	Erwerbspreis, Werth, Betrag der Feuerversicherung. Zu Nr.	Erwerbspreis, Werth, Betrag der Feuerversicherung.

Première section.

Propriétaire.	Epoque et mode de l'acquisition. au nº du titre.		Prix, valeur, montant de l'indemnité par suite de l'assurance contre l'incendie. au nº	
Georges Erb, fils d'Etienne, cultivateur à Griesheim, marié le 3 juillet 18.. avec Madeleine Brucker.	1	Dessaisine inscrite le . . . Juge foncier. Secrétaire.		
	2 3 4	Inscrit le . . . . en vertu de la dessaisine du . . . Juge foncier. Secrétaire.		
	5, 6, 7, 8, 9, 10	Inscrit le . . . . en vertu du certificat de qualité d'héritier du . . . . Juge foncier. Secrétaire.		
	11	Dessaisine par suite du contrat de vente du . . . inscrite le . . . Juge foncier. Secrétaire.	11	prix d'acquisition 2000 marcs

Première section.

Propriétaire.	Epoque et mode de l'acquisition.		Prix, valeur, montant de l'indemnité par suite de l'assurance contre l'incendie.	
	au nº du titre.		au nº	

Zweite

Laufende Nr.	Bezeichnung des belasteten Grundstücks nach der laufenden Nr. des Titels.	Dingliche Rechte mit Ausnahme der Hypotheken, sowie Beschränkungen.
~~1~~	~~1.~~	~~Eine im § 2 der notariellen Urkunde vom..... (vergl. Blatt... der Grundakten) näher beschriebene Wegegerechtigkeit für den jedesmaligen Eigenthümer des im Grundbuch von Griesheim Personalblatt Nr. 75 unter Nr. 5 eingetragenen Grundstücks eingetragen am......~~ ~~Grundbuchrichter.~~ ~~Buchführer.~~
~~2~~	~~5. 6. 7. 8.~~	~~Ein lebenslänglicher Nießbrauch für .... auf Grund der Bewilligung vom ...... eingetragen am ......~~ ~~Grundbuchrichter.~~ ~~Buchführer.~~
3	9.	Eine Vormerkung zur Erhaltung des Rechts auf Auflassung einer Parzelle von 86 □Meter des Grundstücks Nr. 9 für den .... Auf Grund der Bewilligung vom .... eingetragen am .... Grundbuchrichter. Buchführer.
4	2a. 3. 4. 5. 6. 7. 8.	Ein Arrest auf Grund des Arrestbefehls des Landgerichts zu Straßburg vom...... und des Beschlagnahmebeschlusses vom ..... für den Handelsmann Jakob Weber zu Straßburg. Durch Hinterlegung von 800 ℳ ist der Eigenthümer zum Antrage auf Aufhebung des Arrestes berechtigt. Eingetragen am...... Grundbuchrichter. Buchführer.

Abtheilung.

Veränderungen.			Löschungen.	
Zu Nr.	Eintragungen.	Löschungen.	Zu Nr.	
			1.	Uebertragen mit Grundstück Nr. 1 am . . . . . Grundbuchrichter. Buchführer.
			5. 6. 7. 8.	Gelöscht am . . . . . . Grundbuchrichter. Buchführer.

Seconde

Numéro	Désignation de l'immeuble grevé d'après le n° du titre.	Droits réels sur les biens-fonds à l'exclusion de l'hypothèque et restrictions.
1	1.	Une servitude de passage déterminée dans le § 2 de l'acte notarié du . . . . . (comp. feuille . . . . du dossier foncier) au profit du propriétaire de l'immeuble inscrit dans le livre foncier de Griesheim, feuille personnelle n° 75 sub n° 5, inscrite le . . . . . Juge foncier. Secrétaire.
2	5. 6. 7. 8.	Un usufruit à vie pour . . . . . . en vertu du consentement du . . . . . inscrit le . . . . . Juge foncier. Secrétaire.
3	9.	Une prénotation pour conserver le droit à la dessaisine d'une parcelle de 86 centiares de l'immeuble n° 9 pour . . . . . . Inscrite le . . . . en vertu du consentement du . . . . . . Juge foncier. Secrétaire.
4	2 a. 3. 4. 5. 6. 7. 8.	Une contrainte en vertu de l'ordonnance de contrainte du tribunal régional de Strasbourg du . . . . . . et de l'ordonnance de saisie du . . . . . . pour le négociant Jacques Weber de Strasbourg. La consignation de 800 marcs autorisera le propriétaire de demander la mainlevée de la contrainte. Inscrite le . . . . . Juge foncier. Secrétaire.

section.

Changements.			Radiations.	
au nº	Inscriptions.	Radiations.	au nº	
			1.	Transféré avec l'immeuble nº 1 le . . . . . Juge foncier. Secrétaire.
			5. 6. 7. 8.	Rayé le . . . . . Juge foncier. Secrétaire.

Dritte

Laufende Nr.	Betrag Mark.	Betrag Pf.	Bezeichnung des belasteten Grundstücks nach der laufenden Nr. des Titels.	Hypotheken.	Ver Betrag Mark.	Ver Betrag Pf	Zu Nr.
1	1000 500 500		1, 2, 3	Auf Nr. 1, 2, 3 Eintausend Mark Kaufgeld mit fünf Prozent Zinsen vom .... gegen dreimonatliche Kündigung zahlbar, eingetragen für den Rentner N. zu N. auf Grund des Kaufvertrags vom ...... am ...... Grundbuchrichter. Buchführer.	500		1
2	600		1, 3, 4	Auf Nr. 1, 3, 4 Sechshundert Mark Darlehn zu fünf Prozent vom ...... verzinslich und gegen sechsmonatliche Kündigung zahlbar, für den Rentner N. zu N. auf Grund der notariellen Bewilligung vom .... eingetragen am .... Grundbuchrichter. Buchführer.	500		1
3	400		8	Auf Nr. 8 Vierhundert Mark Kaufgeld mit fünf Prozent Zinsen vom 1. April 1884, gegen dreimonatliche Kündigung zahlbar, eingetragen für den Kaufmann N. zu N. auf Grund des Kaufvertrags vom 1. April 1884, am ...... Grundbuchführer. Buchführer.			2

Abtheilung.

nderungen.		Löschungen.			
Eintragungen.	Löschungen.	Betrag Mark.	Betrag Pf.	Zu Nr.	
Fünfhundert Mark mit dem Vorzugsrecht vor dem Reste und mit den Zinsen vom ...... ab übertragen an den Rentner N. zu N. Eingetragen am ...... Grundbuchrichter. Buchführer.		500		1	Gelöscht am ...... Grundbuchrichter. Buchführer.
Mit Grundstück 1 übertragen am ...... Grundbuchrichter. Buchführer.					
Für Adam Bauer, Taglöhner zu N. zufolge Arrestbefehls des Landgerichts zu Zabern vom .... gepfändet. Eingetragen am .... Grundbuchrichter. Buchführer.					

Troisièm

Numéro	Montant marc.	Montant pf.	Désignation de l'immeuble grevé d'après le n° du titre.	Hypothèques.	Cha Montant marc.	Cha Montant pf.	au n°
1	1000 500 500		1, 2, 3	Sur n° 1, 2, 3 mille marcs de prix de vente produisant intérêt à cinq pour cent du . . . et exigibles trois mois après dénonciation, inscrits pour le rentier N. à N. en vertu du contrat de vente du . . . . . le . . . . . . Juge foncier. Secrétaire.	500		1
2	600		1, 3, 4	Sur n° 1, 3, 4 six cents marcs de prêt produisant intérêt à cinq pour cent du . . . . et exigibles six mois après dénonciation pour le rentier N. à N. en vertu du consentement notarial du . . . . . inscrits le . . . . Juge foncier. Secrétaire.	500		1
3	400		8	Sur n° 8 quatre cents marcs de prix de vente produisant intérêt à cinq pour cent du 1er avril 1884 et exigibles trois mois après dénonciation, inscrit pour le négociant N. à N. en vertu du contrat de vente du 1er avril 1884, le . . . . . Juge foncier. Secrétaire.			2

section.

gements.					Radiations.
Inscriptions.	Radiations.	Montant marcs.	pf.	au n°	
Cession de cinq cents marcs en faveur du rentier N. à N. par préférence au cédant pour ce qui reste à ce dernier et avec intérêts du ..... inscrite le .... Juge foncier. Secrétaire.		500		1	rayé le ..... Juge foncier. Secrétaire.
Transféré avec l'immeuble 1 le ..... Juge foncier. Secrétaire.					
Saisie pour Adam Bauer, journalier à N., en vertu de l'ordonnance de contrainte du tribunal régional de Saverne du .... inscrite le ..... Juge foncier. Secrétaire.					

Grundbuch von Folschweiler

Kreis Forbach.

Realblatt Nr. 21

über

das Landgut (Ferme) *Bauer*.

LIVRE FONCIER DE FOLSCHWEILER

Arrondissement de Forbach.

Feuille réelle No 21

contenant

LA FERME BAUER.

Bestandthe

Bezeichnung der Bestandtheile nach:

Lau- ende Nr.	Gemeinde- bezirk (Gemarkung).	Flurbuch: Flur (Sekt.)	Flurbuch: Par- zellen- nummer.	Lage (Gewann).	Eigenschaft (Kulturart).	Flächeninhalt: Hekt- ar.	Flächeninhalt: Ar.	Flächeninhalt: □ Mtr.	Grund- steuer- reinertr.: Mark.
1	2	3		4	5	6			7
1	Folschweiler	A	6	Bois de Bauer	Holzung	9	27	60	74
2	"	A	7	Saison de la Vigne	Ackerland	31	60	30	544
3	"	A	8	Langenwiese	Wiese	2	62	—	51
4	"	A	9	Bauer	Ackerland	1	19	30	29
5	"	A	10	Bauer	Hofraithe	—	50	90	17
6	"	A	11	Bauer	Garten	—	25	—	11
7	"	A	12	Bauer	Weide	—	72	90	24
8	"	A	13	In die Stück	Ackerland	18	43	30	336
9	"	B	1505	Langen Etzel	Garten	—	1	82	—
10	"	B	1519	Hetsch Mühl	Ackerland	—	9	—	3
11	"	B	1520	Hetsch Mühl	Acker	—	53	60	11
12	"	B	1521	Hetsch Mühl	Haus und Mühle	—	—	—	80
13	"	B	1522	Hetsch Mühl	Hofraithe	—	5	30	1
14	"	B	1523	Hetsch Mühl	Garten	—	3	70	1
15	"	B	1524	Mühl Etzel	Ackerland	—	7	60	2

Grundstücks:

Abschreibungen:

Bezeichnung des Theilstückes.	Flurbuch		Flächeninhalt			Grundsteuerreinertrag.	
	Flur (Sekt.)	Parzellennummer.	Hektar.	Ar.	□ Mtr.	Mark.	Pfg
9	10		11			12	
Holzung	A	6	9	27	60	74	21
übertragen auf Realblatt 46 am 1. Juli 1870.							
Grundbuchrichter. Buchführer.							

Parties

Désignation des parties d'après

No.	Banlieue.	Livre de section: section.	Livre de section: numéro parcellaire.	Situation (canton).	Qualité (culture permanente).	Contenance: hectares.	Contenance: ares.	Contenance: centiares.	Revenu net: marc.
1	2	3		4	5	6			7
1	Folschweiler	A	6	Bois de Bauer	Bois	9	27	60	74
2	»	A	7	Saison de la Vigne	Terre labourable.	31	60	30	544
3	»	A	8	Langenwiese	Pré.	2	62	—	51
4	»	A	9	Bauer	Terre labourable.	1	19	30	29
5	»	A	10	Bauer	cour et dépendances.	—	50	90	17
6	»	A	11	Bauer	Jardin.	—	25	—	11
7	»	A	12	Bauer	Pâture.	—	72	90	24
8	»	A	13	In die Stück	Terre labourable.	18	43	30	336
9	»	B	1505	Langen Etzel	Jardin.	—	1	82	—
10	»	B	1519	Hetsch Mühl	Terre labourable.	—	9	—	3
11	»	B	1520	Hetsch Mühl	Terre labourable.	—	53	60	11
12	»	B	1521	Hetsch Mühl	Maison et moulin.	—	—	—	80
13	»	B	1522	Hetsch Mühl	cour et dépendances.	—	5	30	1
14	»	B	1523	Hetsch Mühl	Jardin.	—	3	70	1
15	»	B	1524	Mühl Etzel	Terre labourable.	—	7	60	2

n-fonds.

Décharges.

u o.	Désignation de la partie.	Livre de section. section.	Livre de section. numéro parcellaire.	Contenance hectares.	Contenance ares.	Contenance centiares.	Revenu net. marcs.	Revenu net. pf.
8	9	10		11			12	
1	Bois transféré sur la feuille réelle 46 le 1er janvier 1870. Juge foncier. Secrétaire.	A	6	9	27	60	74	21

Erste Abtheilung.

Eigenthümer.	Zeit und Grund des Erwerbes.	Werth.	Mark.
Kuntze, August Landwirth in Folschweiler.	Auf Grund der Auflassung vom 1. August 1850 eingetragen am 2. August 1850. Grundbuchrichter. Buchführer.	Preis vom 1. August 1850.	100 000
Pohl, Karl Müller in Folschweiler.	Aufgelassen und eingetragen am 1. Oktober 1860. Grundbuchrichter. Buchführer.		105 000
Klaus, Georg Rentner in Zabern.	Auf Grund der Erbbescheinigung vom. Januar 1861 eingetragen am 30. Jan. 1861. Grundbuchrichter. Buchführer.	Preis vom 10. Januar 1861.	
		Haus u. Mühle sind am 1. Januar 1862 gegen Feuergefahr versichert.	10 000
Zimmer, Ernst Müller in Folschweiler.	Auf Grund des notariellen Kaufvertrages vom 10. Juli 1865 und der Auflassungserklärung von demselben Tage eingetragen am 11. Juli 1865. Grundbuchrichter. Buchführer. Das unter Nr. 15 des Titelblatts aufgeführte Grundstück von 0.07.60 H. Ackerland Mühl Etzel B 1554 mit 2.59 *M.* Reinertrag ist nach Abschreibung vom Stammgrundstück Folschweiler Raelblatt 22 hier zugeschrieben worden am 12. August 1865. Grundbuchrichter. Buchführer.	Preis am 10. Juli 1865.	105 000

Erste Abtheilung.

Eigenthümer.	Zeit und Grund des Erwerbes.	Werth		
			Mark.	Pf.

Première section.

Propriétaire.	Époque et mode de l'acquisition.	Valeur	marcs.
Kuntze, Auguste cultivateur. à Folschweiler.	Inscrit le 2 août 1850 en vertu de la dessaisine du 1er août 1850. Juge foncier. Secrétaire.	prix du 1er août 1850.	100 000
Pohl, Charles meunier à Folschweiler.	Dessaisine inscrite le 1er octobre 1860. Juge foncier. Secrétaire.		
Klaus, Georges rentier à Saverne.	Inscrit le 1er janvier 1861 en vertu du certificat de qualité d'héritier du 30 janvier 1861. Juge foncier. Secrétaire.	prix du 10 janvier 1861.	105 000
		maison et moulin sont assurés contre l'incendie le 1er janvier 1862.	100 000
Zimmer, Ernest meunier à Folschwiller.	Inscrit le 11 juillet 1865 en vertu du contrat de vente passé devant notaire le 10 juillet 1865 et de la dessaisine du même jour. Juge foncier. Secrétaire. L'immeuble désigné sub n° 15 du titre, terre labourable Mühl Etzel, d'une contenance de 0,07.60 hect. B 1554 avec un revenu net de 2.59 *M.* a été détaché du bien-fonds originaire à la feuille réelle n° 22 de Folschweiler et transféré ici le 12 août 1865. Juge foncier. Secrétaire.	prix du 10 juillet 1865.	105 000

Première section.

opriétaire.	Époque et mode de l'acquisition.	Valeur.		
			marcs.	pf.

Zweite

Laufende Nr.	Dingliche Rechte mit Ausnahme der Hypotheken, sowie Beschränkungen.
1	Eine im § 2 der notariellen Urkunde .... (Blatt ..... der Grundakten) näher beschriebene Wegegerechtigkeit für den jedesmaligen Eigenthümer des im Grundbuch von Folschweiler auf dem Realblatt Nr. 84 eingetragenen Grundstücks eingetragen am ...... Grundbuchrichter. Buchführer.
2	Ein lebenslängliches Wohnungsrecht aus der notariellen Urkunde vom .... für den .... eingetragen am. .... Grundbuchrichter. Buchführer.

Abtheilung.

Veränderungen.			Löschungen.	
Eintragungen.	Nr.	Löschungen.	Nr.	
			1	Gelöscht am . . . . Grundbuchrichter. Buchführer.

Deuxième

N°	Droits réels sur les biens-fonds à l'exclusion de l'hypothèque et restrictions.
1	Une servitude de passage déterminée dans le § 2 de l'acte notarié du . . . . (comp. feuille . . . . . . du dossier foncier) au profit du propriétaire de l'immeuble inscrit dans le livre foncier de Folschweiler sur la feuille réelle n° 84. Inscrite le . . . . Juge foncier. Secrétaire.
2	Un droit d'habitation à vie en vertu de l'acte notarié du . . . . pour . . . . , inscrit le . . . . Juge foncier. Secrétaire.

section.

Changements.			Radiations.	
Inscriptions.	N°	Radiations.	N°	
			1	Rayé le . . . . Juge foncier. Secrétaire.

Nr.	Betrag Mark.	Pf.	Hypotheken.	Nr.	Mark.	Pf.
1	10 000	—	Zehn Tausend Mark Darlehn mit fünf Prozent jährlich vom ..... verzinslich, gegen sechsmonatliche Kündigung am 1. Juli und 1. Januar zahlbar, eingetragen für den Rentner N. N. zu N. auf Grund der Schuldurkunde vom ..... am ..... Grundbuchrichter. Buchführer.			
2	10 000	—	Zehn Tausend Mark Darlehn mit fünf Prozent vom ..... verzinslich und gegen dreimonatliche Kündigung zahlbar, eingetragen für den Rentner N. zu N. auf Grund der Schuldurkunde vom ..... am ..... Grundbuchrichter. Buchführer.	2	5 000	—
3	5 000	—	Eine Vormerkung zur Erhaltung des Vorrangs einer Hypothek zum Betrage von fünf Tausend Mark eingetragen für den .... am ..... Grundbuchrichter. Buchführer. Umgeschrieben in eine Hypothek für fünf Tausend Mark Kaufgeldforderung verzinslich mit fünf Prozent vom ..... und zahlbar gegen dreimonatliche Kündigung für den ..... eingetragen auf Grund der Urkunde vom ..... am .... Grundbuchrichter. Buchführer.			
4	30 000	—	Dreißig Tausend Mark Kaufgeldforderung zu fünf Prozent jährlich, in halbjährlichen Raten am 1. Juli und 1. Januar, vom 10. Juli 1865 ab verzinslich, gegen eine sechsmonatliche, bei pünktlicher Zinszahlung jedoch nicht vor dem 1. Januar 1870 zulässige Kündigung zahlbar, eingetragen für den Rentner Georg Klaus in Zabern aus der Urkunde vom 10. Juli 1865 am 11. Juli 1865. Grundbuchrichter. Buchführer.			

Abtheilung.

Veränderungen.			Löschungen.			
Eintragungen.	Nr.	Löschungen.	Nr.	Mark.	Pf.	
			1	10 000	—	Gelöscht am 1. Juli 1870. Grundbuchrichter. Buchführer.
Von den eingetragenen 10 000 Mark mit den Zinsen vom . . . und mit dem Vorrechte vor dem Reste abgetreten an den . . . Eingetragen am . . . . . Grundbuchrichter. Buchführer.						

Troisième

N°	Montant marcs.	pf.	Hypothèques.	N°	marcs	pf.
1	10 000	—	Dix mille marcs de prêt produisant intérêt à cinq pour cent du . . . . et exigibles six mois après dénonciation, le 1er juillet et le 1er janvier. Inscrit pour le rentier N. N. à N. en vertu de l'obligation du . . . . . . le . . . . Juge foncier. Secrétaire.			
2	10 000	—	Dix mille marcs de prêt produisant intérêt à cinq pour cent du . . . . et exigibles trois mois après dénonciation. Inscrit pour le rentier N. à N. en vertu de l'obligation du . . . . . le . . . . . Juge foncier. Secrétaire.	2	5 000	—
3	5 000	—	Une prénotation pour conserver la préférence d'une hypothèque de la somme de cinq mille marcs, inscrite pour. . . . le . . . . . Juge foncier. Secrétaire. Changée en une hypothèque de cinq mille marcs de prix de vente produisant intérêt à cinq p. cent du . . . et exigibles trois mois après dénonciation, au profit de..... Inscrit en vertu de l'acte du . . . . le . . . . Juge foncier. Secrétaire.			
4	30 000	—	Trente mille marcs de prix de vente produisant intérêts à cinq pour cent du 10 juillet 1865 en deux termes le 1er juillet et 1er janvier et exigibles six mois après dénonciation qui en cas de paiement exact des intérêts ne pourra se faire avant le 1er janvier 1870. Inscrit pour le rentier Georges Klaus à Saverne, en vertu de l'acte du 10 juillet 1865, le 11 juillet 1865. Juge foncier. Secrétaire.			

section.

Changements.			Radiations.			
inscriptions.	Nº	radiations.	Nº	marcs.	pf.	
			1	10 000	—	Rayé le 1er juillet 1870. Juge foncier. Secrétaire.
Cession partielle du capital inscrit de 10 000 marcs, avec les intérêts du ... et par préférence au cédant pour ce qui reste à ce dernier, en faveur de .... Inscrit le .... Juge foncier. Secrétaire.						

B.

Auflassung. Hypothekenbrief über rückständige Kaufgelder.

Auflassungserklärung.

Verhandelt zu Straßburg am elften Juli achtzehnhundertfünfundsechzig.

Vor dem Grundbuchrichter, Amtsgerichtsrath N., erscheinen heute bekannt und verfügungsfähig:

1) Der Rentner Georg Klaus aus Zabern und
2) Der Müller Ernst Zimmer aus Folschweiler.

Dieselben überreichen eine beglaubigte Abschrift des zwischen ihnen vor Notar N. zu N. am gestrigen Tage abgeschlossenen Kaufvertrags und geben auf Grund desselben folgende Erklärungen ab, und zwar erklären:

a. Georg Klaus:
Als eingetragener Eigenthümer des im Grundbuch von Folschweiler, Realblatt Nr. 21, verzeichneten Grundstücks, Landgut Bauer, willige ich ein, daß der Müller Ernst Zimmer als Eigenthümer desselben Grundstücks eingetragen werde, und

b. Ernst Zimmer:
Mit Bezug auf die Erklärung des Klaus beantrage ich meine Eintragung als Eigenthümer.

Der Preis des Grundstücks beträgt 105 000 Mark und soll im Grundbuch vermerkt werden.

Der Müller Zimmer überreicht ferner eine Ausfertigung des vorerwähnten Kaufvertrags und erklärt:

Ich beantrage, bei dem genannnten Grundstück wegen des gemäß § 3 des Vertrags noch geschuldeten Theils des Kaufpreises für den Verkäufer Klaus eine Hypothek in Höhe von 30 000 Mark nebst Zinsen einzutragen und dem Gläubiger den Hypothekenbrief auszuhändigen.

Zimmer übernimmt die sämmtlichen Kosten.

Vorgelesen, genehmigt und unterschrieben:

Klaus. Zimmer.

Geschehen wie oben

N.
Grundbuchrichter.

B.

Dessaisine. Lettre d'hypothèque sur des arrérages de prix de vente.

Déclaration de dessaisine.

Passé à Strasbourg, le onze juillet mil huit cent soixante cinq.

Par devant le juge foncier N., conseiller au tribunal cantonal, ont comparu connus de leur personne et capables de disposer :

1. Georges Klaus, rentier, demeurant à Saverne et
2. Ernest Zimmer, meunier, demeurant à Folschweiler,

lesquels remettent copie légalisée de l'acte de vente passé entre eux et dressé par le notaire N. à N., au jour d'hier et déclarent ce qui suit :

a. Georges Klaus :

Moi, propriétaire inscrit de la ferme Bauer, inscrite au livre foncier de Folschweiler sur la feuille réelle n° 21, je consens à ce que le meunier Ernest Zimmer soit inscrit comme propriétaire dudit bien-fonds,

b. Ernest Zimmer :

En me rapportant à la déclaration du sieur Klaus, je demande mon inscription comme propriétaire.

Le prix du bien-fonds qui est de 105 000 marcs doit être mentionné au livre foncier.

Le sieur Zimmer, meunier, remet en outre une expédition de l'acte de vente susdésigné et déclare :

Pour sûreté de la somme de 30 000 marcs avec intérêts, qui selon le § 3 de l'acte est encore due pour prix de vente, je demande l'inscription à côté du bien-fonds susnommé d'une hypothèque en faveur du sieur Klaus, vendeur. Je demande en outre la délivrance de la lettre d'hypothèque au créancier.

Les frais sont à la charge du sieur Zimmer.

Après lecture, les parties ont signé avec le juge :

Klaus. Zimmer.

Fait et passé etc. N.

juge foncier.

Elsaß-Lothringischer Hypothekenbrief

über eine im Grundbuche von Folschweiler, Kreis Forbach, Realblatt Nr. 21 in der dritten Abtheilung unter Nr. 4 eingetragene Hypothek.

Dritte Abtheilung.

Nr. 4. 30 000 Mark. Dreißig tausend Mark Kaufgelder-Forderung zu fünf Prozent jährlich in halbjährlichen Raten am 1. Juli und 1. Januar, vom 10. Juli 1865 ab verzinslich, gegen eine sechsmonatliche, bei pünktlicher Zinszahlung jedoch nicht vor dem 1. Januar 1870 zulässige Kündigung zahlbar, eingetragen für den Rentner Georg Klaus in Zabern aus der Urkunde vom 10. Juli 1865 am 11. Juli 1865.

Für die Hypothek haftet das Landgut (ferme) Bauer.

Lettre d'hypothèque Alsacienne-Lorraine

concernant une hypothèque inscrite au livre foncier de Folschweiler, arrondissement de Forbach, feuille réelle n° 21, 3me section au n° 4.

Troisième section.

N° 4. 30 000 marcs.	Trente mille marcs dus pour prix de vente produisant des intérêts sur le pied de 5 pour cent par an, payables les 1er juillet et janvier de chaque année à partir du 10 juillet 1865, remboursables 6 mois après une dénonciation qui pourtant en cas de paiement régulier des intérêts ne peut avoir lieu avant le 1er janvier 1870, inscrits le 11 juillet 1865 en faveur de Georges Klaus, rentier, demeurant à Saverne, en vertu de l'acte du 10 juillet 1865.

A l'hypothèque est affectée la ferme Bauer.

Bestandtheile des Grundstücks.

Bezeichnung der Bestandtheile nach:

Laufende Nr.	Gemeindebezirk (Gemarkung).	Flurbuch		Lage (Gewann).	Eigenschaft (Kulturart).	Flächeninhalt			Gr… ste… rein…
		Flur (Sekt.)	Parzellennummer.			Hektar.	Ar.	□ Mtr.	Mark
1	2	3		4	5	6			
1	Folschweiler	A	6	Bois de Bauer	Holzung	9	27	60	74
2	„	A	7	Saison de la Vigne	Ackerland	31	60	30	544
3	„	A	8	Langenwiese	Wiese	2	62	—	51
4	„	A	9	Bauer	Ackerland	1	19	30	29
5	„	A	10	Bauer	Hofraithe	—	50	90	17
6	„	A	11	Bauer	Garten	—	25	—	11
7	„	A	12	Bauer	Weide	—	72	90	24
8	„	A	13	In die Stück	Ackerland	18	43	30	336
9	„	B	1505	Langen Etzel	Garten	—	1	82	—
10	„	B	1519	Hetsch Mühl	Ackerland	—	9	—	3
11	„	B	1520	Hetsch Mühl	Acker	—	53	60	11
12	„	B	1521	Hetsch Mühl	Haus und Mühle	—	—	—	80
13	„	B	1522	Hetsch Mühl	Hofraithe	—	5	30	1
14	„	B	1523	Hetsch Mühl	Garten	—	3	70	1
15	„	B	1524	Mühl Etzel	Ackerland	—	7	60	2

Parties du bien-fonds.

Désignation des parties d'après

Banlieue.	Livre de section: section.	Livre de section: numéro parcellaire.	Situation (canton).	Qualité (culture permanente).	Contenance: hectares.	Contenance: ares.	Contenance: centiares.	Revenu net: marc.	Revenu net: pf.
2	3		4	5	6			7	
Folschweiler	A	6	Bois de Bauer	Bois	9	27	60	74	21
»	A	7	Saison de la Vigne	Terre labourable.	31	60	30	544	46
»	A	8	Langenwiese	Pré.	2	62	—	51	09
»	A	9	Bauer	Terre labourable.	1	19	30	29	52
»	A	10	Bauer	cour et dépendances.	—	50	90	17	31
»	A	11	Bauer	Jardin.	—	25	—	11	—
»	A	12	Bauer	Pâture.	—	72	90	24	79
»	A	13	In die Stück	Terre labourable.	18	43	30	336	20
»	B	1505	Langen Etzel	Jardin.	—	1	82	—	73
»	B	1519	Hetsch Mühl	Terre labourable.	—	9	—	3	06
»	B	1520	Hetsch Mühl	Terre labourable.	—	53	60	11	52
»	B	1521	Hetsch Mühl	Maison et moulin.	—	—	—	80	—
»	B	1522	Hetsch Mühl	cour et dépendances.	—	5	30	1	80
»	B	1523	Hetsch Mühl	Jardin.	—	3	70	1	26
»	B	1524	Mühl Etzel	Terre labourable.	—	7	60	2	59

Eigenthümer: Müller Ernst Zimmer in Folschweiler.
Erwerbspreis im Jahre 1865 . . . . 105 000 Mark
Feuerversicherungssumme im Jahre 1862 10 000 Mark.
Eingetragen sind:
in der zweiten Abtheilung:
Nr. 1 ist gelöscht.
Nr. 2. Ein lebenslängliches Wohnungsrecht.
in der dritten Abtheilung:
Nr. 1 10 000 Mark,
Nr. 2 10 000 Mark,
Nr. 3 5 000 Mark.
Urkundlich ausgefertigt
Forbach, den 11. Juli 1865.

Kaiserliches Grundbuchamt.

Grundbuchrichter. Buchführer.

Eingegangen Forbach am elften Juli Eintausendachthundertfünfundsechzig, Vormittags zehn Uhr zwanzig Minuten.

Grundbuchrichter.

Verhandelt am zehnten Juli Achtzehnhundertfünfundsechzig.

Vor dem Notar . . . . . .
erscheinen heut bekannt und verfügungsfähig:
a) der Rentner Herr Georg Klaus aus Zabern,
b) der Müller Herr Ernst Zimmer aus Folschweiler
und schließen folgenden Kaufvertrag ab:
1. Der Rentner Herr Georg Klaus aus Zabern verkauft hiermit das ihm gehörige, im Grundbuche von Folschweiler, Kreis Forbach, Realblatt Nr. 21, auf seinen Namen eingetragene Grundstück, Landgut Bauer, an den Müller Herrn Ernst Zimmer in Folschweiler für den verabredeten Preis von 105 000 Mark — wörtlich . . . . . .
2. Die Uebergabe des Grundstücks ist erfolgt; die darauf haftenden Lasten und Abgaben übernimmt Käufer vom heutigen Tage ab; die Auflassungserklärung vor dem Grundbuchamte erfolgt am 11. Juli.

Propriétaire : Ernest Zimmer, meunier à Folschweiler.
Prix d'achat en 1865 . . . . . . 105 000 marcs.
Valeur assurée en 1862. . . . . . 10 000 marcs.
Sont inscrits :

à la deuxième section :

N° 1, rayé,
N° 2, un droit d'habitation à vie.

à la troisième section :

N° 1, 10 000 marcs,
N° 2, 10 000 marcs,
N° 3, 5 000 marcs.

Dont acte.

Forbach, le 11 juillet 1865.

Le bureau foncier impérial.

Juge foncier. Secrétaire foncier.

Présenté à Forbach le 11 juillet mil huit cent soixante cinq, à dix heures vingt minutes du matin.

juge foncier.

Passé le dix juillet mil huit cent soixante cinq.

Par devant le notaire . . . . .
ont comparu aujourd'hui connus de leur personne et capables de disposer :

a) le sieur George Klaus, rentier, demeurant à Saverne,
b) le sieur Ernest Zimmer, meunier, demeurant à Folschweiler

et par ces présentes :

1. le sieur Georges Klaus, rentier, demeurant à Saverne, vend au sieur Ernest Zimmer, meunier, demeurant à Folschweiler, la ferme Bauer inscrite sur son nom au livre foncier de Folschweiler, arrondissement de Forbach, feuille réelle n° 21, pour le prix convenu de 105 000 marcs — en lettres . . . . .
2. la tradition du bien-fonds a eu lieu ; les charges et contributions grevant le bien-fonds sont supportées par l'acheteur à partir de ce jour ; la déclaration de dessaisine devant le bureau foncier aura lieu le 11 juillet.

3. Das Kaufgeld wird in folgender Weise berichtigt:
a) Käufer übernimmt als Selbstschuldner in Anrechnung auf das Kaufgeld die auf dem heut erworbenen Grundstücke Folschweiler Realblatt Nr. 21 in Abtheilung III unter Nr. 1, 2 und 3 eingetragenen Hypotheken im Gesammtbetrage von 25 000 ℳ

nebst den Zinsen vom 1. Juli 1865 ab, —
b) Käufer hat heute baar an Verkäufer gezahlt . . . . 50 000 ℳ
worüber demselben hiermit quittirt wird.
c) Käufer verpflichtet sich den Rest mit 30 000 ℳ

Summa wie oben . . 105 000 ℳ

von heute ab mit fünf Prozent zu verzinsen, die Zinsen regelmäßig am 1. Januar und 1. Juli kostenfrei an den Verkäufer an dessen jedesmaligem Wohnorte zu berichtigen und den Kaufgelderrest mit 30 000 Mark gegen eine sechsmonatliche Kündigung, welche jedoch bei pünktlicher Zinszahlung nicht vor dem 1. Januar 1870 zulässig ist, an den Verkäufer zu zahlen.

Zur Sicherheit dieses Kaufgelderrestes von 30 000 Mark nebst Zinsen verpflichtet sich der Käufer, mit dem heute gekauften Grundstück sofort nach der Auflassung Hypothek zu bestellen.

4. Sämmtliche Kosten trägt der Käufer.

(L. S.)

(Unterschriften.)

3. Le prix de vente sera payé comme suit:

a) l'acheteur s'oblige personnellement de payer en déduction de son prix d'acquisition les créances hypothécaires grevant le bien-fonds, figurant au livre foncier de Folschwiller à la feuille réelle n° 21, et qui sont inscrites section III, aux n°s 1, 2 et 3 pour la somme totale de . . . . 25 000 ℳ
y compris les intérêts à partir du 1er juillet 1865, —

b) l'acheteur a payé comptant aujourd'hui au vendeur . . . . . . 50 000 ℳ
dont quittance

c) l'acheteur s'oblige quant aux . . 30 000 ℳ

Total . . 105 000 ℳ

restants de servir régulièrement des intérêts au pied de 5 pour 100 à partir de ce jour, les 1er janvier et juillet sans frais au domicile du vendeur et de payer à celui-ci les 30 000 marcs de reste 6 mois après dénonciation, qui cependant en cas de paiement régulier des intérêts ne pourra être faite avant le 1er janvier 1870.

En sûreté du restant de 30 000 marcs et des intérêts, l'acheteur consentira hypothèque sur le bien-fonds acheté immédiatement après la dessaisine.

4. Tous les frais sont à la charge de l'acheteur.

(L. S.)

(Signatures.)

C.

Auflassung durch einen bevollmächtigten Notar. Hypothekenbrief über rückständige Kaufgelder, Zweighypothekenbrief.

Auflassungserklärung.

Verhandelt zu ..... am .....

Vor dem Grundbuchrichter N. erscheint der demselben bekannte

Notar N. aus N.

Derselbe überreicht beglaubigte Abschrift des vor ihm am 1. April 1884 zwischen dem Rentner N. aus N. als Verkäufer und dem Eigenthümer Georg Erb aus Griesheim als Käufer abgeschlossenen Kaufvertrags, ferner einen beglaubigten Katasterauszug und einen Handriß und erklärt auf Grund des ihm in dem vorbezeichneten Kaufvertrage von den beiden Kontrahenten ertheilten Auftrags: Namens des eingetragenen Eigenthümers, Rentner N. aus N., des im Grundbuch von Griesheim, Personalblatt Nr. 67 unter Nr. 5 eingetragenen Grundstücks bewillige ich, daß Georg Erb aus Griesheim als Eigenthümer des in dem überreichten Katasterauszuge und Handriß näher bezeichneten Theilstücks desselben in der Größe von 18 Ar 0,5 □m Ackerland „auf die Bischofsheimer Abwand" mit 7,22 Mark Reinertrag, Flur D Nr. 624 Gemarkung Griesheim, eingetragen werde, und Namens des Erb beantrage ich:

a. dessen Eintragung als Eigenthümer des vorbezeichneten Theilstücks und
b. die Eintragung einer Hypothek von 2000 Mark nebst Zinsen für den Verkäufer N. wegen des schuldigen Kaufpreises gemäß Bewilligung des Käufers in dem hiermit in Ausfertigung überreichten Kaufvertrag vom 1. April 1884,
c. die Uebertragung des erworbenen Theilstücks auf das Personalblatt Nr. 36 des Grundbuchs von Griesheim.

Vorgelesen, genehmigt, unterschrieben

N.

Geschehen wie oben

N.
Grundbuchrichter.

C.

Dessaisine par l'intermédiaire d'un notaire mandataire. Lettre d'hypothèque sur des arrérages de prix de vente. Sous-lettre d'hypothèque.

Déclaration de dessaisine.

Passé à . . . . . le . . . . .

Par devant le juge foncier N. a comparu à lui connu le notaire N. de N.

lequel remet copie légalisée de l'acte de vente passée devant lui le 1er avril 1884 entre le rentier N. de N., vendeur, et le propriétaire Georges Erb, demeurant à Griesheim, acheteur, ensuite extrait légalisé du cadastre avec croquis, et déclare en vertu du mandat à lui donné dans l'acte susdit par les deux parties contractantes: Je consens au nom du rentier N. de N., propriétaire inscrit du bien-fonds inscrit au livre foncier de Griesheim, feuille personnelle nº 69 au nº 5, à ce que Georges Erb, demeurant à Griesheim, soit inscrit comme propriétaire de la parcelle, désignée dans l'extrait du cadastre et le croquis produits, comprenant 18 ares 5 centiares de terres labourables «auf die Bischofsheimer Abwand», revenu net de la contribution foncière 7,22 marcs, section D nº 624, banlieue de Griesheim, et au nom dudit Erb je demande:

a. son inscription comme propriétaire de la parcelle susnommée,
b. l'inscription d'une hypothèque de 2000 marcs avec intérêts pour le prix de vente dû en faveur du vendeur N., en vertu du consentement de l'acheteur contenu dans l'acte de vente du 1er avril 1884 produit en expédition,
c. le transport de la parcelle acquise sur la feuille nº 36 du livre foncier de Griesheim.

Après lecture, le comparant a signé avec le juge

N.

Fait et passé etc.

N.
juge foncier.

Elsaß-Lothringischer Hypothekenbrief

über eine im Grundbuche von Griesheim, Kreis Erstein, Personalblatt Nr. 36, in der dritten Abtheilung unter Nr. 4 eingetragene Hypothek.

Nr. 4. 2 000 Mark.

Noch gültig auf 1500 Mark.

Straßburg, den 15. Aug. 1884.

Grundbuchrichter. Buchführer.

Zweitausend Mark Kaufgeld mit fünf Prozent Zinsen vom 1. April 1884, gegen dreimonatliche Kündigung, eingetragen für den Rentner N. zu N. auf Grund des Kaufvertrages vom 1. April 1884 am 10. April 1884.

Für die Hypothek haften folgende Grundstücke:

1) in der Gemarkung Bischofsheim, Flur B Nr. 340, Ackerland am Griesheimer Wege, 20 Ar groß, mit einem Reinertrage von 10,02 Mark,
2) in der Gemarkung Bischofsheim, Flur C Nr. 235, Wiese und Wellmatten, 12 Ar 15 □m groß, mit einem Reinertrage von 8,95 Mark,
3) in der Gemarkung Griesheim, Flur D Nr. 624, Ackerland auf die Bischofsheimer Abwand, 18 Ar 05 □m groß, mit einem Reinertrage von 7,22 Mark.

Eigenthümer: Georg Erb zu Griesheim.

Eingetragen:

in der II. Abtheilung: Nichts.
in der III. Abtheilung: Nichts.

Urkundlich ausgefertigt.

Erstein, den 10. April 1884.

Kaiserliches Grundbuchamt.

Grundbuchrichter. Buchführer.

Von der vorstehenden, in der III. Abtheilung unter Nr. 4 eingetragenen Hypothek von 2000 Mark nebst Zinsen sind 500 Mark nebst den Zinsen zu 5 Prozent vom 1. Juli 1884

Lettre d'hypothèque Alsacienne-Lorraine

concernant une hypothèque inscrite au livre foncier de Griesheim, arrondissement d'Erstein, feuille personnelle n° 36, troisième section au n° 4.

N° 4. 2000 marcs.

Valable encore pour la somme de 1 500 marcs.

Strasbourg, le 15 août 1884.

juge foncier. secrétaire.

Deux mille marcs dus pour prix de vente produisant des intérêts sur le pied de cinq pour cent par an, à partir du 1er avril 1884, et remboursables trois mois après dénonciation, inscrits le 10 avril 1884 en faveur du rentier N. à N. en vertu de l'acte de vente du 1er avril 1884.

A l'hypothèque sont affectés les immeubles suivants:

1) dans la banlieue de Bischofsheim, sect. B n° 340, terres labourables, am Griesheimer Weg, 20 ares, revenu net de la contribution foncière 10,02 marcs,
2) dans la banlieue de Bischofsheim, sect. C n° 235, prés et oseraies, 12 ares 15 centiares, revenu net 8,95 marcs,
3) dans la banlieue de Griesheim, sect. D n° 624, terres labourables, auf die Bischofsheimer Abwand, 18 ares 5 centiares, revenu net 7,22 marcs.

Propriétaire: George Erb de Griesheim.

Inscrit:

à la IIe section: rien.

à la IIIe section: rien.

Dont note.

Erstein, le 10 avril 1884.

Le bureau foncier impérial.

juge foncier. secrétaire foncier.

De l'hypothèque susdésignée, inscrite à la IIIe section n° 4, pour la somme de 2 000 marcs avec intérêts, sont

und mit dem Vorzugsrechte vor dem Rest an den Rentner Eduard Meyer zu Straßburg abgetreten.

Für den Rentner Meyer ist deshalb auf Höhe des abgetretenen Theilbetrages eine Zweigurkunde gebildet, sodaß diese in den Händen des Rentners N. N. verbleibende Stammurkunde nur noch über Fünfzehnhundert Mark nebst Zinsen gültig ist.

Straßburg, den 28. Juli 1884.

(L. S.) N.

Notar zu Straßburg.

Die laut vorstehenden notariellen Zeugnisses vom 28. Juli 1884 von vorstehender Hypothek von 2000 Mark an den Rentner Meyer zu Straßburg mit den Zinsen vom 1. Juli 1884 ab und mit dem Vorzugsrecht vor dem Rest abgetretenen 500 Mark sind auf dessen Namen im Grundbuch umgeschrieben worden.

Straßburg, den 15. August 1884.

Kaiserliches Grundbuchamt.

(L. S.)

Grundbuchrichter. Buchführer.

Eingegangen Erstein, den zweiten April eintausendachthundertvierundachtzig um zehn Uhr.

Grundbuchrichter.

Kauf-Vertrag

vom 1. April 1884.

pp. pp.

Verhandelt . . . . .

Vor dem Notar

erscheinen bekannt und handlungsfähig

1) der Rentner N. aus N.

2) der Eigenthümer Georg Erb aus Griesheim

und schließen folgenden Vertrag:

1) Herr Rentner N. verkauft von seinem im Grundbuche von Griesheim, Personalblatt Nr. 67 unter Nr. 5

cédés au rentier Edouard Meyer à Strasbourg 500 marcs avec intérêts sur le pied de 5 pour cent, à partir du 1er juillet par préférence au cédant.

Il a été formé pour le rentier Meyer une sous-lettre d'hypothèque jusqu'à concurrence de la somme cédée, de sorte que la lettre originaire, restant entre les mains du rentier N. N., ne sera plus valable que jusqu'à concurrence de quinze cents marcs avec intérêts.

Strasbourg, le 28 juillet 1884.

(L. S.) N.

notaire à Strasbourg.

Les 500 marcs, y compris les intérêts à partir du 1er juillet 1884, cédés de l'hypothèque susdésignée au rentier Meyer à Strasbourg, par préférence au cédant, conformément au certificat notarié du 28 juillet 1884, ont été inscrits au livre foncier sur le nom du cessionnaire.

Strasbourg, le 15 août 1884.

Bureau foncier impérial.

(L. S.)

juge foncier. secrétaire foncier.

Présenté à Erstein, le deux avril mil huit cent quatre vingt quatre, à dix heures.

Juge foncier.

Acte de vente

du 1er avril 1884.

pp. pp.

Passé . . . . . .

Par devant Me . . . notaire

ont comparu connus de leur personne et capables de disposer :

1° le rentier N. à N.

2° Georges Erb, propriétaire, demeurant à Griesheim et par ces présentes :

1° Le sieur N., rentier, vend la partie de son immeuble inscrit au livre foncier de Griesheim,

eingetragenen Grundstücke das in dem hiermit übergebenen Katasterauszuge und in demselben angeschlossenen Handriß näher bezeichnete Theilstück

in der Größe von 18 Ar 05 □m Ackerland, auf die Bischofsheimer Abwand mit 7,22 Mark Reinertrag, Flur D Nr. 624, Gemarkung Griesheim

an den Eigenthümer Georg Erb zu Griesheim für zwei Tausend Mark.

2) Die Uebergabe ist erfolgt. — Abgaben und Lasten übernimmt Käufer von heute ab.

3) Der Käufer verpflichtet sich, den Kaufpreis von heute ab mit fünf Prozent jährlich zu verzinsen und nach einer dreimonatlichen Kündigung zu zahlen, sowie zur Sicherheit des Kaufpreises und der Zinsen die Eintragung einer Hypothek im Grundbuch auf

a. das heute erworbene Theilstück und

b. folgende im Grundbuch von Griesheim, Personalblatt Nr. 36 unter Nr. 9 und 10 verzeichnete Grundstücke:

1) in der Gemarkung von Bischofsheim, Flur B Nr. 340, Ackerland „am Griesheimer Wege", 20 Ar groß mit 10,02 Mark Reinertrag,

2) in derselben Gemarkung, Flur C Nr. 235, Wiese „am Wellmatten", 12 Ar 15 □m groß mit 8,95 Mark Reinertrag

sofort nach der Auflassung zu bewilligen.

Den Hypothekenbrief soll Verkäufer erhalten.

Verkäufer und Käufer erklären gemeinschaftlich:

Wir beauftragen den Herrn Notar N., die die Auflassungserklärungen bezüglich des verkauften Theilstücks für uns abzugeben.

Käufer erklärt endlich noch:

Ich beauftrage Herrn Notar N. außerdem

feuille personnelle n° 67 au n° 5, décrite dans l'extrait du cadastre et le croquis annexés aux présentes

18 ares 5 centiares de terres labourables, auf die Bischofsheimer Abwand, revenu net de la contribution foncière 7,22 marcs, section D n° 624, banlieue de Griesheim

au sieur Georges Erb propriétaire, demeurant à Griesheim pour la somme de deux mille marcs.

2° La tradition a eu lieu. — Les impôts et charges sont supportés par l'acheteur à partir de ce jour.

3° L'acheteur s'oblige à payer les intérêts du prix de vente au pied de cinq pour cent par an à partir de ce jour et à rembourser le prix de vente trois mois après dénonciation et enfin à consentir immédiatement après la dessaisine pour sûreté du prix de vente et des intérêts l'inscription au livre foncier d'une hypothèque sur

a) la partie du bien-fonds acquise aujourd'hui,

b) les immeubles suivants, inscrits au livre foncier de Griesheim, feuille personnelle n° 36 aux n°s 9 et 10 :

1° dans la banlieue de Bischofsheim, section B n° 340, terres labourables «am Griesheimer Weg», 20 ares, revenu net de la contribution foncière 10,02 marcs,

2° dans la même banlieue, section C n° 245, prés «am Wellmatten», 12 ares 15 centiares, revenu net 8,95 marcs.

La lettre d'hypothèque sera délivrée au vendeur.

Le vendeur et l'acheteur déclarent d'un commun accord :

Nous commettons M. N., notaire, à donner en notre nom les déclarations de dessaisine relativement à la partie du bien-fonds vendue.

Enfin l'acheteur déclare :

En outre, je commets M. N., notaire, à

auch die Eintragung der vorerwähnten Hypothek für mich zu bewilligen.

Die sämmtlichen Kosten trägt der Käufer.

(L. S.)

(Unterschriften.)

Zweighypothekenbrief.

Nachstehende Abschrift:

Elsaß-Lothringischer Hypothekenbrief

über eine im Grundbuch von Griesheim, Kreis Erstein, Personalblatt Nr. 36, in der dritten Abtheilung unter Nr. 4 eingetragene Hypothek.

Nr. 4. 2000 Mark, Zweitausend Mark Kaufgeld mit fünf Prozent Zinsen vom 1. April 1884, gegen dreimonatliche Kündigung, eingetragen für den Rentner N. zu N. auf Grund des Kaufvertrages vom 1. April 1884 am 10. April 1884.

Für die Hypothek haften folgende Grundstücke:

1) in der Gemarkung Bischofsheim, Flur B Nr. 340, Ackerland am Griesheimer Wege, 20 Ar groß, mit einem Reinertrage von 10,02 Mark,

2) in der Gemarkung Bischofsheim, Flur C Nr. 235, Wiese und Wallmatten, 12 Ar 15 □m groß, mit einem Reinertrage von 8,95 Mark,

3) in der Gemarkung Griesheim, Flur D Nr. 624, Ackerland auf die Bischofsheimer Abwand, 18 Ar 05 □m groß, mit einem Reinertrage von 7,22 Mark.

consentir en mon nom l'inscription de l'hypothèque sus désignée.

Tous les frais sont supportés par l'acheteur.

(L. S.)

(Signatures.)

Sous-lettre d'hypothèque.

La copie suivante :

Lettre d'hypothèque d'Alsace-Lorraine

concernant une hypothèque inscrite au livre foncier de Griesheim, arrondissement d'Erstein, feuille personnelle n° 36, 3e section au n° 4.

N° 4. 2 000 mars, Deux mille marcs dus pour prix de vente produisant des intérêts sur le pied de cinq pour cent à partir du 1er avril 1884 et remboursables trois mois après dénonciation, inscrits le 10 avril 1884 en faveur du rentier N. à N. en vertu de l'acte de vente du 1er avril 1884.

A l'hypothèque sont affectés les immeubles suivants :

1° dans la banlieue de Bischofsheim, section D n° 340, terres labourables am Griesheimer Wege, 20 ares, revenu net de la contribution foncière 10,02 marcs,

2° dans la banlieue de Bischofsheim, section C n° 235, prés et oseraies, 12 ares 15 centiares, revenu net 8,95 marcs,

3° dans la banlieue de Griesheim, section D n° 624, terres labourables auf die Bischofsheimer Abwand, 18 ares 5 centiares, revenu net 7,22 marcs.

Eigenthümer: Georg Erb zu Griesheim.
Eingetragen:
in der II. Abtheilung: Nichts.
in der III. Abtheilung: Nichts.
Urkundlich ausgefertigt.
Erstein, den 10. April 1884.

Kaiserliches Grundbuchamt.

Grundbuchrichter. Buchführer.

Von der vorstehenden, in der III. Abtheilung unter Nr. 4 eingetragenen Hypothek von 2000 Mark nebst Zinsen sind 500 Mark nebst den Zinsen zu 5 Prozent vom 1. Juli 1884 und mit dem Vorzugsrechte vor dem Rest an den Rentner Eduard Meyer zu Straßburg abgetreten.

Für den Rentner Meyer ist deshalb auf Höhe des abgetretenen Theilbetrages eine Zweigurkunde gebildet, so daß diese in den Händen des Rentners N. N. verbleibende Stammurkunde nur noch über Fünfzehnhundert Mark nebst Zinsen gültig ist.

Straßburg, den 28. Juli 1884.

(L. S.) N.

Notar zu Straßburg.

Eingegangen Erstein, den zweiten April eintausendachthundertvierundachtzig, Vormittags zehn Uhr.

Kauf-Vertrag
vom 1. April 1884.

pp. pp.

Verhandelt . . .

Vor dem Notar

erscheinen bekannt und handlungsfähig

1) der Rentner N. aus N.

2) der Eigenthümer Georg Erb aus Griesheim

und schließen folgenden Vertrag:

1) Herr Rentner N. verkauft von seinem im Grundbuche von Griesheim Personalblatt Nr. 67 unter Nr. 5 eingetragenen Grundstücke das in dem hiermit über-

Propriétaire : Georges Erb à Griesheim.
Inscrit :
à la IIe section : rien.
à la IIIe section : rien.

Dont acte.
Erstein, le 10 avril 1884.

Bureau foncier impérial.

Juge foncier. Secrétaire foncier.

De l'hypothèque sus-désignée, inscrite à la IIIe section n° 4, pour la somme de 2000 marcs avec intérêts sont cédés au rentier Edouard Meyer à Strasbourg 500 marcs avec intérêts sur le pied de 5 pour cent à partir du 1er juillet 1884 par préférence au cédant.

Il a été formé pour le rentier Meyer une sous-lettre d'hypothèque jusqu'à concurrence de la somme cédée, de sorte que la lettre originaire restant entre les mains du rentier N. N. ne sera plus valable que jusqu'à concurrence de quinze cents marcs avec intérêts.

Strasbourg, le 28 juillet 1884.

(L. S.) N.
Notaire à Strasbourg.

Présenté à Erstein, le deux avril mil huit cent quatre vingt quatre, à dix heures du matin.

Acte de vente.

du 1er avril 1884.

pp. pp.

Passé . . . .

Par devant le notaire
ont comparu, connus de leur personne et capables de disposer :

1° le rentier N. de N.,

2° le propriétaire Georges Erb de Griesheim

et par ces présentes :

1° Le sieur N., rentier, vend la partie de son immeuble inscrit au livre foncier de Griesheim, feuille personnelle n° 67 au n° 5, décrite dans

gebenen Katasterauszuge und in dem demselben angeschlossenen Handriß näher bezeichnete Theilstück

in der Größe von 18 Ar 05 □m Ackerland auf die Bischofsheimer Abwand mit 7,22 Mark Reinertrag, Flur D Nr. 624, Gemarkung Griesheim

an den Eigenthümer Georg Erb zu Griesheim für zweitausend Mark.

2) Die Uebergabe ist erfolgt. — Abgaben und Lasten übernimmt Käufer von heute ab.

3) Der Käufer verpflichtet sich, den Kaufpreis von heute ab mit fünf Prozent jährlich zu verzinsen und nach einer dreimonatlichen Kündigung zu zahlen, sowie zur Sicherheit des Kaufpreises und der Zinsen die Eintragung einer Hypothek im Grundbuch auf

a. das heute erworbene Theilstück und

b. folgende, im Grundbuch von Griesheim, Personalblatt Nr. 36 unter Nr. 9 und 10 verzeichnete Grundstücke:

1) in der Gemarkung von Bischofsheim, Flur B Nr. 340, Ackerland „am Griesheimer Wege", 20 Ar groß mit 10,02 Mark Reinertrag,

2) in derselben Gemarkung, Flur C Nr. 235, Wiese „am Wellmatten", 12 Ar 15 □m groß mit 8,95 Mark Reinertrag

sofort nach der Auflassung zu bewilligen.

Den Hypothekenbrief soll Verkäufer erhalten.

Verkäufer und Käufer erklären gemeinschaftlich:

Wir beauftragen den Herrn Notar N., die Auflassungserklärungen bezüglich des verkauften Theilstücks für uns abzugeben.

Käufer erklärt endlich noch:

Ich beauftrage Herrn Notar N. außerdem

l'extrait du cadastre et le croquis annexés aux présentes

18 ares 5 centiares de terres labourables auf die Bischofsheimer Abwand, revenu net de la contribution foncière 7,22 marcs, section D n° 624, banlieue de Griesheim

au sieur Georges Erb, propriétaire à Griesheim, pour la somme de deux mille marcs.

2° La tradition a eu lieu. — Les impôts et charges sont supportés par l'acheteur à partir de ce jour.

3° L'acheteur s'oblige à payer les intérêts du prix de vente au pied de cinq pour cent à partir de ce jour et à rembourser le prix de vente trois mois après dénonciation et enfin à consentir immédiatement après la dessaisine pour sûreté du prix de vente et des intérêts l'inscription au livre foncier d'une hypothèque sur

a) la partie du bien-fonds acquise aujourd'hui et

b) les immeubles suivants, inscrits au livre foncier de Griesheim, feuille personnelle n° 36 aux n°s 9 et 10 :

1° dans la banlieue de Bischofsheim, section B n° 340, terres labourables «am Griesheimer Wege», 20 ares, revenu net de 10,02 marcs,

2° dans la même banlieue, section C n° 235, prés «am Wellmatten», 12 ares 15 centiares, revenu net 8,95 marcs.

La lettre d'hypothèque sera délivrée au vendeur.

Le vendeur et l'acheteur déclarent d'un commun accord :

Nous commettons M. N., notaire, à donner en notre nom les déclarations de dessaisine relativement à la partie du bien-fonds vendue.

Enfin l'acheteur déclare :

En outre, je commets M. N., notaire, à

auch die Eintragung der vorerwähnten Hypothek für mich zu bewilligen.

Die sämmtlichen Kosten trägt der Käufer.

(L. S.)

(Unterschrift.)

wird hiermit als Hypothekenurkunde über den von der Hypothek, Personalblatt Griesheim Nr. 36 Abtheilung III Nr. 4, für den Rentner Eduard Meyer zu Straßburg abgetretenen Antheil von 500 Mark (in Worten . . .) nebst den Zinsen zu 5 Prozent vom 1. Juli 1884 ab zum öffentlichen Glauben ertheilt.

Straßburg, den 28. Juli 1884.

(L. S.) N.

Notar.

Die Abtretung der vorstehenden 500 Mark nebst Zinsen mit dem Vorzugsrecht vor dem Rest ist im Grundbuch vermerkt.

Straßburg, den 15. August 1884.

Kaiserliches Grundbuchamt.

(L. S.)

Grundbuchrichter. Buchführer.

D.

Antrag auf Eintrag einer Darlehnshypothek. Hypothekenbrief.

Eingegangen Straßburg am zweiten Dezember 1883, Nachmittags 6 Uhr.

Grundbuchrichter.

Zu den Grundakten, betreffend das in der Stadt Straßburg — Steinstraße Nr. 20 belegene, im Grundbuch von Straßburg, Realblatt Nr. 6 eingetragene Grundstück,

Straßburg, am 1. Dezember 1883.
1. Anlage.

consentir en mon nom l'inscription de l'hypothèque sus-désignée.

Les frais sont supportés par l'acheteur.

(L. S.)

(Signature.)

La copie précédente a été délivrée comme lettre d'hypothèque pour la partie de l'hypothèque inscrite à la feuille personnelle de Griesheim n° 36, section III n° 4, laquelle partie est cédée jusqu'à concurrence de 500 marcs avec intérêts de 5 pour cent du 1er juillet 1854 au sieur Edouard Meyer, rentier, demeurant à Strasbourg.

Strasbourg, le 28 juillet 1884.

(L. S.) N.

Notaire.

La cession des 500 marcs susdits avec intérêts et par préférence au cédant est mentionnée au livre foncier.

Strasbourg, le 15 août 1884.

Le bureau foncier impérial.

(L. S.)

Juge foncier. Secrétaire foncier.

D.

Demande en inscription d'une hypothèque en sûreté d'un prêt. Lettre d'hypothèque.

Présentée à Strasbourg le deux décembre 1883, à 6 heures de relevée.

Juge foncier.

Afin d'être annexé au dossier foncier concernant le bien-fonds situé dans la ville de Strasbourg — faubourg de Pierres n° 20 et inscrit au livre foncier de Strasbourg feuille foncière n° 6,

Strasbourg, le 1er décembre 1883.

une annexe.

übergebe ich anliegende notarielle Urkunde vom heutigen Tage mit dem Antrage, im Grundbuche von Straßburg auf dem Blatte des nebenbezeichneten Grundstücks folgende Eintragung einer Hypothek zu bewirken:

Nr. 3 zehntausend Mark Darlehn mit fünf Prozent jährlich vom 1. Januar 1884 verzinslich, gegen sechsmonatliche Kündigung zahlbar, eingetragen für den Rentner Karl Burger zu Metz auf Grund der Schuldurkunde vom 1. Dezember 1884 am Dezember 1883.

Der Hypothekenbrief ist dem Grundstückseigenthümer Hofer unter Einfordern der Kosten zuzustellen.

An
das Kaiserliche Grundbuchamt hier.

N.
Notar.

Elsaß-Lothringischer Hypothekenbrief

über eine im Grundbuche von Straßburg Realblatt 6 in der dritten Abtheilung unter Nr. 3 eingetragene Hypothek.

Dritte Abtheilung.

Nr. 3. 10000 Mark.

Noch gültig auf 7000 Mark.

Straßburg, am 1. Jan. 1884.

Grundbuchrichter. Buchführer.

Zehntausend Mark Darlehen, mit fünf Prozent jährlich vom 1. Januar 1884 verzinslich, gegen sechsmonatliche Kündigung zahlbar, eingetragen für den Rentner Karl Burger zu Metz auf Grund der Schuldurkunde vom 1. Dezember 1883 am 3. Dezember 1883.

je remets le titre notarié ci-joint daté de ce jour et je demande l'inscription de l'hypothèque suivante au livre foncier de Strasbourg sur la feuille du bien-fonds désigné à côté :

N° 3. Dix mille marcs dûs pour un prêt produisant des intérêts à raison de cinq pour cent par an à partir du 1er janvier 1884, remboursables six mois après dénonciation, inscrits le   décembre 1883, en faveur de Charles Burger, rentier, demeurant à Metz, en vertu du titre du 1er décembre 1884.

La lettre d'hypothèque devra être remise au sieur Hofer, propriétaire du bien-fonds, contre remboursement des frais.

Au
Bureau foncier impérial   En Ville.

N.
Notaire.

Lettre d'hypothèque Alsacienne-Lorraine

concernant une hypothèque inscrite au livre foncier de Strasbourg, feuille réelle 6, troisième section au n° 3.

Troisième section.

N° 3. 10,000 marcs.

Encore valable pour 7000 marcs.

Strasbourg, le 1er janvier 1884.

Juge foncier. Secrétaire foncier.

Prêt de dix mille marcs produisant des intérêts sur le pied de 5 pour cent à partir du 1er janvier 1884 et remboursable six mois après dénonciation, inscrit le 3 décembre 1883, en faveur du rentier Charles Burger, de Metz, en vertu du titre daté du 1er décembre 1883.

Für die Hypothek haftet das Haus Nr. 20 in der Steinstraße zu Straßburg.

Bestandtheile des Grundstücks:

1) Ein vierstöckiges massives Wohnhaus, 20 Meter lang, 12 Meter tief.
2) Ein einstöckiges massives Wohnhaus (Hinterhaus), 15 Meter lang, 10 Meter tief.
3) Ein einstöckiges Stallgebäude, 15 Meter lang, 10 Meter tief.
4) Ein Hofraum, 20 Quadratmeter.

Eigenthümer: Kaufmann August Hofer zu Straßburg.

Erwerbspreise: 100 000 Mark im Jahre 1860.
150 000 Mark im Jahre 1880.

Feuerversicherungssumme vom 1. Januar 1882 160 000 Mark.

Eingetragen sind:
in der zweiten Abtheilung: Nichts,
in der dritten Abtheilung:
Nr. 1 . . . . gelöscht,
Nr. 2 20 000 Mark.

Urkundlich ausgefertigt.

Straßburg, den 3. Dezember 1883.

Kaiserliches Grundbuchamt.

Grundbuchrichter. Buchführer.

Von vorstehenden 10 000 Mark Abtheilung III Nr. 3 sind Dreitausend Mark gelöscht worden.

Straßburg, den 1. Januar 1884.

Kaiserliches Grundbuchamt.

Grundbuchrichter. Buchführer.

A l'hypothèque est affectée la maison n° 20, sise à Strasbourg, faubourg de Pierres.

Parties du bien-fonds.

1° une maison d'habitation de quatre étages, 20 mètres de long, 12 mètres de profondeur.
2° une maison d'habitation d'un étage (bâtiment de derrière), 15 mètres de long, 10 mètres de profondeur.
3° une écurie d'un étage, 15 m. de long, 10 m. de profondeur.
4° une cour, 20 mètres carrés.

Propriétaire: Auguste Hofer, négociant à Strasbourg.

Prix d'acquisition : 100 000 marcs en 1860.
150 000 marcs en 1880.

Valeur assurée le 1er janvier 1882, 160 000 marcs.

Sont inscrits :
à la deuxième section : rien,
à la troisième section :
N° 1. . . . . rayé,
N° 2. 20 000 marcs.

Dont acte.

Strasbourg, le 3 décembre 1883.

Le bureau foncier impérial.

Juge foncier. Secrétaire foncier.

Des 10 000 marcs sus-énoncés, section III, n° 3, trois mille marcs ont été rayés.

Strasbourg, le 1er janvier 1884.

Le bureau foncier impérial.

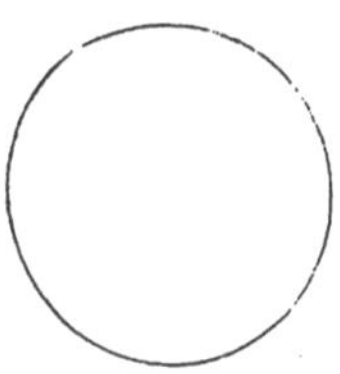

Juge foncier. Secrétaire foncier.

Eingegangen Straßburg, am zweiten Dezember Eintausend-achthundertdreiundachtzig, Nachmittags sechs Uhr.

Grundbuchrichter.

pp. pp.

Verhandelt 2c. am ersten Dezember Eintausendachthundertdreiundachtzig.

Vor dem Notar . . . . . .
erscheint bekannt und handlungsfähig:
der Kaufmann Herr August Hofer aus Straßburg
und erklärt:

Von dem Rentner Karl Burger in Metz habe ich ein baares Darlehen von Zehntausend Mark erhalten. Indem ich den Empfang des Geldes ohne Vorbehalt bekenne, verpflichte ich mich dieses Darlehn mit fünf Prozent jährlich vom 1. Januar 1884 ab zu verzinsen und gegen eine sechsmonatliche Kündigung zurückzuzahlen.

Zur Sicherheit dieser Zehntausend Mark und der Zinsen bestelle ich Hypothek mit meinem im Grundbuche von Straßburg Realblatt Nr. 6 eingetragenen, in der Steinstraße Nr. 20 belegenen Hausgrundstück und beantrage die Hypothek im Grundbuche einzutragen und den Hypothekenbrief mir zuzustellen.

Die sämmtlichen Kosten trage ich.

(L. S.)

(Unterschrift.)

Présenté à Strasbourg, le deux décembre mil huit cent quatre vingt trois, à six heures de relevée.

Juge foncier.

pp. pp.

Passé etc. le premier décembre mil huit cent quatre vingt trois.

Par devant le notaire . . . . . .
a comparu, connu de sa personne et capable de contracter : le sieur Auguste Hofer, négociant, demeurant à Strasbourg, et déclare par les présentes :

Du sieur Charles Burger, rentier à Metz, j'ai reçu un prêt de dix mille marcs en deniers comptants. Je reconnais sans réserve aucune avoir reçu cette somme et m'oblige de la rembourser six mois après dénonciation et de servir des intérêts à raison de cinq pour cent par an à partir du 1er janvier 1884.

En sûreté de cette créance de 10 000 marcs et des intérêts, je consens une hypothèque sur ma maison inscrite au livre foncier de Strasbourg, feuille foncière n° 6, située au faubourg de Pierres, n° 20, et je demande que l'hypothèque soit inscrite au livre foncier et que la lettre d'hypothèque soit transmise à moi.

Tous les frais seront à ma charge.

(L. S.)

(Signature.)

Begründung des Gesetzes

betreffend

die Ausstellung gerichtlicher Erbbescheinigungen und die Zuständigkeit der Amtsgerichte.

Nach §§ 27, 84, 87 des Entwurfs eines Gesetzes, betreffend den Erwerb und die Belastung von Grundstücken und die Einführung von Grundbüchern, bedürfen die gesetzlichen Erben (Intestaterben), um bei dem Grundbuchamte, sei es die Eintragung ihres Eigenthums an den ererbten Grundstücken zu erlangen oder über die ererbte Hypothek durch Umschreibung auf den eigenen Namen, Zession oder Löschungsbewilligung verfügen zu können, einer Erbbescheinigung des zuständigen Richters.

Diese Vorschriften erfordern sonach die Ergänzung des bestehenden Rechts durch Bestimmungen über die Zuständigkeit und das Verfahren, Bestimmungen, welche an sich erst in Wirksamkeit zu treten hätten, wenn und wo die Grundbücher vollendet wären.

Der vorliegende Gesetzentwurf geht über die durch jene Paragraphen vorgezeichnete Aufgabe hinaus, indem er:

1. die Ausstellung von Erbbescheinigungen auch zu anderen Zwecken als zur Legitimation beim Grundbuche gestattet, demgemäß
2. über die Wirkung derartiger Erbbescheinigungen allgemein Bestimmung trifft und
3. diese Vorschriften zu 1. und 2. nicht erst mit Anlegung der Grundbücher, sondern sofort in Wirksamkeit treten läßt, endlich indem er
4. im Anschluß an das Erbbescheinigungsverfahren die Zuständigkeit der mit demselben zu befassenden Amtsgerichte auf dem Gebiete der Nachlaßsachen überhaupt erweitert.

MOTIFS

d'une loi concernant la délivrance de certificats judiciaires de qualité d'héritier et la compétence des tribunaux cantonaux.

D'après les §§ 27, 84, 87 du projet de loi concernant l'acquisition et l'affectation des biens-fonds et des mines ainsi que l'introduction des livres fonciers, les héritiers légitimes ont besoin d'un certificat de qualité d'héritier à délivrer par le juge compétent, s'ils s'adressent au bureau foncier, soit pour obtenir l'inscription de la propriété aux biens-fonds qui leur sont échus par succession, soit pour disposer d'une hypothèque comprise dans la succession au moyen de transport sur leur propre nom, de cession ou de consentement à la radiation.

Ces prescriptions exigent que la législation actuelle soit complétée par des dispositions réglant la compétence et la procédure qui devraient entrer en vigueur après la formation des livres fonciers dans les différents districts.

Le présent projet de loi dépasse la tâche qui lui était imposée par les paragraphes mentionnés ; car

1° il permet la délivrance de certificats de qualité d'héritier devant servir à d'autres fins encore qu'à la légitimation vis-à-vis du bureau foncier ; par conséquent

2° il règle l'effet de ces certificats de qualité d'héritier d'une façon générale et

3° il déclare les dispositions ad 1 et 2 immédiatement applicables et non seulement à partir de la formation des livres fonciers ; enfin

4° à l'occasion de l'introduction des certificats désignés, il étend la compétence des tribunaux cantonaux à d'autres matières qui s'en rapportent.

Was zunächst den ersten Punkt betrifft, so ist das Bedürfniß, den Intestaterben mit einem Ausweis über sein Erbrecht auszustatten, auch außerhalb der Gebiete des Grundbuchsystems oder eines ähnlichen, die Legitimation des Intestaterben verlangenden Pfandbuchsystems hervorgetreten, da es allenthalben Institute giebt, welche zu ihrer Sicherheit ähnliche Ansprüche wie die Buchbehörden erheben müssen.

Hervorzuheben sind in dieser Beziehung die Fälle, in denen die Gesetzgebungen Frankreichs und Elsaß-Lothringens jenem Bedürfnisse durch besondere Vorschriften Rechnung getragen haben. So bedarf der Erbe nach Art. 6 des Gesetzes vom 28. Floreal VII, um im Staatsschuldbuche die Umschreibung des ererbten Titels zu erlangen, eines certificat de propriété, welches nach näherer Vorschrift des Gesetzes vom Notar oder Friedensrichter auszustellen ist. Eines gleichen Zeugnisses bedarf der Erbe nach dem Dekrete vom 18. September 1806 zur Erhebung der vom Erblasser bestellten Amtskaution sowie nach Art. 3 des Gesetzes vom 7. Mai 1853 zur Zurückziehung von Sparkasseneinlagen des Erblassers.

Diese Vorschriften sind bezüglich der Sparkasseneinlagen noch heute in Kraft und haben den bezüglich der Elsaß-Lothringischen Rente und der Amtskautionen gegenwärtig geltenden landesgesetzlichen Bestimmungen in § 9 des Gesetzes vom 24. März 1881 (Gesetzblatt S. 15) und § 13 des Gesetzes vom 15. Oktober 1873 (Gesetzblatt S. 273) als Vorbild gedient.

Aber auch im sonstigen Verkehr macht sich im Lande das Bedürfniß nach derartigen Zeugnissen fortgesetzt geltend; so nicht nur, wenn es sich für Inländer darum handelt, im übrigen Reichsgebiet oder im Auslande über Grundstücke und Hypothekenkapitalien zu verfügen oder Erbschaften in Empfang zu nehmen, sondern auch zum Gebrauch im Inlande bei Erhebung von Depots bei Bankinstituten oder zur Führung des urkundlichen Nachweises, welchen § 665 C.-P.-O. zur Ertheilung der Vollstreckungsklausel für oder gegen Rechtsnachfolger erfordert.

Zur Befriedigung dieses Bedürfnisses dienen in gewissem

En ce qui concerne le premier point, il faut considérer que le besoin de munir les héritiers légitimes d'un certificat relatif à leur droit de succession, s'est aussi fait sentir dans les pays qui ne sont pas régis par le système des livres fonciers ou un système hypothécaire analogue supposant aussi la légitimation de ces héritiers ; car il existe partout des institutions qui sont obligées de demander les mêmes garanties que les bureaux fonciers.

Il faut noter ici les cas où les législations de la France et de l'Alsace-Lorraine ont tenu compte de ce besoin par des dispositions spéciales. Ainsi, d'après l'art. 6 de la loi du 28 Floréal VII, l'héritier qui veut obtenir le transfert du titre acquis par la succession au livre de la dette publique devra présenter un certificat de propriété à délivrer par le notaire ou le juge de paix, conformément aux dispositions de la loi citée. Un certificat analogue est nécessaire à l'héritier, d'après le décret du 18 septembre 1806, afin de se faire rembourser le cautionnement d'un titulaire décédé et, d'après l'art. 3 de la loi du 7 mai 1853, afin de retirer les versements faits à la caisse d'épargne par le défunt.

Ces prescriptions sont encore en vigueur aujourd'hui relativement aux versements faits à la caisse d'épargne, et ont servi de modèle aux dispositions actuellement en vigueur en Alsace-Lorraine, relativement à la rente alsacienne-lorraine et aux cautionnements des fonctionnaires. Voy. le § 9 de la loi du 24 mars 1881 (Bull. des lois page 15) et le § 13 de la loi du 15 octobre 1873 (Bull. des lois page 73).

Mais en dehors de ces affaires aussi le besoin de ces certificats se fait continuellement sentir, non seulement quand il s'agit pour des Alsaciens-Lorrains de disposer d'immeubles et de capitaux garantis par hypothèque dans les autres États de l'Empire ou à l'étranger, ou de toucher le montant de successions y échues, mais encore, si dans le pays même on veut retirer des dépôts de banque ou si l'on doit fournir la preuve par écrit exigée par le § 665 du Code de procéd. civ., à fin de délivrance de la clause exécutoire pour les ayants-droits du créancier ou contre les successeurs du débiteur.

Ce sont les actes de notoriété délivrés de tout temps

Maße die sogenannten actes de notoriété, welche seit Alters von den Notaren und den Friedens- jetzt Amtsrichtern den Erben ertheilt werden. Es fehlt jedoch diesen Urkunden die gesetzliche Grundlage und es bestehen weder Vorschriften über Verfahren und Zuständigkeit, noch, was das Wichtigste, über ihre rechtliche Bedeutung.

In letzterer Beziehung besteht kein Zweifel darüber, daß ein derartiger Notorietätsakt, wenn er unrichtig ist, weder den falschen Erben noch den Dritten, welcher sich mit diesem eingelassen hat, gegen die Ansprüche des wahren Erben sichert; der Dritte, welcher einem solchen Akt Glauben schenkt, thut dies auf eigene Gefahr (vergl. Dalloz Rép. V° actes de notoriété Nr. 6) und bei der ganz besonderen Bestrittenheit der Lehre über die Wirksamkeit der Rechtshandlungen des Putativerben (héritier apparent, vergl. Aubry et Rau, cours du dr. fr. § 616 Nr. 5, Bd. VI S. 437) kann nicht einmal mit Sicherheit angegeben werden, ob dem guten Glauben des Dritten eine Rechtswirkung überhaupt zukommt. Anderseits aber ist die Befürchtung kaum abzuweisen, daß im Verkehr jenen Notorietätsakten eine rechtliche Bedeutung beigelegt wird, die ihnen von Rechtswegen nicht zukommt.

Aber gerade in dieser Beziehung stellt der moderne Verkehr weiter gehende Forderungen an den Gesetzgeber, indem er Formen verlangt, in denen er sich frei und sicher bewegen kann. Diesen Anspruch sucht der gegenwärtige Gesetzentwurf zu erfüllen, indem er jedem Erben die Erwirkung einer Erbbescheinigung gestattet und weiter den Handlungen des als Erben Bescheinigten zu Gunsten gutgläubiger Dritter, welche sich mit demselben eingelassen haben, volle Gültigkeit beilegt. Als Muster hat hierbei das Preußische Gesetz vom 12. März 1869, betreffend die Ausstellung gerichtlicher Erbbescheinigungen gedient, welches die vorliegende Materie für die verschiedenen Rechtsgebiete der Monarchie, darunter auch für dasjenige des französischen Rechts, in welchem die Grundbucheinrichtung noch nicht besteht, einheitlich und befriedigend regelt.

Zu den einzelnen §§ des Gesetzentwurfs ist Folgendes zu bemerken:

§ 1. Daß die Ausstellung der Erbbescheinigungen den Amtsgerichten, nicht den Landgerichten, übertragen wird, steht, wie mit dem bezüglich der Notorietätsakte und Eigenthumsaux héritiers par les notaires et juges de paix (juges cantonaux), qui servent en quelque sorte à satisfaire à ce besoin. Ils manquent cependant de base légale et il n'existe point de prescriptions qui règlent la procédure et la compétence et décident la question importante de leur valeur en droit.

A cet égard il n'est point douteux qu'un acte de notoriété inexact ne garantit ni le faux héritier ni le tiers ayant contracté avec lui vis-à-vis du véritable héritier. C'est à ses risques et périls qu'un tiers se fie à un pareil acte (voy. Dalloz, Rép. V° actes de notoriété, n° 6) et l'effet des actes d'un héritier apparent (voy. Aubry et Rau, cours de dr. fr., § 616, n° 5) étant particulièrement controversé, il ne saurait même être établi d'une façon absolue si la bonne foi du tiers est suivi d'un effet quelconque valable en droit. D'autre part il y a raison de craindre que la pratique n'attribue à ces actes de notoriété une signification qui ne leur revient pas de droit.

C'est cependant précisément sous ce rapport que le mouvement actuel des affaires est plus exigeant vis-à-vis du législateur et lui demande des formes offrant à la fois plus de liberté et de sûreté. C'est à quoi vise le présent projet de loi en permettant à tout héritier de demander un certificat de qualité d'héritier et en déclarant pleinement valables les actes d'une personne ayant obtenu ce certificat en faveur des tiers de bonne foi qui auront contracté avec lui. Il a été pris modèle sur la loi prussienne du 12 mars 1869, concernant la délivrance de certificats judiciaires de qualité d'héritier et règlant cette matière d'une manière uniforme et satisfaisante pour toutes les parties de la monarchie sans distinction des différentes législations et notamment aussi pour les territoires régis par le droit français et où le système des livres fonciers n'a pas encore été introduit.

Les différents §§ du projet de loi donnent lieu aux observations suivantes :

§ 1. La délivrance des certificats de qualité d'héritier a été conférée aux tribunaux cantonaux et non aux tribunaux régionaux conformément à la législation actuelle conzeugnisse geltenden Rechte, so mit § 2 des Preußischen Gesetzes im Einklang.

Bei Bestimmung der örtlichen Zuständigkeit mußte § 28 C.-P.-O. als maßgebend gelten.

§ 2. Das hier nach Vorbild des § 3 des Preußischen Gesetzes geordnete Verfahren bringt den Gedanken zum Ausdruck, daß der Todesfall sowie der das Erbrecht begründende Verwandtschaftsgrad der Erben dem Richter überzeugend bewiesen werde, woraus sich ergiebt, daß z. B. Anerkenntnisse, welche die als Erben Auftretenden sich einander abgeben, für den Richter nicht maßgebend sein dürfen und anderseits, daß der Richter Thatsachen oder Vermuthungen, welche auf anderm Wege als durch Mittheilung der Parteien und Zeugen, z. B. über die Existenz eines Testaments oder das Vorhandensein näherer Erben, zu seiner Kenntniß gelangt sind, nicht außer Berücksichtigung lassen darf.

Die notariellen Protokolle über die eidesstattlichen Versicherungen (Absatz 2) gehören zu denjenigen Urkunden, welche nach Art. 20 Absatz 2 des Gesetzes vom 25. Ventose XI in der Urschrift ausgehändigt werden können. Die Abgabe der Erklärung zu notariellem Protokoll wird in vielen Fällen sehr zur Bequemlichkeit der Betheiligten dienen, indem der Notar bei Errichtung der Theilungsurkunde diese Erklärungen sowie den Antrag auf Ausstellung der Erbbescheinigung zu Protokoll nimmt und dieses mit den erforderlichen Personenstandsurkunden direkt dem Amtsgericht übermittelt. Wird gleichzeitig die Theilungsurkunde vorgelegt, so kann die Erbbescheinigung auf Antrag mit dieser verbunden werden.

Ob das in Absatz 4 zugelassene Aufgebot vor oder nach Abnahme der eidesstattlichen Versicherung zu veranlassen, wird sich lediglich darnach richten, in welchem Stadium des Verfahrens dem Richter eine derartige Ergänzung nothwendig erscheint.

§ 3. Die in § 3, abweichend von § 4 des Preußischen Gesetzes angeordnete obligatorische Bekanntmachung im Deutschen Reichsanzeiger beruht auf denselben Gründen, welche für die gleiche Bestimmung bezüglich der öffentlichen Zustellung von Ladungen und des Aufgebots in §§ 187, 825 C.-P.-O. maßgebend gewesen sind.

cernant les actes de notoriété et les certificats de propriété et au § 2 de la loi prussienne.

Quant à la compétence, on a dû suivre le § 28 du Code de procédure civile.

§ 2. La procédure prise sur le modèle du § 3 de la loi prussienne part du point de vue que le décès ainsi que le degré de parenté fondant le droit de succéder doit être pleinement prouvé au juge. Il s'ensuit que des reconnaissances p. ex. faites d'une partie à l'autre ne peuvent point décider le juge à admettre la qualité d'héritier et d'autre part que le juge devra tenir compte des faits et présomptions qui arrivent à sa connaissance autrement que par l'intermédiaire des parties et des témoins et qui sont p. ex. relatifs à l'existence d'un testament ou de parents plus proches.

Les procès-verbaux dressés par un notaire sur les affirmations faites en lieu de serment (al. 2) font partie des titres qui peuvent être délivrés en brevet conformément à l'art. 20 al. 2 de la loi du 25 Ventôse XI. La déclaration devant notaire sera très souvent d'une grande commodité pour les personnes intéressées, car le notaire pourra lors des opérations du partage recevoir cette déclaration ainsi que la demande en délivrance du certificat de qualité d'héritier pour les transmettre directement au tribunal cantonal avec les actes d'état civil nécessaires. Le certificat de qualité d'héritier pourra sur demande être joint à l'acte de partage présenté en même temps.

L'annonce admise dans l'al. 4 sera publiée avant ou après la réception de l'affirmation faite en lieu de serment, selon que le juge le trouvera nécessaire.

§ 3. L'insertion dans le Journal officiel de l'Empire d'Allemagne qui n'est point obligatoire d'après le § 4 de la loi prussienne est exigée par le § 3 pour les mêmes motifs sur lesquels repose la disposition analogue des §§ 187, 825 du Code de procédure civile relative à la signification par voie de notification publique et à la sommation publique.

§ 4. Wird der in Absatz 1 erforderte Nachweis nicht erbracht, so würde das Gesuch durch Beschluß zurückzuweisen sein. Es ist selbstverständlich, daß mangelhaft begründete Gesuche nicht ohne Weiteres zurückzuweisen sind; vielmehr werden die Betheiligten zunächst zur Beseitigung der Mängel aufzufordern und so oft zu belehren oder zu laden sein, als es zur Vervollständigung der beizubringenden Beweise und abzugebenden Erklärungen erforderlich ist.

Absatz 2 und 3 bezwecken, in Fällen in denen das Erbrecht des Intestaterben Beschränkungen unterworfen ist, durch einen dieselben andeutenden Zusatz in der Bescheinigung Behörden und Private, denen gegenüber der Erbe von der Bescheinigung Gebrauch macht, vor Täuschung zu behüten.

Die Erwähnung des überlebenden Ehegatten wird insbesondere bewirken, daß die Erben die Eintragung als Eigenthümer des auf den Namen des Erblassers eingetragenen Grundstücks nicht auf Grund der Erbbescheinigung allein, sondern nur durch den gleichzeitigen Nachweis erreichen, daß das Grundstück nicht zu einer Gütergemeinschaft gehört. Vgl. den Eingangs erwähnten Entwurf eines Gesetzes, betr. das Grundbuchwesen § 33.

§ 5. Wenn die Erbbescheinigung den Erben der Belästigung überheben soll, bei Verfügungen über die Erbschaft in jedem einzelnen Falle vor Behörden und Privaten den Nachweis seiner Berechtigung führen zu müssen, und zugleich die Behörden und Privaten von der Last und der Verantwortlichkeit dieses Nachweises befreien soll, so muß die Erbbescheinigung die Kraft erhalten, daß Dritte, die sich mit dem für legitimirt erklärten Erben hinsichtlich des Nachlasses oder einzelner Aktiva oder Passiva desselben in Rechtsgeschäfte einlassen, dieserhalb keine Anfechtung von Seiten eines andern Erbprätendenten zu befürchten haben. Dazu ist es nicht nöthig, die etwa vorhandenen aber unbekannt gebliebenen Erbinteressenten ihres Erbrechts zu entkleiden; es genügt vielmehr festzusetzen, daß der wahre Erbe jene Rechtsgeschäfte gelten lassen müsse. Nur erfordert die Gerechtigkeit, daß diese Wirkung von der bona fides des Dritten abhängig gemacht werde und aus Billigkeitsgründen muß diese Wirkung bei freigebigen Verfügungen dahin eingeschränkt werden, daß der Empfänger zur Herausgabe des noch in seinem Besitze befindlichen Gegen-

§ 4. La requête est rejetée par une décision lorsque la preuve exigée par l'al. 1 n'est pas fournie. Bien entendu que des requêtes mal motivées ne devront pas être rejetées de suite; les parties intéressées seront au contraire invitées à remédier aux défauts de leur requête et seront instruites ou citées autant de fois que nécessaire, afin de compléter les preuves et les déclarations exigées.

Les prescriptions des alinéas 2 et 3 sur les mentions à faire des restrictions auxquelles le droit de l'héritier est sujet ont pour but de garantir d'erreurs les autorités ainsi que les particuliers, vis-à-vis desquels l'héritier se sert de son certificat.

La mention du conjoint survivant aura notamment pour effet que les héritiers obtiendront l'inscription comme propriétaires du bien-fonds inscrit au nom du défunt non pas sur le seul certificat, mais uniquement au moyen de la preuve fournie à la fois que l'immeuble ne dépend pas d'une communauté. Voy. le projet de loi concernant l'introdution des livres fonciers § 33.

§ 5. Afin d'épargner à l'héritier l'embarras de fournir la preuve de son droit aux autorités ou aux particuliers chaque fois qu'il voudra disposer des biens de la succession et de délivrer à la fois ceux-ci de la charge et de la responsabilité de cette preuve, il faut que le certificat de qualité d'héritier ait l'effet de garantir vis-à-vis d'un autre prétendant les tiers qui auront passé des actes sur la succession avec l'héritier dénommé dans le certificat. Pour ce but, il n'est point nécessaire de priver les héritiers restés inconnus de leur droit à la succession; il suffit que le vrai héritier soit obligé à respecter les actes désignés. Cependant il correspond aux exigences de la justice que cet effet dépende de la bonne foi du tiers et pour des motifs d'équité l'effet des libéralités doit être restreint de manière à ce que le donataire reste obligé à restituer ce qu'il possède encore des objets acquis ou ce dont il se trouve enrichi

standes oder Vortheils verpflichtet bleibt (Motive zum § 6 des Preußischen Gesetzes vom 12. März 1869).

§ 7 gestattet aus Zweckmäßigkeitsgründen ausnahmsweise dem Gericht (Amtsgericht) der belegenen Sache, eine Bescheinigung auszustellen, welche nur für einen bestimmten einzelnen Fall dienen, nicht die Erbenqualität generell feststellen soll.

§ 8. Dem Vermächtnißnehmer dient die letztwillige Verfügung als Ausweis seiner Berechtigung. Für diejenigen, immerhin nicht seltenen Fälle, in denen die Verfügung die Berechtigten nicht mit der nöthigen Bestimmtheit bezeichnet, gewährt der § 8 den Bedachten die Möglichkeit, sich eine der Erbbescheinigung analoge Bescheinigung zu verschaffen. Auf das Verfahren finden die Bestimmungen der §§ 2 und 3 entsprechende Anwendung.

§ 9 trifft Vorsorge für die in den §§ 29, 30, 84, 87 des Entwurfs eines Gesetzes, betreffend die Einführung von Grundbüchern vorgesehenen Fälle, ohne jedoch die Verwendbarkeit derartiger Bescheinigungen auf Grundbuchangelegenheiten zu beschränken.

§ 10. Die gesetzlichen Vorschriften über Eigenthumszeugnisse, auf welche sich der § 10 bezieht, sind oben in der Einleitung namhaft gemacht. Diese Eigenthumszeugnisse werden für den Fall der Intestaterbfolge und überhaupt, soweit nach diesem Gesetz Bescheinigungen ertheilt werden, entbehrlich.

§ 11. Die hier verordnete Erweiterung der Zuständigkeit der Amtsgerichte, zu welcher bezüglich der Hinterlegung von Testamenten (Art. 1007 des Code civil) schon in der Sitzung des Landesausschusses vom 30. Januar 1880 (vergl. den Bericht des Abgeordneten Ditsch über den Etat der Justizverwaltung in den Verhandlungen des Landesausschusses 1879/80 Bd. II S. 168) die Anregung ergangen ist, beruht auf der Erwägung, daß bei demjenigen Gerichte, welches vermöge der Obliegenheit, Erbbescheinigungen auszustellen, seine Aufmerksamkeit darauf zu richten hat, ob eine letztwillige Verordnung vorhanden, ob einer oder der andere der Erben auf die Erbschaft verzichtet hat, auch alle diejenigen Rechtsakte vereinigt werden, welche für diese Thätigkeit von Bedeutung sind. Es war demnach vor Allem dem Amtsgericht zu übertragen die Annahme und Eröffnung holographischer mystischer Testamente (Art. 1007 des Code civil) — eine Maßregel, die sich inspar l'acquisition (motifs du § 6 de la loi prussienne du 12 mars 1869).

Le § **7** permet exceptionnellement et pour des raisons d'opportunité au tribunal (tribunal cantonal) de la situation de l'objet de délivrer un certificat qui ne devra servir que pour un cas déterminé, sans établir la qualité d'héritier en général.

§ **8**. Le légataire est légitimé par la disposition testamentaire. Si dans une disposition testamentaire les institués ne sont pas désignés avec la précision exigée pour la preuve de leur droit — ce qui est assez fréquent — ceux-ci pourront demander auprès du tribunal la délivrance d'un certificat supplémentaire. Les dispositions des §§ 2 et 3 seront applicables à la procédure.

Le § **9** s'occupe des cas prévus aux §§ 79, 80, 84 et 87 du projet de loi concernant l'introduction des livres fonciers, sans restreindre toutefois l'emploi de ces certificats aux affaires foncières.

§ **10**. Les dispositions légales concernant les certificats de propriété, dont parle le § 10, ont été mentionnées dans l'introduction. Ces certificats deviennent superflus pour le cas de succession par intestat et en général pour tous les cas où la présente loi admet la délivrance de certificats.

§ **11**. L'extension de la compétence des tribunaux cantonaux prévue par le présent § résoud une question qui dans une certaine mesure a été soulevée par les débats de la Délégation à la séance du 30 janvier 1880 (voy. le rapport du député *Ditsch* sur l'état de l'administration judiciaire, vol. II page 168 des débats de la Délégation 1879-80). Cette extension repose en premier lieu sur la considération que près du tribunal chargé de la délivrance des certificats d'héritier doivent être réunis tous les actes qui sont d'intérêt pour l'obligation imposée à ce tribunal de vérifier s'il existe une disposition testamentaire ou si l'un ou l'autre des héritiers a renoncé à la succession. Il fallait donc charger le tribunal cantonal de la réception et de l'ouverture des testaments olographes et mystiques (art. 1007 du Code civil) — ce qui en outre diminuera notamment les

besondere auch durch Verminderung der Reisekosten der Richter und Notare empfiehlt — und sodann die Entgegennahme der Erklärung über Annahme und Ausschlagung von Erbschaften (Artt. 784, 793 des Code civil, 993, 997 des Code de procédure civile), von welcher die der Erklärung über Annahme der Gütergemeinschaft oder des Verzichts auf dieselbe (Artt. 1457, 1458, 1463 des Code civil, 997, 874 des Code de procédure civile) nicht wohl zu trennen war. Ebenso kann die Zuständigkeitsfrage bezüglich der Besitzeinweisung außerordentlicher Erbfolger, wenigstens soweit dieselben lebende Personen sind (natürliche Kinder, Ascendenten und Geschwister von solchen, Ehegatten), nicht wohl anders geregelt werden als für Erbbescheinigungen eigentlicher Erben und bezüglich der Einweisung des Universallegatars (Art. 1008 des Code civil) nicht anders als für die Ertheilung der in §§ 8, 9 behandelten Bescheinigungen.

Nach alledem aber ist es nur folgerecht, dem nach dem geltenden Recht bereits mit Siegelungen und Entsiegelungen betrauten Amtsgericht die Entscheidung der hierbei vorkommenden Streitigkeiten und Anstände in allen denjenigen Fällen zu übertragen, in denen das Gesetz (Artt. 909 Nr. 2, 918—923, 928, 935, 943 Nr. 9 des Code de procédure civile) dieselbe ausschließlich oder konkurrirend dem Landgerichtspräsidenten zugewiesen hat; der Fall des Art. 2 Nr. 7 der Ordonnanz vom 3. Juli 1816 (Anordnung wegen Hinterlegung der bei der Siegelung oder bei der Inventarisirung gefundenen Gelder) bedurfte dabei, als unter die Regel der Artt. 921, 943 Nr. 9 des Code de procédure civile fallend, keiner besonderen Erwähnung.

Die also erweiterte Zuständigkeit der Amtsgerichte in Nachlaßsachen erforderte endlich noch die Ausdehnung auf die in Artt. 946, 948, 986 des Code de procédure civile erwähnten Entscheidungen, wogegen bezüglich der Einweisung des Staats und der Pflegehäuser (Art. 6 Gesetz vom 15. Pluviose XIII) in den Besitz von Erbschaften sowie bezüglich der Genehmigung der Verkäufe von Grundstücken, welche zu ledigen oder zu Benefizialerbschaften gehören, zur Beseitigung der landgerichtlichen Kompetenz Veranlassung nicht vorliegt.

Endlich erschien es, mit Rücksicht auf § 12 des Gesetzentwurfs, betr. Rechtsgeschäfte über Grundeigenthum u. s. w. angezeigt, dem Amtsgerichte auch die in den Art. 31, 32, 36,

frais de voyage des juges et notaires — et ensuite de la réception des déclarations d'acceptation ou de répudiation de successions (art. 784, 793 du Code civil, art. 993, 997 du Code de procédure civile), de laquelle la réception des mêmes déclarations relatives à la communauté (art. 1457, 1458, 1463 du Code civil, art. 997, 874 du Code de procédure civile) ne pouvait guère être séparée. De même on a cru devoir règler la compétence relativement à l'envoi en possession des successeurs irréguliers, en tant qu'ils sont des personnes vivantes (enfants naturels, leurs ascendants, frères et sœurs, époux) de la même manière que pour les certificats à délivrer aux héritiers proprement dits et celle relative à l'envoi en possession du légataire universel (art. 1008 du Code civil) de la même manière que pour la délivrance de certificats prévus aux §§ 8, 9.

D'après tout ce qui précède, il ne paraît qu'une autre conséquence que de conférer aux tribunaux cantonaux chargés de l'apposition et de la levée des scellés la décision des contestations et réclamations incidentes dans tous les cas où la loi (art. 909 n° 2, 918-923, 928, 935, 943 n° 9 du cod. de proc. civ.) l'avait attribuée au président du tribunal régional exclusivement ou concurremment avec le juge cantonal; il était inutile de mentionner le cas de l'art 2 n° 7 de l'ordonnance du 3 juillet 1816 (dispositions concernant le dépôt des deniers trouvés lors de l'apposition des scellés ou de l'inventaire), puisqu'il est régi par les art. 921, 943 n° 9 du Code de procédure civile.

La compétence des tribunaux cantonaux ainsi agrandie en matière de succession exigeait encore l'extension aux décisions mentionnées par les art. 946, 948, 986 du Code de procédure civile. Par contre il ne semble pas indiqué de supprimer la compétence des tribunaux régionaux en ce qui concerne l'envoi de l'Etat et des hospices en possession de successions, ainsi que l'approbation de ventes d'immeubles dépendant de successions vacantes ou acceptées sous bénéfice d'inventaire.

Enfin il a paru opportun de se conformer au § 12 du projet de loi concernant les actes relatifs à la propriété foncière, en attribuant aux tribunaux cantonaux les fonctions énoncées aux art. 31, 32, 36, 38 de la loi sur les aliénés.

38 des Gesetzes über die Geisteskranken bezeichneten Funktionen zu übertragen.

Absatz 3 des § 11 entscheidet eine Kontroverse, zu welcher die Fassung des Art. 1007 des Code civil und Art. 916 des Code de procédure civile Veranlassung gegeben hat.

Absatz 4 beseitigt eine im Laufe der Zeiten unpraktisch gewordene Bestimmung.

§ **12.** Die in § 11 Absatz 2 genannten außerordentlichen Erbfolger erlangen, wenn sie zur Nachfolge berufen sind, einen Ausweis über ihre Berechtigung durch die richterliche Verfügung, welche sie in den Besitz der Erbschaft einweist. Die Prüfung, welche der Richter dem Erlasse dieser Einweisungsverfügung vorangehen zu lassen hat, ist keine andere als diejenige, welche vor der von Blutsverwandten verlangten Erbbescheinigung anzustellen ist. Demzufolge und mit Rücksicht auf die in § 11 getroffene Kompetenzbestimmung war das jener Besitzeinweisung vorhergehende Verfahren mit demjenigen in Erbbescheinigungssachen in Uebereinstimmung zu bringen. Dies geschieht durch den Absatz 1, welcher hiernach den Art. 770 des Code civil modifizirt, die Vorschriften desselben und insbesondere die Mitwirkung der Staatsanwaltschaft aber für den Fall in voller Wirksamkeit läßt, daß nicht eine lebende Person, sondern der Staat oder auf Grund des Gesetzes vom 15. Pluviose XIII das Pflegehaus Anspruch auf den Nachlaß erhebt.

Entsprechend der durch Absatz 1 des § 12 und Absatz 2 des § 11 bewirkten formellen Gleichstellung legt Absatz 2 des § 12 der Besitzeinweisung auch die materielle Wirkung der Erbbescheinigung bei.

§ **13.** Absatz 1 und 2 entsprechen den Vorschriften der C.=P.=O. Als Beispiele vorgeschriebener mündlicher Verhandlung sind die Fälle der Art. 1458, 1463 des Code civil zu erwähnen.

Nach § 294 C.=P.=O. in Verbindung mit § 47 A.=G. zur C.=P.=O. vom 8. Juli 1879 würde an sich stets eine förmliche Zustellung der in den Fällen der §§ 1, 7—9, 11 ergehenden Entscheidungen erfolgen müssen; in Berücksichtigung der Natur dieser Entscheidungen macht Absatz 3 diese Zustellung zur Ausnahme, wogegen es geboten erschien, die Ertheilung einer Ausfertigung als Regel vorzuschreiben und die Aushändigung der Urschrift für Ausnahmefälle vorzubehalten,

L'alinéa 3 du § 11 tranche une controverse occasionnée par la rédaction de l'art. 1007 du Code civil et l'art. 916 du Code de procédure civile.

L'alinéa 4 supprime une prescription surannée.

§ **12**. Les successeurs irréguliers mentionnés au § 11 al. 2 qui sont appelés à une succession obtiennent la preuve de leur droit par l'ordonnance judiciaire qui les envoie en possession. La vérification qui incombe au juge avant de rendre cette ordonnance est la même que celle qui doit précéder la délivrance d'un certificat de qualité d'héritier. Or la compétence se trouve réglée dans le même sens par le § 11. Donc on n'avait qu'à disposer que les deux procédures s'accordent en toutes leurs parties. C'est ce que fait l'al. 1 qui modifie l'art. 770 du Code civil, tout en maintenant entièrement ses dispositions et surtout le concours du ministère public pour le cas où l'Etat ou les hospices, en vertu de la loi du 15 Pluviôse XIII, prétendent à la succession. Conformément à l'assimilation formelle résultant des alinéas 1 du § 12 et 2 du § 11, l'al. 2 du § 12 attribue à l'envoi en possession l'effet matériel des certificats de qualité d'héritier.

§ **13**. Les alinéas 1 et 2 répondent aux prescriptions du Code de procédure allemand. Les cas des art. 1458, 1463 du Code civil peuvent être cités comme exemples où la décision ne devra être rendue qu'après débat oral.

D'après le § 294 du Code de proc. civ., ensemble le § 47 de la loi sur l'exécution du Code de proc. civ. du 8 juillet 1879, la signification en bonne forme des décisions rendues en vertu des §§ 1, 7 à 9, 11 serait indispensable; vu cependant la nature de ces décisions, l'alinéa 3 ne la prescrit qu'exceptionnellement. Par contre, il semble indiqué de prévoir comme règle la délivrance d'une expédition et de réserver la remise de l'original pour les cas exceptionnels, où de la perte de celui-ci, et qui ne pourrait être

in denen von dem Verlust der Urschrift und der damit verbundenen Unmöglichkeit, die Entscheidung authentisch wieder herzustellen, keinerlei Gefahr oder Unbequemlichkeit zu befürchten ist, eine Befürchtung, die meist schon der Kostenliquidation wegen begründet sein wird.

Dieselben Erwägungen, welche für die Gestaltung des Rechtsmittels in Grundbuchsachen, § 10 des Entwurfs eines Gesetzes, betreffend den Erwerb und die Belastung von Grundstücken und die Einführung von Grundbüchern, maßgebend waren, haben zu der Fassung des Absatz 4 geführt. Die nach dem bisherigen Recht zulässigen Rechtsmittel sind durch diese Beschwerde ersetzt.

§ 14. Die richterliche Verfügung, durch welche eine Erbbescheinigung ertheilt wird, ist nicht eine einfache Bezeugung von Thatsachen, sondern enthält eine Entscheidung insofern, als sie einen Ausspruch über die Erbberechtigung auf Grund ermittelter Thatsachen und angewandter Rechtssätze abgiebt. Das Erblegitimationsverfahren ist deshalb den in § 1 Absatz 2 des Gesetzes, betreffend die Ausführung des Gerichtskostengesetzes, vom 3. April 1880 erwähnten Angelegenheiten beizuzählen. Mangels anderweiter Bestimmung würde bezüglich der Gebührensätze § 6 des genannten Gesetzes maßgebend sein; es erscheint jedoch zulässig, wie dies in Absatz 1 geschieht, die niedrigeren Sätze des § 10 vorzuschreiben.

Die hieraus folgende Befreiung der gerichtlichen Protokolle von Stempel und Registrirung war (Absatz 2) auch auf die in § 2 Absatz 2 erwähnten notariellen Protokolle auszudehnen, um den Erben die Herbeiführung der Erblegitimation gleichzeitig mit der notariellen Theilung zu erleichtern.

rétabli d'une façon authentique, ne résulterait ni préjudice ni inconvénient. Du reste, presque toujours on pourrait avoir besoin de l'original, ne serait-ce que pour la liquidation des frais.

Les considérations sur lesquelles s'appuie le § 10 du projet de loi concernant l'acquisition et l'affectation des biens-fonds et l'introduction des livres fonciers justifient la disposition de l'alinéa 1 relativement au recours qui remplace les pourvois admis par la législation actuelle.

§ **14**. L'ordonnance judiciaire certifiant la qualité d'héritier n'est point une simple attestation de faits; elle contient une décision en ce sens qu'elle se prononce sur le droit de succéder en appréciant des faits et en y appliquant des règles du droit. Par conséquent cette procédure doit être comptée parmi celles mentionnées à l'alinéa 2 du § 1 de la loi concernant l'exécution de la loi relative aux frais de justice. A défaut d'autres dispositions, les droits devraient être fixés d'après le § 6 de cette loi; mais il semble admissible de les soumettre au taux moins élevé du § 10; c'est ce que fait l'alinéa 1 du présent paragraphe.

L'exemption des droits de timbre et d'enregistrement qui en résulte pour les procès-verbaux judiciaires, a été étendue (al. 2) aux procès-verbaux des notaires mentionnés dans le § 2 alinéa 2 en faveur d'une institution qui crée aux héritiers la facilité de profiter des opérations de partage pour se procurer en même temps l'acte de leur légitimation.

Druckfehler im Text der Gesetzentwürfe.

Entwurf eines Gesetzes, betreffend den Erwerb und die Belastung der Grundstücke und Bergwerke, sowie die Einführung von Grundbüchern.

1) Auf Seite 40 ist im § 50, Absatz 1, Zeile 4, nach „Rechtshandlungen" einzuschalten: „denselben".

2) Auf Seite 68 muß es in Zeile 11 von unten statt „Vorkehrverfahren" heißen: „Vorverfahren".

Entwurf eines Gesetzes, betreffend die Ausstellung gerichtlicher Erbbescheinigungen und die Zuständigkeit der Amtsgerichte.

Auf Seite 86 ist im § 8, Zeile 2, zu lesen: „Beschaffung" statt „Beschassung".

Errata au texte des projets de lois.

Projet d'une loi concernant les actes relatifs à la propriété foncière et à l'usufruit des immeubles ainsi que le régime hypothécaire.

1) A la page 11, alin. 3, ligne 4, lisez « *ait* » au lieu de «n'ait».
2) A la page 17, ligne 1, ajoutez « *celles* » entre « que » et « des ».

Projet d'une loi concernant l'acquisition et l'affectation des biens-fonds et des mines, ainsi que l'introduction de livres fonciers.

1) A la page 21, ligne 5, mettez « *la* » au lieu de « le ».
2) A la page 25, au § 18, alin. 2, 3 et 4, lisez « *passé* » au lieu de «dressé» et «*a été consentie ou bien demandée*» au lieu de « ils ont consenti ou bien demandé».
3) A la page 29, au § 28, alin. 2, ligne 1, mettez « *successeurs* » au lieu de « héritiers ».
4) A la page 31, ligne 1, il faut rayer « ou ».
5) A la page 35, alin. 2, ligne 1, au lieu de « obtenues par le » mettez : *opérées en vertu de consentements du* ».
6) A la page 51, ligne 3, au lieu de « ressortaient » lisez « *résultaient* ».
7) A la page 51, au § 73, alin. 1, ligne 3, au lieu de «à celles» lisez « *aux restrictions légales* ».
8) A la page 61, au § 93, ligne 3, il faut rayer les mots « même » et « que celle ».
9) A la page 66, au § 102, alin. 2, ligne 2, rayez le mot « rendus ».
10) A la page 75, au § 117, alin. 1, ligne 6, mettez «*aient*» au lieu de « ont ».

Projet d'une loi concernant la délivrance de certificats judiciaires de qualité d'héritier et la compétence des tribunaux cantonaux.

1) A la page 83, au § 1, ligne 3, il faut après le mot « tribunal » ajouter « *cantonal* ».
2) A la page 85, au § 4, alin. 2, ligne 1, mettez « *existe* » au lieu de « y a » et rayez à l'alin. 2, ligne 3, les mots « du défunt ».
3) A la page 85 au § 5, alin. 2, ligne 4, lisez « se trouve » au lieu de « est ».

FSC
www.fsc.org
MIX
Papier | Fördert gute Waldnutzung
FSC® C083411

Kolibri 360 GmbH
Ferdinand-Jühlke-Straße 7
99095 Erfurt, Deutschland
produktsicherheit@kolibri360.de